A GRANDE TRANSFORMAÇÃO

Título original:
The Great Transformation

© Kari Polanyi Levitt

A Grande Transformação, de Karl Polanyi: Questões de Interpretação
© Diogo Ramada Curto, Nuno Domingos, Miguel Bandeira Jerónimo e Edições 70, Lda.

Polanyi e a Sociologia Económica
© Rui Santos e Edições 70, Lda.

Tradução:
Miguel Serras Pereira

Revisão:
Pedro Bernardo

Capa: FBA

Depósito legal n.º 347008/12

Biblioteca Nacional de Portugal – Catalogação na Publicação

POLANYI, Karl, 1886-1964

A grande transformação. - (História & sociedade)
ISBN 978-972-44-1660-1

CDU 330
316

Paginação:
MJA

Impressão e acabamento:
PAPELMUNDE, SMG, LDA.
para
EDIÇÕES 70, LDA.
Julho de 2012

Direitos reservados para todos os países de língua portuguesa à exceção do Brasil

EDIÇÕES 70, Lda.
Rua Luciano Cordeiro, 123 – 1.º Esq.º – 1069-157 Lisboa / Portugal
Telefs.: 213190240 – Fax: 213190249
e-mail: geral@edicoes70.pt

www.edicoes70.pt

Esta obra está protegida pela lei. Não pode ser reproduzida,
no todo ou em parte, qualquer que seja o modo utilizado,
incluindo fotocópia e xerocópia, sem prévia autorização do Editor.
Qualquer transgressão à lei dos Direitos de Autor será passível
de procedimento judicial.

A GRANDE TRANSFORMAÇÃO
AS ORIGENS POLÍTICAS E ECONÓMICAS DO NOSSO TEMPO

KARL POLANYI

PREFÁCIO
JOSEPH STIGLITZ

INTRODUÇÃO
FRED BLOCK

ENSAIOS INTRODUTÓRIOS
DIOGO RAMADA CURTO
NUNO DOMINGOS
MIGUEL BANDEIRA JERÓNIMO
·
RUI SANTOS

Índice

A GRANDE TRANSFORMAÇÃO, DE KARL POLANYI: QUESTÕES DE INTERPRETAÇÃO
Diogo Ramada Curto, Nuno Domingos,
Miguel Bandeira Jerónimo........................... 9

POLANYI E A SOCIOLOGIA ECONÓMICA
Rui Santos....................................... 39

PREFÁCIO
Joseph Stiglitz................................... 65

INTRODUÇÃO
Fred Block....................................... 81

Primeira Parte
O SISTEMA INTERNACIONAL...................... 117
   Capítulo I – A Paz de Cem Anos.................. 119
   Capítulo II – Os Anos 20 Conservadores e os Revolucionários Anos 30 143

SEGUNDA PARTE
ASCENSÃO E QUEDA DA ECONOMIA DE MERCADO .. 159
    Capítulo III – «A Habitação contra a Beneficiação» 161
    Capítulo IV – Sociedades e Sistemas Económicos 175
    Capítulo V – A Evolução do Modelo do Mercado 193
    Capítulo VI – O Mercado Autorregulado e as Mercadorias Fictícias: Trabalho, Terra e Moeda 209
    Capítulo VII – Speenhamland 1795 221
    Capítulo VIII – Antecedentes e Consequências 233
    Capítulo IX – Pauperismo e Utopia 257
    Capítulo X – A Economia Política e a Descoberta da Sociedade. 269

TERCEIRA PARTE
A AUTOPROTEÇÃO DA SOCIEDADE 295
    Capítulo XI – O Homem, a Natureza e a Organização da Produção. 297
    Capítulo XII – O Nascimento do Credo Liberal 303
    Capítulo XIII – O Nascimento do Credo Liberal (continuação): Interesse de Classe e Transformação Social 325
    Capítulo XIV – O Mercado e o Homem 343
    Capítulo XV – O Mercado e a Natureza 365
    Capítulo XVI – O Mercado e a Organização Produtiva.. 385
    Capítulo XVII – A Autorregulação Dificultada 397
    Capítulo XVIII – Tensões Explosivas 409

QUARTA PARTE
A TRANSFORMAÇÃO EM CURSO 423
    Capítulo XIX – Governo Popular e Economia de Mercado. 425
    Capítulo XX – A História na Engrenagem da Transformação Social. 443
    Capítulo XXI – A Liberdade numa Sociedade Complexa 459

NOTAS SOBRE AS FONTES. 475

ÍNDICE REMISSIVO 535

A Grande Transformação, de Karl Polanyi: questões de interpretação

Karl Polanyi nasceu em Viena, em 1886, no seio de uma família judaica. O seu pai foi um engenheiro e empresário húngaro ligado aos caminhos de ferro. A sua mãe, também de origem russa, desempenhou papel de relevo nos círculos intelectuais e políticos de Budapeste. Quem com ele conviveu atribuiu diretamente à figura materna – irmã de um rabino que rompeu com as suas origens judaicas para descobrir o credo cristão – a influência decisiva na formação de uma atitude radical, qualquer que seja o sentido atribuído a tal expressão. Fez a sua educação em Budapeste, tendo aí obtido a licenciatura em Direito, em 1909, e começado a exercer advocacia em 1912. Enquanto estudante universitário, foi eleito primeiro presidente do chamado Círculo Galileu, em 1908, tendo colaborado no respetivo jornal até à sua supressão. Em 1914, participou na criação do Partido Radical Húngaro. Entrou nas campanhas da Rússia como oficial de cavalaria do exército austro-húngaro.

Em 1919 instalou-se em Viena. Na Hungria de 1919, segundo o próprio Polanyi, vivera-se uma espécie de intervalo de nove meses revolucionários, divididos entre uma revolução democrática e outra comunista; mas nesse mesmo ano a nobreza feudal magiar acabou por retomar o controlo político; vindo assim a recuperar, sempre segundo Polanyi, antigos privilégios políticos e administrativos e, em conjunto com as elites judaicas, os antigos monopólios financeiros e económicos([1]). Entre 1924 e 1933, foi editor da secção de relações internacionais do jornal vienense *Der Öesterreichische Volkswirt* (*O Economista Austríaco*), um semanário com preocupações económicas e financeiras, com o qual continuou a colaborar até 1938. Emigrou para Inglaterra em 1933, devido ao crescente impacto do nazismo e também porque o referido periódico lhe deixou de poder pagar. Envolveu-se, então, no denominado «Christian Left Group» e deu algumas lições nos programas para a educação de adultos das universidades de Oxford e de Londres. Em 1935, realizou uma série de conferências nos Estados Unidos, país onde entre 1940 e 1943 foi investigador visitante no Bennington College de Vermont, onde a sua mulher ensinou matemática. Regressado a Londres, envolveu-se com associações de imigrantes húngaros. Em 1947, aceitou um cargo como professor visitante na Universidade de Columbia. Contudo, nos alvores da Guerra Fria e em pleno período de «caça às bruxas» nos Estados Unidos, a sua mulher viu ser-lhe negado um visto de entrada nos Estados Unidos, devido à relação que tivera com o Partido Comunista Húngaro. Por isso, o casal fixou residência em Toronto e Karl Polanyi passou a deslocar-se a Nova Iorque, como responsável por um projeto interdisciplinar relativo aos aspetos económicos e institucionais do crescimento. Em 1963, visitou de novo a Hungria, que deixara em 1919, para proferir uma série de conferências na Academia das Ciências. Morreu no Canadá, em Pickering, Ontário, em 23 de abril de 1964.

Em 1944, Polanyi publicou *The Great Transformation: the political and economic origins of our time* (*A Grande Transformação: as Origens Políticas e Económicas do Nosso Tempo*). Nesse livro, analisou a estrutura do capitalismo ao longo do século XIX a partir de uma tese inovadora, de cariz marcadamente institucional e político: a Inglaterra não tinha sido transformada apenas pela máquina a vapor, nem sequer pelas anteriores expansão do comércio mundial e revolução agrícola. Não fora a indus-

---

[1] K. Polanyi, *Europe To-Day* (Londres: The Worker's Educational Trade Union Committee, 1937), p. 29.

trialização *per se* que desencadeara os processos de conflito e de desorganização social que marcaram o longo século XIX. A miríade de motins, revoltas, movimentos genéricos de protesto, revoluções sociais e ciclos intensos e recorrentes de violência a estes associados que caracterizaram as eras da revolução, do capital e do império, resultaram também da emergência de um conjunto de propostas intelectuais – de Ricardo a James Mill, passando por Marx –, progressivamente desenvolvidas no interior de instituições sociais várias, que postularam a prevalência do mercado enquanto forma *histórica* primordial de organização societal. A *Grande Transformação* consistiu sim, essencialmente, na extensão do sistema de mercados a todas as esferas da vida humana, cuja lei da oferta e da procura passou a determinar autonomamente a afetação e a remuneração de fatores de produção como a terra (a natureza) – e o trabalho (ou seja, a própria utilização da vida humana). Assim, a principal preocupação de Polanyi foi a de demonstrar como se formaram historicamente, primeiro, os mercados nacionais e internacionais e, nesta sequência, como se passou de uma configuração caracterizada por trocas livres para uma outra, marcada por um intenso controlo político e social, em reação à grande crise de 1929 (controlo assumido, sob diferentes formas, pelo incipiente Estado-providência, o comunismo e o próprio fascismo). Da mesma forma que o capitalismo, com os seus mercados autorregulados e a lógica de uma economia orientada para a satisfação em bens materiais, levara à desagregação da vida em comunidade, criando a denominada «grande transformação», sentiu-se mais tarde, devido às consequências nocivas da sua operação autónoma sobre a vida de grandes massas humanas, a necessidade de regular e controlar esses mesmos mercados.

Recolhendo os ensinamentos da antropologia e da história acerca de economias primitivas ou arcaicas, Polanyi assestou a sua mira na alternância histórica entre o controlo social da economia e o controlo dos mercados sobre a sociedade. Na sua formulação mais emblemática, considerou que nas sociedades pré-capitalistas a produção e distribuição de bens estavam socialmente incrustadas ou, talvez melhor, encastradas (*embedded*) em instituições sociais não mercantis, as quais geravam processos económicos de natureza não mercantil, e regulavam os próprios mercados; podendo dizer-se que a economia era um resultado derivado das relações de parentesco, políticas ou religiosas. A grande transformação teria consistido na libertação dos mercados do controlo das instituições sociais e, ao invés, na determinação da economia, das próprias instituições sociais e, tendencialmente, de todos os aspetos da vida social e humana pelos padrões da troca mercantil. Os regimes totalitários, de cariz comunista ou fascista, instalados desde o início do século XX representariam o ricochete violento das massas humanas contra a desumanização da sociedade pela lógica mercantil.

Para compreender melhor o argumento de Polanyi, vale a pena recordar que no mesmo ano em que foi publicada *A Grande Transformação* Friedrich von Hayek editou o seu livro clássico, intitulado *Road to Serfdom* (*Caminho para a Servidão*). Ora, nesta obra considerava-se que o abandono de um sistema de mercado autorregulado implicaria a destruição da democracia política e da liberdade individual, a ponto de se poder considerar que a Alemanha de Hitler fora essencialmente o resultado de um processo em que o Estado procurara regular a economia. Na sua defesa radical do liberalismo e da lógica dos mercados autorregulados, Hayek seguia uma sequência causal que encadeava a Grande Guerra com a Grande Depressão, a que se teria seguido de novo a Segunda Guerra Mundial. Identificando, tal como Polanyi, a emergência dos totalitarismos como uma reação contra a liberdade dos mercados – daí inferia que, reciprocamente, a regulação dos mercados, mesmo em regimes políticos democráticos, constituiria o caminho para a servidão.

Polanyi, contudo, ia mais fundo na sua visão histórica e antropológica, procurando num período anterior à grande transformação – que conduzira à formação de uma economia de mercado, capitalista e autónoma, e às suas respostas autoritárias e necessariamente reguladoras – modelos de sociedade capazes de proporcionar uma reincrustação social do *homo oeconomicus* inventado pelo liberalismo. Se o século XIX conduzira a uma separação das esferas institucionais da economia e da política, e inclusive ao domínio desta por aquela, a Grande Guerra teria marcado o seu fim – «o colapso da civilização de

para Viena ou para cidades alemãs, a que se seguiram outros destinos, de Paris a Londres, e os Estados Unidos. Mas, para além das questões relacionadas com a formação de uma geração de intelectuais nascidos em Budapeste, quais as condições mais propriamente familiares que levaram à emergência de uma família como a dos Polanyi? Trata-se de uma questão cuja resposta tem suscitado particular controvérsia, sobretudo desde a publicação das memórias de Peter Drucker, o economista nascido em Viena e naturalizado norte-americano que conviveu com Polanyi na Áustria e no Vermont. Ora, todas essas marcas identitárias – origem judaica, ligação a Budapeste e à Hungria, militância comunista, exílio, família – são difíceis de apreender e de generalizar porque, longe de serem características estáticas, se afiguram extremamente dinâmicas. Paralelamente, a sucessão de acontecimentos no período entre as duas guerras suscitou outras tantas dinâmicas: a situação catastrófica da Europa Central com a sua sequência de revolução-inflação-ditadura; a ameaça de Hitler; as promessas do comunismo; e a Guerra Civil de Espanha. Frente a todas estas dinâmicas, poder-se-á pensar no elevado grau de adaptação de intelectuais como Polanyi e, até, tomar a sua criatividade, no que respeita à articulação de diferentes saberes e disciplinas, como sinal dessa mesma adaptação.

De facto, entre 1924 e 1938, Polanyi escreveu cerca de 250 artigos e recensões para o *Der Öesterreichische Volkswirt* ([4]). Mas foi a partir de 1933, quando trocou Viena por Londres, que se colocou mais numa posição de combate pela democracia contra a ameaça fascista, e começou a interessar-se mais pelos temas

---

la désassimilation (Paris: Gallimard, 2004); Richard Bodek e Simon Lewis (orgs.), *The Fruits of Exile: Central European Intellectual Immigration to America in the Age of Fascism* (Columbia: University of South Carolina Press, 2010); David Kettler, *The Liquidation of Exile: Studies in the Intellectual Emigration of the 1930s* (Londres, Nova Iorque: Anthem Press, 2011).

[4] Michele Cangiani, «Prelude to *The Great Transformation*: Karl Polanyi's Articles for *Der Öesterreichische Volkswirt*», in *Humanity, Society and Commitment. On Karl Polanyi*, (org.) Kenneth McRobbie (Montréal, Nova Iorque, Londres: Black Rose Books, 1997, «Critical Perspetives on Historical Issues», vol. 4), pp. 7-24.

que o vieram a preocupar em *The Great Transformation*. Um dos seus mais profundos estudiosos, Gareth Dale, considera que Polanyi atacou, nas páginas daquele periódico, tanto as ideias de planeamento centralizado como as versões mais difundidas do liberalismo clássico, mostrando simpatia para com os socialistas, tais como Otto Bauer, Lenine e Cole, e apartando-se de dogmáticos, tais como Karl Kautski, Trotsky e Otto Neurath; revelando a influência que sobre ele tinha produzido o marxismo, mas equilibrando-a com o reconhecimento do marginalismo de Schumpeter, para quem as instituições capitalistas habilitavam os indivíduos a prosseguir os seus próprios interesses; porém, o debate não estava para Polanyi reduzido ao confronto entre marxismo e marginalismo, uma vez que a denominada Escola Histórica, representada por Gustav Schmoller, ao contrário dos marginalistas, se preocupava com o modo como o mercado ameaçava os mecanismos da coesão social, chamando a atenção para a necessidade de um Estado regulador e para uma política educativa de orientação humanística; enfim, Weber, Sombart e o próprio Polanyi pretenderam inserir-se e criar novos espaços de reflexão entre estas diferentes tendências[5].

Iniciada a partir de Viena, a sua aproximação aos círculos ingleses de cristãos progressistas e a Keynes contribuiu para a formação de um pensamento antifascista, bem como para uma reflexão sobre o devir histórico da Europa. No que dizia respeito ao fascismo, Polanyi encontrava em Othmar Spann, professor na Universidade de Viena, um dos seus grandes teorizadores. Como Durkheim, e ainda antes dos pensadores italianos, Spann considerara o corporativismo a base para compreender uma nova era. Na base deste mesmo princípio, inspirador de todas as escolas fascistas, estava uma bem arreigada ideia anti-individualista. Segundo Polanyi, existiriam dois outros momentos anteriores do mesmo processo histórico. O primeiro, inspirado nas ideias de Marx acerca do comunismo primitivo, dizia respeito às origens da humanidade, onde as relações quotidianas eram imediatas, diretas e pessoais. O segundo, que irá corres-

---

[5] G. Dale, *Karl Polanyi, op. cit.*, pp. 11-15.

ponder à grande transformação, teria consistido na emergência de relações humanas indiretas: «em lugar de cooperação imediata passou a haver cooperação indireta por meio de bens de troca». Ou seja, se os produtores continuaram a produzir para os outros, as suas relações passaram a estar escondidas por trás de bens de troca – donde o caráter impessoal das relações sociais do capitalismo, porque mediadas pelas mercadorias e, nas palavras de Marx, nelas alienadas. Foram as mercadorias que passaram a assumir o estatuto de realidade: «a seguir as suas próprias leis, a entrar e a sair do mercado, a mudar de lugar, a parecer que são senhoras do seu próprio destino». Esta mesma «objetivação» das mercadorias passou a ser igualmente válida para o valor da moeda, do capital, do trabalho, da lei, da religião e do Estado, os quais passaram a ser «a realidade de uma condição de negócios na qual o homem passou a alienar-se de si mesmo».

O fascismo, tal como era visto por Othmar Spann, prolongara esta mesma lógica: a realidade da sociedade passara a ser constituída pela condição do homem alienado de si próprio; os fenómenos sociais tenderam a ser representados como o equivalente de coisas; ou seja, o Estado, a lei, a família e o costume objetivaram-se enquanto coisas, às quais era atribuído um estatuto de realidade essencial. Nesta reificação deixou de haver espaço para o que quer que fosse de individual. Do que também decorria a apologia do Estado absoluto e a glorificação do Estado prussiano semifeudal. Donde, também, a tendência do nacional-socialismo para produzir uma religião política, um mito, segundo a expressão de outro dos seus teóricos, Alfred Rosenberg. Por sua vez, o mito articulava-se com uma espécie de «vitalismo», adaptado à Idade da máquina, cuja supremacia se orientava numa perspetiva bem anti-individualista[6].

No auge da Guerra Civil de Espanha (1936-1939), G. D. H. Cole – um socialista não marxista, tal como Robert Owen –, ao prefaciar um pequeno livro de Polanyi referiu-se à difusão, da

---

[6] K. Polanyi, «The Essence of Fascism», in *Christianity and the Social Revolution*, (orgs.) John Lewis, K. Polanyi, Donald K. Kitchin (Londres: Victor Gollancz, 1935), pp. 359-394.

Espanha à Checoslováquia e à França, dessa «monstuosa incivilização do chamado Estado totalitário» («the monstruous uncivilisation of the Totalitarian State»). Ao mesmo tempo, Cole reconhecia a necessidade, reivindicada por Polanyi, de criação de uma liga democrática internacional para combater o fascismo, mas sublinhava que competia à Grã-Bretanha assumir nela um papel de relevo. Nesse mesmo livro, Polanyi procurou dar sentido, através da compreensão dos grandes processos em curso, à multiplicidade de acontecimentos contemporâneos com os quais um leitor de jornais se confrontava quotidianamente. A guerra, os conflitos nacionais e sociais pareciam ser os três grandes aspetos em causa na Europa contemporânea. A centralidade histórica dos conflitos religiosos – das Cruzadas à Guerra dos Trinta Anos (1618-1648) ou à Guerra Civil em Inglaterra – contrastava com a força assumida progressivamente no presente pelos conflitos sociais e nacionais. No entanto, a distinção entre os dois últimos tipos de conflito mostrava-se particularmente útil para compreender os acontecimentos sucedidos após a Primeira Guerra Mundial: numa primeira fase (1919-1933), os conflitos nacionais mostraram-se centrais; mas a partir de 1933 e da emergência da Alemanha nazi, acrescentaram-se-lhe os conflitos sociais. Por isso, o conflito entre fascismo e democracia tinha, na base, um conflito social. Numa explicação que, em boa medida, antecipa a interpretação das origens sociais do fascismo e do nazismo, Polanyi considerava que, se a Grande Guerra levara à queda das três grandes dinastias europeias, Habsburgos, Hohenzollerns e Romanovs, a aristocracia feudal tinha sido desapossada por revoluções agrárias e os capitalistas cedido o poder ao povo. Assim, um processo que conjugava lutas sociais com nacionais, na Europa Central e de Leste, levara à criação de novos Estados, enquanto na Alemanha e na Áustria coube aos sindicatos e às classes trabalhadoras liderar o processo. A derrota militar sofrida por estes países foi recusada pelas anteriores classes dominantes; a ponto de se poder considerar que os esforços para restabelecerem o seu poder estiveram na origem dos movimentos contrarrevolucionários, dos quais o fascismo emergiu. E, se o mecanismo que mantinha no poder a classe trabalhadora era o do sufrágio universal e do governo representativo, a luta contra a democracia era o principal objetivo da contrarrevolução fascista. Em suma, para Polanyi, só através da criação de uma liga de países socialistas e democráticos se poderia formar um sistema de segurança coletiva capaz de lutar contra o fascismo[7].

Foi numa pequena universidade do Vermont que Polanyi preparou para publicação a obra que agora se edita em tradução portuguesa. Obra de maturidade, saída no ano em que o seu autor completou 58 anos. O estatuto de texto clássico, que rapidamente adquiriu, tem com certeza que ver com a dificuldade em arrumá-la numa única disciplina. Da antropologia à economia, da sociologia à história ou aos estudos políticos, as tentativas destinadas a encontrar uma filiação disciplinar são sobretudo reveladoras da insegurança com que as mais institucionalizadas e académicas divisões dos saberes se confrontam com as obras que analiticamente as põem em causa. Tal como se a itinerância e as mais diversas dinâmicas históricas e identitárias que pesaram sobre Polanyi se tivessem traduzido, na sua obra principal, numa intenção de romper com todas e quaisquer barreiras. Mas retomemos o fio à meada, para nos centrarmos em três aspetos essenciais de *A Grande Transformação*.

Primeiro, há que considerar o sentido de um processo caracterizado pela extensão das relações de mercado: à medida que estas se foram tornando mais densas e difusas, as relações próprias da vida em comunidade e em família foram sendo subordinadas à lógica do mercado, passando a economia de mercado a assumir uma vida própria, governada pelas leis propostas pelos economistas clássicos e por Marx. De modo mais concreto, o mesmo processo de transformação traduziu-se numa rejeição do sistema de beneficência e ajuda aos pobres, e na sua substituição por um mercado capaz de atribuir um preço ao trabalho, forçando homens e mulheres a viver de uma remuneração, por mais miserável que fosse. O resultado é que a acumulação capitalista se passou a processar a uma escala até então inédita, que só teve paralelo nos processos de expropriação, deslocação forçada, desemprego e na destruição das relações e instituições

---

[7] K. Polanyi, *Europe To-Day*, op. cit.

sociais em que estavam anteriormente incrustadas as atividades económicas, o estatuto social, o orgulho no ofício e a própria expressão cultural do trabalho. Um dos aspetos mais salientes de *A Grande Transformação* é a descrição, a partir do caso inglês, do processo violento de construção do Estado nacional, que ocorreu em articulação e interdependência com a constituição de um mercado interno. O Estado enquadrou o movimento de mercadorização da terra, do trabalho e do capital, procurando gerir os seus excessos e os conflitos daí resultantes. O grau da sua intervenção dependia do caráter dos regimes políticos no poder e sobretudo, como Barrington Moore Jr. procurou enunciar em *As Origens Sociais da Ditadura e da Democracia*, dos equilíbrios entre forças sociais, do estado das suas lutas pela imposição de uma visão do mundo e das relações sociais e económicas, traduzidos em influência no aparelho estatal([8]). O Estado moderno, concentrando o poder coercivo, impondo uma disciplina fiscal, criando um quadro para a atividade económica (por exemplo, legitimando os direitos de propriedade), promoveu a transformação das lógicas de organização social. A criação de uma escala de relações a nível nacional, sustentada na troca económica mas também em inúmeros outros instrumentos de integração nacional, como o sistema escolar e o aparelho administrativo, atentou contra formas de organização precedentes, o que originou reações «em defesa da sociedade». Polanyi explicou como estas reações fomentaram alianças improváveis entre classes. O movimento ludita dos camponeses destruidores de máquinas, por exemplo, associou-se, na luta contra o emergente capitalismo agrícola, aos interesses da grande propriedade agrícola e dos senhores das terras que governavam pelo direito concedido pelo sangue. Estas associações de interesses, mais do que exprimir uma intencionalidade política, revelavam acordos ocasionais para proteger modelos de sociedade ameaçados. A «defesa da sociedade» podia assumir matizes variados, politicamente diversos, resultantes de alianças contextuais. O Estado, neste mesmo sentido, era simul-

---
   ([8]) Barrington Moore Jr., *As Origens Sociais da Ditadura e da Democracia* (Lisboa: Edições 70, 2010).

taneamente agente da transformação e desregulamentação social, em articulação com os mercados, como fator criador de novas formas de proteção. Nesta segunda função, é importante considerar que a ação estatal, produzindo um interesse próprio, respondia a um conjunto de interdependências e pressões, assumindo-se a estabilidade da atividade económica como uma característica fundamental das suas políticas. O *movimento duplo* que Polanyi descreve (que abordaremos em seguida), ainda que denotando claros traços funcionalistas e menosprezando as continuidades e as recomposições históricas (a persistência do antigo regime), tem-se revelado particularmente relevante no interior das tentativas de compreensão das sociedades contemporâneas[9]. Tem sido igualmente uma das razões que tem justificado algumas das críticas mais bem fundadas ao seu pensamento e ao seu legado, nomeadamente a caracterização do seu pensamento como um dos fundadores das teorias da modernização. As interpretações de *A Grande Transformação* também têm sido criticadas pela relativa desconsideração da importância de fatores como a estrutura e a dinâmica conflitual das classes sociais na emergência de uma economia de mercado no século XIX, para não falar de «imprecisões empíricas e fragilidades teóricas», como escreve Sandra Halperin[10].

---

[9] Fred Block, «Polanyi's Double Movement and the Reconstruction of Critical Theory», *Revue Interventions économiques*, vol. 38 (2008). Gareth Dale, «*Double movements* and pendular forces: Polanyian perspectives on the neoliberal age», *Current Sociology*, vol. 60, n.º 1 (2012), pp. 3-27; *idem*, «Positivism and 'functional theory' in the thought of Karl Polanyi, 1907-1922», *Sociology Compass*, vol. 5, n.º 2 (2011), pp. 148-164; Mark Blyth, *Great Transformations: Economic Ideas and Institutional Change in the 20th Century* (Cambridge: Cambridge University Press, 2002).

[10] S. Hejeebu e D. N. McCloskey, «The Reproving of Karl Polanyi», *Critical Review*, vol. 13, n.º 3-4 (2000), pp. 285-314. Este artigo suscitou um debate entre estes autores e Mark Blyth. Mark Blyth, «The Great Transformation in Understanding Polanyi: Reply to Hejeebu and McCloskey» e S. Hejeebu e D. McCloskey, «Polanyi and the History of Capitalism: Rejoinder to Blythe», *Critical Review*, vol. 16, n.º 1 (2004), pp. 117-133 e 135-142, respetivamente; Sandra Halperin, «Dynamics of Conflict and System Change: the Great Transformation Revisited», *European Journal of International Relations*, vol. 10 (2004), pp. 263-306.

Segundo aspeto no qual Polanyi insiste, e que o diferencia decisivamente do socialismo marxista: o da rejeição de qualquer tipo de determinismo económico, perspetiva que permite pensar que, mais do que a relação da economia de mercado incrustada nas instituições, aquilo que estava em causa era a relação da economia com a sociedade. Ora, é neste mesmo ponto que se baseia o ponto de vista ético e político do autor, ou seja, a sua luta contra uma noção da economia desincrustada da sociedade. E é também aqui que se insere a sua oposição ao nazismo, o que nos conduz ao terceiro aspeto a ter em conta: o chamado «movimento duplo».

Para Polanyi, uma conceção liberal do sistema de mercado, parte integrante da grande transformação, dera lugar, pelo menos desde a Primeira Guerra Mundial, a uma reação, a uma espécie de contramovimento, de proteção legislativa relativa à saúde, condições laborais nas fábricas, seguros, direitos sindicais, serviços públicos e municipais. De facto, a depressão que decorre entre 1873 e 1886 precipitara uma deflação de preços e lucros, bem como a deslocação forçada de milhões de pessoas por toda a Europa rural. O comércio livre passou a ser uma questão do passado. A expansão da economia de mercado correspondeu ao «movimento duplo», de expansão do comércio acompanhada por instituições protecionistas. Por sua vez, a competição internacional e as rivalidades imperialistas conduziram à guerra iniciada em 1914. Desta mesma guerra, a Europa saiu empobrecida, carregada de dívidas, dividida com a criação de pequenos Estados saídos do Império Habsburgo, atravessada por guerras civis e fomes na Rússia pós-1917. Na perspetiva de Polanyi, a Grande Depressão de 1931 fora o ato final de uma série de crises económicas e financeiras e o resultado do falhanço dos programas de estabilização impostos pelos Estados vencedores. O fascismo e o nazismo acabaram por florescer nestas mesmas condições. Mas como poderia ser pensada a Europa do pós-Segunda Guerra Mundial? Um sistema de instituições internacionais e de Estados nacionais tinha inevitavelmente de pôr a economia de mercado ao serviço dos objetivos sociais dos Estados nacionais, proporcionando emprego para todos, impostos progressivos e a criação de um Estado social. Esta política de enquadramento beneficiou durante várias décadas as economias nacionais dos países ocidentais, estimulando os mercados internos e protegendo o capital local no quadro do comércio internacional([11]). Este tipo de defesa da sociedade permitiu ainda a estabilidade social fundamental para o desenvolvimento das atividades económicas. A entrada de vastas camadas de trabalhadores numa sociedade de consumo e o seu acesso a bens e serviços proporcionados pelo Estado alterou a configuração das lutas sociais, à medida que se transformavam as subjetividades e as aspirações dos grupos que compunham estas sociedades.

Programas de investigação na Universidade de Columbia

Entre 1947 e 1953, Karl Polanyi ensinou História Económica na Universidade de Columbia. Quando foi nomeado professor visitante contava 61 anos. O objetivo era estudar «o lugar ocupado pela vida económica na sociedade» e o projeto de investigação por ele assumido dizia respeito às origens das instituições económicas. Depois de ter atingido a idade da reforma, permaneceu ligado a Columbia e beneficiou do apoio financeiro da Fundação Ford para continuar o seu programa de estudos. Movia-o um interesse profundamente interdisciplinar e uma ambição destinada a ultrapassar um olhar exclusivamente centrado no Ocidente. Assim, terrenos que supunham a existência de conhecimentos arqueológicos e linguísticos muito específicos, tais a como Mesopotâmia e a Grécia clássica, conjugaram-se com um interesse mais propriamente antropológico e histórico pelos portos comerciais das civilizações maia e asteca ou do Daomé, pelos mercados dos berberes ou pela economia das aldeias indianas, pelos sistemas institucionais de dádiva enquadrando o comércio de longo curso no «ciclo do *Kula*», estudado por Malinowski na Melanésia.

Na sua expressão mais simples, o ambicioso projeto animado por Polanyi, mas que contava com a colaboração de muitos outros especialistas, seguia dois eixos principais.

([11]) Giovanni Arrighi, *Adam Smith in Beijing* (London: Verso, 2007).

Primeiro, tratava-se de continuar a criticar os economistas pelo excesso de centramento nos mecanismos da economia de mercado, no interior dos quais os preços sinalizariam as flutuações na oferta e na procura e permitiriam o seu ajustamento «automático». Opunha-se-lhes o olhar do antropólogo que procurava ligar tais mecanismos com os quadros culturais que lhes correspondiam, o modo como eram reconhecidos pelos homens, as suas funções sociais, a sua história e as instituições que lhes diziam respeito. Na diversidade de noções de reciprocidade e redistribuição, registadas pela etnografia, Polanyi encontrou a tradução de diferentes padrões sociais e económicos, que respondiam às expectativas de atores individuais. Neste sentido, o padrão da escolha individual adequado ao mercado livre constituíra-se como um mero produto do Ocidente no século XIX.

Esta última constatação conduz-nos ao segundo aspeto em causa: será possível, fora do mundo ocidental, seguir outros comportamentos, motivos e sistemas económicos capazes de pôr em causa as teorias da modernização e do desenvolvimento económico que se encontravam, então, no seu auge? O projeto interdisciplinar animado por Polanyi apresentava-se, então, como um quadro teórico destinado a servir o estudo das economias que não eram industrializadas, nem predominantemente organizadas por instituições de mercado. E foi pelas mesmas razões de relativização de um presente caracterizado como um sistema económico de economia de mercado, mas sem deixar de emprestar à expressão uma certa ironia, que considerou «obsoleta a nossa mentalidade de mercado» – obsoleta porque, fruto da modernidade ocidental, deixara de poder enquadrar a sua evolução e os anseios humanos que originara, com as trágicas consequências acima enunciadas.

A antropologia e a história económica permitiram a Polanyi seguir uma diversidade de impérios, tais como a Mesopotâmia, a Grécia clássica e o Daomé no século XVIII, com os seus portos comerciais([12]). Porém, existem muitas outras configurações e

---

([12]) K. Polanyi, «Marketless Trading in Hammurabi's Time», in *Trade and Market in Early Empires, op. cit.*, pp. 12-26, *idem*, «Aristotle Discovers

períodos históricos que mereceram a sua atenção, por se afastarem dos modelos da economia de mercado criados pela grande transformação. Foi o que sucedeu, por exemplo, com o feudalismo([13]). Todo este vasto leque de padrões implicava que a construção de uma teoria económica só seria possível através da comparação entre diversos sistemas económicos, incluindo neles os que diziam respeito a economias primitivas ou arcaicas. Porém, esta mesma lógica de abertura era reversível, ou seja, para que os antropólogos pudessem apreciar o que era analiticamente importante na economia das Ilhas Trobriand, estudadas por Bronislaw Malinowski, tinham também de se interessar pela estrutura do capitalismo industrial.

A partir de uma série de exemplos de impérios «arcaicos», Polanyi seguiu o modo como se processava a institucionalização do comércio, dos mercados e da moeda. Verificou, então, que – embora esses mesmos impérios se caracterizassem por uma divisão do trabalho (pelo menos nas cidades e entre estas e os campos), por comportarem redes de comércio, transações monetárias e bancárias, bem como formas de regulação ou de arbitragem – a moeda, os mercados e o comércio estavam institucionalizados de forma separada entre si. Era esta caracterís-

---

Economy», in *idem*, pp. 64-94; *idem*, «On the Comparative Treatment of Economic Institutions in Antiquity with Illustrations from Athens, Mycenae, and Alalakh», in *City Invicible: A Symposium on Urbanization and Cultural Development in the Ancient Near East*, (orgs.) C. H. Kraeling e R. M. Adams (Chicago: University of Chicago Press, 1960), pp. 329-350 [republicado in Polanyi, *Primitive, Archaic and Modern Economies. Essays*, (org.) George Dalton (Garden City, Nova Iorque: Anchor Books, Doubleday & Company, Inc., 1968), pp. 306-334]; *idem*, *The Livelihood of Man*, (org.) Harry H. Pearson (Nova Iorque: Academic Press, 1977); *idem*, «Ports of Trade in Early Societies», *The Journal of Economic History*, vol. XXIII, n.º 1 (março 1963), pp. 30-45 [republicado in Polanyi, *Primitive, Archaic and Modern Economies. Essays, op. cit.*, pp. 238-260]; *idem*, colaboração de Abraham Rotstein, *Dahomey and the Slave Trade. An Analysis of an Archaic Economy*, pref. Paul Bohannan (Seattle, Londres: University of Washington Press, 1966).

([13]) K. Polanyi, «Primitive Feudalism and the Feudalism of Decay [1950]», in *Economic Development and Social Change. The Modernization of Village Communities*, (org.) George Dalton (Garden City, Nova Iorque: The American Museum of Natural History, 1971), pp. 140-147.

tica que os diferenciava do moderno sistema de mercado. Mais concretamente, ao analisar a organização económica de um reino da costa ocidental de África no século XVIII envolvido no comércio externo de escravos com os europeus, constatou que a redistribuição da riqueza, a cargo do Estado, surgia como o principal padrão de integração económica. Ou seja, o movimento dos bens orientava-se para o centro e era dali que de novo fluía para a sociedade. Fora da esfera do Estado, ou seja, na órbita familiar e local, a reciprocidade e a casa eram igualmente padrões dominantes. Nas palavras do autor: «na ausência de um sistema de mercados, as trocas comerciais pareciam ser secundárias, já que não compreendiam o trabalho e a propriedade, e mesmo os mercados dos bens de consumo encontravam-se isolados e não se constituíam num sistema»[14].

Receção e usos de Polanyi
– antropologia, sociologia, história e economia

A origem, o crescimento e a transformação do capitalismo no século XIX, enquanto sistema de economia de mercado, e a relação da economia com a sociedade em sistemas considerados primitivos ou arcaicos, constituíram os dois grandes temas da obra de Polanyi. Em ambos os casos, pressente-se a mesma questão ética e política: só há história e ciências sociais desde que alicerçadas numa reflexão sobre o presente. Ou, no sentido inverso, tal como se a distância introduzida tanto pela história ou pela antropologia se revelasse uma experiência fecunda para melhor compreender os problemas do presente. Tudo isto, qualquer que seja o sentido assumido pelo presente: das revoluções e contrarrevoluções da primeira metade do século XX à emergência do fascismo ou do nazismo; das propostas socialistas apartadas da influência marxista aos riscos anunciados de novos imperialismos para o período posterior à Segunda Guerra Mundial. A este respeito, a atividade de Polanyi enquanto

---

[14] K. Polanyi, colaboração de A. Rotstein, *Dahomey and the Slave Trade*, op. cit., p. 32.

jornalista, editor e colaborador do *Der Öesterreichische Volkswirt* constituiu uma experiência bem consistente. Para a mesma urgência de caráter jornalístico também terá contribuído o facto de ele só muito tarde na vida ter alcançado as condições de estabilidade académica que lhe permitiram dedicar-se ao estudo dos sistemas económicos e políticos mais arcaicos ou primitivos. Mas, de todo este trabalho e envolvimento, quais os principais aspetos que têm caracterizado a receção e os usos de Karl Polanyi?

As reações à necessidade de procurar uma conceção mais incrustada da economia foram quase imediatas, assumindo desde muito cedo a defesa da economia como ciência([15]). A partir dos anos 60, graças sobretudo ao trabalho de George Dalton nos Estados Unidos e de Louis Dumont em França, foi dada particular atenção à obra de Polanyi nos círculos ligados à antropologia([16]). Seguindo esta mesma linha, alguns historiadores interessados em criticar as visões mais teleológicas do progresso e da modernização foram sensíveis aos ensinamentos de Polanyi, aproveitando-se da sua obra como fonte de inspira-

---

([15]) Allen Sievers, *Has Market Capitalism Collapsed? Critique of Karl Polanyi's New Economics* (Nova Iorque: Columbia University Press, 1949).

([16]) Sydney Mintz [rec. a *Trade and Markets in the Early Empires*], *American Anthropologist*, nova série, vol. 60, n.º 3 (1958), pp. 583-586; June Helm (org.), Paul Bohannan e Marshall D. Sahlins, co-organizadores, *Essays in Economic Anthropology, Dedicated to the Memory of Karl Polanyi* (Seattle: American Ethnological Society, University of Washington Press, 1965); George Dalton, «Introduction», in K. Polanyi, *Primitive, Archaic and Modern Economies. Essays*, (org.) G. Dalton (Garden City, Nova Iorque: Anchor Books, Doubleday & Company, Inc., 1968); G. Dalton (org.), *Tribal and Peasant Economies: Readings in Economic Anthropology* (Garden City, Nova Iorque: The American Museum of Natural History, 1967), *sub voce* «Polanyi»; G. Dalton (org.) *Economic Development and Social Change. The Modernization of Village Communities*, *op. cit.*, *sub voce* «Polanyi»; Louis Dumont, «Préface», in K. Polanyi, *La Grande Transformation – Aux origines politiques et économiques de notre temps*, trad. Catherine Malamoud e Maurice Angeno (Paris: Gallimard, 1983), pp. I-XIX; Robert Rowland, «O conceito de capital e a antropologia económica: contribuição à critica do etnocentrismo económico», *Revista Trimestral de História e Ideias*, n.º 1 (Porto: Afrontamento, 1978), pp. 21-39; Jean Ensminger (org.), *Theory in Economic Anthropology* (Walnut Creek: Alta Mira Press, 2002), *sub voce* «Polanyi».

ção para as análises em pequena escala e refletindo sobre a noção de reciprocidade aplicada a sociedades não industrializadas[17]. O mesmo se passou no âmbito da sociologia histórica, interessada no estudo dos processos de mudança macrossociais[18]. Entre historiadores, o que mais impressiona é o facto de a obra de Polanyi ter atraído a crítica e inspirado historiadores situados em campos tão diversos: dos classicistas aos modernistas e africanistas[19]. Por sua vez, a sociologia económica encontrou nele um dos seus fundadores, quer para compreender os mecanismos de dominação, como sucedeu com

[17] Edoardo Grendi, *Polanyi. Dal'antropologia economica alla microanalisi storica* (Milão: Etas Libri, 1978); «Pour une histoire anthropologique. La notion de réciprocité», *Annales. Économies, Sociétés, Civilisations*, vol. 29, n.º 6 (1974), pp. 1309-1310; Lucette Valensi, «Anthropologie économique et histoire», *idem*, pp. 1311-1319; Alfredo Margarido, «La réciprocité dans un mouvement paysan du Sud du Brésil», *idem*, pp. 1338-1345; Nathan Wachtel,»La réciprocité et l'État Inca: de Karl Polanyi à John V. Murra», *idem*, pp. 1346-1357; Antoinette Fioravanti-Molinié, John V. Murra, Claude Meillassoux, Marc Augé, Georges Duby, Maurice Godelier, Paul Veyne, «Histoire et anthropologie. Débat (sur la réciprocité)», *idem*, pp. 1358-1380 [L. Valensi *et al.*, *Para uma história antropológica. A noção de reciprocidade*, trad. Emanuel Godinho (Lisboa: Edições 70, 1978)].

[18] Fred Block e Margaret R. Somers, «Beyond the Economistic Fallacy: The Holistic Social Science of Karl Polanyi», in *Vision and Method in Historical Sociology*, (org.) Theda Skocpol (Nova Iorque: Cambridge University Press, 1984), pp. 47-84; Fred Block, «Karl Polanyi and the Writing of *The Great Transformation*», *Theory and Society*, vol. 32, n.º 3 (2003), pp. 275-306; Philip S. Gorski, «An Archaeology of Sociology: Ancient Roots of a Modern Discipline», *Contemporary Sociology*, vol. 36, n.º 5 (2007), pp. 411-413.

[19] J. H. Hexter [recensão crítica a *The Great Transformation*], *The American Historical Review*, vol. 50, n.º 3 (1945), pp. 501-504; S. C. Humphreys, «History, Economics, and Anthropology: The Work of Karl Polanyi», *History and Theory*, vol. 8, n.º 2 (1969), pp. 165-212; Catherine Coquery-Vidrovitch [recensão crítica a *Dahomey and the Slave Trade*], *Annales. Économies, Sociétés, Civilisations*, vol. 24, n.º 3 (1969), pp. 651-653; Abraham Rotstein, «Karl Polanyi's Concept of Non-Market Trade», *The Journal of Economic History*, vol. 30, n.º 1 (1970), pp. 117-126; Mohammad Nafissi, *Ancient Athens & Modern Ideology. Value, Theory & evidence in Historical Sciences Max Weber, Karl Polanyi & Moses Finley* (Londres: Institute of Classical Studies, School of Advanced Study, University of London, 2005).

Bourdieu, quer para reivindicar para a sociologia um estatuto científico central no estudo das próprias economias de mercado, segundo a proposta de Mark Granovetter e de outros[20]. Mas foi, sobretudo, no âmbito das discussões sobre os modelos da economia de mercado e em reação às doutrinas do liberalismo económico que se assistiu no último quarto de século a um maior investimento na obra de Karl Polanyi. É o que se constata se tivermos em conta uma série de estudos de caráter biográfico e de análises da sua obra[21]. Claro que, como demonstrou um

---

[20] Jens Beckert, «What is Sociological about Economic Sociology? Uncertainty and the Embeddedness of Economic Action», *Theory and Society*, vol. 25, n.º 6 (1966); Pierre Bourdieu, «Les modes de domination», *Actes de la recherche en sciences sociales*, vol. 2, n.º 2 (1976), pp. 122-132; Mark Granovetter, «Economic Action and Social Structure: The Problem of Embeddedness», *American Journal of Sociology*, vol. 91 (1985), pp. 481-510 [reeditado in *New Economic Sociology: A Reader* (Princeton: Princeton University Press, 2011; 1.ª ed., 2004), pp. 245-272]; J. Neil Smelser e Richard Swedberg (orgs.), *The Handbook of Economic Sociology* (Princeton: Princeton University Press, 2005, 1.ª ed., 1994); Rogers Hollingsworth e Robert Boyer (orgs.) *Contemporary Capitalism: The Embeddedness of Institutions* (Cambridge: Cambridge University Press, 1997).

[21] Ron Stanfield, *The Economic Thought of Karl Polanyi: Lives and Livelihood* (Basingstoke: Macmillan, 1986); Kari Polanyi-Levitt, *The Life and Work of Karl Polanyi: a celebration* (Montréal: Black Rose Books, 1990); Marguerite Mendell e Daniel Salée (orgs.), *The Legacy of Karl Polanyi. Market, State and Society at the End of the Twentieth century* (Houndmills, Basingstoke, Hampshire: Macmillan, 1991); Jean-Michel Servet, «L'institution monétaire de la société selon Karl Polanyi», *Revue économique*, vol. 44, n.º 6 (1993), pp. 1127-1150; Gregory Baum, *Karl Polanyi on Ethics and Economics* (McGill-Queen's University Press, 1996); Kenneth McRobbie (org.), *Humanity, Society and Commitment. On Karl Polanyi* (Montréal: Black Rose Books, «Critical Perspetives on Historical Issues», vol. 4, 1997); Michele Cangiani (org.), *The Milano Papers. Essays in Societal Alternatives* (Montréal, Nova Iorque, Londres: Black Rose Books, «Critical Perspetives on Historical Issues», vol. 7, 1997, The Third International Karl Polanyi Conference, Milão, novembro 1990); Fikret Adaman e Pat Devine (orgs.), *Economy and Society: Money, Capitalism and Transition. Reciprocity, Redistribution, and Exchange: Embedding the Economy in Society* (Montréal, Nova Iorque, Londres: Black Rose Books, «Critical Perspetives on Historical Issues», vol. 11, 1997, The Sixth International Karl Polanyi Conference, Montréal, novembro 1996); Philippe Wender, «Le libéralisme économique n'est pás une

dos seus maiores estudiosos atuais, Gareth Dale, será necessário alargar o leque dos textos, muitos deles inéditos, para poder avaliar melhor o sentido da sua obra. A este respeito, afigura-se essencial a consulta do acervo arquivístico do Karl Polanyi Institute of Political Economy da Universidade de Concordia, no Canadá. De qualquer modo, a obra de Polanyi continuará a suscitar duas interrogações a que só investigações de caráter analítico mais aprofundadas poderão dar uma resposta satisfatória.

A primeira diz respeito às origens do seu pensamento. Ora, para reconstituir a genealogia das suas ideias e retomar a questão clássica – e muitas vezes falaciosa em história intelectual – das influências a que Polanyi foi sujeito, haverá que considerar pelo menos três núcleos. O primeiro remete para o debate acerca da economia socialista, com os seus métodos de planeamento central([22]). A sua posição parecia ser a de criticar tanto o planeamento central como o liberalismo clássico, mostrando

---

fatalité. Lire ou relire Karl Polanyi», *Autres Temps. Cahiers d'éthique sociale et politique*, vol. 60, n.º 1 (1998), pp. 89-93; Frédéric Lebaron, «L'impérialisme de l'économie. Éléments pour une recherche comparative», *Actes de la recherche en sciences sociales*, vol. 121-122 (1998), pp. 104-108; Mark Blyth, *Great Transformations. Economic Ideas and Institutional Change in the Twentieth Century* (Cambridge: Cambridge University Press, 2002); Sandra Halpern, *War and Social Change in Modern Europe:* The Great Transformation *Reconsidered* (Cambridge: Cambridge University Press, 2004), *maxime* pp. 3-47, 269-296; Ayse Bugra e Kaan Agartan (orgs.), *Reading Karl Polanyi for the Twenty-First Century* (Nova Iorque: Palgrave Macmillan, 2007, Tenth International Karl Polanyi Conference «Protecting Society and Nature From Commodity Fiction», October 14-16, 2005, Bogaziçi University, Istambul); Mark Harvey, Ronnie Ramlogan e Sally Randles (orgs.), *Karl Polanyi New Perspectives on the Place of the Economy in Society* (Manchester e Nova Iorque: Manchester University Press, 2007); Cris Hann e Keith Hart (orgs.), *Market and Society:* The Great Transformation *Today* (Cambridge: Cambridge University Press, 2009); Gareth Dale, *Karl Polanyi, op. cit.*; Michele Cangiani, «From Menger to Polanyi: The Institutional Way», in *Austrian Economics in Transition: from Carl Menger to Friedrich Hayek*, (orgs.) Harald Hagemann, Tamotsu Nishizawa e Yukihiro Ikeda (Nova Iorque: Palgrave Macmillan, 2010), pp. 154-176.

([22]) Em Portugal, em 1941, António Sérgio falava em termos elogiosos do planeamento central desde que articulado com a preservação da

por isso mesmo simpatia para com socialistas como Otto Bauer e G. D. H. Cole, mas afastando-se de Karl Kautski, Trotsky e Otto Neurath. Se neste núcleo se pressente a influência de Marx e dos autores que nele se inspiraram, com as suas ideias acerca da luta de classes e da polarização entre trabalho, capital e propriedade, uma segunda e contraditória influência encontra-se no pensamento do economista austríaco Joseph Schumpeter. Para este, o sistema da economia de mercado era benéfico, mesmo que os motivos individuais que sustentavam as ações não o fossem; isto porque: as instituições capitalistas habilitavam os indivíduos a concretizar os seus interesses; os mercados livres organizavam um sistema de distribuição equilibrada; e os lucros eram uma consequência da administração da propriedade e da capacidade empresarial. Em *A Grande Transformação*, a caracterização de um sistema de economia de mercado é, em parte, tributária das ideias de Schumpeter.

Mas existe um terceiro núcleo de autores, situados entre Marx e Schumpeter, que influenciaram Polanyi. Trata-se dos economistas políticos da denominada escola histórica alemã, cujos principais autores foram Frederich List, Gustav Schmoller e o célebre (pelas críticas que suscitou da parte de Marx) Eugen Dühring. Contra a perceção de um crescimento dos mercados, com os seus ciclos, todos eles insistiram tanto na especificidade histórica dos mesmos mercados como na centralidade do Estado enquanto seu organizador principal. Mais: longe de pensarem que a autorregulação dos mercados contribuía para a coesão social, consideraram que a existência de mercados livres suscitava numerosos conflitos; por isso, julgavam que as atividades de especulação deveriam ser contrariadas por medidas de intervenção social e regulação por parte do Estado. Ou seja, o Estado era chamado a intervir, traduzindo as medidas normativas em instituições, capazes de resolver o conflito entre os trabalhadores e as outras classes, de molde a que aqueles fossem reintegrados no organismo político. Max Weber, Werner Sombart e Karl Polanyi procuraram, de facto, criar

---

liberdade individual, cf. *História de Portugal*, vol. I – *Introdução geográfica* (Lisboa: Livraria Portugália, 1941).

o seu espaço entre estes três núcleos de autores e de influências[23].

A segunda interrogação prende-se, em parte, com as relações entre Polanyi e Keynes, mas tem consequências mais profundas respeitantes aos usos das ideias de Polanyi. Relações frustradas, uma vez que Keynes não parece ter mostrado nenhuma abertura frente às tentativas daquele, documentadas desde 1933, para com ele se encontrar[24]. No entanto, tanto Keynes como Polanyi propuseram, cada um à sua maneira, modos de fazer com que a economia de mercado ficasse sujeita à regulação por parte do Estado, quer através de instituições, de regulações ou de formas de incrustação. Mais recentemente, o estudo e a conceptualização da economia nas suas relações com instituições, ideias e interesses, pelo menos em certos círculos, foi mais tributário dos contributos de Keynes do que de Polanyi[25]. Provavelmente, só em reação ao neoliberalismo (ou neoconservadorismo dos anos 1990) se passou a investir mais na obra de Polanyi e nas suas ideias acerca da necessidade de reencastrar ou reincrustar a economia, pondo fim à falta de regulação dos mercados. Resta, porém, saber se este retorno a Polanyi e aos seus conceitos não tem sido feito à custa do esvaziamento ideológico e do combate político inicial em que o autor situava as suas ideias. Por outras palavras, o risco é que o uso seletivo das

---

[23] G. Dale, *Karl Polanyi, op. cit.*, pp. 12-15.

[24] Lee Congdon, *Seeing Red: Hungarian Intellectuals in Exile and the Challenge of Communism, op. cit.*, p. 19 (onde se transcreve carta de Polanyi para Irene Grant, de 13 de outubro de 1933, revelando o seu interesse em conhecer Keynes, ao lado de G. D. H. Cole).

[25] Theda Skocpol e Margaret Weir, «State Structures and the Possibilities for 'Keynesian' Responses to the Great Depression in Sweden, Britain and the United States», in Peter Evans, Dietrich Rueschemeyer, Theda Skocpol (orgs.), *Bringing the State Back In* (Cambridge, Nova Iorque: Cambridge University Press, 1985), pp. 107-164; Peter A. Hall, *The Political Power of Economic Ideas: Keynesianism across Nations* (Princeton: Princeton University Press, 1989); *idem*, «Policy, Paradigms, Social Learning and the State: The Case of Economic Policymaking in Britain», *Comparative Politics*, vol. 25, n.º 2 (1993), pp. 275-296; Douglass C. North, *Institutions, Institutional Change and Economic Performance* (Cambridge: Cambridge University Press, 1990).

ideias de Polanyi, sobretudo em sociologia económica – confundindo neutralidade com objetividade –, possa reduzir o seu pensamento à questão da incrustação, considerando que as práticas económicas envolvem relações sociais, normas, costumes e formas de institucionalização, mas procedendo à sua despolitização e esquecendo a sua força ética e política.

Não é simples, no entanto, encontrar um projeto social e político definido em *A Grande Transformação*. A luta de Polanyi contra uma noção da economia desincrustada da sociedade não assume uma forma visível, suscitando diversas questões. No contexto atual, o seu pensamento surge sobretudo como meio de legitimar a ação reguladora do Estado na economia enquanto via de defesa da sociedade à escala nacional contra os processos de globalização, de mercadorização e desregulação laboral e fiscal. O legado de Polanyi é muitas vezes lido lado a lado com uma tradição económica que, em termos genéricos, podemos vincular ao trabalho de Keynes. A ideia geral de defesa da sociedade, que encontrou no Estado uma poderosa ferramenta de intervenção, exprimia a necessidade de uma estabilidade social propícia ao desenrolar das atividades produtivas. A manutenção da estabilidade social assentou, neste quadro, na manutenção de um contrato social. Os trinta anos gloriosos do pós-guerra constituíram-se como o período em que a economia ocidental se desenvolveu em articulação com o incremento deste contrato social. Os programas estatais de crescimento económico sustentaram (e foram sustentados por) teorias da modernização; o acesso à saúde e à educação e o estabelecimento de sistemas de proteção social firmaram-se como marcas fundamentais deste contrato social; o aumento do consumo interno e do poder de compra das populações nacionais gerou fenómenos sociais únicos, como a consolidação de uma indústria cultural massificada assente no aumento do consumo. A teoria keynesiana tornou-se no mais citado modelo de resposta aos excessos da liberalização económica a partir de um pensamento técnico sobre o papel do Estado. A experiência histórica do pós-guerra inspira hoje parte da crítica à globalização neoliberal em curso desde a década de oitenta. A herança do pensamento de Polanyi induz movimentos contrários ao processo de unificação do mercado mundial, sob batuta das grandes instituições financeiras e de uma classe dominante que se constitui à escala global e à qual Polanyi se refere diversas vezes em *A Grande Transformação*.

A resposta programada à ofensiva liberal tomava então o Estado enquanto instrumento técnico. Esta situação revelava que a defesa da sociedade exigia um domínio preciso dos mecanismos económicos. A constituição de um modelo resistente à ideia de mercado autorregulado dependia das próprias conquistas da teoria económica, na sequência da formação de um campo de atividade científico relativamente autónomo que procurava responder eficazmente a um conjunto predefinido de problemas. Esta alternativa programada não deixava de pensar a organização social a partir dos termos definidos pelo próprio campo económico, procurando nomeadamente a melhor forma de manter o funcionamento dos mercados e alcançar determinados níveis de produtividade nacional. Ao Estado cabia conter crises cíclicas e as consequências humanas a elas associadas. O vínculo do pensamento de Polanyi à lógica da teoria económica reduzirá o alcance do seu trabalho e das questões que este suscita. As suas investigações históricas, na senda de trabalhos clássicos em antropologia como os do citado Malinowski, confirmavam a fragilidade de abstrações como o mercado livre ou o *Homo economicus*, produtos sociais e políticos do seu tempo, transformados em ideologias. Estas investigações procuravam, no entanto, ir mais longe. Polanyi nunca deixou de tentar compreender a possibilidade de constituição de uma economia ao serviço de um outro tipo de contrato social, para lá de uma ideia de *Homo economicus* que a intervenção estabilizadora do Estado não conseguia necessariamente ultrapassar. Estas «outras economias», encontradas na história de povos e civilizações, ajudavam a pensar essa possibilidade. O mesmo sucedia, aliás, com o elogio ao cooperativismo comunitarista de Robert Owen e à ideia de uma organização social comunitária assente na educação e na cooperação entre classes e contrária às lógicas de conflito promovidos por movimentos, como os marxistas, que partiam da contradição económica entre sujeitos para defender luta sociais abrangentes. O *Homo reciprocans* no interior de uma economia da dádiva, explorada, entre outros, por Lewis Hyde, Marcel Mauss, Marshall Sahlins, Maurice Godelier e Karl Polanyi, constituiria o substituto natural do *Homo economicus*.

A crítica de Polanyi à economia de mercado relevava um desejo de regresso a uma comunidade idealizada, que a industrialização teria destruído. Este anseio assinalava uma nostalgia por um certo espaço autárcico, autossuficiente, assente no trabalho comunitário e na família, o que em grande medida configurava uma espécie de conservadorismo social, que apenas na superfície se constitui numa crítica social *radical*. O perigo da romantização dos *status quo ante* que resulta de interpretações históricas redutoras e em grande medida insensíveis à iniquidade dessas estruturas sociais, mais dominadas pelo olhar seletivo das descrições literárias e *sociológicas* das intoleráveis condições de existência e sobrevivência no novo mundo industrial (de *Condition of the Working Classes in England*, de Engels, originalmente publicado em 1845, a *Hard Times* de Dickens, de 1854) do que pelo estudo apurado das complexas dinâmicas da mudança sócio histórica, é evidente; e manifesta-se tanto na obra de Polanyi como em algumas das suas apropriações contemporâneas. A leitura cursória de clássicos como *The world we have lost* de Peter Laslett permite questionar os fundamentos empíricos e argumentativos que guiam muitos destes exercícios, que possuem um apelo popular, e populista, mas raramente resistem ao escrutínio crítico[26]. Do mesmo modo, as manipulações políticas, coevas e contemporâneas, das informações constantes nos treze relatórios da Royal Commission into the Operation of the Poor Laws de 1832, e no Poor Law Amendment Act de 1834, assim como as ressonâncias contemporâneas dos debates em torno da origem, da natureza e das consequências e impacto do decreto de Speenhamland, demonstram a necessidade de uma vigilância apertada em relação às operações de

---

[26] Peter Laslett, *The World We Have Lost: England Before the Industrial Age* (Nova Iorque: C. Scribners, 1965); *The World We Have Lost: Further Explored* (Londres: Methuen, 1983)

descontextualização histórica da produção científica, entre outras.([27])

Para Polanyi, o mundo comunitário fora em grande medida destruído pelas forças dos mercados, mas também pela constituição de um Estado nacional. Lugar da concentração da violência e agente da desestruturação de autonomias sociopolíticas e económicas de pequena escala, foi o Estado que organizou a uniformização e formatação de inúmeros aspetos da vida quotidiana, desde as relações de trabalho à definição da cidadania e das fronteiras nacionais; contra este processo levantaram-se diversos setores da sociedade, representando diferentes interesses, projetos e visões do mundo. A «defesa da sociedade» é incompreensível sem a interpretação da lógica e dos interesses dos grupos que a defendem. Mas o Estado tornou-se também no agente de novas formas de defesa da sociedade, onde se concentraram meios de proteção, dotados de uma intenção universalista, embora dentro das fronteiras nacionais e quase sempre por exclusão de quem se encontra do lado de fora. A reclamação crítica da intervenção reguladora do Estado nacional colocava a nível da técnica económica a solução para os ataques da mercadorização da sociedade contemporânea. Esta solução, no entanto, não responde a todos os problemas colocados por Polanyi no que respeita à organização social, que em grande medida pareciam levantar questões que excediam a capacidade de resposta do próprio campo económico enquanto espaço de resolução de problemas. A dependência do Estado face à produtividade nacional coloca hoje em risco direitos e autonomias, sempre precários, que o próprio Estado ajudou a efetivar e que parecem ser descartáveis para uma sociedade pensada quase

---

([27]) Algumas das principais conclusões dos relatórios foram escritas antes dos dados empíricos terem sido coligidos e apreciados. Veja-se, por exemplo, Mark Blaug, «The Poor Law Report Reexamined», *The Journal of Economic History*, vol. 24, n.º 2 (1964), pp. 229-245; D. N. McCloskey, «New Perspetives on the Old Poor Law», *Explorations in Economic History*, vol. 10 (1973), pp. 419-436. Para os debates sobre o decreto de Speenhamland veja-se Fred Block e Margaret Somers, «In the Shadow of Speenhamland: Social Policy and the Old Poor Law», *Politics Society*, vol. 31 (2003), pp. 283-353.

estritamente a partir dos valores da produtividade. A instrumentalização da ciência ao serviço dos desígnios do tecido produtivo, em nome de um nacionalismo económico, é apenas mais uma das dimensões desta contradição.

DIOGO RAMADA CURTO
(CesNova, FCSH/UNL)

NUNO DOMINGOS
(ICS, UL)

MIGUEL BANDEIRA JERÓNIMO
(ICS, UL)

Polanyi e a Sociologia Económica

É consensual datar de 1985 a afirmação da nova sociologia económica como um programa científico demarcado na sociologia norte-americana, de onde rapidamente se propagou pelo mundo([1]). Em novembro desse ano, o *American Journal of Sociology* publicava o artigo de Mark Granovetter que viria a assumir o estatuto de primeiro manifesto da área disciplinar, em cujo título figurava, como um problema, um termo-chave que associado ao pensamento de Karl Polanyi: o de «incrustação» (*embeddedness*) da economia (ou, mais exatamente na formulação de Granovetter: da *ação* económica) na estrutura social([2]). Em agosto, o mesmo Granovetter havia já preparado a receção do

---

([1]) A afirmação, não o nascimento, pois os estudos sociológicos sobre mercados como estruturas sociais e arenas de interação social fermentavam desde os anos 70, nomeadamente em torno de Harrison White e dos seus discípulos, entre os quais o próprio Mark Granovetter. Outros autores correntemente apontados como representantes de diferentes tendências dentro da nova sociologia económica, como é o caso de Viviana Zelizer, haviam também publicado alguns dos seus trabalhos fundamentais ainda nos anos 70.

([2]) Mark Granovetter, «Economic action and social structure: The problem of embeddedness», *American Journal of Sociology*, vol. 91, n.º 3 (1985), pp. 481-510. Tradução portuguesa em João Peixoto e Rafael Marques (orgs.), *A Nova Sociologia Económica* (Oeiras: Celta, 2003), pp. 69-102. Usarei sempre neste ensaio os originais em língua inglesa, mesmo quando

artigo, lançando a etiqueta nova sociologia económica» numa mesa redonda no âmbito do encontro da Associação Americana de Sociologia. Quando o artigo foi difundido, marcou a afirmação de uma tendência que se desenvolveria em bola de neve nos anos subsequentes([3]). Cinco anos depois, Granovetter consagraria o reconhecimento científico da subdisciplina, da sua identidade e da sua demarcação de tradições disciplinares antecedentes com um capítulo intitulado «A velha e a nova sociologia económica: uma história e uma agenda» ([4]).

Genericamente, o argumento de «ação económica e estrutura social» é de que os atores económicos são atores sociais inscritos em estruturas de relações. Isto é, não são nem indivíduos atomizados, calculadores racionais e hedonistas, agindo instrumentalmente para maximizarem a gratificação de preferências egoístas (versão subsocializada da teoria económica neoclássica), ou que, face às imperfeições do mercado e aos custos de transação inerentes a certos tipos de transação, projetariam racionalmente instituições para tornar possíveis e maximizar a eficiência dessas transações (versão do novo institucionalismo económico); nem tão-pouco autómatos sociais desempenhando papéis padronizados pela estrutura social e internalizados pela socialização (versão sobresocializada característica das sociologias estruturalista e funcionalista estrutural).

O tipo ideal intermédio, mais próximo da realidade empírica, seria o de indivíduos que agem simultaneamente com os recursos e sob o constrangimento das suas relações sociais, com

---

indique a existência de traduções. Todas as traduções de títulos e de excertos inseridos no texto são de minha responsabilidade.

([3]) Cf. Richard Swedberg, «Major traditions in economic sociology», *Annual Review of Sociology*, vol.17, (1991) p. 268; Mark Granovetter, «Luncheon roundtable talk on the 'New Sociology of Economic Life'», American Sociological Association Meeting, Washington, 26 de agosto de 1985, cit. in Neil J. Smelser e Richard Swedberg, «Introducing economic sociology», in *idem* (orgs.), *The Handbook of Economic Sociology: Second edition* (Princeton: Princeton University Press, 2005), pp. 3-25.

([4]) Mark Granovetter, «The old and the new economic sociology: A history and an agenda», in Robert Friedland e A. F. Robertson (orgs.), *Beyond the Marketplace: Rethinking economy and society* (Nova Iorque: Aldine de Gruyter, 1990), pp. 89-112.

maior ou menor autonomia em função da sua posição na rede social e do tipo de relações que os ligam a outros atores, e com graus variáveis de racionalidade instrumental segundo as situações sociais. As relações sociais não se distribuem aleatoriamente, estão estruturadas em redes com alguma estabilidade no tempo. Assim, as propriedades estruturais da rede, a posição dos atores sociais nessa estrutura e os tipos de relações em que se envolvem seriam os fatores explicativos mais imediatos das ações económicas, bem como da construção das instituições económicas e dos próprios mercados. Foi essa dependência das redes de relações sociais em que os atores estão inscritos que Granovetter apelidou de incrustação social da ação económica([5]).

À primeira vista, o uso da expressão parece marcar como que uma ascendência genética da obra de Polanyi sobre o novo campo de estudos. A noção tornou-se numa referência recorrente na sociologia económica, a ponto de Greta Krippner ter dito em 2002, num simpósio precisamente sobre o objeto destas linhas e publicado dois anos mais tarde, que «[o conceito] é tão ubíquo que seria difícil vermo-nos livres dele, ainda que quiséssemos»; e de Granovetter afirmar na sua resposta que praticamente deixara de empregar o termo, porque este fora «estendido até querer dizer praticamente tudo, de tal modo que não quer dizer nada». O que é intrigante, diga-se, quando adiante afirma que:

> Para mim, [incrustação] é apenas [...] uma cobertura [*umbrella*] conceptual sob a qual devemos indagar e refletir sobre quais são as ligações entre a atividade económica e os elementos sociais, políticos, institucionais, históricos e culturais com os quais essa atividade económica está misturada. Portanto, é um conceito de cobertura que serve para sensibilizar [*a sensitizing umbrella concept*], e foi assim que acabei por o utilizar [...]([6]).

([5]) Granovetter, «Economic action...», *op. cit.*
([6]) Greta Krippner *et al.*, «Polanyi symposium: A conversation on embeddedness», *Socio-Economic Review*, n.º 2 (2004), pp. 109-135. Citado de pp. 125 (Krippner), 113 e 133 (Granovetter).

É evidentemente difícil «estender» mais o conceito do que Granovetter o fez nesta definição, em contraste evidente com o sentido estrito que lhe dera em 1985. Tal alargamento foi sem dúvida o preço a pagar por a incrustação social da economia ter servido de estandarte para a autonomização de um campo disciplinar com assinalável dinâmica, mas não menos assinalável diversidade interna. Seja como for, não resta dúvida de que Polanyi foi irreversivelmente inoculado no código genético da nova sociologia económica, através da noção que *A Grande Transformação* lançara no debate intelectual e que Granovetter aparentemente glosara em 1985([7]).

Contudo, a ascendência de Polanyi sobre a proposta originária de Granovetter é equívoca. Quando o simpósio acima referido foi publicado em 2004, a transcrição do debate foi colocada sob uma epígrafe que revela simultaneamente perplexidade e disputa em torno da herança de Polanyi que lhe dera origem: «Esta conversa, [...] pretende esclarecer os debates em curso sobre o uso e abuso do conceito de incrustação em sociologia económica»([8]). Tal perplexidade sobre a mais emblemática expressão do seu vocabulário, num domínio de estudos que, em menos de vinte anos desde o seu primeiro manifesto, havia crescido exponencialmente e obtido assinalável institucionalização académica, não é um facto despiciendo. Claramente, haviam-se acumulado tensões no campo disciplinar que obrigavam à redefinição de conceitos básicos. Que caminhos seguiu essa redefinição e qual o papel nela desempenhado pelas apropriações de Polanyi?

Apropriações que, na realidade, parecem começar por uma expropriação. Em réplica a Greta Krippner, que o criticara por não ter (como ela própria) realizado a «exegese» da utilização do conceito por Polanyi e de o ter aplicado de modo abstrato

---

([7]) Karl Polanyi, «The economy as instituted process», in Karl Polanyi, Conrad Arensberg e Harry Pearson (orgs.), *Trade and Market in the Early Empires* (Glencoe: The Free Press, 1957) [reed. in Mark Granovetter e Richard Svedberg (orgs.), *The Sociology of Economic Life* (Boulder: Westview Press, 2001 2.ª ed.), pp. 31-50].

([8]) Krippner *et al.*, «Polanyi symposium...», *op. cit*, p.109.

e reducionista(⁹), Granovetter viria a declarar no simpósio citado que a sua utilização inicial do conceito não se baseara conscientemente em Polanyi nem visava a sua apropriação, e que só a chamada de atenção de um colega a quem dera a ler uma versão inicial do manuscrito o fizera dar conta da omissão e referir-se ao autor de *A Grande Transformação* – e, ainda assim, para dele se distanciar(¹⁰). Com efeito, eis o trecho em que Granovetter se refere a Polanyi e aos autores ditos «substancialistas» que nele se inspiraram, em oposição aos «formalistas» que seguiam os cânones da teoria económica neoclássica na análise de todos os tipos de economia:

> A minha opinião difere de *ambas* as correntes de pensamento. Afirmo que *o grau de incrustação do comportamento económico em sociedades sem mercado é menor do que os substantivistas proclamam* [...] *e que mudou menos com a 'modernização' do que eles creem*; mas afirmo igualmente que esse grau foi sempre mais substancial do que os autores formalistas e os economistas admitem, e continua a sê-lo(¹¹).

Por mais que viesse depois a usar a incrustação social da economia como um amplo conceito de cobertura – um enriquecimento do seu pensamento, mas também uma importante concessão aos seus críticos, que talvez permita compreender a mal-humorada passagem citada acima, sobre a vacuidade presente do conceito – a proposta inicial de Granovetter era muito mais específica do que a de Polanyi. Não acolhia a visão macrossocial, política, moral e cultural deste e, acima de tudo, divergia radicalmente no estatuto epistemológico do próprio conceito de instituição, que passava de *explanans* das formas de economia, que lhe atribuía Polanyi, para o de *explanandum* das estruturas de relações interpessoais, de cuja cristalização [*congealment*]

(⁹) Greta Krippner, «The elusive market: Embeddedness and the paradigm of economic sociology», *Theory and Society*, vol. 30, n.º 6 (2001), pp. 775-810, citado da p. 777.

(¹⁰) Krippner *et al.*, «Polanyi symposium...», *op. cit.*, , p. 114.

(¹¹) Granovetter, «Economic action...», *op. cit.*, pp. 482-483, itálico meu.

resultariam as instituições([12]). De forma deliberada, Granovetter avançara em 1985 com uma teoria de médio alcance, visando identificar mecanismos de articulação entre as estruturas micro e mesossociais da economia e deixando conscientemente de lado a cultura, as estruturas e as instituições sociais e políticas mais amplas – as quais, ao invés, foram o terreno de eleição de Polanyi([13]). Como se lê na conclusão do artigo:

> Por fim, devo acrescentar que o nível de análise causal adotado no argumento da incrustação é bastante imediato [*a rather proximate one*]. Tive pouco a dizer sobre quais as circunstâncias históricas ou macroestruturais mais amplas que levaram os sistemas a apresentar as características sociais-estruturais que efetivamente apresentaram, pelo que *não pretendo que esta análise possa responder a perguntas de grande escala sobre a natureza da sociedade contemporânea ou as fontes das mudanças políticas e institucionais*. Mas o enfoque sobre causas imediatas é intencional, pois essas questões mais amplas não podem ser satisfatoriamente abordadas sem uma compreensão mais pormenorizada dos mecanismos através dos quais as mudanças mais amplas se efetuam.([14])

Para compreender esta orientação, tanto teórica como metodológica, há que situá-la no contexto das disputas disciplinares da sociologia norte-americana e da sua relação com a teoria económica. Mais especificamente, há que identificar as definições pela negativa do terreno e da agenda da nova sociologia económica propostos por Granovetter – isto é: a que se opunham as definições positivas, face a quem delimitavam o seu espaço?

O artigo é, a esse respeito, de uma transparência exemplar. Obviamente, contra-atacava, no seu próprio terreno, a teoria económica neoclássica, que vinha paulatinamente invadindo o

---

([12]) Cf. Mark Granovetter, «Economic institutions as social constructions: A framework for analysis», *Acta Sociologica*, vol. 35, n.º 1 (1992), pp. 3-11.

([13]) Na sequência dos seus trabalhos anteriores sobre o mercado de trabalho e, particularmente, do influente artigo sobre «a força dos laços fracos», Mark Granovetter, «The strength of weak ties», *American Journal of Sociology*, vol. 78, n.º 6 (1973), pp. 1360-1380.

([14]) Granovetter, «Economic action...», *op. cit.*, p. 506, itálico meu.

terreno da sociologia e das outras ciências sociais com os seus «modelos limpos» dedutivos, baseados nas premissas da ação subsocializada criticadas por Granovetter[15]. Mas este adversário, talvez por ser tão óbvio, não é o mais discutido no artigo. São-no dois outros, o primeiro dos quais era interno à disciplina: a sociologia do funcionalismo estrutural emanada da obra de Talcott Parsons (em geral, sobre a teoria da ação e do sistema social, e em especial sobre a teoria da ação e do subsistema económicos). Como Granovetter declarou numa entrevista em 1999:

> [...] eu e outros, que durante os anos 60 trabalhávamos com Harrison White como estudantes de pós-graduação, revoltávamo-nos contra o enquadramento dominante de Talcott Parsons, que se assemelhava a uma taxonomia muito elaborada e não prestava suficiente atenção às relações e redes de relações sociais concretas[16].

Este grupo de investigação era então uma parcela da mais ampla revolta intelectual contra o funcionalismo estrutural, cujas principais frentes tinham em comum a recusa da macroteoria abstrata, a busca de uma teorização alicerçada em estudos empíricos sobre contextos sociais concretos, e uma conceção situacionalmente contingente e negociada da ordem social em que a relação entre as escalas macro e macrossociológica, ou, nos termos de Granovetter, entre a estrutura e a ação social, é um problema e não um dado. O artigo de 1985 consagrava uma contestação já então vitoriosa no terreno intelectual da sociologia, mas em que outras correntes como a etnometodologia, o interacionismo simbólico e a sociologia histórica, com pres-

---

[15] Paul Hirsch, Stuart Michaels e Ray Friedman, «'Dirty hands' versus clean models': Is sociology in danger of being seduced by economics?», *Theory and Society*, vol. 16, n.º 3 (1987), pp. 317-336. Tradução portuguesa em Peixoto e Marques (orgs.), *A Nova... op cit.*, pp 103-123.

[16] «Mark Granovetter on economic sociology in Europe» (entrevista), *Economic Sociology: European Electronic Newsletter*, vol. 1, n.º 1 (1999), pp. 10-11, citado da p. 11.

< http://econsoc.mpifg.de/archive/esoct99.pdf >, acedido em 14/3/2012.

supostos muito diversos dos da análise de redes sociais, detinham igual ou maior importância.

Como seria de esperar, os sociólogos que adotaram estas últimas perspetivas não ficaram indiferentes à emergência da nova sociologia económica como um campo de aplicação, tanto mais que, fosse pela via da análise histórica política e cultural de fenómenos económicos, fosse pela da sociologia cultural e política das instituições, das organizações e das profissões, já tinham uma tradição de investigação constituída no terreno empírico que Granovetter procurara demarcar teoricamente. As reações a essa demarcação depressa reivindicariam o reconhecimento de um estatuto teórico na nova sociologia económica. Logo em 1988, Viviana Zelizer reagia quer contra o «absolutismo estrutural», que encarava o mercado apenas como conjunto de relações sociais, quer contra o «absolutismo cultural», que o encarava apenas como conjunto de sentidos, propondo uma visão de «mercados múltiplos» que encararia o mercado como interação de fatores estruturais, culturais e económicos([17]). Outros se lhe seguiram, como veremos adiante.

Por outro lado, a crítica de Granovetter ao funcionalismo estrutural estendia a um segundo adversário, este externo, o descrédito intelectual em que havia caído a teoria social de Parsons. A chamada «nova economia institucional» era então a variante mais recente do «imperialismo económico», e mais ameaçadora das fronteiras da sociologia do que a da teoria económica neoclássica pela sua incursão nos domínios da teoria das instituições e das organizações:

> [...] alguns economistas, e os seus companheiros de viagem em história e em ciência política, desenvolveram um novo interesse pela análise económica das instituições sociais – muita da qual subsumida naquilo a que se chama «nova economia institucional» –, argumentando que o comportamento e as instituições que até então eram interpretados como estando incrustados nas sociedades mais antigas, tal como na nossa, podem ser

---

([17]) Viviana Zelizer, «Beyond the polemics on the market: Establishing a theoretical and empirical agenda», *Sociological Forum*, vol. 3, n.º 4 (1988), pp. 614-634.

mais bem interpretados como resultando da prossecução do interesse pessoal por indivíduos racionais e mais ou menos atomizados([18]).

Nesta perspetiva teórica, a explicação última da origem e do conteúdo das instituições é individualista e utilitarista, congruente com o *homo economicus* neoclássico. De facto, pode dizer-se que se trata de uma tentativa de estender a teoria neoclássica ao fenómeno das instituições e das empresas, que os pressupostos daquela inicialmente não permitiam explicar, através da assunção realista de que os mercados têm atritos e que as transações têm custos, que podem ser economizados pela existência de instituições([19]). Mas, paradoxalmente, uma vez existentes as instituições, a teoria dá como adquirido que a ação no seu interior é constrangida por elas de forma semelhante à do *homo sociologicus* do funcionalismo estrutural: «[...] a visão sobressocializada segundo a qual as ordens no seio de uma hierarquia são facilmente obedecidas, e que os empregados internalizam os interesses da empresa suprimindo qualquer conflito com os seus próprios interesses [...]»([20]).

Assim, sob todas as suas diferenças, as duas principais perspetivas visadas por Granovetter apresentam, segundo ele, uma característica comum relevante para a presente discussão. Cada uma à sua maneira, seriam ambas conceções atomizadas do ator social, sobre o qual as relações sociais concretas exercem um efeito nulo ou, quando muito, periférico. Ou seja, tanto na conceção sobressocializada do comportamento organizacional na nova economia institucional como na do estruturalismo funcional, a ação económica é ditada por papéis e valores sociais inter-

---

([18]) Granovetter, «Economic action...», *op. cit.*, p. 482.

([19]) Perspetiva lançada por Ronald H. Coase, «The nature of the firm», 1937, reed. in *idem*, *The Firm, The Market and the Law* (Chicago: The University of Chicago Press, 1988), pp. 33-55. Cf. Douglass C. North, *Institutions, Institutional Change and Economic Performance*, (Cambridge e Nova Iorque: Cambridge University Press, 1991); Oliver Williamson, «Transaction costs economics and organization theory», in Neil J. Smelser e Richard Swedberg (orgs.), *Handbook of Economic Sociology* (Princeton: Princeton University Press, 1994), pp. 77-107.

([20]) Granovetter, «Economic action...», *op. cit.*, p. 500.

nalizados e pela coerção institucionalizada, não pelas relações sociais concretas e suas estruturas. Em qualquer destas abordagens, e na aceção granovetteriana do conceito, *a ação não seria socialmente incrustada* ([21]). Ora, apesar de tudo o que as separa, as perspetivas do funcionalismo estrutural e da nova economia institucional partilham com o conceito de incrustação social segundo Polanyi uma conceção da ação económica – pelo menos da ação nas hierarquias de transações organizadas, no caso do novo institucionalismo económico – como resultando dos valores, do poder e das instituições.

Como a confirmar esta assimilação, uma segunda característica partilhada pela sociologia económica do funcionalismo estrutural e pela nova economia institucional é que ambas se apropriaram de Polanyi. A primeira fê-lo como uma contribuição para o seu próprio desenvolvimento, e a segunda como um desafio para que procurava a resposta.

Com efeito, um dos principais autores da corrente «heterodoxa» da economia, o futuro Prémio Nobel da Economia Douglass North, publicara em 1977 um artigo subintitulado «O desafio de Karl Polanyi», que propunha que a crítica à teoria económica e os instrumentos analíticos desenvolvidos por Polanyi e os seus colaboradores em Columbia não podiam deixar de ser levados a sério:

> Polanyi não só argumentou, de modo convincente, que os historiadores económicos tinham exagerado o papel dos mercados nas economias antigas, mas argumentou com a mesma força que o mercado era também um «modo de transação» em declínio no século XX. Na medida em que a teoria económica estava confinada à análise dos mercados, as ferramentas do economista não só eram irrelevantes para a compreensão do mundo antigo, como também eram cada vez menos úteis para explicar as economias em evolução do século XX. [...] A única maneira de lidar com [a crítica de Polanyi] é o desenvolvimento de um enquadramento analítico que possa explicar as estruturas institucionais do passado e do presente, e que possa ser testado. O desafio de Karl Polanyi terá de ser aceite frontalmente para que a história económica

---

([21]) *Idem, ibidem,* p. 485.

possa fornecer-nos melhores entendimentos do nosso passado económico[22].

Evidentemente, o enquadramento teórico proposto é a nova economia institucional, que explica os «sistemas de afetação» não mercantis como soluções visando economizar custos de transação, na ausência de direitos de propriedade claramente especificados e sancionáveis. Ou seja, o pensamento de Polanyi é aqui levado a sério para convencer um público de «novos historiadores económicos» de que a nova economia institucional fornecia uma alternativa à reação da história e das ciências sociais contra a história económica de matriz neoclássica[23].

A apropriação pelo funcionalismo estrutural releva de um processo mais complexo e com mais consequências para o que viria a ser, três décadas depois, a nova sociologia económica[24]. Em *Economia e Sociedade*, obra publicada por Parsons em 1956 tendo como segundo autor o jovem Neil Smelser, Polanyi não figura no índice de autores[25]. O historicismo que Polanyi partilhava com os economistas da escola histórica alemã e os institucionalistas norte-americanos não teria agradado a Parsons, que preferia a abstração intemporal da economia neoclássica e a procurava emular na sua teoria geral dos sistemas sociais.

Reciprocamente, Polanyi olhava com muitas reservas a teoria formal de Parsons. Na recensão que fez em 1961 ao livro

---

[22] Douglass C. North, «Markets and other allocation systems in history: The challenge of Karl Polanyi», *Journal of European Economic History*, vol. 6, n.º 3 (1977), pp. 703-716 [reimpr. in Richard Swedberg (org.), *Economic Sociology* (Cheltenham: Edward Elgar, 1996), pp. 156-168. *maxime* pp. 158-159].

[23] *Idem, ibidem*, p. 161. Todo o resto do artigo consta de análises reconstruindo os casos invocados por Polanyi nos termos da economia dos custos de transação.

[24] Cf. Jens Beckert, «Interpenetration versus embeddedness: The premature dismissal of Talcott Parsons in the new economic sociology», *American Journal of Economics and Sociology*, vol. 65, n.º 1 (2006), pp. 161-187.

[25] Talcott Parsons e Neil J. Smelser, *Economy and Society: A study in the integration of economic and social theory* (Glencoe, Free Press, 1956) [reed. Oxford: Routledge, 2010].

publicado em 1956, em que Smelser aplicara a teoria parsoniana
à Revolução Industrial britânica, escreveu:

> O meu interesse pende mais para a história económica do que
> para a sociologia formal. [...] O ponto de partida da teoria geral
> da ação de Parsons é o conjunto dos quatro requisitos de equilí-
> brio de qualquer sistema social. [...] Esses requisitos, em si mes-
> mos, não são mais do que um dispositivo taxonómico, não uma
> asserção logicamente passível de refutação. A outra metade do
> teorema [de Smelser] [...] baseia-se em asserções que relacionam
> as quatro dimensões de requisitos [...] entre si através de «trocas
> nas fronteiras» que determinam a sua interação [26].

Ora, segundo Polanyi, nem Smelser estabelecera operacio-
nalmente essas relações nem o seu livro teórico com Parsons,
para que remetia, esclarecera suficientemente o mecanismo da
interação das quatro dimensões teóricas para o tornar opera-
cional e refutável. E conclui: «[...] do ponto de vista da teoria
sociológica testada, a sólida investigação de história económica
que foi trazida para este livro, não sem êxito, parece ter sido
mal aplicada».

Não sei se Smelser terá lido a recensão, mas é provável que
sim, dada a influência da revista em que foi publicada. Em 1961,
já o seminário de Polanyi em Columbia tinha dado à luz o livro
em que a noção de incrustação da economia foi mais sistematicamente teorizada, publicado pela mesma editora académica
do livro de Parsons e Smelser [27]. Seja como for, quando, dois
anos mais tarde, Smelser publicou a sua *Sociologia da Vida Económica*, o papel que atribuiu ao pensamento de Polanyi está
longe de ser marginal. Depois de resumir a conceptualização
polanyiana dos padrões de troca, conclui:

> Polanyi, Arensberg e Pearson defendem que a análise econó-
> mica formal só está equipada para lidar com o terceiro tipo de

---

[26] Karl Polanyi, recensão a Neil J. Smelser, *Social Change in the Industrial Revolution: An application of theory to the British cotton industry, 1770-1840*
(Chicago: University of Chicago Press, 1959), *Journal of Political Economy*,
vol. 69, n.º 1 (1961), pp. 88-89.

[27] Karl Polanyi, Conrad Arensberg e Harry Pearson (orgs.), *Trade
and market...*, *op. cit.*

troca [a troca mercantil], e que é necessária uma nova modalidade de teoria económica para analisar os sistemas de troca que estão incrustados em contextos não-económicos. Resulta claro que precisamos de modificar as assunções da teoria económica tradicional [*traditional economics*], que se desenvolveram apenas no estudo das economias de mercado, se queremos criar uma economia comparativa mais abrangente.([28])

De modo ainda mais significativo, ao definir as ambições do livro, escreve logo no prefácio: «Para os economistas cujas investigações frequentemente lidam apenas com as relações entre variáveis económicas, espero que o livro sirva de lembrança de *como é importante o contexto social em que a vida económica está incrustada*» ([29]). Note-se: *toda* a vida económica. Aqui, Smelser não só se apropriou do conceito de incrustação social da economia enquanto fenómeno específico das economias não mercantis, como o generalizou às próprias economias de mercado. Com efeito, grande parte do livro tenta, com recurso a exemplos e numa linguagem menos abstrata e formal do que a do livro que escrevera com Parsons, esclarecer em temos empiricamente plausíveis as «relações nas fronteiras» entre subsistemas sociais, como as observava na economia industrial de mercado sua contemporânea.

Em contrapartida, a perspetiva crítica de Polanyi sobre o desenvolvimento da sociedade capitalista era completamente invertida. A conflitualidade social é remetida para o domínio da patologia sistémica: «[d]istúrbios sociais – histeria de massa, irrupções de violência, movimentos religiosos e políticos – que refletem as tensões sociais criadas pelos processos de diferenciação e integração» e pelos seus desfasamentos, inerentes ao desenvolvimento económico([30]). Ambos partilham as metáforas da patologia social; mas enquanto para Polanyi a sociedade capitalista regulada pelos mercados era, em si mesma, um fenómeno intrinsecamente patogénico e o que estava em causa era a pro-

---

([28]) Neil J. Smelser, *The Sociology of Economic Life* (Englewood Cliffs: Prentice-Hall, 1963), pp. 87-88.

([29]) *Idem, ibidem*, p. v, itálico meu.

([30]) *Idem, ibidem*, p. 102

cura de uma nova ordem social que regulasse os mercados, para Smelser o conflito era uma patologia criada pelos desequilíbrios estruturais e as resistências de laços sociais tradicionais: «Os indivíduos recusam-se a trabalhar como assalariados devido aos laços tradicionais de parentesco, de aldeia, tribais, e outros. Invariavelmente, é necessário um certo grau de pressão política para forçar a libertação dos indivíduos desses laços» · Este passo quase resume a análise de Polanyi sobre o processo de desenvolvimento britânico no século XIX; a diferença é que, nas «bases estruturais para o papel do governo», Smelser praticamente prescreveu como terapêutica aquilo que Polanyi via como a origem da patologia.

No seu artigo de 1985, Granovetter não refere esta associação a Polanyi das duas posições que criticava, talvez porque não conhecesse a da nova economia institucional – a sua referência a Douglass North é ao livro que este publicou com Robert Paul Thomas, *A Ascensão do Mundo Ocidental*, em que não citam Polanyi, embora usem o conceito de incrustação *institucional* ou *legal* dos direitos de propriedade[31]. Parece menos provável que não conhecesse o livro de Smelser, que não cita, mas é possível que em 1985 o tivesse relegado para o esquecimento como obra menor de um epígono de Parsons. Seja como for, a apropriação de Polanyi por ambas as abordagens, conquanto diversa, posiciona-o claramente no tipo de teoria macroinstitucional que Granovetter rejeita.

Em suma: o uso do mesmo termo por Polanyi e pelo Granovetter de 1985 constitui, literalmente, um equívoco: a designação de dois conceitos substancialmente diferentes, até contraditórios, pelo mesmo vocábulo. Onde Polanyi via incrustação social, Granovetter via o atomismo de que acusava o funcionalismo estrutural e a nova economia institucional. Por seu lado, aquilo a que Granovetter chamava incrustação social era completamente alheio, se não avesso, às preocupações morais, políticas e macroinstitucionais de Polanyi. Quando, porém, a nova

---

[31] Douglass C. North e Robert Paul Thomas, *The Rise of the Western World: A New Economic History* (Cambridge e Nova Iorque: Cambridge University Press, 1973), pp. 5, 154, 156.

sociologia económica se afirmou e cresceu na academia norte-americana, outras tendências da sociologia que se opunham a Parsons disputaram o terreno, fazendo valer investigações sobre a cultura, a cognição e a moral, as instituições políticas e a construção do Estado, numa pluralidade de perspetivas que só o regresso a uma leitura ampla de Polanyi, tal como a que Smelser fizera em 1963, podia acolher. Significativamente, a definição de sociologia económica que Smelser apresentara em 1963, e que acomoda facilmente toda esta variedade, seria como que «oficializada» ao ser adotada pelo primeiro *opus magnum* paradigmático da subdisciplina, o *Manual de Sociologia Económica* que o próprio Smelser codirigiu com Richard Swedberg em 1994:

> A sociologia económica é a aplicação do quadro de referências geral, das variáveis, e dos modelos explicativos da sociologia ao complexo de atividades envolvido na produção, na distribuição, na troca e no consumo de bens e serviços escassos.([32])

As dimensões em que Smelser organizou em 1963 as relações entre a economia e a sociedade – a cultura, a política, os grupos de solidariedade e a estratificação social – antecedem em quase trinta anos a introdução em que Sharon Zukin e Paul DiMaggio, a braços com a diversidade de abordagens no livro coletivo que editaram sobre *As Estruturas do Capital*, contrapuseram à estreiteza da conceção granovetteriana uma taxonomia de formas de incrustação: a «cognitiva», a «cultural» e a «política», para além da «social-estrutural» de Granovetter – no que viria a tornar-se um dos textos mais ubiquamente citados nas discussões ulteriores sobre o conceito. Propunham igualmente a necessidade de complementar entre si duas grandes orientações em que se dividiam os estudos sociológicos da economia:

([32]) Smelser, *The sociology...*, *op. cit.*, p. 32. Citado na p. 3 de Neil J. Smelser e Richard Swedberg, «The sociological perspetive on the economy», in *idem* (orgs.), *Handbook...* (1994) *op. cit.*, pp. 3-26; retomada na p. 3 da introdução à segunda edição, extensamente alterada, do mesmo manual: *idem*, «Introducing economic sociology», in *idem* (orgs.), *Handbook* ... (2005), *op. cit.*, pp. 3-25.

a «social-organizacional», concentrada no «nível meso das empresas e dos mercados»; e a da «economia política», focada em problemas ao nível «societal e macrossocial», cujas várias tendências partilham o interesse pelas crises e pela abordagem histórico-institucional dos processos políticos de construção e reorganização das economias capitalistas([33]). Eis regressado a casa, à aceção simultaneamente cultural, política e histórica de Polanyi, o conceito de incrustação social da economia.

Na antologia que Granovetter codirigiu com Richard Swedberg, e que curiosamente retoma o título do livro de Smelser de 1963, encontramos reeditado «A Economia como Processo Instituído», de Polanyi, na secção dedicada às «Fundações da Sociologia Económica», em que também figura o artigo de Granovetter([34]). Pelo caminho, este último autor evoluíra consideravelmente. Incorporara a abertura da nova sociologia económica nas várias correntes teóricas da arena sociológica norte-americana. Assistira à entronização do antigo adversário estrutural funcionalista, Smelser, como patrono intelectual da subdisciplina cujo manifesto ele próprio lançara. Também descobrira, como vários dos seus colegas norte-americanos, a sociologia europeia, nomeadamente a teoria crítica de Pierre Bourdieu([35]) – cujo artigo de 1986 sobre as três formas do capital, inicialmente conhecido nos Estados Unidos através da sociologia da educação, foi incluído em *A Sociologia da Vida Económica*,

---

([33]) Sharon Zukin e Paul Di Maggio, «Introduction» in *idem* (orgs.), *The Structures of Capital: The social organization of the economy* (Cambridge e Nova Iorque: Cambridge University Press, 1990), pp. 1-36, parafraseado da p. 2; cf. pp. 10-13 sobre a economia política e 14-22 sobre as dimensões da incrustação.

([34]) Karl Polanyi, «The economy ...», *op. cit.*

([35]) Que aliás o criticou, à teoria das redes sociais e à utilização das suas próprias teorias na sociologia norte-americana, com a combatividade que o caracterizava: Pierre Bourdieu, *Les Structures Sociales de l'Economie* (Paris: Editions du Seuil, 2000), p. 12 – o mesmo texto em que, logo no primeiro parágrafo, refere Polanyi e o termo *embeddedness*, em inglês, e a necessidade de considerar qualquer prática económica como um «facto social total», no sentido de Marcel Mauss, p. 11.

na mesma secção que os de Polanyi e Granovetter([36]) –, bem como a economia das convenções e a sociologia pragmática da moral de Luc Boltanski e Laurent Thévenot([37]). Assim se entende o Granovetter de 2002 e a amplitude do seu «conceito de cobertura».

Do equívoco acima referido entre, por um lado, a amplitude potencial da noção de incrustação e do legado de Polanyi que carreou para a nova sociologia económica, e, por outro, o modo como Granovetter inicialmente o especificou, nasceu um paradoxo que lançou alguma confusão terminológica, num terreno por si só bastante complexo: apesar de o texto emblemático da reabertura do conceito, a já citada introdução de Zukin e DiMaggio, propor quatro dimensões de incrustação, várias das críticas que desde os anos 90 visaram a concentração da sociologia económica na análise das redes sociais falariam de «insuficiência» ou «ultrapassagem» do conceito de incrustação, no mesmo fôlego com que propunham, explícita ou implicitamente, uma visão institucional, política e cultural mais ampla e, de facto, mais afim de Polanyi do que de Granovetter.

Assim, o capítulo publicado em 1998 em que Victor Nee e Paul Ingram pretenderam lançar as bases de um novo institucionalismo em sociologia económica intitula-se «A Incrustação e Para Além Dela», sem mais qualificação – sem prejuízo de citarem não só Zukin e DiMaggio, como o próprio Polanyi em contraponto à definição granovetteriana, que apelidam no texto de «incrustação em rede» (*network embeddedness*), construída «[...] em contraste com o enfoque institucional mais amplo da perspetiva da incrustação segundo Polanyi, com a sua ênfase nos costumes, nas leis e regulações, e no papel económico do Estado»([38]). De modo mais explícito (e sem citar o capítulo de Nee e Ingram), também Greta Krippner advogava em 2001 o

---

([36]) Pierre Bourdieu, «The forms of capital», in Granovetter e Swedberg (orgs.), *The sociology...*, *op. cit.*, pp. 96-111.

([37]) «Granovetter on economic sociology in Europe», *op. cit.*, p. 10.

([38]) Victor Nee e Paul Ingram, «Embeddedness and beyond: Institutions, exchange, and social structure», in Mary C. Brinton e Victor Nee (orgs.), *The New Institutionalism in Sociology* (Stanford: Stanford University Press, 1998), pp. 19-45, citado da p. 22.

retorno à aceção polanyiana de incrustação como «[...] uma espécie de estenografia para o seu método de estudo das instituições como objetos concretos e multideterminados que podiam conter simultaneamente vários processos», referida a «[...] uma mistura fluida de objetos sociais de uma maneira que desafiava as fronteiras disciplinares». Fazia-o num artigo em que criticava o «paradigma da incrustação na sociologia económica», originado pela alegada apropriação por Granovetter do conceito polanyiano «às avessas», de forma que subvertera o seu sentido original (alegação que, como já vimos, levou Granovetter a negar a sua filiação no pensamento de Polanyi)([39]). Assim, ironicamente – a ironia é, de resto, a figura retórica mais recursivamente invocada na literatura sobre esta questão, a começar por Krippner –, a análise de redes sociais havia-se imposto de tal modo na definição inicial de incrustação social, como constitutiva da identidade e do *corpus* de referência da nova sociologia económica, que parece ter sido difícil recuperar o conceito para o legado polanyiano que, por equívoco, trouxera consigo – até para quem via nessa perspetiva mais ampla uma chave para reinventar a sociologia económica e, no caso de Krippner, imbuí-la de uma perspetiva histórica e política.

Na medida em que o objetivo de Krippner era reivindicar o conceito de volta para a tradição polanyiana na sociologia histórica demarcando-o da aceção granovetteriana, o artigo foi bem-sucedido([40]). Com efeito, chamou a atenção para a tra-

---

([39]) Greta Krippner, «The elusive market...», *op. cit.*, pp. 777-778, 799. O argumento de Krippner é mais complexo e sofisticado, mas não é possível resumi-lo aqui. Saliente-se, contudo, que a sua crítica não se esgota nas redes sociais, visa também autores mais próximos de uma sociologia política da economia e que reclamam uma inspiração diretamente polanyiana, mas que, segundo ela, tal como Granovetter o fazem de um modo que deixa subsistir o mercado como uma realidade ontologicamente distinta do social.

([40]) Um ano antes do artigo de Granovetter, fora publicado um capítulo sobre a «ciência social holística» de Polanyi como uma «visão» marcante na sociologia histórica, numa obra coletiva fundamental: Fred Block e Margaret Somers, «Beyond the economistic phallacy: The holistic social science of Karl Polanyi», in Theda Scokpol (org.), *Vision and Method in His-*

dição mais diretamente polanyiana em economia política e sociologia histórica, reavivando o debate em torno dela dentro do terreno da sociologia económica[41]. Vimos já o resultado da provocação no simpósio acima citado, explicitamente organizado em 2002 em torno do artigo de Krippner. Esta não se deu por satisfeita com a concessão do «conceito de cobertura» por Granovetter, e em 2007 voltaria à carga num artigo em coautoria, recusando que tal «conceito de cobertura» pudesse ser unificador. Isto porque, segundo os autores, o conceito de incrustação não poderia trazer coerência a uma pluralidade de abordagens dentro da sociologia económica, porque a interpretação granovetteriana e a polanyiana seriam irredutíveis a um denominador comum, implicando programas de investigação substantivos e assunções sobre a relação entre a economia e a sociedade, bem como entre a sociologia e a teoria económica, radicalmente diferentes, com a tradição polanyiana.

Embora a bibliografia polanyiana seja bastante diversificada, o que quase todos os autores desta tradição partilham é a ênfase na constituição mútua do Estado e da economia, de tal modo que

---

torical Sociology (Cambridge e Nova Iorque: Cambridge University Press, 1984), pp. 47-84.

[41] Vários autores intervieram nestas discussões durante a última década, entre tentativas de esclarecer ambiguidades do pensamento do próprio Polanyi e de atualizar esta perspetiva no âmbito da sociologia económica. É impossível resumir aqui esse debate, frequentemente muito pormenorizado, e que revela a retoma de Polanyi na disciplina. Eis alguns títulos: Fred Block, «Karl Polanyi and the writing of 'The great transformation'», *Theory and Society*, vol. 32, n.º 3 (2003), pp. 275-306; Jens Beckert, «The great transformation of embeddedness: Karl Polanyi and the new economic sociology», *MPlfG Discussion Paper* 07/1 (Colónia, Max Plank Institute for the Study of Societies, 2007) < http://www.mpifg.de/pu/mpifg_dp/dp07-1.pdf >, acedido em 10 de março de 2012; Kurtulus Cemici, «Karl Polanyi and the antinomies of embeddedness», *Socio-Economic Review*, n.º 6 (2008), pp. 5-33; Jean-Marc Fontan e Diane-Gabrielle Tremblay (orgs), *Le Renouveau de la Pensée Polanyienne*, número temático de *Interventions Économiques*, n.º 38 (2008), < http://interventionseconomiques.revues.org/239 >, acedido em 24/3/2012; Gareth Dale, «Lineages of embeddedness: On the antecedents and successors of a Polanyian concept», *American Journal of Economics and Sociology*, vol. 70, n.º 2 (2011), pp. 307-338.

é enganador pensá-los como entidades independentes. Esta postura coloca os polanyianos numa relação algo mais antagónica com os economistas neoclássicos, em comparação com os seus equivalentes granovetterianos([42]).

O que nos traz, finalmente, ao *caveat* sugerido pelos organizadores deste livro no final do seu ensaio introdutório:

> Resta, porém, saber se este retorno a Polanyi e aos seus conceitos não tem sido feito à custa do esvaziamento ideológico e do combate político inicial em que o autor situava as suas ideias. Por outras palavras, o risco é que o uso seletivo das ideias de Polanyi, sobretudo em sociologia económica – confundindo neutralidade com objetividade – possa reduzir o seu pensamento à questão da incrustação, considerando que as práticas económicas envolvem relações sociais, normas, costumes e formas de institucionalização, mas procedendo à sua despolitização e esquecendo a sua força ética e política([43]).

Permitam-me uma primeira observação, mais do que resposta, a esta pergunta: o facto de o pensamento de Polanyi ser considerado heuristicamente útil, também por sociólogos que não adotam a sua perspetiva ética e política ou mesmo que a contradizem (recordemos o que ficou escrito sobre Smelser), é por si só um testemunho da sua potencialidade conceptual. Que é também feita, como praticamente todos os artigos de discussão referidos apontam, de algumas ambiguidades das suas proposições, que permitem leituras e apropriações diversas e, por vezes, contraditórias.

O exemplo mais importante dessas ambiguidades é a questão, frequentemente referida, da contradição sobre o caráter incrustado ou desincrustado das economias capitalistas reais. Por um lado, Polanyi afirma que, nas sociedades em que predomina a troca mercantil, os mercados deixaram de estar incrus-

---

([42]) Greta Krippner e Anthony S. Alvarez, «Embeddedness and the intellectual projects of economic sociology», *Annual Review of Sociology*, n.º 33 (2007), pp. 219-240.

([43]) Diogo Ramada Curto, Nuno Domingos e Miguel Jerónimo, «*A Grande Transformação*, de Karl Polanyi: Questões de interpretação», p. 32.

tados em outras instituições sociais e, ao invés, foram estas que passaram a estar incrustadas naqueles; essa seria a definição por excelência de *A Grande Ttransformação*. É esta a interpretação que Granovetter criticava, quando afirmou que as economias de mercado contemporâneas estão mais incrustadas do que os substantivistas pretendiam, e que foi igualmente objeto de crítica no artigo fundamental que Bernard Barber publicou em 1995 sobre o conceito de incrustação, clamando que «"todas as economias estão incrustadas"»[44]. É também uma interpretação acolhida em textos introdutórios da nova sociologia económica, que marcam a sua diferença relativamente a Polanyi precisamente pela extensão do conceito à análise das economias de mercado e dos próprios mercados[45].

Por outro lado, *A Grande Transformação* classifica também a sociedade regulada por mercados livres e concorrenciais como uma «utopia» do pensamento económico e político liberal, que uma vez imposta à sociedade pela força política imediatamente geraria ruturas insustentáveis na integração social. A sua análise histórica sobre a constituição das sociedades capitalistas não se limita a concluir que o Estado e a ação política foram indispensáveis para a criação de um sistema integrado de mercados, nomeadamente através da legislação e das políticas que desincrustaram as «mercadorias fictícias» (a terra, o trabalho e o dinheiro) de anteriores regulações institucionais. Conclui igualmente que a manutenção dessas mercadorias fictícias e de uma ordem social permanentemente ameaçada pelos próprios mercados veio a exigir uma intervenção constante de instituições políticas na regulação destes e dos seus efeitos sociais. Daí aquilo que Polanyi designa como o «duplo movimento»: uma tensão permanente nas economias capitalistas entre as políticas de *laissez faire* e as de proteção social e regulação dos mercados. As primeiras políticas de correção dos efeitos sociais dos mercados teriam gerado novos desequilíbrios e conduzido aos fenó-

---

[44] Bernard Barber, «All economies are 'embedded': The career of a concept, and beyond», *Social Research*, n.º 62 (1995), pp. 388-413.

[45] Richard Swedberg, *Principles of Economic Sociology* (Princeton: Princeton University Press, 2003), p. 28. Smelser e Swedberg, «Introducing ...» , *op. cit.*, p. 13

menos totalitários do século xx e à guerra mundial que ainda flagelava a humanidade quando *A Grande Transformação* foi publicada. Não obstante, como escreveu mais tarde:

> A economia humana está, assim, incrustada em instituições, tanto económicas como não económicas. A inclusão do elemento não económico é vital. [...] [U]ma redistribuição de poder de compra pode ser valorizada em si mesma, *i.e.*, para os efeitos exigidos por ideais sociais, como no Estado-providência contemporâneo.([46])

A primeira asserção refere-se a *toda* a economia humana, não só às economias não mercantis, e é reforçada pela segunda, que reconhece a importância da redistribuição, ditada por valores não utilitaristas, nas sociedades capitalistas desenvolvidas suas contemporâneas. Daqui infere Fred Block que Polanyi teria intuído que a economia está sempre incrustada, embora tivesse sido incapaz de explicitar esse princípio em *A Grande Transformação* devido ao ainda incompleto fechamento do seu pensamento teórico.([47]) Kurtulus Gemici, pelo contrário, atribui a mesma a uma duplicidade da sua utilização por Polanyi, por um lado como uma variável visando caracterizar historicamente as diferentes relações entre economia e sociedade (originando a tese da desincrustação «anómala» dos mercados); e por outro como uma constante heurística, segundo o qual a relação entre economia e sociedade tem que ser sempre analisada de modo holístico([48]). Qualquer que seja a sua explicação, e embora continue a ser discutida, a leitura holística de Polanyi tem vindo a ganhar terreno, como mostra a interpretação de Enzo Mingione na primeira enciclopédia da subdisciplina, recentemente publicada:

> O processo de reincrustação do mercado não é uma capacidade autorregulada, derivada das vantagens imediatas da concor-

---

([46]) Polanyi, «The economy...», *op. cit.*, pp. 36 e 38.

([47]) Block, «Karl Polanyi and the writing...», *op. cit*; Fred Block e Peter Evans, «The state and the economy», in Smelser e Swedberg (orgs.), *Handbook...* (2005), *op. cit.*, pp. 505-526.

([48]) Gemici, «The antinomies...», *op. cit.*, pp. 6-7.

rência atomizada e pontual, mas sim um processo que constrói as instituições sociais de cooperação necessárias para compatibilizar a difusão das relações de mercado com a ordem social[49].

Seja como for, o que aqui nos interessa não é a exegese do que Polanyi «realmente» pensava, mas sim os caminhos para onde apontam as reelaborações contemporâneas do seu conceito. Neste sentido, o corolário deste regresso do conceito de incrustação a Polanyi é que de forma alguma a análise sociológica da economia de mercado pode evacuar do seu campo de análise a ação do Estado e das organizações internacionais, a ação coletiva e as lutas políticas. Exemplo disso é a abordagem de Neil Fligstein aos mercados como sendo, eles mesmos, arenas políticas em que interagem empresas e o Estado[50].

Como demonstram publicações mais ou menos recentes, este corolário teórico tem levado muitos dos trabalhos da sociologia económica a estudar criticamente, a partir de uma perspetiva histórica, a ideologia e as políticas neoliberais. Por exemplo, Margaret Somers e Fred Block publicaram um artigo sobre a argumentação ideológico-política subjacente às reformas liberal (na Inglaterra do século XIX) e neoliberal (nos Estados Unidos de finais do século XX) dos regimes de proteção social, como base para a compreensão do triunfo hegemónico do «fundamentalismo de mercado» no final do século XX[51]. Por seu lado, numa das mais recentes obras de síntese da subdisciplina, Alejandro Portes defende uma abordagem decididamente política, em que está implícito o processo de «duplo movimento», como uma das vias de desenvolvimento para a sociologia económica:

---

[49] Enzo Mingione, «Embeddedness», in Jens Beckert e Milan Zafirowski (orgs.), *International Encyclopedia of Economic Sociology* (Londres: Routledge, 2011), pp.231-236, *maxime* pp. 232-233.

[50] Neil Fligstein, «Markets as politics: A political-cultural approach to market institutions», *American Sociological Review*, vol. 61, n.º 4 (1996), pp. 656-673. Tradução portuguesa em Peixoto e Marques (orgs.) *A Nova...*, *op. cit.*, pp. 95-127

[51] Margaret Somers e Fred Block, «From poverty to perversity: Ideas, markets, and institutions over 200 years of welfare debate», *American Sociological Review*, vol. 70, n.º 2 (2005), pp. 260-287.

[A] incrustação para Polanyi é sobretudo uma questão de como o Estado e outras instituições sociais regulam e influenciam os mercados. [...] [T]em menos a ver com as redes do que com o poder – em que medida os capitalistas têm o poder de impor a sua vontade à sociedade, ou vice-versa. [...] [C]orporiza a tensão perene entre os Estados e os mercados nas sociedades capitalistas.([52])

Baseando-se mais explicitamente no «duplo movimento», Mitchel Abolafia desenvolveu, num estudo publicado em 1996 sobre *Oportunismo e Contenção em Wall Street*, o conceito de «ciclos de Polanyi» em que as políticas oscilam, sem encontrar um equilíbrio, entre dois pólos: o da regulação dos mercados, normalmente em momentos de crise em que os mercados perdem legitimidade política, e o da desregulação, quando as crises foram «esquecidas» e os economistas e políticos liberais atribuíram os problemas correntes do capitalismo à intervenção regulatória:

De modo consistente com os nossos resultados, Polanyi considerava que um baixo nível de contenção [dos mecanismos de mercado] gerava «efeitos perniciosos» para os participantes no mercado com menos poder. Isto resultava frequentemente em intervenções por parte dos governos. [...] Esta tensão entre as relações de mercado desenfreadas e o intervencionismo é a dinâmica subjacente à mudança nos mercados institucionalizados. [...] Não é tanto a crise como acontecimento, antes a acumulação do reconhecimento e da pressão que leva à ação reguladora. Entre os reguladores, a lógica dominante de ação muda da facilitação de mercados *eficientes* para a manutenção de mercados *socialmente legítimos*.([53])

Escrevia ainda: «Estamos hoje no mais recente ciclo desta tendência de fundo, quando as nações desenvolvidas desregu-

---

([52]) Alejandro Portes, *Economic Sociology: A systematic inquiry* (Princeton: Princeton University Press, 2010), pp. 221, 224-225.
([53]) Mitchel Y. Abolafia, *Making markets: Opportunism and Restraint on Wall Street* (Cambridge, Mass.: Harvard University Press, 1996; reimp. 2001), pp. 178 e 181.

lam, privatizam e negoceiam tratados de comércio livre»[54]. Em 2010, após o colapso do sistema financeiro norte-americano, procura explicar «porque ainda acontecem bolhas especulativas» pela «incrustação institucional das falhas de mercado». Retomando o enquadramento geral dos «ciclos de Polanyi», explora as condições sociais para o sucesso de empreendedores institucionais académicos, regulatórios e políticos no enfraquecimento da regulação institucional estabilizadora dos mercados, a favor do aumento dos lucros. «A passagem à prática de instituições sociais enfraquecidas leva ao tipo de falha sistémica aqui discutida». Mas parece pessimista quanto à passagem duradoura à fase reguladora do ciclo, devido a fatores eminentemente político-ideológicos.

O discurso do fundamentalismo do mercado pode ser reprimido, como o foi durante a revolução keynesiana, mas é provável que volte a emergir e a ter por campeões empreendedores institucionais como Ronald Reagan e Margaret Thatcher, apoiados por atores políticos e económicos que favorecem os interesses económicos desenfreados. Não existe um movimento laboral, ou outro movimento social com o poder para contrabalançar as forças institucionais da economia profissional e do fundamentalismo patrocinado pelo Estado. Dado o estado corrente do financiamento das campanhas [eleitorais], será a própria indústria financeira a decidir sobre qualquer reconfiguração do seu sistema de regulação[55].

Debrucemo-nos brevemente, por fim, sobre o livro que inclui este último artigo, com o título politicamente carregado de *Os Mercados em Julgamento*. O contexto de crise e de fracasso das políticas inspiradas pelo «fundamentalismo de mercado» é obviamente favorável à afirmação da sociologia económica e à reivindicação de um estatuto académico aplicado. Dada a grande diversidade de perspetivas e de aspetos analisados, é impossível

---

[54] *Idem, ibidem*, p. 178.

[55] Mitchel Abolafia, «The institutional embeddedness of market failure: Why speculative bubbles still occur», in Michael Lounsbury e Paul M. Hirsch (orgs.), *Markets on Trial: The economic sociology of the US financial crisis* (Bingley: Emerald, 2010), pp. 479-502, citado de pp. 480-481 e 499-500.

tentar um resumo, mas é clara a vontade de uma intervenção política mais explícita por parte da subdisciplina. É significativo que muitos dos artigos contenham recomendações políticas. Um deles pergunta mesmo: «E se tivéssemos sido nós a mandar?»[56]. O leque é, a este como a outros respeitos, bastante amplo, desde análises distanciadas dos mecanismos sistémicos e institucionais de produção da crise, a outras que assumem um tom manifestamente interventivo e mesmo acusatório. Deste ponto de vista, o livro sugere que a sociologia económica é também, como já o debate sobre Polanyi indiciava, um terreno de debate político sobre os seus próprios conceitos. Enfim, com toda a pluralidade de posições teóricas e políticas que alberga, creio poder afirmar que a sociologia económica continua a contribuir para a missão que Polanyi apontava às ciências sociais a respeito da economia.

Rui Santos
(CesNova, FCSH/UNL)

---

[56] Ezra W. Zuckerman, «What if we had been in charge? The sociologist as builder of rational institutions», in Michael Lounsbury e Paul M. Hirsch (orgs.), *Markets on Trial: The economic sociology of the US financial crisis* (Bingley: Emerald, 2010), pp. 661-680.

Prefácio

É um prazer escrever este prefácio para a obra clássica de Karl Polanyi que narra a grande transformação da civilização europeia do mundo pré-industrial para a era da industrialização, e as mudanças que a acompanharam ao nível das ideias, das ideologias e das políticas social e económica. Uma vez que a transformação da civilização europeia é análoga à transformação que os países em vias de desenvolvimento enfrentam no mundo atual, acontece com frequência termos a impressão de que Polanyi está a falar diretamente dos problemas de hoje. As suas teses – e as suas preocupações – estão em consonância com as questões postas pelos amotinados e manifestantes que desceram à rua, em 1999 e em 2000, em Seattle e em Praga, para contestarem as instituições financeiras internacionais. Na sua introdução à primeira edição do livro, em 1944, redigida quando o FMI, o Banco Mundial e as Nações Unidas só no papel existiam, R. M. MacIver dava provas de uma clarividência análoga, ao fazer notar: «De fundamental importância hoje é a lição que propõe aos responsáveis pelos planos da organização internacional em construção». E, com efeito, as medidas que aqueles estipularam teriam sido incomparavelmente melhores se tivessem conhecido e considerado seriamente as lições deste livro!

É difícil – e seria provavelmente um erro – tentar sequer resumir em poucas linhas uma obra tão complexa. Embora certos aspetos do vocabulário e da teoria económica de um livro escrito há meio século possam tornar hoje a sua leitura menos acessível, as questões e perspetivas formuladas por Polanyi não perderam a sua pertinência. Entre as suas teses centrais contam-se ideias como as que nos dizem que não há mercados autorregulados que possam alguma vez funcionar, e que as suas falhas, não só ao nível do funcionamento interno, mas também nas consequências que acarretam (por exemplo, para os pobres), são de tal ordem que a intervenção do governo se torna necessária – ao mesmo tempo que o ritmo das transformações é de decisiva importância na determinação das consequências em causa. A análise de Polanyi torna claro que as doutrinas muito difundidas da teoria do gota a gota (*trickle-down economics*) – segundo a qual todos, incluindo os pobres, beneficiam do enriquecimento de uns poucos – dificilmente são confirmadas pelas história. Do mesmo modo, a sua análise elucida a associação que liga as ideologias a interesses particulares, mostrando como a ideologia do mercado livre estava ao serviço dos novos interesses industriais e como estes interesses utilizavam seletivamente essa ideologia, apelando à intervenção dos governos quando assim o reclamavam os seus interesses.

Polanyi escreveu *A Grande Transformação* antes de os economistas contemporâneos terem exposto as limitações da autorregulação dos mercados. Hoje, a tese segundo a qual os mercados, entregues a si próprios, engendram resultados eficazes, já para não dizermos equitativos, não tem qualquer credibilidade intelectual séria. Perante uma informação imperfeita ou mercados incompletos – como, fundamentalmente, é sempre o caso –, há intervenções que, *em princípio*, poderiam tornar mais eficaz a alocação dos recursos. Em termos gerais, evoluímos assim para uma conceção mais equilibrada, reconhecendo ao mesmo tempo o poder e as limitações dos mercados, bem como a necessidade de um amplo papel a desempenhar pelo governo na esfera da economia, ainda que as fronteiras que definem esse papel continuem a ser objeto de controvérsia. Existe um consenso generalizado acerca da importância, por exemplo, da regulação pelos governos dos mercados financeiros – mas não acerca da melhor maneira de a assegurar.

São também abundantes os factos extraídos da experiência histórica dos tempos modernos que provam que o crescimento pode conduzir a um aumento da pobreza. Mas sabemos igualmente que o crescimento pode trazer consigo grandes benefícios para a maior parte dos segmentos sociais, como nos mostra o caso dos países industriais avançados mais esclarecidos.

Polanyi insiste nas interligações das doutrinas dos mercados do trabalho livre, do comércio livre e do mecanismo monetário de autorregulação do padrão-ouro. A sua obra foi assim precursora da abordagem sistémica que hoje prevalece (do mesmo modo que fora preludiada pelos trabalhos dos economistas que, na viragem do século, formulavam as teorias do equilíbrio geral). Há ainda uns quantos economistas adeptos das doutrinas do padrão-ouro e que consideram que os problemas económicos contemporâneos são resultado do abandono daquele sistema – o que, no entanto, confronta os atuais partidários do mecanismo de autorregulação do mercado com dificuldades ainda maiores. As taxas de câmbio flexíveis estão na ordem do dia, e poderá haver quem sustente que isso conforta a posição dos que acreditam na autorregulação. Bem vistas as coisas, porque teriam os mercados de divisas de ser governados por princípios que diferem dos que determinam qualquer outro mercado? Mas é também aqui que se revelam os pontos fracos e a vulnerabilidade das doutrinas dos mercados autorregulados (ou, pelo menos, daqueles de entre os seus defensores que não têm em conta as consequências *sociais* das doutrinas). Porque os factos mostram amplamente que os referidos mercados (como muitos outros mercados financeiros) exibem uma volatilidade excessiva – ou seja, uma volatilidade maior do que aquela que os princípios pressupostos poderiam explicar. Os factos mostram também amplamente que as variações manifestamente excessivas dos preços – e, em termos mais gerais, nas expectativas dos investidores – podem causar a devastação de uma economia. A última e ainda recente crise financeira [2008] veio recordar à geração atual as lições que os seus avós tinham aprendido através da Grande Depressão: uma economia autorregulada nem sempre funciona tão perfeitamente como os seus adeptos gostariam de acreditar. Nem sequer o Departamento do Tesouro dos Estados Unidos (seja a administração republicana ou democrata) ou o FMI – esses bastiões institucionais da crença no sistema do mercado livre – consideram que os governos *não* devem intervir nas taxas de câmbio, embora nunca tenham fornecido qualquer razão coerente e convincente que explique porque deverá esse mercado ser tratado de modo diferente dos outros mercados.

As inconsequências do FMI – embora professe a sua crença no sistema do mercado livre, trata-se de uma organização *pública* que intervém regularmente nos mercados de divisas, fornecendo fundos que protegem credores estrangeiros ao mesmo tempo que impõe taxas de juro usurárias no plano interno, conduzindo à falência as suas empresas – foram antecipadas pelos debates ideológicos do século XIX. Os mercados livres do trabalho ou dos bens nunca existiram. A ironia hoje é que são poucos ainda os que advogam a liberdade dos fluxos da força de trabalho, e embora os países industriais avançados instruam os países menos desenvolvidos acerca dos vícios do protecionismo e dos subsídios governamentais, têm sido mais propensos a promover a abertura de mercados nos países em desenvolvimento do que a abertura dos seus próprios mercados aos bens e serviços correspondentes às vantagens comparativas do mundo em vias de desenvolvimento.

Hoje, todavia, as linhas da batalha definem-se em lugares muito diferentes daqueles por onde passavam no tempo em que Polanyi escrevia. Como já observei, só alguns ultraconservadores são partidários de uma economia autorregulada, num dos extremos, ou de uma economia dirigida pelos governos, no outro extremo. Todos estão conscientes do poder dos mercados, todos se dão conta das suas limitações, Mas, dito isto, existem diferenças importantes entre as conceções dos diferentes economistas. Algumas dessas conceções podem ser recusadas sem dificuldade, uma vez que equivalem a ideologias e interesses particulares disfarçados de ciência económica e racionalidade política. A recente promoção da liberalização financeira e dos mercados de capitais nos países em desenvolvimento (encabeçada pelo FMI e pelo Departamento do Tesouro dos Estados Unidos) é um caso exemplar. Uma vez mais, não havia grande oposição ao reconhecimento do facto de em muitos países existirem formas de regulação que não fortaleciam o seu sistema financeiro nem promoviam o crescimento económico – e era evidente que essas barreiras teriam de ser derrubadas. Mas os «liberais de mercado» quiseram ir mais longe, o que teve consequências desastrosas para os países que lhes deram ouvidos, como ficou demonstrado pela recente crise financeira global. No entanto, já antes destes episódios mais recentes os dados disponíveis mostravam bem que uma liberalização semelhante poderia ser causa de riscos enormes para os países considerados, e que esses riscos seriam suportados em grau desproporcionado pelos pobres – ao mesmo tempo que eram muito escassas, no melhor dos casos, as perspetivas de a mesma liberalização vir a promover o crescimento. Existem, entretanto, outras questões a propósito das quais as conclusões são menos evidentes. O comércio internacional livre permite que um país beneficie das suas vantagens comparativas, aumentando a generalidade dos rendimentos, embora haja indivíduos que poderão perder os seus postos de trabalho. Mas, nos países em desenvolvimento, com elevados níveis de desemprego, a destruição de postos de trabalho resultante da liberalização do comércio pode ser mais evidente do que a criação de emprego, o que se verifica, em particular, nos pacotes de «reformas» do FMI, que combinam a liberalização das trocas com taxas de juro muito elevadas, tornando a criação de emprego e de empresas praticamente impossível. Quem poderá sustentar que transferir os trabalhadores de postos de trabalho pouco produtivos para o desemprego reduzirá a pobreza ou aumentará os rendimentos no país? Os crentes nas virtudes dos mercados autorregulados implicitamente acreditam numa espécie de lei de Say, que faria com que a oferta de mão de obra acabasse por criar a sua própria procura. Para os capitalistas que beneficiam dos salários baixos, é possível que um nível elevado de desemprego signifique alguma vantagem, na medida em que exerce uma pressão negativa sobre as reivindicações salariais dos trabalhadores. Mas, para os economistas, os trabalhadores desempregados ilustram o mau funcionamento de uma economia, e podemos observar num número demasiado grande de países factos que comprovam amplamente essa e outras distorções. Alguns dos partidários de uma economia autorregulada atribuem parte da culpa das distorções registadas à ação dos governos; mas, tenham ou não justificação para o fazer, o que importa aqui dizer é que o mito da autorregulação da economia está, hoje, quase *morto*.

Mas Polanyi insiste numa falha particular da economia autorregulada que só recentemente voltou a ser objeto de análise. O problema que ele põe é o da relação entre a economia e a sociedade – do modo como os sistemas económicos, ou as reformas dos sistemas económicos, podem afetar os termos em que os indivíduos se relacionam uns com os outros. Uma vez mais, na medida em que se passou a reconhecer melhor a importância das relações sociais, o vocabulário mudou igualmente. Hoje, por exemplo, falamos de capital social. Reconhecemos que períodos prolongados de desemprego, a persistência de níveis elevados de desigualdade e a pobreza e miséria endémicas em grande parte da América Latina têm efeitos desastrosos sobre a coesão social, representando uma força que contribui para a manutenção e crescimento de níveis elevados de violência nos países da região. Reconhecemos que o modo e o ritmo das reformas aplicadas na Rússia causou a erosão das relações sociais, destruiu o capital social e levou ao aparecimento e talvez à supremacia das máfias russas. Reconhecemos que a eliminação dos subsídios de alimentação na Indonésia, no preciso momento em que os salários desciam vertiginosamente e as taxas de desemprego aumentavam, levou a um caos político e social previsível (e previsto) – possibilidade que deveria ter sido particularmente evidente, tendo em conta a história do país. Em cada um dos casos que citámos, não só as políticas económicas adotadas contribuíram para a rutura de relações sociais duradouras (ainda que, em certos casos, frágeis), como vimos também essa rutura das relações sociais produzir, por si só, efeitos económicos extremamente funestos. Os investidores mostravam-se relutantes em colocar o seu dinheiro em países cujas tensões sociais se mostravam tão grandes, e muitos foram os que retiraram os seus capitais desses países, desencadeando desse modo uma dinâmica negativa.

A maior parte das sociedades elaborou formas de cuidar dos seus pobres, dos seus elementos desfavorecidos. A era industrial tornou cada vez mais difícil aos indivíduos assumirem uma plena responsabilidade por si próprios. Sem dúvida, um agricultor pode perder as suas colheitas, e é verdade também que, no quadro de uma agricultura de subsistência, pouca ocasião tem de pôr dinheiro de lado para os dias de mau tempo (ou, mais precisamente, para uma seca prolongada). Mas nunca perde o seu posto de trabalho remunerado. Na moderna era industrial, os indivíduos são movidos por forças que escapam ao seu controlo. Quando o desemprego atinge níveis elevados, como nos tempos da Grande Depressão, ou como hoje em muitos dos países em vias de desenvolvimento, é pouco o que os indivíduos podem fazer. Poderão dar ou não ouvidos às conferências dos adeptos da liberdade dos mercados sobre a importância da flexibilidade salarial (termos em código que significam a necessidade de aceitarem o despedimento sem indemnizações, ou de aceitarem de bom grado a diminuição dos salários), mas pouco podem pessoalmente fazer com vista à adoção de reformas semelhantes, ainda que admitindo que elas teriam o efeito de instaurarem o pleno emprego prometido. E não é apenas que não se verifique a tese que os indivíduos poderiam, oferecendo a sua força de trabalho em troca de um salário mais baixo, obter emprego de modo automático. As teorias dos salários de eficiência, as teorias do conflito de interesses entre *insiders-outsiders* ([1]) e uma série de outras análises expuseram convincentemente as razões pelas quais os mercados do trabalho não funcionam nos termos sugeridos pelos adeptos dos mercados autorregulados. Mas, qualquer que seja a explicação, a verdade é que o desemprego não é uma fantasia e que as sociedades contemporâneas precisam de ter respostas para o problema – respostas que a economia da autorregulação dos mercados não fornece, pelo menos

---

([1]) Ou conjunto de análises desenvolvidas a partir de um modelo que poderíamos caracterizar como de «inclusão/exclusão», correspondendo o primeiro termo à categoria dos empregados e à dos desempregados, o segundo. No entanto, a forma *insiders-outsiders* foi importada diretamente para português pelo vocabulário da análise económica, podendo considerar-se consagrada pelo uso (*N. T.*).

em termos socialmente aceitáveis. (Para o que também há explicações, mas abordá-las aqui faria com que me afastasse demasiado do presente tema.) As transformações rápidas destroem os anteriores mecanismos de cobertura, as anteriores redes de segurança, ao mesmo tempo que criam um novo conjunto de exigências, *antes de ter sido possível elaborar novos mecanismos de cobertura.* Esta lição do século XIX tem sido, infelizmente, esquecida com excessiva frequência pelos defensores do consenso de Washington, essa versão atualizada segundo o gosto do dia da velha ortodoxia liberal.

O fracasso destes mecanismos de cobertura contribuiu, por seu lado, para a erosão daquilo a que acima chamei o capital social. Temos dois exemplos dramáticos desta situação na última década. Já me referi ao desastre indonésio, parte da crise do Leste Asiático. Durante essa crise, o FMI, o Departamento do Tesouro dos Estados Unidos e outros campeões das doutrinas neoliberais opuseram-se ao que poderia ter constituído uma parte da solução: a suspensão do pagamento da dívida. Os empréstimos eram, na maior parte dos casos, empréstimos do setor privado a devedores privados – e existe um modo padrão de lidar com as situações em que os devedores não estão em condições de pagar a dívida: a insolvência. A insolvência é um elemento central do capitalismo moderno. Mas o FMI opôs-se, declarando que a insolvência equivaleria a uma violação do caráter sagrado dos contratos. Sem demonstrar, contudo, a mais pequena dúvida perante a perspetiva da violação de um contrato ainda mais importante, como é o caso do contrato social. Os responsáveis do FMI preferiram facultar aos governos fundos que lhes permitissem pagar aos credores estrangeiros, apesar de estes não terem observado devida diligência (*due diligence*) na concessão dos empréstimos. Ao mesmo tempo, o FMI promoveu políticas que impuseram custos extremamente elevados a muitos elementos sem responsabilidades na situação: os trabalhadores e o mundo dos pequenos negócios, que não tinham desempenhado qualquer papel no desencadear da crise.

Os fracassos foram ainda mais dramáticos no caso da Rússia. O país, que já fora vítima de um processo experimental – o comunismo – foi convertido em sujeito de nova experimentação:

a da aplicação prática da ideia de uma economia de mercado autorregulada, antes de o *governo* ter a oportunidade de implantar a necessária infraestrutura jurídica e institucional. Precisamente do mesmo modo que, cerca de setenta anos antes, os bolcheviques tinham imposto a sua transformação rápida da sociedade, os neoliberais forçavam agora uma outra transformação rápida, com resultados desastrosos. Prometera-se à população do país que, uma vez livremente desencadeada a ação das forças do mercado, a economia conheceria um *boom*: o sistema ineficaz do plano central, que distorcia a alocação dos recursos, dada a sua ausência de incentivos característica da propriedade social, seria substituído pela descentralização, a liberalização e a privatização.

Mas não houve *boom*. A economia teve uma quebra de quase cinquenta por cento, e a fração dos que viviam em condições de pobreza (não mais de quatro dólares por dia) aumentou de 2 para perto de 50 por cento. Enquanto a privatização transformava em multimilionários uns quantos oligarcas, o governo não tinha sequer dinheiro para pagar as pensões aos reformados – sendo necessário ter presente que tudo isto sucedia num país rico em recursos naturais. A liberalização do mercado de capitais destinava-se a indicar ao mundo que a Rússia se tornara um lugar de molde a atrair os investimentos – mas esta política não produziria mais do que um movimento de sentido único. A fuga de capitais foi maciça, o que nada tinha de surpreendente. Dada a ilegitimidade do processo de privatização, este não pôde apoiar-se em qualquer espécie de consenso social. Os que deixavam o seu dinheiro na Rússia tinham todo o direito de recear perdê-lo assim que viesse a instalar-se um novo governo. Até mesmo deixando de parte estes aspetos políticos, seria evidente que um investidor racional preferiria colocar os seus capitais no próspero mercado de ações dos Estados Unidos, a fazê-lo num país que atravessava uma verdadeira depressão. As doutrinas da liberalização do mercado de capitais representavam um convite declarado a que os oligarcas fizessem sair do país as suas fortunas adquiridas ilegitimamente. Hoje, ainda que demasiado tarde, as consequências destas políticas erradas começam a ser compreendidas – mas será completamente impossível atrair de novo para o país os capitais que fugiram, exceto através de garantias que, independentemente do modo como as fortunas foram adquiridas, salvaguardem a sua posse – o que implica, tornando-a de facto uma condição necessária, a perpetuação da oligarquia.

A ciência e a história económicas acabaram por ter de reconhecer a validade das posições fundamentais de Polanyi. Mas as políticas públicas – em particular, na forma refletida nas doutrinas do consenso de Washington sobre o modo como o mundo em vias de desenvolvimento e as economias em transição devem operar as *suas* grandes transformações – parecem com demasiada frequência incapazes de o fazer. Como já observei, Polanyi expõe o *mito* do mercado livre: na realidade, nunca existiu um sistema verdadeiramente livre de mercado autorregulado. Nas *suas* transformações, os governos dos atuais países industrializados desempenharam um papel ativo, não só protegendo as suas indústrias por meio de tarifas, mas igualmente promovendo as novas tecnologias. Nos Estados Unidos, a primeira linha de telégrafo foi, em 1842, financiada pelo governo federal, e o surto de produtividade agrícola que forneceu a base da industrialização teve por base a intervenção governamental aos níveis da investigação, do ensino e dos programas de formação (*extension service*). A Europa Ocidental manteve restrições sobre a atividade económica até uma data muito recente. O protecionismo e as intervenções do governo continuam ainda hoje a gozar de boa saúde: o governo dos Estados Unidos ameaça a Europa com sanções comerciais se esta não se mantiver disposta a abrir os seus mercados às bananas produzidas pelas firmas americanas que operam nas Caraíbas. Embora, por vezes, tais intervenções sejam justificadas como respostas necessárias às intervenções de outros governos, são muitos os exemplos de protecionismo e práticas de subsídios manifestos, como acontece em relação à agricultura. Quando desempenhei as funções de presidente do Conselho de Assessoria Económica (Council of Economic Advisers), tive ocasião de o testemunhar em muitos casos: do tomate e abacate mexicanos à película fotográfica japonesa e dos casacos para senhoras ucranianos ao urânio russo. Durante muito tempo, Hong Kong foi visto como o bastião do mercado livre – mas quando a mesma Hong Kong viu os especuladores de Nova Iorque tentarem arruinar a sua economia através de ações especulativas empreendidas simultaneamente nos mercados de ações e de divisas, não se coibiu de intervir maciçamente em ambas as frentes. O governo americano protestou ruidosamente, declarando que estávamos perante uma derrogação dos princípios da liberdade dos mercados. Todavia, a intervenção de Hong Kong foi compensadora: conseguiu estabilizar os dois mercados em causa, prevenindo futuras ameaças à sua moeda e, como se isso fosse pouco, fazendo grandes quantias em negócios rendosos.

Os advogados do consenso neoliberal de Washington insistem que são as intervenções governamentais a origem do problema: a chave da transformação é «ajustar os preços» e afastar os governos da economia através da privatização e da liberalização. Nesta perspetiva, o desenvolvimento é pouco mais do que a acumulação de capital e aperfeiçoamentos na eficiência da alocação de recursos – correspondendo a aspetos puramente técnicos. Estamos perante uma ideologia que interpreta distorcidamente a natureza da própria transformação, que é uma transformação da sociedade, e não apenas da economia, ao mesmo tempo que uma transformação da economia muito mais profunda do que as suas simples receitas gostariam de fazer crer. A sua perspetiva, como Polanyi argumenta coerentemente, representa uma distorção da história.

Se Polanyi pudesse escrever hoje, disporia de novos dados de prova para corroborar as suas conclusões. Por exemplo, no Leste Asiático, a região do mundo que conheceu um processo de desenvolvimento mais bem-sucedido, os governos desempenharam sem rodeios um papel central, e reconheceram explícita e implicitamente o valor de salvaguardar a coesão social, pelo que não só protegeram como apoiaram o capital social e humano. Por toda a região, registou-se não só um rápido crescimento económico, mas também acentuadas reduções da pobreza. Se o fracasso do comunismo demonstrou em termos dramáticos a superioridade do sistema de mercado sobre o socialismo, o sucesso do Leste Asiático demonstrou de modo igualmente impressionante a superioridade sobre o sistema do mercado autorregulado de uma economia em que o governo assume um papel ativo. Tal foi precisamente a razão por que os ideólogos do mercado se mostraram quase rejubilantes durante a crise do Leste Asiático, que, em seu entender, revelaria a fraqueza fundamental do modelo do governo economicamente ativo. Embora as suas recomendações se referissem, evidentemente, à necessidade de melhores sistemas de regulação financeira, aproveitaram a oportunidade para reclamar uma maior flexibilidade do mercado: o que significava, na sua linguagem codificada, a eliminação desse tipo de contratos sociais, garantes de alguma segurança económica, que reforçavam a estabilidade social e política – estabilidade esta que foi a condição *sine qua non* do milagre leste-asiático. Na realidade, a crise do Leste Asiático foi, sem dúvida, a ilustração mais dramática do fracasso do sistema dos mercados autorregulados: foram a liberalização dos fluxos de capitais a curto prazo, os biliões de dólares que se precipitavam mundo fora em busca das melhores remunerações, ao sabor de bruscas alterações de humor racionais ou irracionais, que estiveram na origem da crise.

Deixem-me concluir este prefácio retomando dois dos temas centrais de Polanyi. O primeiro refere-se ao entrelaçamento complexo da política e da economia. O fascismo e o comunismo não foram somente sistemas económicos alternativos, mas representaram ruturas importantes com as tradições do liberalismo político. No entanto, como Polanyi faz notar: «Tal como o socialismo, o fascismo criava raízes numa sociedade de mercado que se recusava a funcionar». O apogeu das doutrinas neoliberais foi provavelmente alcançado entre 1990 e 1997 – depois da Queda do Muro de Berlim e antes da crise financeira global. Haverá talvez quem sustente que o fim do comunismo assinalou o triunfo da economia de mercado e confirmou a conceção dos mercados autorregulados. Mas trata-se de uma interpretação, a meu ver, errónea. Bem vistas as coisas, nos próprios países desenvolvidos, esse período foi marcado em quase toda a parte por uma rejeição das doutrinas neoliberais, das doutrinas do mercado livre de Reagan-Thatcher, em benefício das posições políticas dos «novos democratas» ou do New Labour. Uma interpretação mais convincente é a que afirma que, durante a Guerra

Fria, os países industriais mais avançados não podiam simplesmente correr o risco de impor políticas que ameaçassem em tão alto grau os países mais pobres. Estes tinham a possibilidade de escolher: eram solicitados pelo Ocidente e pelo Leste, pelo que as falhas que se manifestassem no modelo ocidental poderiam fazê-los escolher a outra solução. Com a Queda do Muro de Berlim, deixaram de poder escolher. Passava a ser possível impor-lhes impunemente doutrinas de risco. Todavia, semelhante política é, não só arrogante, mas também pouco esclarecida: porque continuam a existir múltiplas formas indesejáveis que pode assumir a rejeição de uma economia de mercado que não funcione pelo menos em benefício da maioria ou de uma forte minoria da população. Uma economia na base do chamado mercado autorregulado poderá evoluir no sentido de um capitalismo mafioso – e de um sistema político mafioso –, eventualidade preocupante que tem vindo a tornar-se demasiado real em certas partes do mundo.

Polanyi via o mercado como parte de uma economia mais vasta –, e essa economia mais vasta como parte de uma ainda mais vasta sociedade. Via a economia de mercado, não como um fim em si própria, mas como um meio em vista de fins mais fundamentais. A privatização, a liberalização e a própria macro-estabilização têm sido demasiadas vezes encaradas como constituindo os objetivos da reforma. Elaboram-se tabelas classificativas em função da rapidez com que os diferentes países procedem às privatizações – ignorando que a privatização é, na realidade, um expediente fácil: requer tão-só que se entreguem os ativos aos amigos, na expectativa da sua retribuição na forma de comissões. Mas demasiadas vezes as tabelas classificativas esquecem os muitos indivíduos que são precipitados na pobreza, ou os muitos postos de trabalho destruídos por comparação com os criados, ou o aumento dos níveis de violência, ou a extensão da sentimento de insegurança ou de redução à impotência. Polanyi falava de valores mais profundos. A disjunção entre esses valores fundamentais e a ideologia dos mercados autorregulados é hoje tão manifesta como no tempo em que ele escreveu. Falamos aos países em vias de desenvolvimento da importância da democracia, mas, a seguir, quando se põem as questões que os preocupam em primeiro lugar, as questões que afetam a sua existência, as questões da economia, dizemos-lhes que as leis de ferro da economia lhes deixam pouca ou nenhuma escolha, e que, pois o mais provável é que esses países (nos termos de um processo político democrático) tomem decisões erradas, deverão ceder as decisões económicas mais importantes – digamos, a direção da política macro-económica – a um banco central independente, quase sempre dominado pelos representantes da comunidade financeira, e dizemos-lhes, ao mesmo tempo, que para garantirem que a sua ação servirá os interesses da comunidade financeira deverão centrar-se exclusivamente na inflação, sem se preocuparem com o crescimento ou o emprego: por fim, do mesmo modo, dizemos-lhe que, para terem a certeza do acerto das medidas tomadas pelo banco central, deverão submetê-lo a certas regras, como a que estipula que a oferta monetária se mantenha a uma taxa constante – e que quando alguma dessas regras não funciona como se esperara, dever-se-á introduzir outra, tendo igualmente por alvo o controlo da inflação. Em suma, ao mesmo tempo que, com uma das mãos, aparentemente garantimos, através da democracia, a capacidade política das populações das ex-colónias, despojamo-las dela, com a outra.

Polanyi termina, muito pertinentemente, o seu livro com uma análise da questão da liberdade numa sociedade complexa. Franklin Delano Roosevelt dizia, preparando-se para enfrentar a Grande Depressão: «Nada temos a temer senão o medo». Referia-se assim à importância, não só das liberdades clássicas (liberdade de expressão, liberdade de imprensa, liberdade de reunião, liberdade religiosa), mas também à liberdade de não termos medo nem fome. As medidas de regulação poderão restringir a liberdade de alguns, mas fazê-lo reforçando a liberdade de outros. A liberdade de movimentar arbitrariamente capitais transpondo nos dois sentidos as fronteiras de um país é uma liberdade que alguns exercem, fazendo com que outros paguem custos enormes. (Na gíria dos economistas, as externalidades intervêm aqui em grande medida.) Infelizmente, o mito da autor-regulação da economia, tanto nos velhos termos do *laissez-faire* como sob a nova indumentária do consenso de Washington, não representa um equilíbrio destas liberdades, uma vez que, para os pobres, significa um sentimento de insegurança acrescido, e que, em certos casos, como na Rússia, o número absoluto dos que vivem em condições de pobreza aumentou, ao mesmo tempo que os níveis de vida se deterioraram. Para todos estes, há menos liberdade, menos liberdade de não passar fome, menos liberdade de não ter medo. Se escrevesse nos nossos dias, parece-me certo que Polanyi sugeriria que o desafio que a comunidade global hoje enfrenta é o de descobrir como corrigir estes desequilíbrios – antes que seja demasiado tarde.

JOSEPH STIGLITZ

Introdução

Um eminente historiador da economia, reconsiderando a receção e a influência ao longo dos anos de *A Grande Transformação*, fazia notar que «alguns livros recusam-se a passar». É um juízo certeiro. Apesar de esta obra de Karl Polanyi ter sido escrita nos começos da década de 1940, a sua significação e a sua importância não pararam, desde então, de crescer. Embora sejam hoje

---

Tenho várias dívidas de gratidão que resultaram da preparação desta introdução. A maior delas é para com Kari Polanyi Levitt, que fez variadíssimos comentários, e detalhados, tanto de ordem substantiva como editorial, às várias versões da introdução. Foi um privilégio raro trabalhar com ela. Michael Flota, Miriam Joffe-Block, Marguerite Mendell e Margaret Sommers também me deram contributos preciosos. Margaret Sommers ajudou-me a compreender o pensamento de Polanyi durante quase trinta anos; muito do que escrevi reflete o seu pensamento. Além disso, Michael Flotta ajudou a preparar a introdução e, também, na tarefa mais lata de preparar esta nova edição.

Estou também em dívida para com Kari Polanyi e Marguerite Mendell pelas suas funções como co-diretores do Karl Polanyi Institute of Political Economy, na Concordia University, em Montreal, no Quebeque. O meu entendimento do pensamento de Polany foi profundamente moldado pela sua colegialidade e pelo arquivo do espólio de Karl Polanyi que ambas gerem. Os leitores que queiram saber mais sobre o pensamento de Polanyi, assim como a comunidade internacional de estudiosos, devem contactar o Karl Polanyi Institute.

poucos os livros que se mantêm nas estantes por mais do que uns anos ou meses, *A Grande Transformação*, ao fim de mais de meio século, conserva, sob múltiplos aspetos, a sua novidade. Com efeito, é um livro indispensável para compreendermos os dilemas com que a sociedade global se confronta no início do século XXI.

Trata-se de uma permanência que tem boas razões. *A Grande Transformação* propõe a crítica mais poderosa alguma vez formulada do liberalismo de mercado – ou seja, da ideia de que tanto as sociedades nacionais como a economia global poderão ser organizadas por meio dos mercados autorregulados. A partir de finais da década de 1980, e sobretudo com o desaparecimento da Guerra Fria nos começos da de 1990, esta doutrina do liberalismo de mercado – sob os rótulos de thatcherismo, reaganismo, neoliberalismo e «consenso de Washington» – acabou por dominar a política global. Mas, pouco tempo passado sobre a primeira edição da obra, em 1944, a Guerra Fria entre os Estados Unidos e a União Soviética intensificava-se, o que teve por resultado obscurecer a importância da contribuição de Polanyi. Nos debates extremamente polarizados entre os defensores do capitalismo e os defensores do socialismo ao estilo soviético, pouco lugar sobrava para as teses matizadas e complexas de Polanyi. Há, portanto, uma certa justiça no facto de, com o fim da época da Guerra Fria, a obra de Polanyi ter podido começar a adquirir a visibilidade que merece.

O debate central deste período pós-Guerra Fria tem vindo a travar-se em torno da globalização. Os neoliberais insistem em que as novas tecnologias das comunicações e do transporte tornam inevitável e, ao mesmo tempo, desejável que a economia mundial conheça uma integração consistente através do comércio e dos fluxos de capitais, bem como da aceitação do modelo anglo-americano de um capitalismo do mercado livre. Entretanto, vários movimentos e teóricos, um pouco por toda a parte, atacaram esta visão da globalização a partir de perspetivas políticas diferentes – resistindo-lhe alguns com base em identidades étnicas, religiosas, nacionais ou regionais, e sustentando outros conceções alternativas de coordenação e cooperação globais. Todos os lados deste debate terão muito a aprender com a leitura de *A Grande Transformação*: tanto os neoliberais como os seus críticos poderão, com efeito, aceder a uma compreensão mais profunda da história do liberalismo de mercado e a uma melhor elucidação das consequências trágicas dos projetos de globalização económica do passado.

A vida e a obra de Polanyi

Karl Polanyi (1886-1964) foi criado em Budapeste, numa família notável pelo seu compromisso social e as suas realizações intelectuais([1]). O seu irmão Michael viria a ser um importante filósofo da ciência, cujos trabalhos ainda hoje são muito lidos. O próprio Polanyi foi uma personalidade influente nos círculos de intelectuais e estudantes húngaros antes da Grande Guerra. Em Viena, na década de 1920, Polanyi foi um dos responsáveis da redação do primeiro semanário económico e financeiro da Europa Central, *Der Österreichische Volkswirt*. Foi nessa época que encontrou pela primeira vez as teses de Ludwig von Mises e do famoso discípulo de Mises, Friedrich Hayek. Mises e Hayek tentavam reafirmar a legitimidade intelectual do liberalismo de mercado, fortemente abalada pela I Guerra Mundial, a Revolução Russa e a força de atração do socialismo([2]). No plano ime-

---

([1]) Não dispomos ainda de uma biografia completa de Polanyi, mas podemos encontrar abundantes elementos da maior importância in Margueritte Mendell e Karl Polanyi Levitt, «Karl Polanyi – His Life and Time», *Studies in Political Economy*, n.º 22 (primavera de 1987), pp. 7-39. Ver também Levitt (org.), *Life and Work of Karl Polanyi* (Montreal, Black Rose Press, 1990) e o seu ensaio «Karl Polanyi as Socialist», in Kenneth McRobbie (org.), *Humanity, Society, and Committment: On Karl Polanyi* (Montreal, Black Rose Press, 1994). Um vasto material biográfico pode encontrar-se também em Kenneth McRobbie e Karl Polanyi Levitt (orgs.), *Karl Polanyi in Vienna* (Montreal, Black Rose Press, 2000). Peter Drucker, o teórico da gestão, que conheceu a família Polanyi em Viena, evoca a sua figura em termos animados nas suas memórias *Adventures of a Bystander* (Nova Iorque, John Wiley, 1994), mas muitas das suas referências específicas – entre as quais os nomes de alguns dos irmãos de Polanyi – estão incorretas.

([2]) Sobre as teses de Ludwig von Mises e Friedrich Hayek entre as décadas de 1920 e 1990, ver Richard Cockett, *Thinking the Unthinkable:*

diato, Mises e Hayek tiveram pouca influência. De meados da década de 1930 e até ao fim da de 1960, as ideias económicas keynesianas, que legitimavam a direção governamental ativa da economia, dominaram as políticas nacionais do Ocidente[3]. Mas, depois da II Guerra Mundial, Mises e Hayek foram defensores incansáveis do liberalismo de mercado nos Estados Unidos e no Reino Unido, inspirando diretamente continuadores diretos tão influentes como Milton Friedman. Hayek viveria até 1992, o suficiente, portanto, para poder ter-se sentido vingado pelo colapso da União Soviética. Por ocasião da sua morte, seria amplamente celebrado como pai do neoliberalismo – o inspirador de Margaret Thatcher e de Ronald Reagan, que encorajaria uma e outro nas suas políticas de desregulação, liberalização e privatização. Todavia, já desde a década de 1920, Polanyi contestava abertamente as teses de Mises, e a crítica dos adeptos liberais do mercado continuaria a ser a sua preocupação teórica fundamental.

Durante o período de *Der Österreichische Volkswirt*, Polanyi assistiu ao *crash* do mercado da Bolsa que teve lugar nos Estados Unidos em 1929; à falência do Kreditanstalt de Viena, em 1931, que precipitaria a Grande Depressão, e à ascensão do fascismo. Mas, com o acesso de Hitler ao poder, em 1933, as conceções socialistas de Polanyi tornaram-se problemáticas, e ele foi convidado a abandonar as suas funções no semanário. Partiu para Inglaterra, onde lecionou no quadro da Worker's Educational Association, braço e prolongamento no exterior das uni-

---

Think Tanks and the Economic Counter-Revolution, 19231-1983 (Londres, Fontana Press, 1995). Cockett sublinha a ironia do facto de a Inglaterra, que inventou o liberalismo de mercado, ter tido de o reimportar de Viena.

[3] Por coincidência, o livro de Polanyi foi publicado no mesmo ano em que Hayek publicou o seu livro mais famoso, *The Road of Serfdom* (Chicago, University of Chicago Press, 1944 [*O Caminho para a Servidão*, Lisboa, Edições 70, 2008, com prefácio de João Carlos Espada]). Enquanto Polanyi celebrava o *New Deal* nos Estados Unidos, precisamente porque estabelecia limites à influência das forças do mercado, o livro de Hayek reiterava que as reformas do *New Deal* deixavam os Estados Unidos numa encosta escorregadia conducente tanto à ruína económica como a um regime totalitário.

versidades de Oxford e Londres([4]). A preparação dos seus cursos levaria Polanyi a mergulhar nos materiais da história económica e social de Inglaterra. Em *A Grande Transformação*, Polanyi integrou esses dados históricos na sua crítica das conceções já extraordinariamente influentes de Mises e Hayek.

A redação propriamente dita do livro teve lugar enquanto Polanyi esteve como investigador convidado (*visiting scholar*) no Bennington College de Vermont, nos começos da década de 1940([5]). Graças a uma bolsa, pôde dedicar todo o seu tempo a escrever, e a mudança de meio ajudou-o a sintetizar as diferentes linhas de argumentação da sua tese. Com efeito, uma das contribuições duradouras do livro – a sua insistência nas instituições que regulam a economia global – estava diretamente associada aos múltiplos exílios de Polanyi. As suas mudanças de Budapeste para Viena, a seguir para Inglaterra e, depois, para os Estados Unidos, combinando-se com um sentido profundo da responsabilidade moral, tornaram Polanyi uma espécie de cidadão do mundo. No final da sua vida, escreveria assim a um velho amigo: «A minha vida foi uma vida 'mundial' – vivi a vida do mundo humano (...) A minha obra destina-se à Ásia, a África, aos novos povos»([6]). Embora mantivesse um apego profundo à sua Hungria natal, Polanyi superara uma perspetiva eurocêntrica e compreendera as vias adotadas pelas formas do nacionalismo agressivo e os termos em que estas assentavam num determinado conjunto de dispositivos económicos globais.

Nos anos que se seguiram à II Guerra Mundial, Polanyi ensinou na Columbia University de Nova Iorque, onde, com os seus estudantes, se dedicou à investigação antropológica sobre a moeda, o comércio e os mercados em sociedades pré-capitalis-

---

([4]) Marguerite Mendell, «Karl Polanyi and Socialist Education», in Kenneth McRobbie (org.), *Humanity, Society, and Commitment: On Karl Polanyi* (Montreal: Black Rose Press, 1994), pp. 25-42.

([5]) Polanyi escreveu o livro diretamente em inglês, língua que lhe era familiar desde a infância.

([6]) Carta a Be de Waard, 6 de janeiro de 1958, citada por Ilona Duczynska Polanyi, «I First Met Karl Polanyi im 1920...», in Kenneth McRobbie e Karl Polanyi Levitt (orgs.), *Karl Polanyi in Vienne* (Montreal, Black Rose Press, 2000), pp. 313, 302-15.

tas. Com Conrad M. Arensberg e Harry W. Pearson, publicou *Trade and Market in the Early Empires*; mais tarde, os seus discípulos prepararam para publicação os volumes póstumos baseados no trabalho desenvolvido por Polanyi no mesmo período. Abraham Rotstein contribuiu com a publicação de *Dahomey and the Slave Trade*; George Dalton organizou uma colectânea de ensaios anteriormente publicados, que incluem alguns trechos de *A Grande Transformação*, em *Primitive, Archaic, and Modern Economies: Essays of Karl Polanyi*, e Pearson coligiu igualmente *The Livelihood of Man* a partir das notas dos cursos leccionados por Polanyi em Columbia([7]).

A tese de Polanyi: estrutura e teoria

A Grande Transformação está organizada em três partes. A primeira e a terceira centram-se nas circunstâncias imediatas que produziram a Grande Guerra, a Grande Depressão, a ascensão do fascismo na Europa continental, o *New Deal* nos Estados Unidos e o primeiro plano quinquenal na União Soviética. Nestes capítulos de introdução e de conclusão, Polanyi propõe um problema enigmático: porque é que um período prolongado de relativa paz e prosperidade na Europa, que durou de 1815 a 1914, deu bruscamente lugar a uma guerra mundial seguida por um colapso económico? A Segunda Parte – que constitui o núcleo do livro – fornece a solução que Polanyi dá ao enigma. Remontando à Revolução Industrial em Inglaterra, nos primeiros anos do século XIX, Polanyi mostra de que modo os pensadores ingleses responderam aos efeitos disruptivos dos primeiros tempos da industrialização elaborando a teoria do liberalismo de mercado, a partir da crença central

---

([7]) Karl Polanyi, Conrad M. Arensberg e Harry W. Pearson (orgs.), *Trade and Market in the Early Empires: Economies in History and Theory* (Glencoe, Ill., Free Press, 1957); Polanyi, *Dahomey and the Slave Trade: An Analysis of an Archaic Economy* (Seattle, University of Washington, 1966); George Dalton (org.), *Primitive, Archaic, and Modern Economics: Essays of Karl Polanyi* (1968; reed. Boston, Beacon Press, 1971), e Harry W. Pearson (org.), *The Livelihood of Man* (Nova Iorque, Academic Press, 1977).

segundo a qual a sociedade humana deveria subordinar-se ao funcionamento de mercados autorregulados. Como resultado do papel condutor da Inglaterra enquanto «oficina do mundo», explica Polanyi, essas crenças acabaram por tornar-se o princípio organizador da economia mundial. Na segunda metade da Segunda Parte – capítulos XI a XVIII –, Polanyi sustenta que o liberalismo de mercado produziu uma resposta inevitável, traduzindo-se num conjunto de esforços concertados que visavam proteger a sociedade frente ao mercado. Tais esforços significavam que o liberalismo de mercado não podia funcionar de acordo com o estipulado, e que as instituições que governavam a economia global criavam tensões crescentes entre as nações. Polanyi delineia o fracasso da paz que conduziria à Grande Guerra e mostra que o fracasso da ordem económica que conduziria à Grande Depressão foi uma consequência direta da tentativa de organizar a economia global com base no liberalismo de mercado. A segunda «grande transformação» – a ascensão do fascismo – é resultado da primeira, ou seja, da ascensão do liberalismo de mercado.

Na construção da sua tese, Polanyi recorre às suas vastas leituras de história, antropologia e teoria social[8]. *A Grande Transformação* tem muitas coisas importantes a dizer-nos sobre os acontecimentos históricos do período que vai do século XV à II Guerra Mundial; produz também contribuições originais sobre temas tão diferentes como o papel da reciprocidade e da redistribuição nas sociedades pré-modernas, as limitações do pensamento económico clássico e os perigos da mercantilização da natureza. São muitos os cientistas sociais contemporâneos – antropólogos, cientistas políticos, sociólogos, historiadores e economistas – que descobriram inspiração teórica nas teses de Polanyi. Hoje, cada vez mais livros e artigos adotam como moldura algumas citações cruciais de *A Grande Transformação*.

---

[8] Para uma análise de algumas das fontes mais importantes de Polanyi, ver Margaret Somers, «Karl Polanyi's Intellectual Legacy», in Karl Polanyi Levitt (org.), *Life and Work of Karl Polanyi* (Montreal, Black Rose Books, 1990), pp. 152-58.

Devido precisamente à riqueza deste livro, seria uma tentativa fútil tentar resumi-lo – o melhor que se pode fazer aqui é refletir sobre algumas das principais linhas de força da tese de Polanyi. O que requer que se comece por reconhecer a originalidade da sua posição teórica. Polanyi não se deixa situar com facilidade nas cartografias convencionais da paisagem política: embora concorde com boa parte da crítica a que Keynes submete o liberalismo de mercado, não pode ser considerado um keynesiano. Identificou-se como socialista ao longo da sua vida inteira, mas em termos que o separam radicalmente de qualquer espécie de determinismo económico, sem que o caso do marxismo prevalecente constitua uma exceção [9]. As próprias definições de capitalismo e de socialismo que faz suas divergem das interpretações habituais desses conceitos.

O conceito de incrustação de Polanyi

O ponto de partida lógico de uma exposição do pensamento de Polanyi é o seu conceito de incrustação (*embeddedness*) [*]. Este conceito, que é talvez a sua contribuição mais célebre para o pensamento social, tem sido também origem de múltiplas

---

[9] A relação de Polanyi com o marxismo é um dos temas mais complexos e discutidos da bibliografia sobre a obra do primeiro. Ver Mendell e Polanyi Levitt, «Karl Polanyi – His Life and Times»; Fred Block e Margaret Somers, «Beyond the Economistic Fallacy: The Holistic Social Science of Karl Polanyi», in Theda Skocpol (org.), *Vision and Method in Historical Sociology* (Cambridge, Cambridge University Press, 1984), pp. 47-84; Rhoda H. Haperin, *Cultural Economies: Past and Present* (Austin, University of Texas Press, 1994).

[*] Embora, à partida, outras versões de *embeddedness* ou da forma adjetiva *embedded* sejam justificáveis («incorporação» / «incorporada», «implantação» / «implantada», «enraizamento» / «enraizada», «inserção» / «inserida», «engastamento» / «engastada», etc.), a verdade é que a adotada na presente tradução – «incrustação»/«incrustada» – se tornou canónica no português (de Portugal, pelo menos) na medida em que foi a adotada e difundida pela teorização e ensaísmo económicos críticos dos autores que – como José Maria Castro Caldas, por exemplo – maior atenção têm dedicado, neste país, ao pensamento de Polanyi (*N.T.*).

confusões. Polanyi começa por sublinhar que toda a tradição do moderno pensamento económico, prolongando-se até aos nossos dias, toma por base uma conceção da economia como um sistema de interligação de mercados que automaticamente ajustam entre si a oferta e a procura através do mecanismo dos preços. Embora reconheçam que o sistema do mercado por vezes tem necessidade do auxílio dos governos para superar as falhas do seu funcionamento, os economistas continuam a basear-se nesta representação da economia como um sistema de equilíbrio de mercados integrados. O propósito de Polanyi consiste em mostrar como esta conceção difere agudamente da realidade das sociedades humanas que historicamente conhecemos. Até ao século XIX – insiste Polanyi – a economia humana esteve sempre incrustada na sociedade.

O termo «incrustação» exprime a ideia de que a economia não é autónoma, como a teoria económica quer que ela seja necessariamente, mas está subordinada à ação da política, da religião e das relações sociais[10]. O uso do termo por Polanyi sugere mais do que a ideia hoje familiar segundo a qual as transações do mercado dependem da confiança, inteligência mútua e imposição jurídica dos contratos. O conceito serviu-lhe para pôr em evidência a rutura radical que os economistas clássicos, sobretudo Malthus e Ricardo, tinham operado em relação aos pensadores anteriores. Em vez do modelo historicamente nor-

---

[10] O conceito polanyiano de incrustação (*embeddedness*) tem sido adotado e desenvolvido por destacados investigadores das ciências sociais, incluindo, entre outros, John Ruggie, «International Regimes, Transactions, and Change: Embedded Liberalism in the Postwar Economic Order», *International Organizations*, 36 (primavera de 1982), pp. 379-415; Mark Granovetter, «Economic Actions and Social Structure: The Problem of Embeddedness», *American Journal of Sociology*, 91 (novembro de 1985), pp. 481-510, e Peter Evans, *Embedded Autonomy: States and Industrial Transformation* (Princeton, N.J., Princeton University Press, 1995). Não sabemos que inspiração precisa terá levado Polanyi a cunhar este termo – mas parece plausível que tenha tomado de empréstimo a sua metáfora à terminologia da mineração do carvão. Ao estudar a história económica de Inglaterra, Polanyi fez extensas leituras sobre a história e as técnicas da indústria mineira inglesa, de cujas tarefas fazia parte a extração do carvão incrustado nas paredes de rocha da mina.

mal da subordinação da economia à sociedade, o seu sistema de mercados autorregulados reclamava a subordinação da sociedade à lógica do mercado. Polanyi escreve assim na Primeira Parte de *A Grande Transformação*: «Em última análise, é por isso que o controlo do sistema económico pelo mercado tem consequências avassaladoras sobre o conjunto da organização da sociedade: significa nada menos do que a direção da sociedade como um elemento auxiliar do mercado. Em vez de existir uma economia incrustada (*embedded*) nas relações sociais, são as relações sociais que são incrustadas no sistema económico» [p. 192]. Todavia, este e outros passoss semelhantes prestavam-se a uma interpretação distorcida da tese de Polanyi. É frequente que se entenda sob uma forma equivocada que Polanyi afirma assim que, com o triunfo do capitalismo no século xix, a economia foi desincrustada com êxito da sociedade, acabando por dominá-la([11]).

Esta interpretação distorcida obscurece a originalidade e riqueza teóricas da tese de Polanyi. Este afirma que os economistas clássicos quiseram criar uma sociedade na qual a economia fosse efetivamente desincrustada – encorajando os políticos a visarem esse objetivo. No entanto, insiste em que *não* alcançaram *nem podiam alcançar* esse objetivo. De facto, Polanyi afirma por várias vezes que o objetivo de uma economia de mercado desincrustada e plenamente autorregulada é um projeto utópico – trata-se de algo que não pode existir. Na página de abertura da Primeira Parte, por exemplo, escreve: «A nossa tese é que a ideia de um mercado capaz de se autoajustar era uma mera utopia. Semelhante instituição não poderia existir duradouramente sem aniquilar a substância natural e humana da sociedade; destruiria fisicamente o homem e transformaria o seu meio ambiente num deserto» [p. 120].

([11]) É assim que nada menos do que alguém como o grande historiador francês Fernand Braudel lê Polanyi. Cf. Braudel, *Civilization and Capitalism Fifteeenth-Eighteenth Century*, vol. II. *The Wheels of Commerce*, trad. inglesa de Sian Reynolds (Berkeley, University of California Press, 1992), pp. 225-229.

INTRODUÇÃO

Porque não pode a desincrustação ser bem-sucedida

Polanyi sustenta que uma economia do mercado inteiramente autorregulada requer que os seres humanos e o meio natural circundante sejam convertidos em meras mercadorias – o que só poderia garantir a destruição tanto da sociedade como do meio natural ambiente. Em seu entender, os teóricos dos mercados autorregulados e os seus aliados impelem constantemente as sociedades humanas para a borda de um abismo. Mas, à medida que as consequências da ação sem restrições dos mercados se manifestam, os seres humanos resistem: recusam-se a agir como lemingues que avançam dispostos a precipitar-se na sua própria destruição. Em vez de o fazerem, separam-se dos dogmas da autorregulação do mercado no propósito de pouparem à destruição tanto a sociedade como a natureza. Neste sentido, podemos dizer que a tentativa de desincrustar o mercado produz um efeito análogo ao de retesar um elástico gigantesco. Os esforços que tendem a desenvolver uma maior autonomia de mercado aumentam o nível da tensão. Se se continuar a puxar pelo elástico, ou este cede e parte-se – o que corresponde a uma situação de desintegração da sociedade –, ou a economia acaba por regressar a condições de maior incrustação.

A lógica subjacente a esta tese assenta na distinção estabelecida por Polanyi entre mercadorias reais e fictícias. Para Polanyi, uma mercadoria define-se pelo facto de ser uma coisa produzida para ser vendida no mercado. Por definição, a terra, o trabalho e a moeda são mercadorias fictícias, uma vez que não foram originalmente produzidos para venda no mercado. O trabalho é simplesmente a atividade dos seres humanos, a terra é uma parte da natureza e a oferta de moeda e crédito nas sociedades modernas é necessariamente moldada pelas políticas governamentais. A economia moderna começa por pretender que estas mercadorias fictícias se comportarão como as mercadorias reais – mas Polanyi insiste que semelhante passe de magia acarreta consequências fatais. O que significa que a teorização económica toma por base uma mentira – e que essa mentira põe a sociedade humana em risco.

Encontramos dois níveis na tese de Polanyi. O primeiro é o de uma tese moral, que afirma que é simplesmente um erro tratarmos a natureza e os seres humanos como objetos cujo preço será inteiramente determinado pelo mercado. Concebê--los desta forma viola os princípios que durante séculos governaram as sociedades: a natureza e a vida humana foram quase sempre reconhecidas como portadoras de uma dimensão sagrada. É impossível conciliar esta dimensão sagrada com a subordinação do trabalho e da natureza ao mercado. Na sua recusa do tratamento da natureza como mercadoria, Polanyi antecipa muitas das teses dos ambientalistas contemporâneos([12]).

O segundo nível da tese de Polanyi centra-se no papel do Estado na esfera da economia([13]). Ainda que se suponha que a economia se autorregula, o Estado *deve* desempenhar o papel constante de ajustar a oferta de dinheiro e de crédito a fim de evitar os perigos da inflação e da deflação. De igual modo, o Estado deve gerir as variações da procura de empregados assegurando proteção durante os períodos de desemprego, educando e formando os futuros trabalhadores e tentando infletir os fluxos migratórios. No caso da terra, os governos procuram manter a continuidade da produção alimentar por meio de uma variedade de medidas que põem os agricultores ao abrigo das flutuações das colheitas e da volatilidade dos preços. Nas zonas urbanas, os governos gerem o uso do solo através da regulamentação ambiental e das suas condições de utilização. Em suma, o papel de gerir as mercadorias fictícias coloca o Estado no interior de três dos mercados mais importantes – o que torna abso-

---

([12]) Para uma apreciação da sua influência sobre a economia ambiental, ver Herman F. Daly e John B. Cobb Jr., *For the Common Good: Redirecting the Economy toward Community, the Environment, and a Sustainable Future* (Boston, Beacon Press, 1989).

([13]) Implícita na tese de Polanyi está uma crítica mais específica do mercado como mecanismo de autorregulação. No caso das mercadorias manufaturadas, um preço em queda para uma mercadoria abundante restabelece o equilíbrio quer encorajando o consumo acrescido, quer desencorajando a nova produção. No caso das mercadorias fictícias, a eficácia do mecanismo do preço é reduzida, porque não podem ser tidas em conta nem as extensões nem as quebras automáticas da oferta.

lutamente impossível de aceitar a conceção do liberalismo de mercado segundo a qual o Estado está no «exterior» da economia([14]).

A existência das mercadorias fictícias revela a impossibilidade de desincrustação da economia. As sociedades de mercado reais *têm necessidade* do desempenho por parte do Estado de um papel ativo na gestão dos mercados, e o desempenho desse papel exige que se tomem decisões políticas, que não podem limitar-se a uma espécie de simples função técnica ou administrativa([15]). Quando as políticas conduzidas pelo Estado vão no sentido da desincrustação, recorrendo mais amplamente à autorregulação do mercado, as pessoas comuns são forçadas a suportar custos mais pesados. Os trabalhadores e as suas famílias tornam-se mais vulneráveis ao desemprego, os agricultores veem-se expostos a uma maior concorrência resultante das importações, e aos dois grupos é exigido que aceitem as dificuldades decorrentes de uma diminuição das proteções de que beneficiavam. Com frequência, garantir que os grupos em causa aceitem sofrer os custos que lhes são impostos sem recorrerem a ações politicamente desestabilizadoras representa *maiores* esforços por parte do Estado. O que explica parte do que queria Polanyi dizer ao afirmar que «o *laissez-faire* foi planeado»: com efeito, a força do Estado e a repressão são necessárias para impor às pessoas comuns a lógica do mercado e os riscos que ela traz consigo([16]).

([14]) Também no que se refere a muitas outras mercadorias, a intervenção governamental é uma pré-condição da concorrência no mercado. Veja-se o livro excelentemente intitulado de Steven Vogel, *Freer Markets, More Rules: Regulatory Reform in Advanced Industrial Countries* (Ithaca, N. Y., Cornell University Press, 1996).

([15]) Os monetaristas tentaram por várias vezes, mas sem sucesso, estabelecer uma regra fixa de gestão do aumento da massa monetária que eliminasse a decisão discricionária dos bancos centrais. À falta de uma fórmula semelhante, o seu expediente seguinte consiste em obscurecer o papel político dos bancos centrais atribuindo-lhes uma autoridade quase religiosa e oracular. Ver William Greider, *Secrets of the Temple: How the Federal Reserve Runs the Country* (Nova Iorque, Simon & Schuster, 1987).

([16]) Este aspeto é o ponto principal em que assenta a análise de Polanyi da Nova Lei dos Pobres (*New Poor Law*) em Inglaterra: a criação de um mercado do trabalho exigia um reforço impressionante das forças

As consequências da impossibilidade

Os esforços dos defensores teóricos do mercado livre no sentido de desincrustarem a economia da sociedade estão condenados ao fracasso. Mas o próprio caráter utópico do liberalismo de mercado é uma das fontes que alimentam a sua extraordinária resiliência intelectual. Uma vez que as sociedades recuam invariavelmente perante os extremos da experimentação em larga escala da autorregulação dos mercados, os seus adeptos teóricos podem continuar a sustentar que os fracassos registados resultaram, não da conceção, mas da falta de vontade política ao nível da sua aplicação. O credo do mercado autorregulado não pode assim ser refutado pelas experiências históricas, e os seus advogados têm sempre uma resposta à prova da realidade perante cada novo fracasso. Foi o que se pôde observar uma vez mais, recentemente, por ocasião da tentativa de impor o capitalismo de mercado na ex-União Soviética, recorrendo à «terapia de choque». Embora o fracasso da tentativa seja óbvio aos olhos de toda a gente, os adeptos da «terapia de choque» continuam a acusar do fracasso os políticos que cederam demasiado rapidamente a pressões políticas: se tivessem persistido um pouco mais, os benefícios prometidos por uma passagem acelerada ao reino do mercado não teriam deixado de ter ocorrido ([17]).

---

repressivas do Estado. No que se refere a este ponto, a interpretação de Polanyi foi corroborada por investigadores posteriores, e, sobretudo, por Karel Williams no seu *From Pauperism to Poverty* (Londres, Routledge, 1981). Sobre o regime de Speenhamland, alguns dos argumentos de Polanyi viram-se postos em causa. Duas abordagens importantes, mas em conflito uma com a outra, da Velha Lei dos Pobres (*Old Poor Law*) são as apresentadas por K. D. M. Snell, *Annals of the Labouring Poor: Social Change and Agrarian England, 1660-1900* (Cambridge, Cambridge University Press, 1985), e George Boyer, *An Economic History of the English Poor Law, 1750--1850* (Cambridge, Cambridge University Press, 1990).

([17]) Para análises explicitamente polanyianas da transição na Europa de Leste e na ex-União Soviética, ver Maurice Glasman, *Unnecessary Suffering: Managing Market Utopia* (Londres, Verso, 1996); John Gray, *False Dawn: The Delusions of Global Capitalism* (Londres, Granta Books, 1998), e David Woodruff, *Money Unmade; Barter and the Fate of Russian Capitalism* (Ithaca, N.Y., Cornell University Press, 1999).

INTRODUÇÃO 95

O extremo ceticismo de Polanyi no que se refere aos propósitos de desincrustação da economia está também na origem da sua vigorosa tese sobre o «duplo movimento». Considerando que os esforços no sentido de desincrustar a economia da sociedade deparam inevitavelmente com resistências, Polanyi sustenta que as sociedades de mercado são configuradas por dois movimentos opostos – o movimento do *laissez-faire* tendendo a expandir o âmbito do mercado e o contramovimento de proteção que emerge como resistência à desincrustação da economia. Embora o movimento da classe trabalhadora tenha sido uma componente fundamental do contramovimento de proteção, Polanyi afirma explicitamente que todos os grupos da sociedade participaram nesse projeto. Quando, por exemplo, efeitos depressivos periódicos ameaçam destruir o sistema bancário, vemos grupos económicos ligados ao mundo dos negócios insistirem no reforço dos bancos centrais que ponham as provisões internas de crédito ao abrigo das pressões do mercado global([18]). Numa palavra, os próprios capitalistas desencadeiam periodicamente ações de resistência contra a incerteza e as flutuações produzidas pela autorregulação dos mercados, e participam nos esforços que, através do recurso a certas formas de proteção, visam aumentar a estabilidade e a previsibilidade.

Polanyi afirma reiteradamente que «o *laissez-faire* fora planeado – a intervenção do plano, não». Denuncia explicitamente os adeptos liberais do mercado que acusavam uma «conspiração coletivista» de erigir barreiras de proteção contra os efeitos do funcionamento dos mercados globais. Sustenta que, pelo contrário, a criação dessas barreiras foi uma resposta espontânea e não planeada por parte de todos os grupos da sociedade perante as exigências impossíveis do sistema do mercado autorregulado. O contramovimento de proteção *era necessário* para impedir o desastre de uma economia desincrustada. Polanyi sugere que o movimento orientado para uma economia do *laissez-faire* torna necessário um contramovimento destinado a criar estabilidade.

([18]) Polanyi escreve no capítulo XVI de *A Grande Transformação*: «Os modernos bancos centrais foram, com efeito, essencialmente um dispositivo destinado a proporcionar uma proteção à falta da qual o mercado teria destruído os seus próprios filhos – as empresas de toda a espécie» [p. 385].

Quando, por exemplo, o movimento favorável ao *laissez-faire* é demasiado poderoso, como na década de 1920 (ou na de 1990) nos Estados Unidos, os excessos especulativos e a desigualdade crescente destroem as bases de qualquer prosperidade continuada. E embora as simpatias de Polanyi estejam de um modo geral com o contramovimento de proteção, ele reconhece também que esse contramovimento poderá, nalguns casos, criar um impasse económico-político perigoso. A sua análise da ascensão do fascismo europeu reconhece que, quando não deixou de haver um movimento capaz de impor a sua solução para a crise, as tensões aumentaram, permitindo que o fascismo adquirisse a força necessária à conquista do poder, rompendo ao mesmo tempo com o *laissez-faire* e com a democracia([19]).

A tese do duplo movimento de Polanyi contrasta vigorosamente tanto com o liberalismo de mercado como com o marxismo ortodoxo acerca da gama das possibilidades que podem imaginar-se num dado momento particular. Tanto o liberalismo de mercado como o marxismo sustentam que as sociedades não têm senão duas escolhas reais: entre o capitalismo de mercado e o socialismo. Apesar de alimentarem preferências opostas, as duas posições põem-se de acordo na medida em que excluem quaisquer outras alternativas. Em contrapartida, Polanyi insiste que o capitalismo do mercado livre não constitui uma escolha real, porque não passa de uma conceção utópica. Por outro lado, no capítulo XIX da sua presente obra define também o socialismo como «a tendência imanente de uma civilização industrial no sentido de superar o mercado autorregulado, subordinando-o conscientemente a uma sociedade democrática» [p. 440]. Esta definição permite que os mercados continuem a ter um papel no seio das sociedades socialistas. Polanyi sugere que existem diferentes possibilidades disponíveis num dado momento histórico, uma vez que os mercados poderão incrustar-se de diferentes modos na sociedade. Sem dúvida, algumas dessas formas serão mais eficientes na sua capacidade de

---

([19]) Polanyi aborda a questão do fascismo em «The Essence of Fascism», in J. Lewis, K. Polanyi e D.K. Kitchin, orgs., *Christianity and the Social Revolution* (Londres, Gollancz, 1935), pp. 359-394.

expandir a produção e de incentivar a inovação, e algumas serão mais «socialistas» subordinando o mercado a uma direção democrática – mas Polanyi sustenta a existência, tanto no século XIX como no século XX, de alternativas, que eram ao mesmo tempo eficientes e democráticas[20].

A centralidade do regime global

No entanto, Polanyi é um pensador demasiado complexo para imaginar que cada país, individualmente considerado, poderá dispor da liberdade de escolher uma via particular tendo em vista a conciliação dos dois lados do duplo movimento. Pelo contrário, a tese de Polanyi é pertinente perante a situação global atual precisamente porque ele põe as regras que governam a economia mundial no centro do quadro que traça. A sua tese sobre a ascensão do fascismo no período entre as duas guerras toma por eixo o papel do padrão-ouro internacional na limitação das opções políticas ao alcance dos agentes no interior dos diferentes países. O bom entendimento deste aspeto da tese de Polanyi exige um breve excurso sobre a lógica do padrão-ouro – excurso que, contudo, dificilmente se poderá considerar uma digressão, pois os pressupostos subjacentes no caso do padrão-ouro continuam a exercer uma poderosa influência sobre os defensores liberais do mercado contemporâneos. Polanyi via no padrão-ouro uma realização intelectual extraordinária[21]: tratou-se de uma inovação institucional que pôs em prática a

---

[20] Polanyi inspirou uma escola de pensamento, que floresceu nas décadas de 1980 e 1990 e que analisou as «variedades do capitalismo», mostrando a existência de diferenças da maior importância nos modos de incrustação dos mercados, através da comparação do caso dos Estados Unidos com os da França, Alemanha, Japão e outros países. Ver Rogers Hollingsworth e Robert Boyer, orgs., *Contemporary Capitalism: The Embeddedness of Instituitions* (Cambridge, Cambridge University Press, 1997), e Colin Crouch e Wolfgang Streeck, *Political Economy of Modern Capitalism: Mapping Convergence and Diversity* (Thousand Oaks, Calif., Sage, 1997).

[21] A ideia foi inicialmente desenvolvida, no século XVIII, por Isaac Gervase e David Hume. Cf. Frank Fetter, *Development of British Monetary Orthodoxy, 1797-1875* (Cambridge, Harvard University Press, 1965), p. 4.

teoria do mercado autorregulado e que, uma vez adotada, teve o poder de fazer com que os mercados autorregulados assumissem uma aparência de realidades naturais.

Os defensores liberais do mercado queriam criar um mundo que maximizasse as oportunidades da extensão do âmbito dos mercados ao nível internacional, mas, para esse efeito, necessitavam de descobrir maneira de tornar possível que pessoas diferentes, em diferentes países e com moedas diferentes, celebrassem livremente transações umas com as outras. Pensaram que, se cada país observasse três regras simples, a economia global poderia tornar-se o mecanismo perfeito da autorregulação global. Em primeiro lugar, cada país estabeleceria o valor da sua moeda reportando-se a uma quantidade de ouro fixa e comprometer-se-ia a comprar e a vender o ouro pelo preço correspondente. Em segundo lugar, cada país basearia a criação interna de moeda na quantidade de ouro que possuísse nas suas reservas, devendo, portanto, a sua moeda em circulação ser garantida pelo ouro. Em terceiro lugar, cada país deveria conceder aos seus residentes a máxima liberdade de celebrarem transações económicas internacionais.

O padrão-ouro pôs em funcionamento uma máquina fantástica de autorregulação global. As companhias inglesas podiam exportar bens e investir em todas as partes do mundo, com a garantia de que as moedas que embolsassem seriam «sólidas como ouro». Em teoria, se um país se visse em posição deficitária num dado ano, devido ao facto de os seus cidadãos gastarem no exterior mais do que ganhavam, o ouro das reservas desse país poderia ser mobilizado para pagar aos credores estrangeiros([22]). A oferta interna de moeda e crédito diminuiria automaticamente, as taxas de juro subiriam, os preços e os salários

---

([22]) O mecanismo que asseguraria a mobilização do ouro das reservas era igualmente engenhoso e requeria também a ação dos governos. Uma vez que os membros da nação deficitária estavam a gastar no exterior mais do que dele obtinham, a sua moeda – oferecida em maior quantidade – veria o seu valor descer relativamente às outras moedas. Quando este valor descesse abaixo de um certo nível, dito *gold point*, tornar-se-ia lucrativo para os banqueiros internacionais converter em ouro essa moeda e transferir o ouro para o estrangeiro, onde aquele alcançaria um preço

desceriam, a procura de bens importados seria menor e as exportações tornar-se-iam mais competitivas. O défice do país acabaria assim por se autoliquidar. Sem a intervenção da mão pesada dos governos, as contas internacionais de cada nação acabariam assim por se equilibrar. O globo seria unificado na forma de um único mercado, sem necessidade desta ou daquela espécie de governo mundial ou autoridade financeira global – a soberania continuaria a repartir-se entre numerosos Estados-nação, que seriam impelidos, cada um deles pelo seu interesse próprio, a adotar voluntariamente as regras do padrão-ouro.

Consequências do padrão-ouro

O padrão-ouro destinava-se a criar um mercado global integrado que reduzisse o papel das unidades e governos nacionais – mas as suas consequências foram exatamente as opostas[23]. Polanyi demonstra que, ao ser amplamente adotado na década de 1870, o padrão-ouro teve o efeito irónico de intensificar a importância da nação enquanto entidade unificada. Embora os partidários do mercado liberal sonhassem com um mundo pacífico em que as únicas batalhas internacionais seriam as dos indivíduos e das companhias visando superar a concorrência, os esforços empreendidos com vista à realização daquele sonho por intermédio do padrão-ouro acabaram por resultar em duas terríveis guerras mundiais.

A realidade era que as regras do padrão-ouro por si só impunham às populações custos económicos que eram literalmente insuportáveis. Quando a estrutura interna dos preços de uma nação divergia dos níveis dos preços internacionais, o *único* meio legítimo de que o país em causa dispunha para enfrentar a

---

mais elevado. Deste modo, o ouro passaria dos países deficitários para os países com excedentes.

[23] Como Polanyi sabia, a operação na prática do padrão-ouro divergia consideravelmente da sua operação na teoria. Ver Barry Eichengreen, *Globalizing Capital: A History of the International Monetary System* (Princeton, N.J., Princeton University Press, 1996).

redução das reservas de ouro era aceitar a deflação. O que significava permitir que a sua economia se contraísse até que a quebra dos salários reduzisse o consumo o bastante para assegurar o restabelecimento do equilíbrio da balança comercial. Esta política significava quebras dramáticas nos salários e nos rendimentos dos agricultores, aumento do desemprego e uma multiplicação brutal das falências nos negócios e na banca.

Não eram somente os trabalhadores e os agricultores que consideravam demasiado elevados os custos deste tipo de ajustamento. O próprio mundo dos negócios poderia revelar-se incapaz de suportar a incerteza e a instabilidade dele decorrentes. Daí que, quase imediatamente a seguir à instauração do mecanismo do padrão-ouro, se tenha verificado que sociedades inteiras se coligavam tentando contrabalançar as suas consequências. Um primeiro recurso de que os diferentes países dispunham consistia em reforçar a utilização das tarifas que protegiam os seus bens agrícolas e manufaturados[24]. Tornando os fluxos comerciais menos sensíveis às variações dos preços, os países podiam obter um certo grau de previsibilidade nas suas transações internacionais, tornando-se menos vulneráveis a custos bruscos e não antecipados.

Um outro expediente foi, no último quartel do século XIX, a corrida ao estabelecimento de colónias formalmente instituídas como tais por parte das principais potências europeias, dos Estados Unidos e do Japão. A lógica do comércio livre fora fortemente anticolonial, porque os custos de um império não seriam compensados pelos benefícios correspondentes se todos os negociantes tivessem acesso aos mesmos mercados e oportunidades de investimento. Mas com o surto do protecionismo no plano das trocas internacionais, este cálculo invertia-se. As colónias adquiridas recentemente ficariam sob a proteção das tarifas fixadas pelas potências imperiais, e os negociantes das nações colonizadoras teriam um acesso privilegiado aos mercados e às

---

[24] Peter Gourevitch, *Politics in Hard Times: Comparative Responses to International Economic Crises* (Ithaca, N.Y., Cornell University Press, 1986), cap. III, e Christopher Chase-Dunn, Yukio Kawano e Benjamin Brewer, «Trade Globalization since 1795: Waves of Integration in the World-System», *American Sociological Review*, 65 (fevereiro de 2000), pp. 77-95.

matérias-primas coloniais. A «corrida ao império» do período em causa intensificou, entre a Inglaterra e a Alemanha, as rivalidades políticas, militares e económicas que culminariam na Grande Guerra([25]).

Segundo Polanyi, o impulso imperialista não está algures no código genético das nações, mas é antes uma materialização do esforço das nações que procuram proteger-se das exigências incessantes do sistema do padrão-ouro. O fluxo dos recursos com origem numa colónia lucrativa poderá salvar a nação de uma crise devastadora causada por uma súbita diminuição das reservas de ouro, e a exploração das populações ultramarinas poderá impedir que as relações de classe na metrópole se tornem ainda mais explosivas.

Polanyi sustenta que o utopismo dos liberais adeptos do mercado os levou a inventarem o padrão-ouro como mecanismo destinado a assegurar um mundo sem fronteiras de prosperidade crescente. Em vez disso, os choques incessantes em torno do padrão-ouro forçaram as nações a tentar consolidar as suas posições por meio de uma afirmação exasperada das suas fronteiras – de início, nacionais e, posteriormente, imperiais. O padrão-ouro continuou a exercer as suas pressões disciplinares sobre as nações, mas o seu funcionamento ver-se-ia de facto minado pela ascensão de várias formas de protecionismo – das barreiras alfandegárias aos impérios. E, até mesmo depois de todo o conjunto do sistema contraditório em que se inscrevia ter soçobrado por ocasião da Grande Guerra, o padrão-ouro continuou a impor-se a tal ponto como necessidade evidente, que os políticos se mobilizaram, decididos a restabelecê-lo. Foi a peça cuja trágica ação se desenrolaria nas décadas de 1920 e 1930, quando as nações foram forçadas a escolher entre a proteção das taxas de câmbio e a proteção dos seus próprios cidadãos. Foi deste impasse que emergiu o fascismo. Na perspetiva de Polanyi, o impulso fascista – proteger a sociedade contra o

---

([25]) A posição de Polanyi é muito diferente da tese de Lenine, em cujos termos a intensificação dos conflitos interimperialistas é um produto do crescimento do capital financeiro no estádio final do desenvolvimento capitalista. Polanyi esforça-se por mostrar que os capitalistas do setor financeiro podem ser uma das principais forças de prevenção da guerra.

mercado através do sacrifício da liberdade humana – foi universal, mas foram as circunstâncias contingentes locais que determinaram em que casos os regimes fascistas viriam a instalar-se vitoriosamente no poder.

A atualidade da obra

As teses de Polanyi tornam-se ainda mais importantes para os debates contemporâneos sobre a globalização pelo facto de os neoliberais assumirem a mesma conceção utópica que inspirou o estabelecimento do padrão-ouro. Desde finais da Guerra Fria, têm insistido que a integração da economia global torna as fronteiras nacionais obsoletas, lançando ao mesmo tempo as bases de uma nova era de paz global. Uma vez que as nações reconheçam a lógica do mercado global e abram as suas economias à livre circulação de bens e capitais, os conflitos internacionais serão substituídos por uma concorrência benigna em torno da produção de bens e serviços cada vez mais estimulantes. À semelhança dos seus antecessores, os neoliberais insistem em que todas as nações deverão confiar na eficácia dos mercados autorregulados.

O atual sistema financeiro global é, sem dúvida, bastante diferente do sistema do padrão-ouro. As taxas de câmbio e as moedas nacionais já não se definem pela referência fixa ao ouro; na maior parte dos casos, permite-se agora que o valor das moedas flutue nos mercados de divisas exteriores. Existem também poderosas instituições financeiras internacionais, como o Fundo Monetário Internacional e o Banco Mundial, que desempenham um papel da maior importância na gestão do sistema global. Mas, sob estas diferenças significativas, há uma natureza comum fundamental: a crença segundo a qual, se os indivíduos e as empresas obtiverem o máximo de liberdade na busca do seu interesse económico próprio, o mercado global tornará as coisas melhores para todos.

É esta crença fundamental que subjaz aos esforços sistemáticos dos neoliberais no sentido do desmantelamento das restrições postas aos fluxos dos bens e dos capitais e da redução da «interferência» dos governos na organização da vida económica. Thomas Friedman, um destacado defensor da globalização, escreve: «Quando um país reconhece (...) as regras do mercado livre na atual economia global, e decide observá-las, veste aquilo a que eu chamo 'a camisa de forças dourada'. A camisa de forças dourada é a peça do vestuário económico-político que define a era da globalização. A Guerra Fria tinha o fato de Mao, a jaqueta de Nehru, a peliça russa. A Globalização tem somente a camisa de forças dourada. Se o país ainda não está preparado para se adaptar a usá-la, não tardará a está-lo»[26]. Friedman diz a seguir que a «camisa de forças dourada» exige a diminuição do papel do Estado, a remoção das restrições à circulação de bens e capitais e a desregulamentação dos mercados de capitais. Além disso, fornece-nos uma descrição animada do modo como as imposições da peça de vestuário são determinadas pela «massa eletrónica» dos negociantes internacionais que se ocupam do mercado de divisas e dos mercados financeiros.

A análise a que Polanyi procede das três mercadorias fictícias ensina-nos que esta conceção neoliberal do ajustamento automático do mercado a nível global é uma fantasia perigosa. Tal como as economias nacionais dependem de um papel governamental ativo, assim também a economia global depende de instituições reguladoras fortes, entre as quais se inclui uma instância fornecedora de empréstimos em último recurso. À falta de instituições semelhantes, cada uma das economias particulares – e talvez todo o conjunto da economia global – estará condenada a sofrer crises económicas incapacitantes.

Mas o ponto mais importante da lição de Polanyi é mostrar que o liberalismo de mercado impõe às pessoas comuns exigências que pura e simplesmente não são suportáveis. Os trabalhadores, os agricultores e os pequenos artesãos e comerciantes não tolerarão que se mantenha um modelo de organização económica que submete a flutuações dramáticas periódicas as condições económicas da sua existência quotidiana. Em resumo, a utopia neoliberal de um globo pacífico e sem fronteiras requer

---

[26] Thomas Friedman, *The Lexus and the Olive Tree* (Nova Iorque, Farrar, Strauss, 1999), p. 86.

que milhões de pessoas comuns em todo o mundo tenham a flexibilidade necessária para tolerar – talvez a cada cinco ou dez anos – um período de maldição prolongada durante o qual terão de sobreviver com metade ou menos de metade daquilo de que anteriormente podiam dispor. Polanyi crê que a antecipação que estipula tal flexibilidade é moralmente injusta e, ao mesmo tempo, profundamente irrealista. Em seu entender, é inevitável que as pessoas comuns se mobilizem para se proteger desses choques económicos.

Por outro lado, o recente período de supremacia neoliberal assistiu já a vastos protestos em todas as partes do mundo, levados a cabo pela vontade de resistência perante os efeitos económicos disruptivos da globalização[27]. À medida que as insatisfações recrudescem, a ordem social torna-se mais problemática e cresce o perigo de vermos os dirigentes políticos procurarem fazer recair o descontentamento sobre bodes expiatórios internos ou inimigos externos. É assim que a concepção utópica dos neoliberais conduz, não à paz, mas à intensificação dos conflitos. Em muitas regiões africanas, por exemplo, os efeitos devastadores das políticas de ajustamento estrutural desintegraram as sociedades e produziram fomes e guerras civis. Noutras paragens, o período pós-Guerra Fria assistiu à emergência de regimes militantemente nacionalistas imbuídos de intenções agressivas em relação aos seus vizinhos e às suas próprias minorias étnicas[28]. Além disso, em todas as partes do mundo, surgem movimentos militantes – que se associam amiúde ao fundamentalismo religioso – decididos a explorar em seu benefício os choques económicos e sociais da globalização. Se Polanyi tem razão, estes sinais de desordem são presságios de condições de ainda maior perigo futuro.

---

[27] John Walton e David Seddon, *Free Markets and Food Riots: The Politics of Global Adjustment* (Cambridge, Mass., Blackwell, 1994).

[28] Para uma defesa da tese segundo a qual numerosos exemplos de perturbações globais podem ser vistos como consequências do regime económico internacional, ver Michel Cossudovsky, *The Globalisation of Poverty: Impacts of IFM and World Bank Reforms* (Penang, Malásia, Third World Network, 1997).

Alternativas democráticas

Embora tenha escrito *A Grande Transformação* durante a II Guerra Mundial, Polanyi mantinha-se otimista acerca do futuro, e pensava que seria possível romper com o ciclo dos conflitos internacionais. O passo decisivo nesse sentido seria derrotar a convicção de que a vida social se deve subordinar aos mecanismos do mercado. Uma vez livres desta «obsoleta mentalidade de mercado», ficaria aberta a via que tornaria possível subordinar tanto as economias nacionais como a economia global a uma política democrática[29]. Polanyi viu no *New Deal* de Roosevelt um modelo destas possibilidades futuras. As reformas de Roosevelt indicavam que a economia dos Estados Unidos continuava a organizar-se em torno de mercados e de atividades de mercado, mas ao mesmo tempo que um novo conjunto de mecanismos de regulação permitia proteger os seres humanos e a natureza das pressões das forças do mercado[30]. Em termos políticos democráticos, os cidadãos decidiram que os mais velhos deveriam ser postos ao abrigo da necessidade dispondo de um rendimento pago pela Segurança Social. De igual modo, outras medidas políticas democráticas alargaram os direitos da população trabalhadora, permitindo-lhes a formação de sindicatos eficazes, através do National Labor Relations Act. Polanyi via nestas iniciativas o ponto de partida de um processo em que a sociedade decidiria de forma democrática proteger os indivíduos e a natureza de certas ameaças económicas.

A nível global, Polanyi antecipou uma ordem económica internacional caracterizada por níveis elevados de desenvolvimento das trocas e da cooperação internacionais. Não apresen-

---

[29] «Obsolete Market Mentality» foi o título escolhido por Polanyi para um seu importante ensaio de 1947, retomado in Dalton, *Primitive, Archaic, and Modern Economies*.

[30] Na realidade, o *New Deal* pouco fez em termos de proteção ambiental. No entanto, quando, mais tarde, os ambientalistas passaram a dispor da capacidade política de impor reformas, os organismos do tipo da Environmental Protection Agency adotaram o modelo de regulação do *New Deal*.

tando embora um conjunto definido de propostas concretas, deixou claro o que poderiam ser os seus princípios:

> Todavia, com o desaparecimento do mecanismo automático do padrão-ouro, os governos poderão tornar-se capazes de se desfazer do inconveniente mais limitativo da soberania absoluta – a recusa de participação na economia internacional. Tornar-se-á, ao mesmo tempo, possível aceitar de bom grado que outras nações deem às suas instituições uma forma que lhes pareça convir às suas inclinações, deixando assim para trás o funesto dogma, característico do século XIX, da uniformidade necessária dos regimes internos na órbita da economia mundial [p. 465].

Por outras palavras, a cooperação entre governos produziria um conjunto de acordos que facilitariam manter um elevado nível de desenvolvimento das trocas internacionais, mas as sociedades multiplicariam os meios que lhes permitiriam pôr-se ao abrigo das exigências da economia global. Além disso, deixando de existir um modelo económico único, as nações em vias de desenvolvimento veriam expandir-se as suas oportunidades de melhorar o bem-estar das suas populações. Esta conceção considera também um conjunto de estruturas de regulação global que poriam limites ao funcionamento das forças do mercado([31]).

A conceção de Polanyi pressupõe a expansão do papel desempenhado pelo governo, tanto a nível interno de cada país como a nível internacional. Contesta a conceção hoje em voga segundo a qual mais governo conduzirá inevitavelmente tanto a maus resultados económicos como a um excessivo controlo por parte do Estado sobre o conjunto da vida social. Em seu entender, uma ação governamental consistente torna-se indispensável na gestão das mercadorias fictícias, pelo que nenhuma razão nos obriga a tomar a sério o axioma do mercado liberal que declara os governos ineficazes por definição. Mas Polanyi

---

([31]) Sobre uma tentativa recente visando concretizar esta conceção, ver John Eatwell e Lance Taylor, *Global Finance at Risk: The Case for International Regulation* (Nova Iorque, New Press, 2000).

refuta ao mesmo tempo, em termos explícitos, a ideia de que a expansão da ação dos governos assumirá necessariamente uma forma opressiva. Sustenta, pelo contrário, que «o fim da economia de mercado poderá tornar-se o início de uma era de liberdade sem precedentes. A liberdade jurídica e efetiva poderá tornar-se uma condição mais geral do que nunca; a regulação e o controlo poderão realizar a liberdade não só para uns quantos poucos, mas para todos». No entanto, o conceito de liberdade que Polanyi delineia vai para além da redução da injustiça social e económica; requer a extensão das liberdades civis, insistindo que «o direito à não-conformidade deverá ser o selo que autentica uma sociedade livre», pelo que deverá ser também institucionalmente protegido, uma vez que: «O indivíduo tem de ser livre de seguir a sua consciência sem recear os poderes que tenham a seu cargo tarefas administrativas em certos campos da vida social» [p. 467].

Polanyi conclui o seu livro em termos eloquentes: «Enquanto permanecer fiel à sua tarefa de criar mais liberdade para todos, [o homem] não terá de temer que o poder ou as medidas do plano se voltem contra ele e destruam a liberdade que através desses meios visa construir. Tal é o sentido da liberdade numa sociedade complexa: dá-nos toda a certeza que nos é necessária» [p. 474] ([32]). O otimismo de Polanyi quanto ao período que se seguiu imediatamente à II Guerra Mundial não se viu, sem dúvida, justificado pelo curso real dos acontecimentos. O advento da Guerra Fria faria com que o *New Deal* fosse o momento final, e não o início, da política de reformas nos Estados Unidos. A cooperação económica planificada daria de modo relativamente rápido lugar a novas iniciativas tendentes a expandir o papel global dos mercados. É certo que as notáveis realizações dos governos social-democratas europeus – sobretudo na Escandinávia, entre a década de 1940 e a de 1980 – demonstrou em termos concretos tanto a força como o realismo da conceção de Polanyi. Mas, nas maiores nações, aquela seria

---

([32]) Polanyi considera que uma sociedade complexa requer que o Estado detenha o monopólio do exercício da violência: «O poder e a coerção são uma parte da realidade, o que invalida necessariamente um ideal que os exclua da existência social».

abandonada, enquanto as ideias opostas dos partidários liberais do mercado, como Hayek, foram adquirindo cada vez mais força, acabando por triunfar nas décadas de 1980 e 1990.

Hoje, no entanto, quando a Guerra Fria passou à história, o otimismo inicial de Polanyi poderá obter finalmente a sua desforra. Existe a possibilidade de uma alternativa ao cenário em que a insustentabilidade do liberalismo de mercado produz crises económicas e conduz à reemergência de regimes autoritários e agressivos. Essa alternativa seria que as pessoas comuns das diferentes nações do globo empreendessem um esforço comum visando subordinar a economia à política democrática e reconstruir a economia global com base na cooperação internacional. Na realidade, houve sinais claros nos últimos anos da década de 1990 de que esse movimento social transnacional tendente a redefinir em novos moldes a economia global é hoje algo mais do que uma possibilidade teórica([33]). Tanto em países desenvolvidos como noutros, em vias de desenvolvimento, houve ativistas que organizaram protestos militantes contestando as instituições internacionais – a Organização Mundial do Comércio, o Fundo Monetário Internacional e o Banco Mundial – que impõem as regras do neoliberalismo. Formaram-se por todo o mundo grupos que encetaram um diálogo global intenso em torno da reconstrução da ordem financeira global([34]).

Este movimento nascente enfrenta enormes obstáculos: não será fácil forjar uma aliança duradoura que concilie os interesses amiúde contraditórios das populações do Sul global com os do Norte global. Além disso, quanto mais bem-sucedido se revelar o movimento, maiores serão os formidáveis desafios estratégicos que terá de enfrentar. É extremamente incerto que a ordem global possa ser reformada a partir da base sem mergu-

---

([33]) Ver Peter Evans, «Fighting Marginalization with Transnational Networks: Counter-Hegemonic Globalization», *Contemporary Sociology*, 29 (janeiro de 2000), pp. 230-241.

([34]) Para uma perspetiva norte-americana sobre estes debates, constituindo também um guia útil para o posterior aprofundamento da sua temática, ver Sarah Anderson e John Cavanaugh, com a colaboração de Thea Lee, *Field Guide to the Global Economy* (Nova Iorque, New Press, 2000).

lhar a economia mundial nessa espécie de crise que se verifica quando os investidores entram em pânico. Todavia, é um facto de enorme importância que, pela primeira vez na história, a estrutura que governa a economia global se tenha tornado o principal alvo da ação de um movimento social transnacional.

Este movimento transnacional assinala a permanência da vitalidade e praticabilidade da conceção de Polanyi. Para este, o mal mais profundo do liberalismo de mercado é a subordinação dos projetos humanos à lógica de um mecanismo impessoal de mercado. A sua posição é sustentar que, pelo contrário, os seres humanos deveriam usar os instrumentos da governação democrática para controlar e orientar a economia com vista à satisfação das nossas necessidades individuais e coletivas. Polanyi mostra que a incapacidade de responder a esse desafio foi causa de enormes sofrimentos ao longo do século passado. A sua profecia para o novo século não poderia ser mais clara.

Nota sobre a Edição de 2001

Na preparação desta reedição de *The Great Transformation* de Karl Polanyi, foram introduzidas algumas modificações menores relativamente à edição de 1957 do texto de Polanyi. Em primeiro lugar, o texto acolhe algumas pequenas alterações de redação introduzidas por Polanyi depois de dada à estampa a primeira edição americana – estas alterações constam já da edição do livro publicada por Gollancz no Reino Unido, em 1945. Em segundo lugar, a «nota adicional» sobre a Lei dos Pobres, que, na edição de 1957, surge no final das notas, foi colocada no seu devido lugar nas Anotações sobre a Fontes. Em terceiro lugar, corrigiram-se as versões de alguns nomes próprios e foram atualizadas a grafia e a pontuação. Por fim, o texto foi repaginado, e por isso desapareceram as páginas 258A e 258B, que constavam das edições americanas anteriores.

FRED BLOCK

A Grande Transformação

Agradecimentos do Autor

Este livro foi escrito na América durante a II Guerra Mundial. Mas começou a ser escrito, tendo sido também concluído, em Inglaterra, onde o autor foi *Lecturer* na *Extramural Delegacy* da Universidade de Oxford e nas instituições correspondentes da Universidade de Londres. A sua principal tese foi elaborada durante o ano académico de 1939-1940, em ligação com o seu trabalho nos cursos de formação organizados pela Workers Educational Association, no Morley College, em Londres, em Cantuária e em Bexhill.

A história deste livro é a de várias amizades generosas. O autor muito deve aos seus amigos ingleses, sobretudo Irene Grant, com cujo grupo trabalhou. Beneficiou também dos estudos feitos em comum com Felix Schafer, economista de Viena, que se encontra atualmente em Wellington, na Nova Zelândia. Na América, John A. Kouwenhoven revelou-se um amigo dedicado como leitor e autor de sugestões, muitas das quais melhoraram o texto. Entre outros amigos que ajudaram o autor, contam-se os seus colegas em Bennington, Horst Mendershausen e Peter F. Drucker. Este último e a sua esposa apoiaram constantemente o autor com os seus encorajamentos, apesar do seu desacordo profundo com as conclusões; a compreensão aprovadora do primeiro tornou o seu conselho ainda mais útil. O autor tem de agradecer também a leitura cuidadosa do texto a que procedeu Hans Zeisel da Universidade de Rutgers, em Nova Jérsia. Na América, as provas foram revistas integralmente por Kouwenhoven, com o apoio de Drucker e Mendershausen, cuja amizade constante o autor agradece vivamente.

O autor deve à Fundação Rockfeller uma bolsa de dois anos, 1941-1943, que lhe permitiu concluir o livro no Bennington College, em Vermont, graças ao convite nesse sentido que lhe foi endereçado por Robert D. Leigh, então presidente desse *college*. Alguns aspectos da obra foram antecipados numa série de conferências públicas e num seminário que se desenrolou durante o ano académico de 1940-1941. A Biblioteca do Congresso em Washington, D.C., bem como a Biblioteca Seligman da Universidade de Columbia, em Nova Iorque puseram também amavelmente os seus meios à disposição do autor. Este a todos exprime a sua gratidão.

K.P.
SHOREHAM, SEVENOAKS, KENT.

PRIMEIRA PARTE

O Sistema Internacional

CAPÍTULO I

A Paz de Cem Anos

A civilização do século XIX desmoronou-se. Este livro ocupa-se das origens económicas e políticas do acontecido, bem como da grande transformação que dele resultou.

A civilização do século XIX assentava em quatro instituições. A primeira era o sistema de equilíbrio do poder que, durante um século, impediu a ocorrência de qualquer guerra prolongada e devastadora entre as Grandes Potências. A segunda era o padrão-ouro internacional, símbolo de uma organização única da economia mundial. A terceira era o mercado autorregulado que produzia um bem-estar material inédito. A quarta era o Estado liberal. Consideradas nos termos desta classificação, duas dessas instituições eram económicas, e duas políticas. De outro ponto de vista, duas eram nacionais, e duas internacionais. Umas e outras determinavam os grandes traços característicos da história da nossa civilização.

Entre as instituições em causa, o padrão-ouro viria a revelar-se de decisiva importância: a sua queda foi a causa imediata da catástrofe. No momento em que soçobrou, a maior parte das

---

O tradutor agradece as sugestões e encorajamentos de José Maria Castro Caldas, economista institucionalista brilhante e singular leitor de Karl Polanyi.

outras instituições tinham sido já sacrificadas na vã tentativa de o salvar.

Mas a origem e a matriz do sistema era o mercado autorregulado. Foi a inovação por ele representada que presidiu à emergência de uma civilização peculiar. O padrão-ouro não foi mais do que uma tentativa de extensão internacional do sistema do mercado interno – o próprio Estado liberal foi uma criação do mercado autorregulado. É nas leis que governam a economia de mercado que descobrimos as leis do sistema institucional do século XIX.

A nossa tese é que a ideia de um mercado capaz de se auto-ajustar era uma mera utopia. Semelhante instituição não poderia existir duradouramente sem aniquilar a substância natural e humana da sociedade; destruiria fisicamente o homem e transformaria o seu meio ambiente num deserto. Como era inevitável, a sociedade tomou medidas para se proteger, mas todas as medidas que tomava lesavam a autorregulação do mercado, desorganizavam a vida industrial e, por isso, acabavam por prejudicar a sociedade em outros aspetos. Tal foi o dilema que impôs ao desenvolvimento do sistema do mercado uma via determinada, acabando por desagregar a organização social que assentava naquele.

Esta explicação de uma das crises mais profundas da história humana poderá parecer demasiado simples. Nada parece mais inepto do que tentar reduzir uma civilização, a sua substância e o seu *ethos*, a um dado número fixo de instituições, escolher uma delas como fundamental e, a partir daí, sustentar a inevitabilidade da autodestruição da civilização através de determinado aspeto técnico da sua organização económica. As civilizações, como a própria vida, resultam da interação de um grande número de fatores independentes que não são, regra geral, redutíveis a certas instituições bem delimitadas. Delinear um mecanismo institucional da derrocada de uma civilização poderá, portanto, parecer uma tentativa votada ao fracasso.

E contudo, é o que aqui tentamos fazer. Ao fazê-lo, adaptamos conscientemente o nosso propósito à extrema singularidade do objeto a examinar. Porque a civilização do século XIX foi única precisamente pelo facto de se centrar num mecanismo institucional definido.

Nenhuma explicação poderá ser considerada satisfatória a menos que dê conta do caráter súbito do cataclismo. É como se hoje, depois de as forças disruptivas terem sido contidas durante um século, os acontecimentos se precipitassem numa torrente sobre a humanidade. Uma transformação social à escala do planeta desemboca em guerras de um tipo novo, levando ao embate simultâneo de duas dezenas de Estados, enquanto emergem de um mar de sangue os contornos de novos impérios. Mas esta violência diabólica é simplesmente a camada superficial que encobre uma corrente de alterações rápidas e silenciosas que devora o passado, muitas vezes sem que nada à tona o assinale. Uma análise racional da catástrofe terá de dar conta ao mesmo tempo das ações tempestuosas e da dissolução impercetível.

Este livro não é uma obra de história. O que buscamos aqui não é uma sucessão convincente de acontecimentos destacados, mas uma explicação da tendência que os acontecimentos exprimem no plano das instituições humanas. Tomaremos a liberdade de considerar certas cenas do passado com o simples propósito de elucidar problemas do presente; procederemos a análises demoradas de certos períodos críticos e ignoraremos em boa medida os momentos intermédios, e, tendo em vista apenas esse fim, sobreporemos os campos de que se ocupam diferentes disciplinas.

Começaremos por abordar a derrocada do sistema internacional. Tentaremos mostrar que o sistema de equilíbrio de poderes instaurado não podia garantir a paz, após o colapso da economia mundial em que se baseava. O que explica o caráter abrupto da rutura e a rapidez inconcebível da desagregação.

Mas se a derrocada da nossa civilização foi marcada pelo fracasso da economia mundial, não foi decerto causada por ele. As suas origens situam-me mais de cem anos antes, nessas alterações sociais e tecnológicas profundas a partir das quais se difundiu na Europa Ocidental a ideia de um mercado autorregulado. O termo desta aventura deu-se no nosso tempo e assinala o fim de um período à parte na história da civilização industrial.

Na parte final do livro examinaremos o mecanismo que governou as mudanças sociais e nacionais do nosso tempo. E também os aspetos humanos da situação que é a nossa. Em termos gerais, pensamos que a atual condição humana deverá ser definida tendo em conta as origens institucionais da crise.

O século XIX produziu um fenómeno inédito nos anais da civilização ocidental, ou seja, uma paz de cem anos – entre 1815 e 1914. Se excetuarmos a Guerra da Crimeia – um episódio de natureza mais ou menos colonial –, a Inglaterra, a França, a Prússia, a Áustria, a Itália e a Rússia não estiveram em guerra umas com as outras por mais de cerca de dezoito meses. Se procedermos a um cálculo dos números comparáveis para os dois séculos anteriores, obteremos para cada um dos países considerados uma média de sessenta-setenta anos de guerras importantes. Mas até mesmo o mais violento dos conflitos do século XIX, a Guerra de 1870-1871 entre a França e a Prússia, terminou em menos de um ano, e a nação derrotada pôde pagar uma soma exorbitante a título de indemnização sem que isso afetasse significativamente as moedas dos dois países.

Este triunfo do pacifismo pragmático não resultou decerto da ausência de causas graves de conflito. Este quadro irénico foi acompanhado por alterações quase permanentes das situações internas e no plano internacional das potências nacionais e dos grandes impérios. Durante a primeira parte do século, as guerras civis, as intervenções revolucionárias e contrarrevolucionárias estiveram com frequência na ordem do dia. Em Espanha, cem mil soldados comandados pelo duque d'Angoulême tomaram Cádis; na Hungria, a revolução magiar esteve à beira de derrotar o próprio imperador no campo de batalha e só pôde ser esmagada pela intervenção de soldados russos, que invadiram o território do país. Outras intervenções armadas nas Alemanhas, na Bélgica, na Polónia, na Suíça, na Dinamarca e em Veneza assinalaram a omnipresença da Santa Aliança. Durante a segunda metade do século, desencadeou-se a dinâmica do progresso: os impérios otomano, egípcio e xerifiano desagregaram-se ou foram desmembrados. A China foi forçada por forças invasoras a abrir as portas aos estrangeiros, e uma operação gigantesca levou a efeito a divisão do continente africano por várias potências ocidentais. Ao mesmo tempo, duas novas potências passaram a assumir um papel mundial: os Estados Unidos e a Rússia. A Alemanha e a Itália afirmaram a sua unidade nacional; a Bélgica, a Grécia, a Roménia, a Bulgária, a Sérvia e a Hungria assumiram, ou reassumiram, os seus lugares de Estados soberanos no mapa da Europa. Uma série quase incessante de guerras abertas acompanhou a penetração da civilização industrial nos domínios de culturas deixadas para trás ou de povos primitivos. As conquistas militares da Rússia na Ásia Central, as inúmeras guerras inglesas na Índia e em África, as ações francesas no Egito, na Argélia, na Tunísia, na Síria, em Madagáscar, na Indochina e no Reino do Sião(*), deram origem entre as potências a diferendos de um tipo que, em geral, requereria o recurso à força militar. E todavia, estes conflitos mantiveram-se localizados, ao mesmo tempo que as Grandes Potências ou os bloqueavam, através da sua ação concertada, ou desativavam por meio de soluções de compromisso. Independentemente dos métodos aplicados, o resultado não diferia muito. Enquanto na primeira metade do século o constitucionalismo fora proscrito e a Santa Aliança suprimira a liberdade em nome da paz, na segunda metade do século – sempre em nome da paz – os banqueiros impuseram as suas conceções e a força do mundo dos negócios à turbulência dos déspotas. Deste modo, sob várias formas e a coberto de ideologias que variavam também constantemente – por vezes em nome do progresso e da liberdade, por vezes em defesa do trono e do altar, por vezes graças às ações da Bolsa e ao livro de cheques, por vezes por efeito da corrupção e do suborno, por vezes mobilizando argumentos morais e razões esclarecidas, por vezes por via dos vasos de guerra e das baionetas –, um mesmo resultado foi garantido, salvaguardando a paz.

Este feito quase miraculoso ficou a dever-se ao funcionamento do equilíbrio entre as potências, tendo por efeito um resultado que normalmente lhe é estranho. Pela sua natureza, o efeito produzido tende a ser completamente diferente – ou

---

(*) Que passaria, em 1939, a usar o nome de Tailândia (*N. T.*).

seja, a sobrevivência das forças consideradas, postulando simplesmente que, de facto, três ou mais unidades capazes de exercerem o poder agirão sempre de modo a combinar a força das unidades mais fracas contra qualquer aumento do poder da potência mais forte. No campo da história universal, o equilíbrio das potências referia-se a Estados cuja independência esse equilíbrio servia para manter. Tal fim, no entanto, só era alcançado através de guerras constantes entre partes que variavam. Podemos pensar aqui, a título de exemplo, nas cidades-Estado da Grécia Antiga ou do Norte de Itália: foram guerras entre grupos variáveis de combatentes que mantiveram, durante longos períodos, a independência desses Estados. E, durante mais de dois séculos, foi a ação do mesmo princípio que salvaguardou a soberania dos Estados que formavam a Europa na época do Tratado de Münster e Vestefália (1648). Quando, setenta e cinco anos mais tarde, no Tratado de Utreque, os signatários declararam a sua adesão formal ao mesmo princípio, incrustaram-no desse modo num *sistema*, dando, portanto, garantias mútuas de sobrevivência tanto para o forte como para o fraco cuja sustentação era a guerra. O facto de, no século XIX, o mesmo mecanismo ter tido por resultado a paz em vez da guerra é um problema que desafia o historiador.

A nossa posição é que o fator inteiramente novo foi a emergência de um fortíssimo interesse na paz. Tradicionalmente, esse interesse era considerado como exterior aos fins do sistema. A paz, juntamente com os seus corolários relativos às artes e ofícios, contava-se entre os valores simplesmente ornamentais da existência. A Igreja podia rezar pela paz como rezava pedindo colheitas abundantes, mas no reino da ação do Estado não deixava por isso de advogar a intervenção armada; os governos subordinavam a paz à segurança e à soberania – ou seja, a objetivos que não podiam ser obtidos senão através do recurso aos meios supremos. Poucas coisas eram consideradas mais prejudiciais para a comunidade do que a existência no seu seio de interesses de paz organizados. Ainda na segunda metade do século XVIII, Jean-Jacques Rousseau atacava os comerciantes pela sua falta de patriotismo, suspeitando que aqueles poderiam preferir a paz à liberdade.

A partir de 1815, a mudança é súbita e completa. A ressaca da Revolução Francesa reforçou a enchente da Revolução Industrial, afirmando o comércio pacífico como um interesse universal. Metternich proclamava que os povos da Europa queriam, não a liberdade, mas a paz. Gentz chamou aos patriotas os novos bárbaros. A Igreja e a Coroa promoviam a desnacionalização da Europa. Os seus argumentos apoiavam-se ao mesmo tempo na ferocidade das recentes formas populares da guerra como no valor tido por infinitamente superior da paz para as economias nascentes.

Os adeptos do novo «interesse na paz» eram, como de costume, os que mais beneficiavam dela – ou seja, esse cartel de dinastas e feudais cujas posições patrimoniais tinham sido ameaçadas pela vaga revolucionária de patriotismo que varrera o continente. Assim, durante cerca de uma terça parte de século, a Santa Aliança forneceu a força coerciva e a inspiração ideológica de uma política de paz ativa; os seus exércitos percorriam a Europa reprimindo as minorias e submetendo as maiorias. De 1846 a cerca de 1871 – «um dos quartos de século mais confusos e recheados de acontecimentos da história da Europa»([1]) –, a paz passou a ser garantida com menos segurança, enquanto as forças da reação em declínio enfrentavam as do industrialismo em ascensão. No quartel de século que se seguiu à Guerra Franco-Prussiana, encontramos um renascido interesse na paz representado por essa nova e poderosa entidade que foi o Concerto da Europa.

Os interesses, tal como as intenções, limitam-se a ser platónicos a menos que se traduzam politicamente através de uma ou outra forma de instrumentação social. Aparentemente, dir-se-ia que faltavam os instrumentos capazes de os veicular, uma vez que tanto a Santa Aliança como o Concerto da Europa eram, em última análise, simples grupos de Estado soberanos independentes, e submetidos, portanto, às condições de equilíbrio entre as potências e ao seu mecanismo de natureza guerreira. Como pôde, então, ser mantida a paz?

([1]) Sontag, R.J., *European Diplomatic History*, 1871-1932, 1933.

Na realidade, qualquer sistema de equilíbrio entre as potências tenderá a contrariar essas guerras que resultam da incapacidade por parte de uma dada nação de prever o realinhamento das potências decorrente da sua tentativa de modificação do *statu quo*. Uma ilustração célebre do que dizemos é o cancelamento, por Bismarck, da campanha de imprensa em curso contra a França, em 1875, na sequência das intervenções britânica e russa (tinha-se por garantido o apoio da Áustria a França). Na circunstância, o Concerto da Europa funcionou contra a Alemanha, que acabou por se ver isolada. Em 1877-1878, a Alemanha foi incapaz de impedir uma guerra russo-turca, mas conseguiu limitar a sua extensão, apoiando-se no mal-estar que causava à Inglaterra a ideia de um avanço russo na direção dos Dardanelos: a Alemanha e a Inglaterra apoiaram a Turquia contra a Rússia, salvaguardando desse modo a paz. No Congresso de Berlim foi adotado um plano a longo prazo visando a liquidação das possessões europeias do Império Otomano, o que teve por resultado evitar guerras entre as Grandes Potências a despeito de todas as modificações subsequentes do *statu quo*, uma vez que as partes envolvidas podiam saber de antemão e praticamente com toda a segurança que forças teriam de encontrar no campo de batalha. Em todos estes casos, a paz foi um feliz produto derivado do sistema de equilíbrio das potências.

Por vezes, as guerras eram também deliberadamente evitadas através da remoção das suas causas, quando estava em jogo apenas o destino de potências menores. As pequenas nações eram refreadas e impedidas de perturbar o *statu quo* de alguma maneira que pudesse vir a precipitar a guerra. A invasão holandesa da Bélgica em 1831 levou mais tarde à neutralização do país. Em 1855, seria a vez de ser neutralizada a Noruega. Em 1867, a Holanda vendeu o Luxemburgo à França – mas a Alemanha protestou e o Luxemburgo foi neutralizado. Em 1856, a integridade do Império Otomano foi declarada essencial para o equilíbrio europeu, e o Concerto da Europa esforçou-se por manter a integridade do Império; mas quando, em 1878, a sua desintegração foi considerada essencial para o mesmo equilíbrio, o seu desmembramento foi operado em termos de igual modo ordeiros, embora em ambos os casos a decisão afetasse a existência de vários pequenos povos. Entre 1852 e 1863, a Dinamarca, e, entre 1851 e 1856, as Alemanhas pareceram ameaçar o equilíbrio europeu, o que fez com que tanto num caso como no outro os pequenos Estados tenham sido obrigados a fazer a vontade das Grandes Potências. Em tais circunstâncias, a liberdade de ação que lhes era concedida pelo sistema era utilizada pelas potências para assegurarem um interesse comum, sendo este a paz.

Mas a prevenção ocasional de uma guerra, por meio de uma clarificação atempada das relações de forças ou através da coerção exercida sobre alguns pequenos Estados, não basta para dar conta desse facto enorme que foram os Cem Anos de Paz. O desequilíbrio internacional pode sobrevir por inúmeras razões – de um caso de amor dinástico ao assoreamento de um estuário, de uma controvérsia teológica a uma invenção técnica. O simples crescimento da riqueza e da população, ou a sua quebra, basta para pôr em movimento forças políticas, ao mesmo tempo que o equilíbrio externo reflectirá invariavelmente o de ordem interna. Até mesmo um sistema organizado de equilíbrio entre as potências só pode garantir a paz sem recorrer constantemente à ameaça da guerra se for capaz de agir diretamente sobre os fatores internos e de prevenir o desenvolvimento do desequilíbrio *in statu nascendi*. Uma vez desencadeado o movimento do desequilíbrio, só a força o poderá deter. É um lugar comum dizer-se que, para se garantir a paz, é necessário eliminar as causas de guerra – mas de um modo geral não se tem plenamente em conta que, para tanto, se torna necessário controlar o fluxo da vida desde a nascente.

A Santa Aliança serviu-se nesta sua tarefa de instrumentos que lhe eram próprios. Os reis e as aristocracias da Europa formavam uma internacional baseada nas relações de parentesco, e a Igreja de Roma fornecia-lhes, na Europa Central e Meridional, um corpo de funcionários públicos voluntários, que cobria toda a escala social, dos níveis mais baixos aos mais elevados. As hierarquias do sangue e da graça fundiam-se num instrumento de governo eficaz a nível local, contando para o completar com o apoio da força, de modo a garantir a paz no continente.

Mas o Concerto da Europa, que lhe sucedeu, não dispunha já dos mesmos tentáculos feudais e clericais – equivalia, quando muito, a uma federação frouxa, cuja coerência não se podia comparar com a da obra-prima de Metternich. Só raramente parecia possível convocar uma reunião das potências, enquanto as suas rivalidades permitiam ampla margem de ação a intrigas, manobras cruzadas e operações de sabotagem diplomática. E contudo, o que a Santa Aliança, através da sua unidade em matéria de pensamento e orientações, só podia garantir na Europa através de intervenções armadas frequentes era assegurado agora à escala mundial por essa entidade imprecisa que se chamava o Concerto da Europa através de um recurso ao uso da força muito menos frequente e opressivo. Para dar conta deste facto surpreendente teremos de supor a existência de um poderoso instrumento social a funcionar no novo quadro, capaz de desempenhar o papel anteriormente exercido pelas dinastias e sedes episcopais e de conferir desse modo eficácia ao interesse na paz. Esse fator anónimo foi, em nosso entender, a *haute finance*.

Até ao momento, não se empreendeu ainda uma investigação de conjunto sobre a banca internacional durante o século XIX – esta instituição misteriosa só a custo emerge nos seus contornos do claro-escuro da mitologia política e económica[2]. Houve quem afirmasse que a banca era uma simples ferramenta dos governos, enquanto outros sustentam que eram os segundos os simples instrumentos da sua insaciável sede de lucro – alguns veem-na como uma instância que semeava a discórdia, ao mesmo tempo que outros ainda a concebem como veículo de um cosmopolitismo efeminado que arruinava a força das nações viris. Todas estas opiniões comportam uma parte de verdade. A alta finança, enquanto instituição *sui generis*, característica do último terço do século XIX e do primeiro terço do século XX, funcionava como o elo principal entre a organização política e a organização económica do mundo. Assegurava os instrumentos necessários a um sistema internacional de paz,

---

[2] H. Feis, *Europe, the World's Banker, 1870-1914*, 1930. Aqui, seguimos muitas vezes textualmente este trabalho.

funcionando através do concurso das potências, mas que estas, por si só, não teriam sido capazes de instaurar ou manter. Ao passo que o Concerto da Europa agia apenas a título intervalar, a alta finança funcionava como uma instância permanente e dotada de uma espécie de elasticidade extrema. Independente de cada um dos governos em separado, e até mesmo do mais poderoso do seu conjunto, mantinha-se em contacto com todos eles – ao mesmo tempo que, independente também dos bancos centrais, e até mesmo do próprio Banco de Inglaterra, mantinha com eles estreitas ligações. Havia um contacto íntimo entre a finança e a diplomacia: nenhuma delas consideraria qualquer plano de longo alcance, tanto de paz como de guerra, sem se certificar da boa vontade da outra. Todavia, o segredo da salvaguarda geral da paz residia sem margem para dúvidas na posição, organização e técnicas da finança internacional.

Tanto os agentes como os motivos deste corpo singular contribuíam para o investir de um estatuto cujas raízes se firmavam solidamente na esfera privada do estrito interesse comercial. Os Rothschilds não estavam subordinados a qualquer governo; enquanto família eram uma encarnação do princípio abstracto do internacionalismo; a sua lealdade reportava-se a uma firma, cujo crédito se tornara o único elo de ligação supranacional entre o governo político e o esforço industrial numa economia mundial em rápido processo de expansão. Em última instância, a sua independência resultava das necessidades de uma época que requeriam a existência de um agente soberano que alimentasse a confiança dos homens de Estado de cada nação e também do investimento internacional: era a esta necessidade vital que a extraterritorialidade metafísica de uma dinastia de banqueiros judeus domiciliada nas capitais europeias fornecia uma solução quase perfeita. Os Rothschilds estavam longe de ser pacifistas; tinham feito a sua fortuna financiando guerras; eram impermeáveis a considerações morais; não punham objeções a guerras menores, de pouca duração ou limitadas ao nível local. Mas os seus negócios seriam prejudicados se uma guerra generalizada entre as Grandes Potências interferisse com os alicerces monetários do sistema. A lógica dos factos levava-os a alimentar as condições da paz geral no meio da transformação revolucionária que se impunha aos povos do planeta.

Em termos organizacionais, a alta finança era o núcleo de uma das instituições mais complexas que a história do homem produziu. Por transitória que fosse, pela sua universalidade, pela profusão das suas formas e instrumentos, só podia ser comparada com o conjunto das atividades industriais e comerciais da humanidade – atividades das quais era, de certo modo, um espelho e uma contrapartida. Além do centro internacional, ou da alta finança propriamente dita, existiam meia dúzia de centros nacionais que gravitavam em torno dos respetivos bancos emissores e bolsas. Do mesmo modo, a banca internacional não se limitava a financiar os governos e as suas iniciativas de guerra e de paz, mas intervinha também no investimento industrial, nas obras públicas, na atividade bancária, bem como nos empréstimos a longo prazo de companhias estrangeiras, tanto públicas como privadas. A finança nacional era, uma vez mais, um microcosmos. Só a Inglaterra contava com uma centena de bancos de diferentes tipos; a organização bancária da França e da Alemanha era também particular, e, em cada um destes países, as práticas do Tesouro e as suas relações com a finança privada variavam de modo claramente manifesto e, muitas vezes, igualmente em aspetos de pormenor extremamente subtis. O mercado monetário lidava com uma enorme multiplicidade de efetivos comerciais, contratos com o estrangeiro, atividades puramente financeiras, para além dos movimentos correntes e outras atividades cambiais. O modelo ganhava tons diversos devido à infinita variedade dos grupos nacionais e das personalidades, cada um deles com o seu tipo peculiar de prestígio e de posição social de autoridade e lealdades, com os seus ativos de dinheiro e contactos, de clientelas e de aura social.

A alta finança não fora concebida para ser um instrumento de paz, e, na realidade, desempenhou essa função por acidente, como poderiam dizer os historiadores, ao mesmo tempo que os sociólogos talvez preferissem ver aqui um resultado da lei da disponibilidade. O móbil da alta finança era o lucro; esse objetivo tornava necessário o entendimento com os governos cujos fins eram a expansão do seu poder e a conquista. A este nível, podemos menosprezar sem inconvenientes a distinção entre poder político e poder económico, entre os objetivos políticos e os objetivos económicos dos governos: com efeito, uma das características dos Estados-nação durante este período foi a pouca realidade daquela distinção, pois quaisquer que fossem os seus desígnios, os governos esforçavam-se por alcançá-los por meio do recurso ao poder nacional e ao aumento deste. A organização e o pessoal da alta finança, por outro lado, eram internacionais, embora não, por isso mesmo, completamente independentes da organização nacional. Porque a alta finança, enquanto centro que ativava a participação dos banqueiros nos grupos e consórcios, nas sociedades de investimento, nos empréstimos ao estrangeiro, nas operações de controlo financeiro ou outras transações ambiciosas, era obrigada a procurar a cooperação da banca, dos capitais nacionais e da finança de cada país. Embora a finança de cada país fosse, em regra, menos subserviente perante os governos do que a indústria nacional, era-o o suficiente para alimentar na alta finança internacional a vontade premente de contactos diretos com os governos. Como, no entanto – em virtude da sua posição e do seu pessoal, da natureza privada da sua fortuna e das suas ligações – era, na realidade, independente de qualquer governo particular, estava em condições de servir um novo interesse, que não dispunha de um organismo próprio, e para cujo serviço não havia outra instituição disponível, apesar de esse interesse, que era a paz, ser da importância vital para a comunidade. Não se tratava de obter a paz a todo o custo e nem tão-pouco da paz ao preço da renúncia pelas potências à mínima fração da sua independência, da sua soberania, da sua glória adquirida ou das suas ambições quanto ao futuro –, mas, de qualquer modo, a paz continuava a parecer desejável, se fosse possível consegui-la sem sacrifício desses outros interesses fundamentais.

E não de outro modo. A potência primava sobre o lucro. Por maior que fosse a interpenetração dos dois domínios, era, em última análise, a guerra que ditava ao comércio as suas condições. A partir de 1870, a França e a Alemanha, por exemplo, eram inimigas. O que não excluía transações cautelosas. Formavam-se consórcios bancários de circunstância com objetivos transitórios; havia participações privadas, e que não apareciam nos balanços de bancos de investimento alemães, em empresas do outro lado da fronteira; no mercado dos empréstimos a curto prazo, os bancos franceses descontavam letras de câmbio e garantiam empréstimos de curto prazo por meio de garantias e papel comercial; verificavam-se investimentos diretos, como no caso do casamento do ferro e do carvão, ou no da fábrica da Thyssen na Normandia, mas estes investimentos faziam-se apenas em áreas francesas restritas, sendo alvo de críticas constantes por parte tanto dos nacionalistas como dos socialistas – com efeito, o investimento direto era mais frequente nas colónias, como o documentam os esforços persistentes dos alemães no sentido de garantirem minério de boa qualidade na Argélia ou as peripécias acidentadas das suas participações marroquinas. Todavia, resta o facto patente de, a partir de 1870, em momento algum o interdito oficial, se bem que tácito, relativo aos valores alemães ter sido levantado na Bolsa de Paris. A França, muito simplesmente, «escolheu não correr o risco [de ver] a força do capital emprestado»([3]) virar-se contra si. A Áustria era tida também por suspeita, e durante a crise marroquina de 1905-1906 a interdição tornou-se extensiva à Hungria. Havia círculos financeiros em Paris que advogavam a aceitação das garantias húngaras, mas os círculos industriais apoiaram o governo na sua oposição determinada a quaisquer concessões que beneficiassem um eventual inimigo militar. A rivalidade diplomático-política manteve-se sem fraquejar. Qualquer movimento que pudesse aumentar a força de um presuntivo inimigo deparava com o veto dos governos. À primeira vista, o conflito parece resolvido em mais de uma ocasião, mas os círculos informados sabiam que apenas se deslocara, passando a centrar-se em aspetos cada vez mais profundamente dissimulados pelas aparências superficiais amistosas.

 Ou consideremos as ambições orientais da Alemanha. Também aí a política e a finança se combinavam, embora fosse a política a deter o comando supremo. Após um quarto de século de querelas perigosas, a Alemanha e a Inglaterra chegaram, em

---

([3]) Feis, H., *op. cit.*, p. 201.

junho de 1914, a um compromisso global sobre o caminho de ferro de Bagdad – demasiado tarde, ao que muitas vezes se tem dito, para impedir a eclosão da Grande Guerra. Outros afirmam que, pelo contrário, a assinatura do acordo era a prova conclusiva de que a guerra entre a Inglaterra e a Alemanha *não* teve por causa um embate entre dois expansionismos económicos. Mas nenhuma das duas interpretações é confirmada pelos factos. O acordo deixava por solucionar a questão principal. Continuava a ser impossível que a linha de caminho de ferro alemã se prolongasse para além de Bassorá sem o consentimento do governo britânico, e as zonas económicas definidas pelo tratado eram de molde a conduzir no futuro a um embate frontal. Entretanto, as potências continuavam a preparar-se para o «grande dia», que se aproximava mais depressa do que elas calculavam([4]).

A finança internacional tinha de ter em conta as ambições rivais e as intrigas das grandes e pequenas potências: os seus planos eram prejudicados pelas manobras diplomáticas, os seus investimentos a longo prazo obstaculizados e os seus esforços construtivos tolhidos pela sabotagem política e pelas obstruções dissimuladas. As organizações bancárias nacionais, sem as quais a finança internacional se tornava impotente, agiam com frequência como cúmplices dos respetivos governos, e nenhum plano parecia sólido a menos que fixasse antecipadamente a parte do saque que caberia a cada um deles. No entanto, acontecia também com igual frequência que esta *finança do poder* fosse, não a vítima, mas a beneficiária da *diplomacia do dólar*, que correspondia a um punho de ferro sob a luva de veludo da finança. Porque o sucesso nos negócios implicava o uso implacável da força contra os países mais fracos, o suborno avultado das administrações atrasadas e a utilização com vista aos objetivos a alcançar de todos os meios ocultos habituais na selva colonial ou semicolonial. Mas, apesar de tudo, por determinação funcional competia à alta finança tentar impedir a generalização da guerra. Na sua grande maioria, os detentores dos títulos emitidos pelos governos, do mesmo modo que os outros investidores e homens de negócios, estavam condenados a ser os grandes

---

([4]) Cf. «Notas sobre as Fontes», p. 481.

perdedores em caso de generalização dos conflitos bélicos, sobretudo se afetassem as moedas. A influência que a alta finança exercia sobre as potências era solidamente favorável à manutenção da paz na Europa. E tratava-se de uma influência eficaz, uma vez que em boa medida os próprios governos, em mais do que um aspeto, dependiam do contributo da alta finança. Por conseguinte, o interesse na paz nunca deixou de estar representado nos conselhos do Concerto da Europa. Se tivermos ainda em conta o aumento do interesse na paz no interior de cada nação em que o hábito de investir criava raízes, começaremos a compreender de que modo a temível inovação que consistia na paz armada de dezenas de Estados praticamente mobilizados pôde pairar sobre a Europa entre 1871 e 1914 sem dar origem a uma explosão devastadora.

A finança – tal foi um dos seus canais de influência – desempenhou o papel de um poderoso agente moderador nos conselhos e nas políticas de uns quantos Estados soberanos mais pequenos. Os empréstimos, e a renovação dos empréstimos, dependiam do crédito, e o crédito do seu bom comportamento. Uma vez que, num regime constitucional (e os que o não eram causavam desconfiança), o comportamento se reflete no orçamento e o valor da moeda no exterior do país não pode ser dissociado da apreciação do orçamento, os governos devedores eram levados a prestar grande atenção aos seus critérios cambiais e a evitar políticas que pudessem lesar a solidez da sua situação orçamental. Este mecanismo útil resultava numa regra de conduta convincente depois de um país ter adotado o padrão-ouro, limitando ao máximo as flutuações admissíveis. O padrão-ouro e o constitucionalismo foram os instrumentos que fizeram a voz da City londrina ouvir-se em muitos pequenos países que tinham adotado esses símbolos da adesão à nova ordem internacional. A *pax britannica* manteve por vezes a sua supremacia graças à ameaça dos canhões dos seus navios de guerra, mas, mais frequentemente ainda, pôde afirmar-se manobrando atempadamente os fios da rede monetária internacional.

A influência da alta finança era também garantida pelo facto de administrar oficiosamente as finanças de vastas regiões semicoloniais do mundo, como as que incluíam os impérios em declínio do islão na zona altamente inflamável do Médio Oriente e do Norte de África. Era aqui que o trabalho quotidiano dos financeiros lidava com os fatores subtis subjacentes à ordem interna das regiões em causa, fornecendo uma administração *de facto* à sua realidade marcada por perturbações que tornavam a paz extremamente vulnerável. Foi assim que as múltiplas condições dos investimentos de capital a longo prazo nessas áreas puderam muitas vezes ser asseguradas frente a obstáculos quase insuperáveis. A epopeia da construção dos caminhos de ferro nos Balcãs, Anatólia, Síria, Pérsia, Marrocos e China é uma história de tenacidade, cheia de episódios aventurosos, que evoca os feitos do mesmo tipo que tiveram por palco o continente norte-americano. Todavia, o principal perigo que assediava os capitalistas europeus não era o do fracasso técnico ou financeiro, mas a guerra – não uma guerra entre pequenos países (que poderiam ser facilmente isolados), nem uma guerra conduzida por uma grande potência contra um país pequeno (acontecimento frequente e muitas vezes oportuno), mas uma guerra generalizada entre as próprias Grandes Potências. A Europa não era um continente vazio, mas a terra natal em que subsistiam milhões de membros de povos antigos ou recentes, e cada nova linha férrea tinha de abrir caminho por entre fronteiras de solidez variável, algumas das quais ficavam fatalmente enfraquecidas e outras eram decisivamente reforçadas pelo processo de contacto. Só fazendo-se sentir o pulso de ferro da finança sobre os governos prostrados das regiões atrasadas se podia evitar a catástrofe. Quando a Turquia deixou de cumprir as suas obrigações financeiras em 1875, irromperam imediatamente conflitos armados, que se arrastaram entre 1876 e 1878, até à assinatura do Tratado de Berlim. Durante os trinta e seis anos seguintes foi assim mantida a paz. Esta paz surpreendente foi alimentada pelo Decreto de Muharrem (1881), que instalou a Dieta Otomana em Constantinopla. Os representantes da alta finança encarregaram-se da administração do conjunto das finanças turcas. Em muitos casos, arquitetaram compromissos entre as potências; noutros, intervieram simplesmente como agentes políticos das potências – mas, tanto nuns como noutros serviram os interesses monetários dos credores, e, sempre que possível, dos capitalistas que tentavam obter lucros no país. A sua tarefa foi em larga medida dificultada pelo facto de a Comissão da Dívida *não* ser um corpo representativo de credores privados, mas uma instância de direito público europeu na qual a alta finança só estava representada oficiosamente. Mas foi precisamente a sua capacidade híbrida que lhe permitiu colmatar as fissuras entre a organização política e a organização económica da época.

O comércio associara-se à paz. No passado, a organização do comércio fora militar e análoga à da guerra: o comércio era uma atividade adicional do pirata, do corsário, da caravana armada, do caçador e do mercador de espada, dos burgueses armados das cidades, dos aventureiros e exploradores, dos plantadores e conquistadores, dos apresadores e traficantes de escravos, dos exércitos coloniais e das companhias privilegiadas. Tudo isso era agora esquecido. O comércio dependia doravante de um sistema monetário internacional que não podia funcionar em condições de guerra generalizada. Requeria condições de paz, e as Grandes Potências esforçavam-se por mantê-la. Mas o equilíbrio entre as potências não podia, como já vimos, assegurar por si só a paz. Essa tarefa competiu à finança internacional, cuja existência incorporava precisamente o princípio da nova dependência do comércio relativamente à paz.

Estamos demasiado habituados a pensar na propagação do capitalismo como um processo que é tudo menos pacífico, e no capital financeiro como o principal instigador de um sem fim de crimes coloniais e de agressões expansionistas. A sua ligação íntima com a indústria pesada levou Lenine a afirmar que o capital financeiro era responsável pelo imperialismo, e, nomeadamente, pela disputa das esferas de influência, pelas concessões, pelos direitos extraterritoriais e pelas múltiplas formas do controlo obtido pelas potências ocidentais sobre as regiões atrasadas, com vista aos investimentos em caminhos de ferro, obras públicas, portos e outras instalações permanentes, das quais as indústrias pesadas extraíam os seus lucros. A verdade é que, se o comércio e a finança foram responsáveis por numerosas guerras coloniais, lhes devemos também o terem evitado uma explosão generalizada. As suas ligações com a indústria pesada, ainda que realmente estreitas na Alemanha, dão conta dos dois aspetos. O capital financeiro enquanto organização que coroava a indústria pesada estava ligado aos vários ramos da indústria de modo demasiado complexo para permitir que fosse um só grupo a determinar a sua política. Por cada interesse que apostasse na guerra, havia uma dezena de outros que a guerra afetaria desfavoravelmente. O capital internacional estava, sem dúvida, destinado ao papel de perdedor em caso de guerra, mas a própria finança nacional só excecionalmente poderia ganhar com ela – se bem que as exceções fossem suficientes para justificar um bom número de guerras coloniais, enquanto estas pudessem manter-se isoladas. Todas, ou quase todas, as guerras eram organizadas pelos financeiros – mas estes organizavam também a paz.

A natureza precisa deste sistema estritamente pragmático, que punha todo o cuidado em evitar uma guerra generalizada, ao mesmo tempo que favorecia uma atividade de negócios pacífica por entre uma série sem fim de guerras limitadas, encontra a sua melhor ilustração comprovativa nas modificações que introduziu no direito internacional. Enquanto o nacionalismo e a indústria tendiam nitidamente a tornar as guerras mais ferozes e totais, edificavam-se medidas de salvaguarda eficazes que garantissem a continuidade pacífica das atividades de negócios durante os tempos de guerra. Frederico, *o Grande*, distinguiu-se por se ter recusado, em 1752, «por represália», a honrar o empréstimo silesiano contraído junto de súbditos britânicos[5]. «Desde então, não houve qualquer outra tentativa comparável», diz Hershey. «As guerras desencadeadas pela Revolução Francesa fornecem-nos os últimos exemplos importantes de confiscação da propriedade privada de cidadãos de países inimigos que se encontravam em território beligerante quando rebentaram as hostilidades». Depois de iniciada a Guerra da Crimeia, os comerciantes de nacionalidade inimiga foram autorizados a sair dos portos – prática que seria adotada igualmente pela Prússia, a França, a Rússia, a Turquia, a Espanha, o Japão e os

---

[5] A. S. Hershey, *Essentials of International Public Law and Organization*, 1927, pp. 565-569.

Estados Unidos, ao longo dos cinquenta anos seguintes. Com efeito, do início da Guerra da Crimeia em diante, foi igualmente assumida uma atitude de ampla indulgência em relação ao comércio entre beligerantes. Assim, durante a Guerra Hispano--Americana, os navios de potências neutras, carregados de mercadorias pertencentes a americanos e contanto que não fossem contrabando de guerra, continuavam a levantar ferro rumo a portos espanhóis. A ideia de que as guerras do século XVIII foram sob *todos* os aspetos menos destrutivas do que as do século XIX funda-se no preconceito. No que se refere ao estatuto dos cidadãos de potências inimigas, ao pagamento dos empréstimos cujos credores eram cidadãos inimigos, ao direito de os comerciantes de nacionalidade inimiga poderem levantar ferro dos portos, o século XIX conheceu uma viragem decisiva no sentido da adoção de medidas de proteção do sistema económico em tempo de guerra. Só no século XX esta tendência se viria a modificar.

Foi, portanto, a nova organização da vida económica o quadro que presidiu à Paz de Cem Anos. Durante um primeiro período, as classes médias nascentes foram sobretudo uma força revolucionária que ameaçava a paz, como pôde verificar-se durante as convulsões da época napoleónica: foi contra esse novo fator de agitação das nações que a Santa Aliança organizou a sua paz reacionária. No segundo período, a nova economia saiu vencedora. As classes médias tornavam-se agora portadoras de um interesse na paz, muito mais poderoso do que o fora o das forças reacionárias precedentes, e alimentado pelo caráter ao mesmo tempo nacional e internacional da nova economia. Mas, em ambos os casos, o interesse na paz só viria a tornar-se eficiente pela sua capacidade de fazer com que o sistema de equilíbrio entre as potências servisse a sua causa, depois de o terem dotado de órgãos sociais em condições de lidar diretamente com as forças internas ativas no domínio da paz. Sob a Santa Aliança, esses órgãos foram o feudalismo e os tronos, apoiados pelo poder espiritual e material da Igreja; sob o Concerto da Europa, foram a finança internacional e os sistemas bancários nacionais aliados àquela. É inútil insistir nesta distinção. Durante a Paz de Trinta Anos, 1816-1846, a Grã-Bretanha reclamava já a paz e o comércio, e a Santa Aliança não desdenhava o contributo dos Rothschilds. Sob o Concerto Europeu, a finança internacional teve, uma vez mais, de se apoiar na sua rede de relações com as casas dinásticas e aristocráticas. No entanto, factos semelhantes tendem simplesmente a reforçar a nossa tese, segundo a qual a paz foi reiteradamente salvaguardada, não só nas chancelarias das Grandes Potências, mas também graças à intervenção de instâncias organizadas concretas que atuavam ao serviço de interesses mais gerais. Por outras palavras, só o quadro da nova economia tornou o sistema de equilíbrio entre as potências capaz de impedir explosões bélicas generalizadas. Mas a obra do Concerto da Europa foi incomparavelmente maior do que a da Santa Aliança, porque esta última manteve a paz numa região limitada de um continente invariável, enquanto o segundo assegurou com êxito a mesma tarefa a uma escala mundial, ao mesmo tempo que o progresso social e económico revolucionava o mapa do globo. Esta grande proeza política foi o resultado da emergência de uma entidade concreta, a alta finança (*haute finance*), que se afirmou como um novo elo de ligação articulando a organização política e a organização económica da vida internacional.

Deve ter-se tornado, entretanto, claro que a organização da paz assentava na organização económica. E contudo, uma e outra não gozavam da mesma consistência. Só no sentido mais lato se poderia falar de uma organização política da paz mundial, uma vez que o Concerto da Europa era essencialmente, não um sistema de paz, mas um mero sistema de soberanias independentes protegidas pelo mecanismo da guerra. Mas é o contrário que pode dizer-se da organização económica do mundo. A menos que aceitemos a prática acrítica de restringir o termo «organização» aos corpos dotados de uma direção central que agem através de funcionários próprios, teremos de reconhecer que nada poderia ser mais preciso do que os princípios universalmente aceites sobre os quais a organização em causa assentou, como nada poderia ser mais concreto do que os seus elementos factuais. Orçamentos e armamentos, comércio externo e provisões de matérias-primas, independência e soberania nacionais passavam agora a ser função da moeda e do crédito. A partir de 1875, os preços mundiais das matérias-primas eram a realidade central nas vidas de milhões de camponeses da Europa Continental; os homens de negócios de todo o mundo seguiam diariamente as repercussões do mercado da moeda londrino, e os governos analisavam planos de futuro à luz da situação dos mercados de capitais mundiais. Só um louco poria em dúvida que o sistema económico internacional era o eixo da existência material da espécie. E, uma vez que esse sistema necessitava da paz para funcionar, o equilíbrio entre as potências foi posto ao seu serviço. À falta do sistema económico em causa, o interesse na paz desapareceria também a nível político. Não havia, além dele, outra causa suficiente desse interesse, nem a possibilidade de o assegurar, caso existisse. O sucesso do Concerto da Europa decorreu das exigências da nova organização internacional da economia e terminaria inevitavelmente com a sua dissolução.

A época de Bismarck (1861-1890) assistiu ao melhor do Concerto da Europa. Nas duas décadas imediatamente seguintes à sua ascensão ao estatuto de grande potência, a Alemanha foi a principal beneficiária do interesse na paz. A Alemanha forçara o acesso ao primeiro plano das potências à custa da Áustria e da França: era-lhe vantajoso manter o *statu quo* e impedir uma guerra que só poderia ter por objeto desforrar-se dela. Bismarck insistiu deliberadamente na ideia de paz como condição benéfica comum para as potências e evitou tomadas de posição que pudessem forçar a Alemanha a abandonar a sua condição de potência pacífica. Opôs-se às ambições expansionistas balcânicas ou ultramarinas; utilizou sistematicamente a arma do comércio livre contra a Áustria e até mesmo contra a França; travou as ambições da Rússia e da Áustria nos Balcãs, fazendo funcionar nesse sentido o jogo do equilíbrio entre as potências, o que lhe permitia alimentar boas relações com potenciais aliados e evitar situações que pudessem implicar o envolvimento bélico do seu país. O agressor persistente de 1863-1870 transformou-se no honesto mediador e detrator das aventuras coloniais de 1878. Querendo servir os interesses nacionais da Alemanha, pôs-se deliberadamente à cabeça das tendências favoráveis à paz.

Todavia, em finais da década de 1870, o episódio livre-cambista (1846-1879) chegava ao fim: o uso efetivo do padrão-ouro pela Alemanha assinalou o início de uma era de protecionismo e de expansão colonial[6]. A Alemanha reforçava agora a sua posição procedendo uma sólida e rápida aliança com a Áustria--Hungria e a Itália – e, não muito depois, Bismarck deixava de controlar a política do *Reich*. Doravante, seria a Grã-Bretanha a liderar o interesse pela paz numa Europa que continuava a ser ainda um grupo de Estados soberanos independentes e, portanto, submetendo-se ao jogo do equilíbrio entre as potências. Na década de 1890, a alta finança alcançava o seu zénite e a paz parecia mais segura do que nunca. Os interesses britânicos e franceses eram divergentes em África; os Britânicos e os Russos competiam entre si na Ásia; o Concerto da Europa, ainda que claudicante, continuava a funcionar; a despeito da Tripla Aliança, existiam ainda mais do que duas potências independentes que se vigiavam ciosamente uma à outra. Mas não por muito tempo. Em 1904, a Grã-Bretanha assinou um acordo geral com a França sobre Marrocos e o Egito; dois anos mais tarde, chegava a um compromisso sobre a Pérsia com a Rússia – e eis formada a contra-aliança: o Concerto Europeu, essa frouxa federação de potências independentes, foi finalmente substituído por dois blocos de potências rivais, e o sistema de equilíbrio entre as potências desapareceu. Perante não mais do que dois agrupamentos de potências que se enfrentavam, o mecanismo deixara de funcionar. Já não existia um terceiro grupo que pudesse unir-se com um dos outros dois a fim de refrear aquele que quisesse aumentar o seu poder. Na mesma ocasião, os sintomas da dissolução das formas existentes da economia mundial – a rivalidade colonial e a concorrência na disputa dos mercados exóticos – tornavam-se agudos. A capacidade por parte da alta finança de evitar que as guerras alastrassem diminuía a um ritmo acelerado. A paz sobreviveu durante sete anos mais, mas era só uma questão de tempo: a dissolução da organização económica

---

[6] Eulenburg, F., «Aussenhandel und Aussenhandelspolitik», *Grundriss der Sozialökonomik*, vol. VIII, 1929, p. 209.

do século XIX não poderia deixar de acarretar o fim dos Cem Anos de Paz.

A esta luz, a verdadeira natureza da organização económica extremamente artificial sobre a qual assentava a paz revela-se assim um problema essencial para o historiador.

CAPÍTULO II

Os Anos 20 Conservadores
e os Revolucionários Anos 30

O colapso do padrão-ouro internacional foi o elo de ligação invisível entre a desintegração da economia mundial iniciada na viragem do século e a transformação de toda uma civilização, que teria lugar nos anos 30. A menos que se reconheça a importância decisiva desse fator, não é possível concebermos adequadamente nem o mecanismo que conduziu a Europa ao desastre nem as circunstâncias que explicam o facto surpreendente de as formas e conteúdos de uma civilização assentarem sobre alicerces tão precários.

Só no momento em que esse sistema soçobrou é que a verdadeira natureza do sistema internacional sob o qual vivíamos foi compreendida. Quase ninguém se apercebeu da função política desempenhada pelo sistema monetário internacional, e, por isso, o caráter assustadoramente repentino da transformação deixou o mundo inteiro estupefacto. E contudo, o padrão-ouro era o único pilar que restava da economia mundial tradicional – quando se quebrou, compreende-se que o efeito tivesse de ser instantâneo. Para os economistas liberais, o padrão-ouro era uma instituição puramente económica, que eles se recusavam até a considerar como parte de um mecanismo social. Portanto, aconteceu que os países democráticos foram os últimos a conceber a verdadeira natureza da catástrofe e os últimos a combater os seus efeitos. Nem sequer quando o cataclismo pairava já sobre as suas cabeças os seus dirigentes perceberam que, por detrás do colapso do sistema internacional, havia uma longa evolução que, nos países mais avançados, tornava esse sistema anacrónico – por outras palavras: escapava-lhes o facto de ser a própria economia de mercado que falhara.

A transformação deu-se de modo ainda mais abrupto do que habitualmente se pensa. A Grande Guerra e as revoluções que se lhe seguiram pertenciam ainda ao século XIX. O conflito de 1914-1918 limitou-se a precipitar uma crise imensamente agravada, que não criou. Mas, na época, as raízes do problema não eram bem discerníveis, e os horrores e devastações da Grande Guerra pareciam aos sobreviventes a origem óbvia dos obstáculos que tão inesperadamente se deparavam à organização internacional. Porque, de súbito, à escala mundial, já nem o sistema económico nem o sistema político funcionavam, e os terríveis males infligidos à substância da raça pela I Guerra Mundial surgiam como a explicação mais imediata do que se passava. Na realidade, os obstáculos do pós-guerra à paz e à estabilidade tinham as mesmas origens que haviam sido responsáveis pela eclosão da Grande Guerra. A dissolução do sistema da economia mundial, que se agravava desde 1900, fora responsável pela tensão política que explodiu em 1914, e o desfecho da guerra, juntamente com os tratados que se seguiram, tinham aliviado superficialmente a tensão eliminando a concorrência alemã, ao mesmo tempo que reforçavam as suas causas e aumentavam, portanto, em grande medida, os obstáculos políticos e económicos que contrariavam a paz.

Politicamente, os tratados continham uma contradição fatal. O desarmamento unilateral *permanente* das nações derrotadas contrariava qualquer possibilidade de reconstrução do sistema de equilíbrio entre as potências, uma vez que a força armada é, evidentemente, uma condição indispensável desse tipo de sistema. Foi em vão que Genebra encarou a restauração do sistema no quadro de um Concerto da Europa alargado e aperfeiçoado – a Sociedade das Nações (SDN): em vão, porque, se o acordo estipulado pela SDN previa cláusulas de consulta recíproca e ação conjunta, a verdade era que ficava doravante excluída, enquanto condição preliminar que as tornaria possíveis, a existência de potências independentes. A Sociedade das Nações nunca chegaria a ser realmente instaurada, e nem o artigo 16 sobre a aplicação dos tratados nem o artigo 19 relativo à sua revisão pacífica viriam a ser alguma vez aplicados. A única solução viável para o escaldante problema da paz – a restauração do sistema de equilíbrio entre as potências – tornava-se assim inteiramente inalcançável, a tal ponto que o verdadeiro desígnio dos homens de Estado mais construtivos dos anos 20 não foi sequer compreendido pela opinião pública, que continuou presa de uma confusão quase indescritível. Perante o facto assustador do desarmamento de um grupo de nações enquanto o outro grupo se conservava armado, situação que excluía antecipadamente qualquer avanço construtivo no sentido da paz –, a atitude emocional que prevaleceu foi a de se ver na SDN uma espécie de penhor misterioso de uma era de paz cuja permanência bastava encorajar por palavras. Na América corria a ideia generalizada de que teria sido suficiente a sua adesão à SDN para que tudo corresse de outro modo. Não poderíamos encontrar melhor prova da ausência de uma perceção adequada da fraqueza orgânica do sistema dito do pós-guerra – «dito», porque, se as palavras querem dizer alguma coisa, a Europa ficara, na realidade, desprovida de qualquer sistema. Um *statu quo* tão falho de bases não pode durar mais do que a exaustão física das suas partes, e não surpreende, por isso, que um regresso ao sistema do século XIX parecesse a única saída. Entretanto, o Conselho da Sociedade das Nações poderia ter pelo menos funcionado como uma espécie de diretório da Europa, um pouco como fora o caso com o Concerto Europeu no seu zénite, mas a regra fatal da unanimidade, que permitia a um pequeno Estado descontente desempenhar o papel de árbitro da paz mundial, impediu que assim fosse. A disposição absurda do desarmamento permanente dos países vencidos excluía qualquer solução construtiva. A única alternativa a este desastroso estado de coisas era o estabelecimento de uma ordem internacional dotada de uma força organizada que se pusesse acima da soberania nacional. Contudo, uma tal perspetiva estava completamente para além do horizonte da época. Nenhum dos países europeus – para já não falarmos dos Estados Unidos – aceitaria submeter-se a um tal sistema.

Em termos económicos, a política adotada em Genebra, insistindo na restauração da economia mundial como segunda linha de defesa da paz, era muito mais coerente. Porque até mesmo um sistema de equilíbrio entre as potências reconstruído com êxito só poderia funcionar em benefício da paz no quadro do restabelecimento de um sistema monetário internacional. Na ausência de estabilidade cambial e de liberdade de comércio, os governos das várias nações considerariam, como no passado, a paz um interesse menor, que almejariam apenas na medida em que não interferisse com outros interesses maiores. Woodrow Wilson parece ter sido o primeiro dos homens de Estado da época a compreender a interdependência da paz e do comércio, não só enquanto garantia do comércio *mas também da própria paz*. Não surpreende que a Sociedade das Nações tenha tentado persistentemente reconstruir a organização internacional das moedas e do crédito, tendo-a por única salvaguarda possível da paz entre Estados soberanos, e que o mundo inteiro tenha passado a depender, como nunca antes acontecera, da alta finança, representada agora por J. P. Morgan, que tomara o lugar que no passado fora o de N. M. Rothschild.

Pelos critérios do século XIX, a primeira década do pós--guerra pareceu uma época revolucionária, quando, à luz da nossa experiência recente, era precisamente o contrário. O desígnio dessa década era profundamente conservador e exprimia a convicção quase universal de que só o restabelecimento do sistema anterior a 1914, «essa época de sólidos alicerces», poderia restaurar a paz e a prosperidade. De facto, foi do malogro dessa tentativa de regressar ao passado que decorreu a transformação que teve lugar nos anos 30. Por espetaculares que fossem as revoluções e contrarrevoluções da primeira década do pós-guerra, representavam ou simples reações mecânicas perante a derrota militar, ou, quando muito, a reencenação no palco da Europa Central e Oriental do drama liberal e constitucional familiar à civilização do Ocidente – só nos anos

30 alguns elementos inteiramente novos vieram integrar-se no modelo da história ocidental.

Com a exceção da Rússia, as convulsões da Europa Central e Oriental de 1917-1920, a despeito do seu cenário, não foram mais do que variações do desígnio de reconstrução dos regimes caídos nos campos de batalha. Quando o fumo contrarrevolucionário se dissipou, os sistemas políticos vigentes em Budapeste, Viena e Berlim não se mostravam muito diferentes do que tinham sido antes da guerra. A traço grosso, até meados dos anos 20 o mesmo valia para a Finlândia, os Estados Bálticos, a Polónia, a Áustria, a Hungria, a Bulgária e até mesmo a Itália e a Alemanha. Nalguns países registaram-se grandes avanços ao nível da independência nacional e da reforma agrária – dois processos cujo desenvolvimento fora um traço comum na Europa Ocidental a partir de 1789. A Rússia não foi, deste ponto de vista, uma exceção. A tendência da época ia simplesmente no sentido de estabelecer (ou restabelecer) o sistema geralmente associado aos ideais das revoluções inglesa, americana e francesa. Tanto Hindenburg e Wilson, por um lado, como Lenine e Trotsky, por outro, se inscreviam, no mesmo sentido amplo, na linha da tradição ocidental.

No começo dos anos 30, desencadeou-se uma transformação abrupta. Os seus traços principais foram o abandono do padrão-ouro pela Grã-Bretanha; os planos quinquenais na Rússia; o início do *New Deal*, a revolução nacional-socialista na Alemanha; a desagregação da Sociedade das Nações em benefício de impérios que visavam a autarcia. Enquanto no fim da Grande Guerra os ideais do século XIX prevaleciam, tendo a sua influência sido preponderante ao longo da década seguinte, já por volta de 1940 não restavam quaisquer vestígios, excetuados uns quantos enclaves, do sistema internacional anterior, e as nações viviam num quadro internacional inteiramente novo.

A causa profunda da crise, segundo pensamos, foi a derrocada ameaçadora do sistema económico internacional. Este passara a não funcionar mais do que intermitentemente desde a viragem do século, e a Grande Guerra, seguida pelos tratados, significara a sua ruína. A realidade tornou-se manifesta ainda nos anos 20, quando quase todas as crises internas que se verificavam na Europa atingiam o seu grau mais extremo em torno desta ou daquela questão de economia internacional. Os investigadores dos fenómenos políticos dividiam agora os diferentes países tendo em conta, não as fronteiras dos continentes, mas o seu grau de adesão a uma moeda sólida. A Rússia surpreendera o mundo com a destruição do rublo, cujo valor se via reduzido a nada apenas por efeito da inflação. A Alemanha repetiu o mesmo feito desesperado tendo em vista contornar os tratados, e a expropriação da classe rendeira [*rentier class*], que sobreveio entretanto, lançou as bases da revolução nazi. O prestígio de Genebra assentou no êxito que teve ao auxiliar a Áustria e a Hungria a restabelecerem as suas moedas, e Viena tornou-se a meca dos economistas liberais devido a uma operação muito bem sucedida sobre a coroa austríaca, cujo paciente, por desgraça, não sobreviveu. Na Bulgária, na Grécia, na Finlândia, na Letónia, na Lituânia, na Estónia, na Polónia e na Roménia, a restauração da moeda viu-se associada à reivindicação do poder pela contrarrevolução. Na Bélgica, em França e em Inglaterra, a esquerda foi afastada do poder em nome da solidez da moeda. Uma série quase ininterrupta de crises monetárias associou a indigência dos Balcãs e a abundância dos Estados Unidos através da banda elástica de um sistema internacional de crédito que funcionava como dispositivo de transmissão das tensões das moedas insuficientemente restabelecidas – primeiro, da Europa Oriental para a Europa Ocidental; depois, da Europa Ocidental para os Estados Unidos. No termo do processo, os próprios Estados Unidos foram vítimas dos efeitos da estabilização prematura das moedas europeias. A derrocada final começara.

    O primeiro choque teve lugar no interior das esferas nacionais. Algumas moedas, como a russa, a alemã, a austríaca e a húngara foram desbaratadas no espaço de um ano. Para além do ritmo sem precedente das alterações das taxas de câmbio, estas verificavam-se nas condições do quadro de uma economia completamente monetarizada. Introduzia-se assim na sociedade humana um processo celular que acarretava efeitos estranhos a tudo o que experiência anterior conhecia. Tanto internamente como no plano externo, a queda da moeda era um prenúncio de rutura. As nações viam-se separadas das suas vizinhas como que por um abismo, ao mesmo tempo que diferentes camadas da população eram afetadas de maneiras não só diferentes, como muitas vezes opostas. A classe média intelectual sofria um processo de pauperização literal, enquanto os tubarões da finança acumulavam fortunas revoltantes. Entrara em cena um fator dotado de uma força de integração e desintegração incalculável.

A «fuga de capitais» era uma novidade. Não se registara nem em 1848, nem em 1866, nem tão-pouco em 1871. E todavia, era evidente o papel decisivo que desempenhara no derrube dos governos liberais na França de 1925 e, uma vez mais, em 1938, bem como no desenvolvimento de um movimento fascista na Alemanha de 1930.

A moeda tornara-se o eixo das políticas nacionais. Nas condições de uma moderna economia monetária, ninguém deixava de fazer a experiência quotidiana da contração ou da dilatação do instrumento de medida financeiro – as populações adquiriam consciência da moeda; as massas descontavam antecipadamente os efeitos da inflação sobre o rendimento de cada um; por toda a parte, os homens e as mulheres pareciam ver agora na moeda estável a necessidade suprema da sociedade humana. Mas esta tomada de consciência era inseparável da perceção de que as bases que sustentavam a moeda estavam sob a influência de fatores de ordem política que excediam as fronteiras nacionais. Deste modo, o *bouleversement*(*) social, que abalou a confiança na estabilidade inerente ao suporte monetário, desfez também em pedaços a ideia ingénua da possibilidade de uma soberania financeira no quadro de uma economia interdependente. Doravante, as crises internas ligadas à moeda tenderão a ser causa de graves problemas no plano externo.

A crença no padrão-ouro era a fé da época. Credo ingénuo, segundo alguns, criticamente temperado no caso de outros, satânico para outros ainda, que o aceitavam carnalmente embora o recusassem em termos espirituais. No entanto, a crença era sempre a mesma – ou seja: as notas de banco tinham valor porque representavam ouro. Pouca diferença fazia que se pensasse

---

(*) Abalo, convulsão. Em francês no original (*N. T.*).

que o ouro, pelo seu lado, tinha valor por incorporar trabalho humano, como os socialistas sustentavam, ou que o seu valor resultava do facto de ser útil e raro, como afirmava a doutrina ortodoxa. A guerra entre o céu e o inferno ignorava a questão monetária, fazendo uma unidade miraculosa entre capitalistas e socialistas. Dado o acordo que se verificava entre Ricardo e Marx, o século XIX não tinha aqui razões para duvidar. Bismarck e Lassalle, John Stuart Mill e Henry George, Philip Snowden e Calvin Coolidge, Mises e Trotsky admitiam o mesmo facto. Karl Marx esforçara-se bastante por demonstrar que as senhas de trabalho utópicas (destinadas a substituir a moeda) concebidas por Proudhon eram um logro, e *Das Kapital* adotava e fazia sua a teoria ricardiana da moeda como mercadoria. O bolchevique russo Sokolnikoff foi o primeiro político do pós-guerra a restabelecer o valor da moeda do seu país por referência ao ouro; o social-democrata alemão Hilferding pôs o seu partido numa posição perigosa ao defender intransigentemente princípios monetários sólidos; o social-democrata austríaco Otto Bauer apoiou os princípios monetários que serviram de base à política de restauração da coroa empreendida pelo seu implacável adversário Seipel; o socialista inglês Philip Snowden insurgiu-se contra o Partido Trabalhista a partir do momento em que considerou que a libra esterlina não estava em segurança nas mãos dos seus camaradas, e o *Duce* mandou gravar na pedra a paridade-ouro da lira a 90%, e jurou estar pronto a morrer em sua defesa. Seria difícil a este respeito encontrar qualquer divergência entre as posições de Hoover e Lenine, Churchill e Mussolini. Com efeito, a natureza essencial do padrão-ouro para o funcionamento do sistema económico internacional da época era o único princípio comum aos membros de todas as nações e de todas as classes, aos adeptos de todas as confissões religiosas e de todas as filosofias sociais. Tal era a realidade invisível a que se apegava a vontade de viver, enquanto a humanidade mobilizava toda a sua coragem a fim de reconstruir a sua existência em ruínas.

    Este esforço fracassado foi o mais global que o mundo até então conhecera. A estabilização das moedas praticamente destruídas da Áustria, da Hungria, da Bulgária, da Finlândia, da Roménia ou da Grécia era não só um ato de fé da parte desses países pequenos e fracos, reduzindo-os literalmente à fome, enquanto se propunham alcançar as margens douradas, mas submetia igualmente os seus patrocinadores poderosos e ricos – os europeus ocidentais vitoriosos – a uma provação severa. Enquanto as moedas dos países vencedores se mantiveram flutuantes, a tensão não se manifestou em força, e aqueles continuaram a conceder empréstimos ao estrangeiro como antes da guerra, contribuindo assim para sustentar as economias das nações derrotadas. Mas quando a Grã-Bretanha e a França regressaram ao padrão-ouro, o peso da estabilização cambial tornou-se eloquente. A seguir, uma preocupação silenciosa com a segurança da libra acabou por afetar também a posição do país dirigente no domínio do ouro – os Estados Unidos. Essa preocupação, atravessando o Atlântico, fez com que a América ficasse inesperadamente na zona de perigo. Trata-se de um aspeto que, podendo embora parecer técnico, deve ser claramente entendido. O apoio concedido à libra esterlina pelos Estados Unidos em 1927 implicava a descida das taxas de juro em Nova Iorque, a fim de impedir que se registassem grandes movimentos de capitais de Londres para Nova Iorque. O Federal Reserve Board prometeu, por conseguinte, ao Banco de Inglaterra manter baixas as suas taxas – mas, entretanto, a própria América sentia a necessidade de taxas mais elevadas, uma vez que o seu sistema de preços começava a conhecer uma inflação perigosa (circunstância dissimulada pela existência de um nível dos preços estável, que se mantinha apesar da enorme redução dos custos). Quando a costumada oscilação do pêndulo, após sete anos de prosperidade, causou, em 1929, o desmoronamento até aí adiado, as condições em que este ocorreu foram desmesuradamente agravadas pela cripto-inflação já presente. Os devedores, arruinados pela deflação, passaram rapidamente à situação de testemunhas da queda do credor. Os presságios eram inquietantes. Procurando instintivamente libertar-se, a América abandonou o ouro e, assim, desapareceu o último rasto da economia mundial tradicional. Embora ninguém, ou quase ninguém, tenha na época apreendido a importância profunda do que se passava, a verdade é que se tratou de uma inversão quase imediata da tendência histórica.

Durante mais de uma década, o restabelecimento do padrão-ouro fora o símbolo da solidariedade mundial. Realizaram-se inúmeras conferências – de Bruxelas a Spa e Genebra, de Londres a Locarno e Lausanne... – visando definir as condições políticas preliminares da estabilidade monetária. A própria Sociedade das Nações contou com o concurso da Organização Internacional do Trabalho, visando parte desta intervenção igualizar as condições da concorrência entre as nações – o que permitiria a liberalização do comércio sem ameaçar os níveis de vida. A moeda era um motivo fulcral das campanhas desencadeadas por Wall Street com vista ao controlo do problema das transferências e da comercialização e posterior mobilização das reparações. Genebra advogava um processo de recuperação que punha os contributos combinados da City de Londres e dos puristas neoclássicos e monetaristas de Viena ao serviço do padrão-ouro – todas as iniciativas internacionais visavam, em última instância, esse fim, enquanto os governos nacionais, na generalidade, adaptavam as suas políticas à necessidade de salvaguardar a moeda, sobretudo as políticas que se reportavam ao comércio externo, aos empréstimos, à banca e às divisas. Embora todos admitissem que as moedas estáveis dependiam, em última análise, da liberdade de comércio, todos, com exceção dos livre-cambistas dogmáticos, sabiam que teriam de ser tomadas medidas imediatas que inevitavelmente limitariam o comércio livre e os pagamentos ao estrangeiro. Na maior parte dos países, em resposta a circunstâncias semelhantes foram adotadas medidas de imposição de quotas às importações, moratórias e acordos de estabilidade, sistemas de conversão e tratados comerciais bilaterais, dispositivos de permuta, embargos à exportação de capitais, regulamentações do comércio externo e da conversão de divisas. Mas o pesadelo da autarcia pairava sobre as medidas destinadas à proteção da moeda. Embora o propósito fosse a liberdade do comércio, os efeitos causavam o seu estrangulamento. Em vez de promoverem o acesso aos mercados mundiais, os governos, através das medidas adotadas, vedavam aos seus países as ligações internacionais, e só à custa de sacrifícios cada vez maiores parecia possível manter um mínimo de fluxos comerciais. Os esforços frenéticos, que visavam proteger o valor exterior da moeda enquanto instrumento de comércio com o estrangeiro, impeliam os povos, ainda que contra a sua vontade, no sentido do isolamento económico. Um arsenal completo de medidas restritivas, representando uma rutura com as práticas da economia tradicional, acabaria por ser o resultado efetivo das políticas conservadoras que se propunham o regresso ao livre-cambismo.

Esta tendência conheceu uma inversão brutal com o desmoronamento definitivo do padrão-ouro. Os sacrifícios feitos com vista ao seu restabelecimento tiveram de repetir-se, mas agora a fim de tornar possível viver sem ele. As mesmas instituições que tinham sido concebidas para refrear a vitalidade económica e o comércio e assegurar a existência de um sistema monetário estável eram agora utilizadas para adaptar a atividade industrial à ausência permanente desse sistema. Talvez tenha sido por isso que a estrutura mecânica e técnica da indústria moderna sobreviveu ao impacto do colapso do padrão-ouro. Porque, no combate travado para o manter, o mundo estivera a preparar-se, sem disso ter consciência, para o tipo de esforços e formas de organização requeridos pela adaptação à sua perda. Mas o objetivo era doravante o oposto e, nos países que mais tinham sofrido durante o prolongado combate por um resultado inalcançável, o afrouxar dessa tensão libertou forças titânicas. Nem a Sociedade das Nações nem a alta finança internacional sobreviveram ao padrão-ouro: com o seu desaparecimento, tanto o interesse na paz organizado na forma da Sociedade das Nações, como os seus principais instrumentos de promoção – os Rothschilds e os Morgans –, abandonaram também a cena política. A rutura do fio de ouro anunciava uma revolução mundial.

O desaparecimento do padrão-ouro pouco mais fazia, contudo, do que assinalar a data de um acontecimento demasiado importante para poder tê-lo como causa. Em grande parte do mundo, a crise assistiu, de facto, à destruição completa das instituições nacionais da sociedade do século XIX, e por toda a parte essas mesmas instituições sofriam uma transformação ou uma reforma que as tornava quase irreconhecíveis. O Estado liberal fora, em muitos países, substituído por ditaduras totalitárias, e a instituição central do século – a produção baseada nos mercados livres – era subordinada a novas formas de economia. Enquanto grandes nações refundiam os próprios moldes do seu pensamento e se precipitavam na guerra visando subjugar o mundo em nome de conceções inéditas da natureza do universo, outras nações ainda maiores saíam em defesa da liberdade que adquiria um sentido também inédito nas suas mãos. O fracasso do sistema internacional, ainda que tenha sido o detonador da explosão, não bastava decerto para dar conta da sua profundidade e do seu conteúdo. Embora possamos talvez saber porque aconteceu tão bruscamente o que aconteceu, nem por isso teremos elucidado as razões do acontecimento.

Não foi por acaso que a transformação ocorrida se acompanhou de guerras a uma escala sem precedentes. A história estava a caminho de uma transformação social, e o destino das nações estava ligado ao seu papel na transformação das instituições. Esta espécie de simbiose faz parte da natureza das coisas – embora os grupos nacionais tenham as suas origens próprias, tal como as instituições sociais as suas, estas e aqueles tendem a combinar-se quando se travam combates que põem a sua sobrevivência em jogo. Um exemplo notável de uma simbiose assim é o que nos fornece as ligações existentes entre o capitalismo e as nações do litoral do Atlântico. A revolução comercial, tão intimamente associada à emergência do capitalismo, foi para Portugal, a Espanha, a Holanda, a França, a Inglaterra e os Estados Unidos o veículo da força e do poder – o que fez com que cada um desses países beneficiasse das oportunidades proporcionadas por um movimento amplo e profundo, ao mesmo tempo que, por seu turno, o próprio capitalismo se expandia no planeta através dessas potências em ascensão.

Esta lei vigora também no sentido inverso. Uma nação pode ser enfraquecida na sua luta pela sobrevivência pelo facto de as suas instituições, ou alguma delas, pertencerem a um tipo em declínio – o padrão-ouro na Segunda Guerra Mundial exemplifica bem essa variedade de instrumento anacrónico. Por outro lado, países que se opõem ao *statu quo* por razões que lhes são próprias podem ser capazes de identificar as fraquezas da ordem institucional estabelecida, perspetivando a criação de outras instituições mais favoráveis aos seus interesses. Estamos perante grupos que impelem o que tende a desmoronar-se e se agarram ao que, pela sua dinâmica própria, se encaminha no mesmo sentido que eles. Poderíamos, por isso, pensar que estão na origem dos processos de transformação social, quando, de facto, se limitam a beneficiar deles, embora possam chegar ao ponto de modificar a sua tendência, adaptando esses processos aos seus próprios fins.

Foi assim que a Alemanha, depois de derrotada, se encontrou numa posição que lhe permitia reconhecer as fraquezas ocultas da ordem do século XIX, utilizando a sua identificação para acelerar a destruição dessa mesma ordem. Uma espécie de sinistra superioridade intelectual parece ter contemplado aqueles de entre os seus homens de Estado que, nos anos 30, consagraram os seus dons de inteligência a essa tarefa de rutura, que com frequência – em função dos seus desígnios de submeterem a realidade à sua linha política – levava à adoção de novos métodos nos domínios das finanças, do comércio, da guerra e da organização da sociedade. Todavia, os problemas a que nos referimos não eram – e devemos insistir neste aspeto – obra dos governos que deles tiravam partido: correspondiam a dificuldades reais – dados objetivos – e continuarão a ser os nossos, seja qual for a sorte que toque a este ou àquele país considerado individualmente. Uma vez mais, é manifesta a diferença que separa a Primeira da Segunda Guerra Mundial: a Grande Guerra pertencia, com efeito, a um tipo característico do século XIX – foi um simples conflito entre potências, desencadeado pela falha do sistema de equilíbrio entre elas –, ao passo que a segunda faz parte dessa alteração mais profunda da ordem mundial a que nos temos vindo a reportar.

É isto que nos permite separar as pungentes histórias nacionais da transformação social em curso no mesmo período. Torna-se fácil, então, percebermos de que maneira a Alemanha e a Rússia, a Grã-Bretanha e os Estados Unidos, enquanto unidades de poder, puderam apoiar-se no processo social subjacente ou, pelo contrário, sofreram os seus efeitos adversos. Mas o mesmo vale para o próprio processo social em causa:

o fascismo e o socialismo encontraram um veículo na ascensão de potências particulares que se empenharam na difusão dos respetivos credos. A Alemanha e a Rússia, cada uma pelo seu lado, tornaram-se as potências que representavam, perante o mundo inteiro, uma o fascismo e a outra o socialismo. O verdadeiro alcance desses movimentos sociais só pode ser devidamente avaliado se, tanto para o bem como para o mal, reconhecermos o seu caráter transcendente e soubermos vê-lo para além dos interesses nacionais que mobilizaram em seu benefício.

Os papéis que a Alemanha ou a Rússia ou, igualmente, a Itália ou o Japão, a Grã-Bretanha ou os Estados Unidos, estão a desempenhar na Segunda Guerra Mundial, embora relevem da história universal, não são tema de que este livro pretenda ocupar-se diretamente – mas o fascismo e o socialismo, em contrapartida, são forças vivas da transformação institucional que aqui nos propusemos analisar. O *élan vital* que impeliu profundamente os povos alemão e russo ou americano a reclamarem um papel maior na história da espécie humana faz parte das condições sob as quais a nossa história se desenrola, ao passo que a significação do fascismo, do socialismo ou do *New Deal* decorre dessa mesma história.

O que nos faz regressar à nossa tese ainda por demonstrar, segundo a qual as origens da catástrofe residem no desígnio utópico alimentado pelo liberalismo económico de instaurar um mercado autorregulado. Trata-se de uma tese que parece investir o sistema em causa de faculdades quase míticas, pois pressupõe nada menos do que a ideia de que o equilíbrio entre as potências, o padrão-ouro e o Estado liberal – esses elementos fundamentais da civilização do século XIX – resultaram, em última instância, do molde de uma matriz comum, a do mercado autorregulado.

A tese poderá afigurar-se excessiva, se não chocante no seu materialismo crasso. Mas o traço peculiar da civilização cujo colapso testemunhámos foi precisamente o assentar em alicerces económicos. Outras sociedades e outras civilizações foram também limitadas pelas condições materiais da sua existência – esse é um traço comum a toda a vida humana e, na realidade, a qualquer forma de vida – religiosa ou não-religiosa, materialista ou espiritualista. Todos os tipos de sociedade são limitados por fatores económicos. Mas só a civilização do século XIX foi económica no sentido preciso e distintivo que aqui formulamos, uma vez que escolheu por base uma motivação – ou seja, o lucro – só raramente reconhecida como válida na história das sociedades humanas e, sem dúvida, nunca antes elevada ao nível de justificação da ação e do comportamento da vida quotidiana. Tal é o único princípio que informa o sistema do mercado autorregulado.

O mecanismo que a motivação do lucro pôs em movimento só pode ser comparado na sua eficiência com as explosões de fervor religioso mais violentas que a história conheceu. No espaço de uma geração, o conjunto do mundo humano viu-se submetido à sua influência desenfreada. Como todos sabemos, atingiu a sua forma madura em Inglaterra, na esteira da Revolução Industrial, durante a primeira metade do século XIX. Alcançou o continente e a América cerca de cinquenta anos mais tarde. Daí em diante, em Inglaterra, no continente e na América, o mesmo tipo de opções daria aos problemas quotidianos a forma que se tornaria um modelo cujas características principais foram idênticas em todos os países da civilização ocidental. Para compreendermos as origens da catástrofe, devemos reportar-nos, por conseguinte, à ascensão e queda da economia de mercado.

Se a sociedade de mercado nasceu em Inglaterra, foi, todavia, no continente que a sua fraqueza gerou as dificuldades mais trágicas. Se quisermos compreender o fascismo alemão, teremos de voltar à Inglaterra de Ricardo. A Revolução Industrial foi um acontecimento inglês. A economia de mercado, o livre-câmbio e o padrão-ouro foram invenções inglesas. Essas instituições, nos anos 20, soçobraram por toda a parte – na Alemanha, na Itália ou na Áustria, os acontecimentos foram somente mais políticos e mais espetaculares. Mas, além do cenário e da temperatura dos episódios finais, os fatores de longo prazo que causaram a ruína da civilização do século XIX devem ser estudados em Inglaterra, o lugar de nascimento da Revolução Industrial.

SEGUNDA PARTE

Ascensão e Queda da Economia de Mercado

[*I. O Moinho Satânico*]

CAPÍTULO III

«A Habitação contra a Beneficiação»

No núcleo da Revolução Industrial do século XVIII, registou-se uma melhoria quase miraculosa dos instrumentos de produção, acompanhada de uma desagregação catastrófica nas condições de existência da gente comum.

Tentaremos desenredar os fatores que determinaram as formas dessa desagregação, no momento em que assumiu o seu pior aspeto na Inglaterra de há cerca de um século. Que «moinho satânico» (*) triturou os homens, reduzindo-os à condição de massas? Qual a responsabilidade das novas condições materiais no processo? E qual a das imposições económicas que operavam nas novas condições? Através de que mecanismo se destruía o tecido social anterior, ao mesmo tempo que as tentativas no sentido de uma integração do homem e da natureza tinham tão pouco sucesso?

Em nenhum outro campo a filosofia liberal revelou tão claramente a sua incapacidade de elucidar o problema da transformação. Por efeito de uma fé emocional na espontaneidade, a atitude do senso comum perante a mudança era preterida em

---

(*) O «moinho satânico» ou, no original, «*satanic mill*», é uma imagem a que William Blake recorre no seu poema «Jerusalem» (1804) para descrever os efeitos da mecanização em curso na indústria têxtil (*N. T.*)

benefício de uma disposição mística que levava a aceitar as consequências sociais da beneficiação económica, fossem aquelas quais fossem. As verdades elementares da ciência e da experiência políticas foram, primeiro, desacreditadas e, depois, esquecidas. Não requer grande argumentação sustentar que um processo de transformação não-dirigido, cujo ritmo se afigura demasiado rápido, deverá ser, se possível, controlado tendo em vista o bem-estar da comunidade. Estas verdades conhecidas pelos governantes, que amiúde se limitavam a refletir os ensinamentos de uma filosofia social herdada dos antigos, foram, no século XIX, rasuradas do pensamento dos membros instruídos da sociedade, por efeito de uma vaga corrosiva de utilitarismo sumário, combinada com uma confiança acrítica nas alegadas virtudes autoterapêuticas de um crescimento cego.

O liberalismo económico apresenta uma interpretação distorcida da história da Revolução Industrial devido à sua insistência em apreciar os factos sociais de um ponto de vista económico. Para ilustrarmos de que modo o faz, recorreremos ao que à primeira vista poderá parecer um episódio bastante distante do nosso problema: a vedação [*enclosure*] dos campos abertos e a conversão em pastagens de terras aráveis nos primeiros tempos do período Tudor, em Inglaterra –, numa época em que os campos e os baldios [*commons*] foram cercados por meio de sebes pelos senhores, o que representava uma ameaça de despovoamento para condados inteiros. O nosso propósito, com esta evocação da desgraça popular que as vedações e conversão dos campos em pastos vedados acarretaram, é, por um lado, mostrar que pode estabelecer-se um paralelo entre as devastações causadas pela prática, em última análise com consequências benéficas, das vedações e as provocadas pela Revolução Industrial, e, por outro lado – mais geralmente –, elucidar as alternativas que se apresentam a uma comunidade presa de iniciativas de beneficiação económica não-regulada.

As vedações seriam uma beneficiação evidente *se* não dessem lugar à conversão das terras aráveis em pastagens. As terras vedadas valiam duas ou três vezes mais do que as não-vedadas. Nos casos em que as terras continuaram a ser lavradas, o emprego não baixou e a provisão de géneros alimentares cresceu de modo notável. O rendimento da terra subiu manifestamente, sobretudo quando esta era arrendada.

Mas nem sequer a conversão da terra arável em pasto para a criação de ovelhas era invariavelmente prejudicial nas regiões onde ocorria, a despeito da destruição no plano da habitação e da redução de emprego que implicava. A indústria doméstica encontrava-se em expansão na segunda metade do século xv e transformar-se-ia, ao longo do século seguinte, num traço da vida nos campos. A lã produzida pela criação de ovelhas dava emprego aos pequenos agricultores e aos camponeses sem terra que tinham sido obrigados a abandonar os seus postos de trabalho, ao mesmo tempo que os novos centros da indústria dos lanifícios garantiam o rendimento a alguns artesãos.

No entanto – e é este o ponto que importa vincar –, só numa economia de mercado podem considerar-se assegurados estes efeitos compensadores. À falta desse sistema, a atividade altamente lucrativa da criação de ovelhas e da venda da sua lã poderá arruinar o país. O carneiro, que «transformava a areia em ouro», pode perfeitamente transformar também o ouro em areia – e tal foi o destino que destruiu a riqueza da Espanha do século xvii, cujos solos esgotados nunca voltariam a recompor-se da expansão exacerbada da criação de rebanhos de ovelhas.

Num documento de 1607, destinado a informar os lordes do reino, o problema da transformação em causa era formulado em termos vigorosos numa só frase: «O pobre será satisfeito no seu fim: a Habitação; e o nobre não será coibido no seu desejo: a Beneficiação». Estas palavras parecem considerar óbvia a condição da essência do progresso puramente económico, que consiste na beneficiação obtida ao preço da desagregação social. Mas também indica a necessidade trágica que faz com que o pobre se apegue ao seu casebre, condenado pelo desejo que o rico tem de uma beneficiação pública que garanta o seu lucro privado.

Houve quem definisse corretamente a vedação dos campos como uma revolução dos ricos contra os pobres. Os senhores e os nobres detentores da terra transformavam de alto a baixo a ordem social, rompendo com as antigas leis e costumes, recorrendo por vezes a meios violentos, e ao uso frequente das pressões e da intimidação. Despojavam literalmente os pobres da sua parte nos bens comuns, arrasando as casas, que, pela força até então indiscutível do costume, aqueles consideravam havia muito como suas e dos seus herdeiros. Estava a ser dilacerada a estrutura da sociedade; as aldeias desoladas e as ruínas do que tinham sido moradas humanas davam testemunho da ferocidade com que a revolução se impusera, pondo em perigo a defesa do país, devastando as suas povoações, dizimando a sua população, reduzindo a pó os seus solos esgotados, perseguindo os seus habitantes e transformando-os de honestos agricultores que eram numa turba de mendigos e ladrões. Embora isto acontecesse apenas em certas regiões, as manchas negras que elas constituíam ameaçavam alastrar causando uma catástrofe uniforme([1]). O rei e o seu conselho, os chanceleres e os bispos defendiam o bem-estar da comunidade e, de facto, a substância natural e humana da sociedade, tentando enfrentar o flagelo. Quase sem interrupção, durante um século e meio – desde 1490 (pelo menos) até à década de 1640, esforçaram-se por combater o despovoamento. A contrarrevolução matou Somerset, o *Lord Protector*, e apagou dos códigos as leis sobre as vedações, estabelecendo a ditadura dos nobres proprietários de rebanhos [*graziers lords*] após a derrota da revolta de Kett e o massacre de milhares de camponeses a que deu lugar. Somerset foi acusado, e não sem verdade, de, por meio da sua denúncia das vedações, ter encorajado os camponeses insurretos.

Depois de passados quase cem anos, uma segunda prova de força tornou a travar-se entre os mesmos adversários, mas agora os que levantavam vedações eram, com muito maior frequência, ricos fidalgos rurais e mercadores, em vez de grandes senhores e membros da alta nobreza. As altas esferas políticas, e os seus membros tanto seculares como eclesiásticos, apoiavam agora a utilização deliberada das prerrogativas da Coroa no sentido de impedir novas vedações, ao mesmo tempo que se serviam não menos deliberadamente da questão das vedações, tentando consolidar a sua posição frente à *gentry* na batalha constitucio-

---

([1]) Tawney, R. H., *The Agrarian Problem in the Sixteenth Century*, 1912.

nal que acabaria por levar o Parlamento a condenar à morte Strafford e Laud. Mas esta orientação da cúpula era reacionária não só em termos industriais, mas também políticos – além de que, por outro lado, as vedações se destinavam agora, muito mais do que no passado, a beneficiar o cultivo da terra e não a convertê-la em terrenos de pastagem. Em breve, a vaga da Guerra Civil faria desaparecer para sempre a política dos Tudors e dos primeiros Stuarts.

Os historiadores do século XIX eram unânimes na condenação como demagógica, se não decididamente reacionária, da política da época Tudor e dos primeiros Stuarts. As suas simpatias iam, naturalmente, para o Parlamento, e o Parlamento pusera-se ao lado dos *enclosers*(*). H. de Gibbins, embora aliado fervoroso do povo comum, escrevia: «Estas disposições [*enactments*] de proteção foram, no entanto, como em regra acontece com esse tipo de disposições, absolutamente inúteis»([2]). Innes mostrava-se ainda mais perentório: «Os remédios habituais – punir a vadiagem e tentar obrigar a indústria a entrar em domínios que não lhe convinham, bem como encaminhar os capitais para investimentos menos lucrativos a fim de se criar mais emprego – falharam como de costume»([3]). Gairdner não hesitou em recorrer à invocação das ideias livre-cambistas como «lei económica»: «As leis económicas não foram, evidentemente, compreendidas», escreveu, «e tentou-se, por meio da legislação, impedir que as casas dos jornaleiros fossem demolidas pelos proprietários, que consideravam mais rentável converter as terras aráveis em terrenos de pastagem a fim de aumentar a produção de lã. A frequência com que se repetiram decretos semelhantes só demonstra o seu grau de ineficiência prática»([4]). Recentemente, um economista como Heckscher reiterava a sua convicção segundo a qual o mercantilismo deveria, no essencial, ser explicado por um entendimento deficiente da complexidade dos fenómenos económicos, matéria que, sem dúvida, o espírito

---

(*) Responsáveis pela instalação das vedações ou *enclosures* (N. T.).
([2]) H. de B. Gibbins, *The Industrial History of England*, 1895.
([3]) A. D. Innes, *England under the Tudor*, 1932,
([4]) F. Gairdner, «Henry VIII», *Cambridge Modern History*, vol. II, 1918.

humano precisou de vários séculos para dominar([5]). De facto, a legislação contra as vedações parece nunca ter sido capaz de deter o movimento de vedação dos campos, e nem sequer de lhe pôr obstáculos sérios. John Hales, que não fica atrás de ninguém no seu fervoroso apoio aos princípios dos homens da Commonwealth, reconheceu que se revelava impossível obter depoimentos contra os autores das vedações, cujos adeptos assumiam com frequência as funções de jurados, pois era tão grande o número dos seus «servidores e dependentes que nenhum júri poderia ser formado sem eles». O simples expediente de abrir um só sulco atravessando um campo era, por vezes, quanto bastava ao proprietário infrator para escapar a uma condenação.

Este fácil prevalecer dos interesses privados sobre a justiça é muitas vezes considerado um indício seguro da ineficácia da legislação, e a vitória da tendência que em vão se tentou contrariar é, a seguir, aduzida como prova conclusiva da alegada inutilidade de um «intervencionismo reacionário». E todavia, semelhante maneira de ver parece ignorar por completo a verdadeira questão. Porque deveremos considerar a vitória final de uma tendência como uma prova da ineficácia dos esforços que se destinaram a abrandar o seu progresso? E porque não consideraremos que o sentido dessas medidas foi precisamente aquilo que conseguiram, ou seja: abrandar o ritmo da transformação. Não se pode dizer que tudo o que não tenha por efeito interromper por completo determinado desenvolvimento seja por isso completamente ineficaz. O ritmo das transformações não é, em muitos casos, menos importante do que a direção em que essas transformações se orientam – mas, embora a direção do processo muitas vezes não dependa da nossa vontade, é possível que dependa do que fizermos o ritmo das transformações em curso.

A fé no progresso espontâneo torna-nos necessariamente cegos para o papel dos governos na vida económica. Esse papel consiste com frequência na modificação do ritmo da mudança, acelerando-o ou abrandando-o conforme os casos: mas se acre-

---

([5]) E. F. Heckscher, *Mercantilism*, 1935, p. 104.

ditarmos que o ritmo em causa é inalterável – ou, pior ainda, se considerarmos um sacrilégio qualquer tentativa de interferência nele – então, sem dúvida, não nos restará qualquer margem de manobra. As vedações podem servir-nos aqui de exemplo. Em retrospetiva, nada é mais evidente, na Europa Ocidental, do que a ação de uma tendência de progresso económico, orientando-se, portanto, no sentido da eliminação das técnicas agrícolas uniformes artificialmente mantidas, da disposição em mosaico das faixas de terreno cultivado e da instituição dos baldios. No que se refere à Inglaterra, não há dúvida de que o desenvolvimento da indústria dos lanifícios foi vantajoso para o país, tendo conduzido, mais tarde, ao desenvolvimento da indústria do algodão, que foi um veículo decisivo da Revolução Industrial. Além disso, é evidente que o crescimento da atividade dos teares domésticos requeria o aumento da produção de lã no país. Estes factos, por si só, bastam para identificarmos na conversão das terras aráveis em terrenos de pastagem e no movimento de vedação dos campos que a acompanhou uma tendência de progresso económico. Todavia, sem a política seguida persistentemente pelos responsáveis da época Tudor e dos primeiros Stuarts, o ritmo do progresso teria sido ruinoso e o processo, no seu conjunto, poder-se-ia ter tornado um fenómeno degenerativo em vez de construtivo. Porque era do ritmo do processo que dependia a possibilidade ou a impossibilidade de os expropriados virem a adaptar-se a novas condições de existência sem porem em risco mortal a sua própria substância – humana e económica, física e moral –, ou de virem a descobrir novas ocupações através das novas oportunidades indiretamente ligadas à transformação em curso, ou ainda de os efeitos das importações crescentes induzidas pelo aumento das exportações virem a permitir àqueles que o processo de mudança privara dos seus postos de trabalho a descoberta de novas fontes de subsistência.

Em cada caso considerado, a resposta dependia dos ritmos relativos da transformação e da adaptação. As costumadas invocações do «longo prazo» a que se dedica a teoria económica são aqui inadmissíveis: antecipam o resultado, mediante a hipótese de as coisas terem acontecido no interior de um sistema de mercado. E contudo, por mais natural que tal hipótese nos pareça, a sua utilização é ilegítima: o sistema do mercado é uma forma institucional que – mas tendemos a esquecê-lo com demasiada facilidade – apareceu somente no nosso tempo e em mais nenhum, e que, até mesmo no nosso tempo, não passou a ser mais do que uma realidade parcial. Ora, se pusermos de lado a antecipação do sistema de mercado, as considerações que se referem ao «longo prazo» tornam-se desprovidas de sentido. Se o efeito imediato de uma transformação é deletério, então, até prova em contrário, o seu efeito final será também deletério. Se a conversão da terra arável em terreno de pastagem implica a destruição de determinado número de casas, o desaparecimento de determinado número de empregos e a diminuição da provisão de géneros alimentares disponíveis localmente, tais efeitos devem ser considerados definitivos até que surjam provas em contrário. Isto não exclui a consideração dos efeitos possíveis do aumento das exportações sobre os rendimentos dos proprietários de terras; das possíveis oportunidades de emprego criadas por um eventual aumento da oferta local de lã, ou da utilização que os proprietários de terras possam fazer dos seus rendimentos acrescidos, servindo-se deles para novos investimentos ou para a aquisição de artigos de luxo. Será o ritmo temporal da transformação, confrontado com o ritmo temporal da adaptação, a decidir o que deveremos considerar o resultado líquido da mudança. Mas em caso algum podemos supor que estamos perante o funcionamento das leis do mercado – a menos que possamos provar a existência de um mercado autorregulado. É só no quadro institucional da economia de mercado que as leis do mercado são pertinentes, pelo que não foram os políticos da Inglaterra dos Tudors que perderam de vista os factos, mas sim os economistas contemporâneos, cujas críticas feitas aos políticos do passado antecipam um sistema de mercado à época inexistente.

A Inglaterra só atravessou sem maiores danos a calamidade das vedações porque os Tudors e os primeiros Stuarts usaram o poder da Coroa para moderar o processo de beneficiação económica tornando-o socialmente suportável – servindo-se dos poderes do governo central para aliviar as vítimas causadas pela transformação e tentando canalizar o processo daquela de maneira a tornar o seu curso menos devastador. Os membros das suas chancelarias e dos seus *courts of prerrogative* (*) eram tudo menos conservadores nas suas conceções; estas representavam antes o espírito científico dos novos governantes, que favoreciam a imigração de artesãos estrangeiros, implantando ativamente novas técnicas, adotando métodos estatísticos e critérios de registo e documentação precisos, passando por cima do costume e da tradição, combatendo os direitos adquiridos, cerceando os privilégios eclesiásticos, ignorando a *Common Law* [direito consuetudinário]. Se o revolucionário se distingue pela inovação, foram eles os revolucionários da sua época. A sua causa era a do bem-estar da comunidade, ampliado através da grandeza do soberano –, mas tal não impediria que o futuro viesse a pertencer ao constitucionalismo e ao Parlamento. O governo da Coroa cedeu o seu lugar ao governo de uma classe – a classe que encabeçaria o progresso industrial e comercial. O grande princípio do constitucionalismo desposou a revolução política que desapossou a Coroa, que, entretanto, perdera quase todas as suas capacidades de iniciativa, ao mesmo tempo que as suas funções protetoras deixavam de ser essenciais num país que lograra sobreviver às tormentas da transição. Doravante, a política financeira da Coroa tendia a limitar indevidamente o poder do país e a pôr restrições ao comércio: a fim de conservar as suas prerrogativas, a Coroa invocava-as cada vez mais abusivamente e em termos que malbaratavam os recursos da nação. A sua resposta brilhante às questões da mão de obra e dos problemas da indústria, o modo como impôs uma moderação prudente ao movimento das vedações, foram o seu canto do cisne. Este seria, no entanto, esquecido ainda mais rapidamente pelo facto de os capitalistas e patrões da classe média ascendente terem sido os alvos principais das medidas restritivas da Coroa. Só ao fim de dois séculos a Inglaterra voltaria a dispor de uma administração social tão eficaz e bem ordenada como a que

---

(*) Tribunais do rei, através dos quais o soberano pode exercer em última instância as suas prerrogativas, poderes discricionários, privilégios jurisdicionais, etc. (*N. T.*).

Commonwealth destruíra. Devemos reconhecer que essa administração de tipo paternalista era cada vez menos necessária. Mas, em certo sentido, a rutura causou danos incomensuráveis, porque contribuiu para apagar da memória da nação os horrores do período das vedações e a ação bem conduzida do governo perante as ameaças de despovoamento. Talvez este aspeto ajude a explicar por que razões a verdadeira natureza da crise não pôde ser bem compreendida quando, cento e cinquenta anos mais tarde, outra catástrofe semelhante, na forma da Revolução Industrial, veio pôr de novo em perigo a vida e o bem-estar do país.

Uma vez mais, o acontecimento era peculiarmente inglês; uma vez mais, o comércio marítimo seria a origem de um movimento que afetava o país no seu todo, e, uma vez mais, era uma beneficiação empreendida a grande escala que desencadeava uma vaga devastadora sem precedentes sobre as condições de habitação do povo comum. Antes ainda de o processo deixar para trás os seus momentos iniciais, os trabalhadores viram-se apinhados em novos cenários de desolação, as chamadas cidades industriais de Inglaterra: as anteriores populações rurais transformavam-se em moradores de tugúrios que os desumanizavam; a família conhecia um processo de destruição, e grandes extensões do país eram rapidamente soterradas sob as grandes massas de poeiras e destroços que os «moinhos satânicos» vomitavam. Os autores de todas as tendências e partidos, conservadores e liberais, capitalistas e socialistas, referiam-se em termos invariáveis às condições sociais durante a Revolução Industrial, descrevendo-as como verdadeiros abismos de degradação humana.

Até hoje, não foi possível delinear qualquer explicação satisfatória dos acontecimentos. Os contemporâneos imaginaram ter descoberto a chave da maldição nas leis de ferro que determinavam a riqueza e a pobreza, e deram-lhes o nome de lei dos salários e lei da população – mas as suas ideias foram refutadas. A exploração foi outra das explicações sugeridas para dar conta da riqueza e da pobreza – mas era um fator que não explicava o facto de, no seu conjunto, os salários terem continuado a aumentar durante mais um século. Na maior parte dos casos, era invocada uma variedade múltipla de causas, sem que os resultados fossem mais satisfatórios.

A nossa própria resposta está muito longe de ser simples, sendo dela que se ocupa a parte fundamental deste livro. Sustentamos que foi uma avalanche de desagregação social, muito mais importante do que a do período das vedações, que se abateu sobre a Inglaterra; que essa catástrofe estava associada a um vasto movimento de beneficiações de ordem económica; que um novo mecanismo institucional começava a agir na sociedade ocidental; que os seus perigos, que se manifestaram ao fim de pouco tempo, nunca chegaram a ser efetivamente superados, e que a história da civilização do século XIX consistiu em larga medida numa série de tentativas que visavam proteger a sociedade das devastações causadas pelo referido mecanismo. A Revolução Industrial foi simplesmente o começo de uma revolução tão extrema e radical como as que tinham inflamado outrora ao máximo o espírito das seitas, mas o novo credo era decididamente materialista e afirmava que todos os problemas humanos poderiam ser resolvidos através de um volume ilimitado de bens materiais.

Trata-se de uma história contada inúmeras vezes: como a expansão dos mercados, a disponibilidade de carvão e ferro, além de um clima húmido favorável à indústria do algodão, a multidão dos seres humanos expropriados pelas novas vedações do século XVIII, a existência de instituições livres, a invenção mecânica e outras causas ainda interagiram de maneira a dar origem à Revolução Industrial. Pôde demonstrar-se em termos concludentes que não há uma causa única que possa ser desligada do seu encadeamento numa série mais vasta e isolada como sendo *a* causa deste acontecimento inesperado e súbito.

Mas como definiremos, em si mesma, a revolução assim referida? Qual é a sua característica fundamental? O crescimento das cidades fabris, a extensão dos tugúrios, os pesados horários impostos ao trabalho infantil, os baixos salários de certas categorias de trabalhadores, a subida da taxa de crescimento da população, ou a concentração industrial? A nossa tese é a de que todos estes aspetos foram traços acessórios de uma transformação decisiva: o estabelecimento da economia de mercado

– e que a natureza de uma tal instituição não pode ser plenamente apreendida a menos que nos demos bem conta do impacto da máquina sobre uma sociedade comercial. Não queremos afirmar que a máquina causou o que aconteceu, mas reiteramos que, a partir do momento em que as máquinas e instalações de oficinas complexas passaram a ser usadas na produção no quadro de uma sociedade comercial, a ideia de um sistema de mercado autorregulado estava destinada a tomar forma.

A utilização de máquinas especializadas numa sociedade agrária e comercial não pode deixar de produzir efeitos típicos. Uma sociedade assim compõe-se de agricultores e comerciantes que compram e vendem os produtos da terra. Só lhe é possível acolher uma produção levada a cabo por meio de instalações e instrumentos especializados, complexos e dispendiosos se puder associá-la ao domínio da compra e venda. O comerciante é o único agente disponível para assumir semelhante tarefa, e estará pronto a fazê-lo na condição de isso não lhe acarretar prejuízos. Continuará a vender os novos bens como vendia os anteriores a quem os procurasse, mas adquiri-los-á de modo diferente – ou seja: deixará de os comprar na forma de produtos acabados, para comprar a força de trabalho e as matérias-primas necessárias à sua produção. À combinação destes dois elementos segundo as instruções do comerciante, completada por outros aspetos de que o comerciante possa ter de se encarregar, corresponderá o novo produto. A esta descrição não corresponde somente o sistema da indústria doméstica ou *putting out*, mas qualquer tipo de capitalismo industrial, sem excluir o do nosso tempo. As consequências que daqui resultam para o sistema social são da maior importância.

Uma vez que a maquinaria complexa é dispendiosa, não compensa o investimento que pressupõe a menos que seja possível uma produção em grandes quantidades[6]. Só é possível produzir sem prejuízo se a venda estiver razoavelmente assegurada e se a produção não tiver de ser interrompida por falta das matérias-primas necessárias para alimentar as máquinas. Isso

---

[6] J. H. Clapham, *Economic History of Modern Britain*, vol. III.

significa que, para o comerciante, todos os fatores implicados devem estar à venda – ou seja, acessíveis nas quantidades requeridas a quem quer que esteja em condições de os pagar. A menos que se garanta esta condição, a produção por meio de máquinas especializadas é demasiado arriscada do ponto de vista do comerciante que mobiliza o seu dinheiro e do conjunto da comunidade que passou a depender da continuidade da produção que assegura remunerações, emprego e provisões.

Ora, numa sociedade agrícola, estas condições não se encontram naturalmente reunidas – torna-se necessário criá-las. O facto de serem criadas gradualmente em nada afeta a natureza de novidade das mudanças que se lhes associam. A transformação implica uma modificação das motivações da ação entre os membros da sociedade: a motivação do lucro terá de substituir a da subsistência. Todas as transações se tornam transações monetárias, e estas, por seu turno, requerem que um meio de troca possa intervir em todas as articulações da vida industrial. Todos os rendimentos terão de passar a ser derivados da venda de qualquer coisa – e, seja qual for a origem efetiva do rendimento de alguém, esse rendimento terá de ser considerado resultado de uma venda. Tal é, e nada menos, o que está implícito no simples termo «sistema de mercado», através do qual designamos o modelo institucional aqui descrito. Mas o traço peculiar mais impressionante do sistema consiste no facto de este, uma vez estabelecido, requerer que lhe permitamos que funcione sem interferências do exterior. Os ganhos deixam de ser garantidos e é no mercado que o comerciante deverá obter os seus lucros. Deverá permitir-se que os preços se regulem por si próprios. É este sistema de mercados autorregulado que entendemos pela expressão economia de mercado.

A transformação deste sistema quando nos reportamos à organização económica anterior é tão completa que se assemelha mais à metamorfose da lagarta do que a qualquer alteração que se possa manifestar em termos de crescimento e desenvolvimento constantes. Comparemos, por exemplo, as atividades de venda do mercador-fabricante com as suas atividades de compra: as suas vendas comportam somente produtos manufaturados; quer encontre ou não compradores para elas, a estrutura da sociedade poderá não ser afetada por isso. Mas aquilo que *compra* são matérias-primas e força de trabalho – a natureza e o homem. A produção mecânica numa sociedade comercial implica, na realidade, nada menos do que uma transformação da substância natural e humana da sociedade em mercadorias. A conclusão, ainda que insólita, é inevitável, pois o fim em vista não pode ser satisfeito com menos: é evidente que a desagregação causada por estes dispositivos terá de ser uma rutura nas relações humanas e de significar uma ameaça de destruição para o seu *habitat* natural.

Tratava-se, com efeito, de um perigo iminente. Dar-nos-emos melhor conta examinando as leis que governam o mecanismo de um mercado autorregulado.

CAPÍTULO IV

Sociedades e Sistemas Económicos

Antes de podermos avançar para a análise das leis que governam uma economia de mercado, como a que o século XIX tentou instaurar, devemos começar por chegar a uma ideia sólida dos pressupostos extraordinários subjacentes a esse sistema.

A economia de mercado implica um sistema de mercados autorregulado; em termos ligeiramente mais técnicos, é uma economia dirigida pelos preços do mercado e só pelos preços do mercado. Um sistema que se mostre capaz de organizar a totalidade da vida económica sem o concurso ou a interferência do exterior merecerá sem dúvida que lhe chamemos autorregulado. Estas indicações sumárias deveriam ser suficientes para mostrar a natureza absolutamente sem precedentes do empreendimento na história da espécie.

Tentemos precisar a nossa posição. Nenhuma sociedade poderá, evidentemente, viver por um mínimo de tempo a menos que possua uma ou outra forma de economia; mas, até ao nosso tempo, não existiu uma só economia colocada, ainda que apenas em princípio, sob o controlo dos mercados. A despeito de toda a insistência do coro de fórmulas académicas hipnóticas do século XIX, o ganho e o lucro obtidos através da troca nunca desempenharam, no passado, um papel importante na economia humana. Embora a instituição do mercado fosse bastante comum desde finais da Idade da Pedra, o seu papel foi sempre subordinado no interior da vida económica.

Temos boas razões para insistir neste ponto com toda a força de que formos capazes. Um pensador da envergadura de Adam Smith sugeriu que a divisão do trabalho na sociedade dependia da existência de mercados, ou, nos seus termos, da «propensão [do homem] para negociar, permutar ou trocar umas coisas por outras». Estas palavras serviriam para fundamentar mais tarde a conceção do Homem Económico. Em retrospetiva, poderia dizer que nenhuma outra falsa interpretação do passado se revelaria mais profética a respeito do futuro. Porque, se até à época de Adam Smith essa propensão não se manifestara de modo muito considerável na vida de qualquer comunidade observável, e se mantivera, quando muito, como um traço subordinado da vida económica, cem anos mais tarde funcionava já em pleno na maior parte do planeta um sistema industrial, implicando, em teoria e na prática, que a espécie humana passara a ser dirigida em todas as suas atividades económicas – se é que não, também, em todos os seus esforços políticos, intelectuais e espirituais – por essa propensão particular. Na segunda metade do século xix, Herbert Spencer fazia equivaler o princípio da divisão do trabalho ao negociar e à troca, e cinquenta anos mais tarde Ludwig von Mises e Walter Lippmann podiam reiterar a mesma falácia. No seu tempo, entretanto, a ideia deixava de ter necessidade de recorrer a argumentos. Um exército de autores de economia política, história social, filosofia política e sociologia geral seguia na esteira de Smith e estabelecia o seu paradigma do negócio primitivo como um axioma das suas ciências. Na realidade, as sugestões de Adam Smith acerca da psicologia económica do homem primitivo eram tão falsas como as de Rousseau sobre a psicologia política do selvagem. A divisão do trabalho, fenómeno tão antigo como a própria sociedade, decorre de diferenças inerentes a factos como o sexo, a geografia e as qualidades individuais, e a alegada propensão humana para negociar, permutar ou trocar umas coisas por outras é quase inteiramente apócrifa. Embora a história e a etnografia conheçam diversas espécies de economia – incluindo, as mais das vezes, a instituição do mercado –, não conhecem qualquer economia anterior à nossa que tenha sido, aproximadamente sequer, controlada e regulada pelos mercados. É o que torna perfeitamente claro a panorâmica da história dos sistemas económicos e da história dos mercados, que apresentaremos separadamente. Veremos, com efeito, que o papel desempenhado pelos mercados ao nível da economia interna dos diferentes países foi insignificante até uma época recente: assim, a transformação radical que representa a transição para uma economia dominada pelo mercado será ainda mais evidente.

Devemos, para começar, pôr de lado alguns preconceitos do século XIX já subjacentes à hipótese de Adam Smith sobre a pretensa predileção do homem primitivo pelas ocupações lucrativas. O facto de este axioma valer muito mais para o futuro imediato do que para a obscuridade do passado determinou nos discípulos de Smith a adoção de uma estranha atitude perante os primórdios da história humana. De início, os dados pareciam indicar que o homem primitivo, longe de ter uma psicologia capitalista, tinha, pelo contrário, uma psicologia comunista (o que mais tarde se revelou inexato). Por conseguinte, os historiadores económicos tendiam a limitar o seu interesse a esse período da história comparativamente recente em que o negociar e a troca surgem a uma escala de certo modo considerável, relegando a economia primitiva para uma pré-história remota. O que conduziu, inconscientemente, a falsear a balança em benefício de uma psicologia de mercado, uma vez que, dentro do período relativamente breve de uns quantos séculos anteriores, parecia possível ver as coisas no seu conjunto como tendendo já para a instauração daquilo que viria a ser, de facto, instaurado a seguir – ou seja, um sistema de mercado –, pondo de parte outras tendências temporariamente menos percetíveis. A correção desta perspetiva do «curto prazo» poderia, sem dúvida, ter-se feito através da articulação da história económica com a antropologia social – mas essa via de análise seria persistentemente posta de lado.

Não podemos manter hoje a mesma linha de pensamento. O hábito de olharmos os dez mil últimos anos do passado e as formas de organização das primeiras sociedades como um simples prelúdio da verdadeira história da nossa civilização, que teria começado em 1776, com a publicação de *A Riqueza das Nações*, é, no mínimo, uma perspetiva ultrapassada. A nossa época assistiu ao fim desse episódio e, quando procuramos ajuizar sobre as opções para o futuro, devemos moderar a nossa tendência natural para mantermos as atitudes dos nossos pais. Mas a mesma tendência que levou a geração de Adam Smith a conceber os primeiros homens como presas da propensão para negociar, permutar ou trocar umas coisas por outras, levaria os seus sucessores a desinteressar-se por completo da humanidade primitiva, pois sabiam que ela *não* alimentara de facto essas paixões louváveis. A tradição dos economistas clássicos, que tentaram alicerçar a lei do mercado nas hipotéticas tendências do homem no estado de natureza, foi substituída pelo abandono de qualquer interesse pelas culturas do homem «não-civilizado», tidas como irrelevantes para a elucidação dos problemas da nossa época.

Esta atitude subjetiva perante as civilizações anteriores não parece de molde a seduzir um espírito científico. As diferenças existentes entre os povos civilizados e «não-civilizados» foram amplamente exageradas, especialmente no que se refere à esfera económica. Segundo os historiadores, as formas da vida industrial na Europa agrícola não eram, até uma data recente, muito diferentes do que tinham sido milhares de anos antes. Desde a introdução da charrua – que, no essencial, não é mais do que uma enxada movida por animais –, os métodos da agricultura mantiveram-se substancialmente inalterados, na maior parte da Europa Ocidental e Central, até aos começos da época moderna. Com efeito, o progresso da civilização foi, nas referidas regiões, sobretudo de ordem política, intelectual e espiritual – no que diz respeito às condições materiais, a Europa Ocidental de 1100 d.C. dificilmente poderia distinguir-se do mundo romano de há mil anos. Até mesmo mais tarde a mudança irrigava mais facilmente os canais da arte política, da literatura e das artes, mas, em especial, os da religião e do estudo, do que os da indústria. Na sua economia, a Europa medieval estava em muitos aspetos ao mesmo nível da Pérsia, da Índia ou da China da Antiguidade, e não podia decerto rivalizar, em riqueza e cultura, com a do Novo Império do Egito, tal como este existira dois mil anos antes. Max Weber foi o primeiro dos historiadores económicos contemporâneos a protestar contra a ignorância a que era votada a economia primitiva com o pretexto de pouco ter a ver com as motivações e os mecanismos que governam as sociedades civilizadas. Os estudos da antropologia social vieram mostrar que Weber tinha toda a razão. Porque se há conclusão que entre todas claramente sobressaia nas investigações recentes sobre as sociedades primitivas, é a da imutabilidade do homem enquanto ser social. Os seus dons naturais aparecem uma e outra vez, com uma constância admirável, nas sociedades de todos os tempos e lugares – e também as pré-condições necessárias da sobrevivência da sociedade humana parecem ser imutáveis e sempre as mesmas.

A descoberta mais notável da investigação histórica e antropológica recente é que, em regra, a economia humana existe envolvida pelas relações sociais que os seres humanos mantêm entre si. O homem não age tanto de maneira a salvaguardar o seu interesse pessoal na posse de bens materiais, como com vista a garantir a sua posição social, as suas ambições sociais, o seu valor social. Só valoriza os bens materiais na medida em que estes possam servir esses outros fins. Nem o processo de produção nem o de distribuição estão ligados a interesses económicos específicos relacionados com a posse de bens; mas cada momento desses processos se articula com certo número de interesses sociais que, em última análise, são a garantia de que a atividade necessária será levada a cabo. Os interesses em causa serão muito diferentes numa pequena comunidade de caçadores ou pescadores e numa vasta sociedade despótica – mas, nos dois casos, o sistema económico será dirigido por motivações não-económicas.

Em termos de sobrevivência, a explicação é simples. Consideremos o caso de uma sociedade tribal. O interesse económico do indivíduo raramente prevalece, uma vez que a comunidade assegura a todos os seus membros que não morrerão de fome, a menos que a catástrofe se abata sobre ela – caso em que será ainda coletivamente, e não a título individual, que os interesses se verão ameaçados. Por outro lado, a manutenção dos laços sociais é um aspeto decisivo. Em primeiro lugar, porque se ignorar o código de honra, ou de generosidade, aceite, o indivíduo se desliga da comunidade e se torna um pária; em segundo lugar, porque, na perspetiva do longo prazo, todas as obrigações sociais são recíprocas e a sua observância é a melhor maneira que, dando e recebendo, o indivíduo tem de garantir o seu interesse. Trata-se de uma situação que tem de exercer sobre o indivíduo uma pressão constante no sentido de eliminar da sua consciência o interesse económico egoísta, podendo acabar por torná-lo, em muitos casos (mas nem sempre, sem dúvida), incapaz de compreender as implicações das suas próprias ações em termos desse tipo. Esta atitude é amiúde reforçada por atividades comunitárias como a partilha de alimentos que foram obtidos em comum ou a participação nos despojos resultantes de uma expedição tribal perigosa por paragens remotas. O valor atribuído à generosidade é tão grande em termos de prestígio social que faz com que qualquer outro comportamento que se afaste do altruísmo não seja compensador. O caráter pessoal tem aqui uma margem de intervenção reduzida. O homem pode ser igualmente bom ou mau, social ou associal, invejoso ou generoso, perante este ou aquele conjunto de valores. Não dar seja a quem for motivos de inveja é, com efeito, um princípio consagrado na distribuição cerimonial, do mesmo modo que o é elogiar publicamente aquele que obtém uma boa colheita do seu quintal (a menos que o seu êxito seja *excessivo*, caso em que é possível que, justificadamente, os outros o deixem perecer solitário sob a ilusão de ser vítima da magia negra). O que simplesmente se passa é que, boas ou más, as paixões humanas são orientadas para fins não-económicos. A exibição cerimonial serve para esporear a emulação ao máximo e o costume do trabalho em comum tende a situar muito alto os critérios quantitativos e qualitativos. O modo de fazer as trocas como se fossem dádivas gratuitas das quais se espera que sejam retribuídas, embora não necessariamente pelo mesmo indivíduo – segundo um procedimento minuciosamente articulado e perfeitamente garantido por métodos complexos de publicidade, ritos mágicos e a definição de «dualidades» que ligam os grupos por obrigações recíprocas – deveria bastar, por si só, para explicar a ausência da ideia de lucro, ou até mesmo de outra riqueza que não consista em objetos que tradicionalmente aumentam o prestígio social.

Nesta esquematização dos traços gerais que caracterizam uma sociedade da Melanésia Ocidental, não tivemos em conta a sua organização sexual e territorial – que fornece o contexto no interior do qual os costumes, a lei, a magia e a religião exercem a sua influência –, pois tudo o que pretendíamos era mostrar de que modo as chamadas motivações económicas decorrem do quadro de condições da vida social. De facto, os etnógrafos contemporâneos põem-se de acordo sobre o seguinte ponto negativo: a ausência da motivação do lucro; a ausência do princípio do trabalho contra remuneração; a ausência do princípio do menor esforço, e, em particular, a ausência de qualquer instituição separada e distinta baseada em motivações económicas. Mas como é, então, assegurada a produção e a distribuição?

A resposta é, no essencial, fornecida por dois princípios de comportamento que não associamos principalmente à economia: a *reciprocidade* e a *redistribuição* ([1]). Entre os trobriandeses da Melanésia Ocidental, que nos proporcionam um exêmplo deste tipo de economia, a reciprocidade funciona sobretudo no que se refere à organização sexual da sociedade – ou seja, no que se refere à família e ao parentesco; quanto à redistribuição, esta faz-se sobretudo entre todos aqueles que têm um chefe comum e é, portanto, de caráter territorial. Consideremos os dois princípios separadamente.

O sustento da família – da mulher e dos filhos – é uma obrigação que incumbe aos parentes matrilineares. O homem, que provê às necessidades da sua irmã e da família desta mediante a entrega do melhor da sua colheita, adquire o crédito devido ao seu bom comportamento, mas recolhe em troca poucos benefícios materiais imediatos; em contrapartida, caso descure as suas obrigações, será sobretudo a sua reputação a sofrer. O princípio de reciprocidade funcionará em benefício da sua mulher e dos filhos desta, recompensando assim em termos económicos

---

[1] Cf. «Notas sobre as Fontes», p. 489. Neste capítulo recorremos abundantemente aos trabalhos de Malinowski e de Thurnwald.

a sua virtude cívica. Ao proceder à exibição cerimonial de géneros alimentares, tanto no seu próprio quintal como em frente do celeiro do destinatário das suas dádivas, garante também que a sua qualidade de hortelão será conhecida de todos. É evidente que a economia do seu pedaço de terra e da sua família releva dessas relações sociais que se associam a uma gestão avisada e ao civismo. O princípio geral da reciprocidade contribui para salvaguardar tanto a produção como o sustento da família.

O princípio de redistribuição não é menos eficiente. Uma parte substancial de todos os produtos da ilha é confiada ao chefe da ilha, que se encarrega de a armazenar, pelos chefes de aldeia. Mas, uma vez que toda a atividade comum gira em torno dos festins, das danças e de outras ocasiões em que os habitantes da ilha se recebem uns aos outros ou presenteiam os seus vizinhos de outras ilhas (em festas durante as quais é distribuído o produto do comércio de longo curso, bem como se oferecem e retribuem presentes de acordo com as regras da etiqueta, ao mesmo tempo que o chefe entrega a cada um os presentes habituais), torna-se evidente a imensa importância do sistema de armazenamento. Do ponto de vista económico, é uma parte essencial do sistema de divisão do trabalho existente, do comércio externo, da imposição para fins de atividades públicas, da garantia de provisões necessárias em termos de defesa. Mas estas funções de um sistema económico propriamente dito são completamente absorvidas pelas experiências intensamente vividas que fornecem uma motivação não-económica superabundante para cada ato efetuado no quadro do sistema social no seu todo.

No entanto, os princípios de comportamento deste tipo não podem tornar-se eficazes a menos que existam modelos institucionais que assegurem a sua aplicação. A reciprocidade e redistribuição só podem garantir o funcionamento de um sistema económico sem registos escritos e sem uma administração complexa na medida em que a organização das sociedades em causa preenche os requisitos de uma solução semelhante através de modelos como os da *simetria* e da *centricidade.*

A reciprocidade é bastante facilitada pelo modelo institucional da simetria, que é um traço frequente da organização social entre povos sem escrita. A «dualidade» manifesta com que deparamos nas subdivisões tribais favorece o emparelhamento das relações individuais e promove assim a circulação dos bens e dos serviços apesar da ausência de registos permanentes. A divisão em metades da sociedade selvagem, que tende a criar um *pendant* para cada subdivisão, decorre dos atos de reciprocidade sobre os quais o sistema assenta, ao mesmo tempo que contribui para a sua realização. Sabemos pouco acerca da origem da «dualidade» – mas cada aldeia costeira das Ilhas Trobriand parece ter a sua contrapartida numa aldeia do interior, o que permite organizar sem atritos um importante fluxo de trocas de fruta-pão e de peixe, ainda que sob a aparência de distribuição recíproca de presentes, desfasados no tempo. Também no comércio do *kula* cada indivíduo participante tem o seu parceiro numa outra ilha, o que personaliza numa medida notável a relação de reciprocidade. Mas dada a frequência do modelo simétrico nas subdivisões da tribo, na localização dos acampamentos, bem como nas relações intertribais, seria impraticável uma reciprocidade generalizada, assente no funcionamento a longo prazo de atos distintos de dar e receber.

Uma vez mais, é o modelo institucional da centricidade, numa ou noutra medida presente em todos os grupos humanos, que abre as vias da recoleção, armazenamento e redistribuição de bens e serviços. Os membros de uma tribo de caçadores entregam habitualmente a caça ao chefe de aldeia para que seja redistribuída. A própria natureza da caça faz com que o seu produto seja irregular, além de ser o resultado de um esforço coletivo. Em tais condições, não há outro método de partilha praticável que não seja o desfazer-se do grupo após cada caçada. Seja como for, em todas as economias semelhantes surge esta mesma exigência, por mais numeroso que seja o grupo. E quanto mais vasto for o território e maior a variedade do produto, mais a redistribuição terá por resultado uma divisão do trabalho eficiente, que não poderá deixar de contribuir para articular geograficamente os grupos diferenciados de produtores.

A simetria e a centricidade situam-se a meio caminho entre as exigências da reciprocidade e da redistribuição: os modelos institucionais e os princípios que governam os comportamentos adaptam-se mutuamente. Enquanto a organização social se mantém na mesma direção, não há necessidade de serem introduzidas motivações económicas individuais, nem razões para temer que o indivíduo se furte ao esforço requerido, ao mesmo tempo que a divisão do trabalho está automaticamente garantida, as obrigações económicas são satisfeitas em termos adequados e, sobretudo, por ocasião das festividades coletivas, haverá os meios materiais exigidos pela ostentação profusa da abundância. Numa comunidade deste tipo, a ideia de lucro é rejeitada, regatear é objeto de reprovação, a dádiva gratuita é aclamada como uma virtude e não se manifesta a propensão para negociar, permutar ou trocar umas coisas por outras. O sistema económico é, na realidade, uma simples função da organização social.

De maneira nenhuma teremos de inferir daqui que os princípios sociais e económicos deste tipo se limitam aos procedimentos primitivos de pequenas comunidades e que uma economia sem lucro e sem mercado será necessariamente um sistema simples. Os circuitos económicos do *kula*, na Melanésia Ocidental, contam-se entre as formas de transação mais complexas que a humanidade conhece – e na civilização das pirâmides a redistribuição intervinha a uma escala imensa.

As Ilhas Trobriand pertencem a um arquipélago de forma aproximativamente circular, e uma parte importante da população do arquipélago dedica boa parte do seu tempo ao comércio do *kula*. Podemos falar de «comércio», apesar da completa não-intervenção do lucro, na forma de ganho monetário ou em géneros, e do facto de não haver bens que sejam acumulados ou se tornem sequer objeto de apropriação permanente, de se obter satisfação dos objetos recebidos tornando-os dons gratuitos, de não entrar em jogo qualquer negociação, permuta ou outra forma de troca, e de todas as operações realizadas se efetuarem reguladas pela etiqueta e pela magia. Mas nem por isso deixamos de estar perante um comércio real, e o certo é que os indígenas do arquipélago empreendem periodicamente grandes expedições a fim de levar determinados tipos de objetos de valor aos habitantes de ilhas remotas, que alcançam percorrendo no sentido dos ponteiros do relógio o círculo aproximado que o arquipélago desenha, ao mesmo tempo que se organizam também outras expedições transportando objetos de valor de outros tipo às ilhas, onde as embarcações alcançam navegando no sentido oposto. Ao fim de algum tempo, os dois conjuntos de objetos – braceletes feitos de conchas brancas e colares de conchas vermelhas de confeção tradicional – concluem a volta ao arquipélago, segundo um trajeto que pode chegar a demorar dez anos a completar-se. Além disso, neste comércio do *kula* encontramos, de um modo geral, parceiros individuais que trocam presentes *kula* consistindo em braceletes e colares de igual valor e que tenham de preferência pertencido a personalidades notáveis. Ora, um dar e receber organizado de objetos de valor transportados por longas distâncias pode e deve ser apropriadamente descrito como comércio. E todavia, todo este complexo é governado exclusivamente em termos de reciprocidade. Um intrincado sistema pessoa-espaço-tempo, que cobre centenas de quilómetros e várias décadas, ligando centenas de pessoas em torno de milhares de objetos estritamente individuais, funciona aqui sem livros de registo nem administração, mas também sem a motivação do lucro ou do negócio. O que prevalece no comportamento social não é a propensão para a troca, mas a reciprocidade. Mas, apesar de tudo, o resultado é uma prodigiosa realização organizacional no campo económico. Com efeito, seria interessante perguntarmo-nos se até mesmo a organização de mercado contemporânea mais avançada, assente numa contabilidade rigorosa, seria capaz de assegurar a mesma tarefa no caso de se propor fazê-lo. É de temer que os nossos pobres homens de negócios, confrontados com um sem número de monopolistas a comprar e a vender objetos individuais e perante restrições extravagantes a acompanhar cada transação, não conseguissem assegurar os seus lucros habituais e preferissem desistir da empresa.

A redistribuição tem também uma história longa e variada que se prolonga quase até aos tempos modernos. Entre os Bergdama(*), o homem que volta da sua caçada, a mulher que regressa com a sua colheita de raízes, frutos ou folhas estão vinculados a oferecer a maior parte desses produtos à sua comu-

---

(*) Povo que habita uma região montanhosa central da Namíbia (*N. T.*).

nidade. Na prática, isso significa que os resultados das suas atividades são partilhados com as outras pessoas que vivem com eles. Até aqui, continua a prevalecer a ideia de reciprocidade: o que se dá hoje é recompensado pelo que se recebe amanhã. Entre certas tribos, no entanto, encontramos um intermediário na figura do chefe da aldeia ou de outro membro destacado do grupo – é ele quem recebe e distribui as provisões, sobretudo quando se torna necessário armazená-las. Estamos, pois, perante a redistribuição propriamente dita. Como é evidente, as consequências sociais de um método de distribuição deste tipo podem ser de grande alcance, tanto mais que nem todas as sociedades são tão democráticas como as destes caçadores primitivos. Quer a redistribuição seja levada a cabo por uma família influente ou por um indivíduo destacado, por uma aristocracia governante ou um grupo de burocratas, os que a asseguram tentarão muitas vezes aumentar o seu próprio poder político utilizando o modo de redistribuir os bens. No *potlatch* dos Kwakiutl, é ponto de honra para o chefe exibir as peles que são a sua riqueza e distribuí-las; mas este seu gesto tem também por fim obrigar os beneficiários das suas dádivas, torná-los seus devedores e, em última instância, seus clientes.

    Todas as economias de grande escala que dependem dos bens naturais foram dirigidas recorrendo ao princípio da redistribuição. O reino de Hamurabi na Babilónia e, em particular, o Novo Império do Egito foram despotismos centralizados de tipo burocrático assentes numa economia desse tipo. A administração doméstica da família patriarcal era reproduzida a uma escala extremamente dilatada, enquanto a sua distribuição «comunista» era hierarquizada, comportando a atribuição de quinhões diferentes conforme os casos. Um grande número de armazéns recebia o produto da atividade dos camponeses – quer estes fossem criadores de gado, caçadores, padeiros, fabricantes de bebidas fermentadas, oleiros, tecelões ou tivessem outras ocupações ainda. Os produtos eram minuciosamente registados e, na medida em que não se destinavam ao consumo local, transferidos para outros armazéns maiores, até chegarem às mãos da administração central que funcionava na corte do faraó. Havia depósitos separados para as roupas, as obras de arte, os objetos decorativos, os cosméticos, as pratas, o guarda-roupa do rei, e também imensos celeiros, arsenais e adegas para o vinho.

No entanto, a redistribuição à escala em que era praticada pelos construtores de pirâmides não foi um fenómeno limitado às economias que desconheciam a moeda. Na realidade, todos os reinos arcaicos recorreram a moedas metálicas para o pagamento de impostos e salários, mas continuando a usar os pagamentos em géneros, distribuindo, a partir de celeiros e armazéns de todo o tipo, os bens de uso e consumo mais variados, sobretudo no que dizia respeito à fração não-produtiva da população – ou seja, os funcionários, os militares e a classe ociosa. Tal era o sistema praticado pela China Antiga, pelo Império Inca, pelo reino da Índia e também pela Babilónia. Nestes países, como em muitas outras civilizações caracterizadas por grandes realizações económicas, funcionava uma divisão do trabalho complexa instaurada através do mecanismo da redistribuição.

O mesmo princípio se mantém nas condições do feudalismo. Em certas sociedades etnicamente estratificadas de África acontece por vezes que o grupo de topo seja composto por pastores que se instalaram em regiões de agricultores que continuam ainda servir-se de um pau ou da enxada para escavar a terra. As dádivas recebidas pelos pastores são sobretudo agrícolas – como cereais e cerveja –, enquanto os dons que eles próprios distribuem serão animais, sobretudo ovelhas ou cabras. Em casos semelhantes, há uma divisão do trabalho, ainda que geralmente desigual, entre as várias camadas da sociedade: a distribuição pode com frequência dissimular uma parte de exploração, embora ao mesmo tempo a simbiose beneficie os níveis de vida das duas camadas através das vantagens de uma melhor divisão do trabalho. Politicamente, estamos perante sociedades que vivem sob um regime de feudalismo, quer o valor privilegiado seja a terra ou o gado. Existem «verdadeiros feudos de criação de gado na África Oriental». Thurnwald, que seguimos de perto na nossa análise da redistribuição, podia assim dizer que o feudalismo implicava por toda a parte um sistema de redistribuição. Só em condições muito avançadas e em circunstâncias excecionais o sistema se torna predominantemente político, como aconteceu na Europa Ocidental, onde essa evolução ficou a dever-se à necessidade de proteção do vassalo, enquanto as dádivas se convertiam em tributos feudais.

Estes exemplos mostram que a redistribuição tende também a integrar o sistema económico propriamente dito no conjunto das relações sociais. De um modo geral, vemos que o processo de redistribuição faz parte do regime político prevalecente, seja este o da tribo, da cidade-estado, do despotismo ou do feudalismo baseado na criação de gado ou na terra. A produção e distribuição de bens organiza-se essencialmente através da recoleção, do armazenamento e da redistribuição, podendo o modelo centrar-se no chefe, no templo, no déspota ou no senhor. Uma vez que as relações do grupo dirigente com os dirigidos são diferentes segundo a natureza do alicerce em que se funda o poder político, o princípio de redistribuição implicará motivações individuais tão diferentes como a partilha voluntária da caça pelos caçadores e o temor ao castigo que impele o *fellahin* a pagar em géneros o seu tributo.

Na presente exposição temos vindo deliberadamente a ignorar a distinção fundamental que existe entre as sociedades homogéneas e as sociedades estratificadas – ou seja: entre as sociedades socialmente unificadas no seu todo e as que se dividem entre governantes e governados. Embora o estatuto relativo dos escravos e dos senhores possa ser enormemente diferente do estatuto dos membros livres e iguais de algumas tribos de caçadores, e, por conseguinte, as motivações difiram em grande medida nas duas sociedades, a organização do sistema económico poderá continuar a basear-se nos mesmos princípios, associados contudo a traços culturais muito diferentes, segundo as relações humanas também muito diferentes em que se entretece o sistema económico.

O terceiro princípio, que teve por destino desempenhar um importante papel histórico e a que chamaremos o princípio da *administração doméstica*, consiste na produção para uso próprio. Os gregos deram a esta administração doméstica o nome de *œconomia*, étimo do qual deriva a palavra «economia». Em função dos dados etnográficos de que dispomos, não podemos considerar que a produção para uso próprio de um indivíduo ou de um grupo seja mais antiga do que a reciprocidade ou redistribuição. Pelo contrário, tanto a tradição ortodoxa como certas teorias mais recentes sobre o mesmo tema devem ser decididamente postas de parte. O selvagem individualista que recolhe alimentos e caça para si próprio e para a sua família nunca existiu. Na realidade, a prática de cada um assegurar a provisão dos bens necessários à sua unidade doméstica só passa a ser um traço da vida económica a um nível mais avançado da agricultura – e, até mesmo então, continua a nada ter em comum com a motivação do lucro ou com a instituição dos mercados. O seu modelo é o grupo fechado. Quaisquer que sejam as entidades muito diferentes – a família, a aldeia ou o domínio senhorial – que definem a unidade autossuficiente, o princípio mantém-se invariavelmente o mesmo – quer dizer, trata-se de produzir e armazenar tendo em vista a satisfação das necessidades dos membros do grupo. O âmbito da aplicação deste princípio é tão amplo como o da reciprocidade ou redistribuição. A natureza do núcleo institucional é indiferente: poderá ser o sexo, como no caso da família patriarcal; o lugar, como no caso da aldeia, ou o poder político, como no caso do domínio senhorial. Do mesmo modo, não é também a organização interna do grupo o que aqui importa. Essa organização pode ser tão despótica como a da *familia* romana, ou tão democrática como a *zadruga* (*) dos eslavos meridionais – tão vasta como os grandes domínios dos senhores carolíngios, ou tão exígua como a parcela média do camponês da Europa Ocidental. A necessidade do comércio ou dos mercados não é aqui mais poderosa do que no caso da reciprocidade ou da redistribuição.

Foi este conjunto de condições que, há mais de dois mil anos, Aristóteles tentou transformar em modelo normativo. Olhando, em retrospetiva, das alturas em rápido declínio de uma economia de mercado que alastrou pelo mundo inteiro, teremos de reconhecer que a célebre distinção que Aristóteles apresenta, no capítulo introdutório da *Política*, entre a administração doméstica propriamente dita e a atividade de fazer dinheiro, foi provavelmente a indicação mais profética que

---

(*) Unidade familiar ou clânica cujos membros partilhavam comunitariamente os recursos e as tarefas da vida quotidiana (*N. T.*)

alguma vez nos deu o domínio das ciências sociais e continua a ser a melhor análise do problema de que dispomos. Aristóteles insiste no facto de a produção destinada ao uso, por oposição à produção orientada para o lucro, ser a essência da administração doméstica propriamente dita – mas afirma, a seguir, que a produção que a título acessório possa fazer-se com vista ao mercado não suprime necessariamente a independência da esfera familiar, uma vez que tal produção deverá, em todo o caso, ser assegurada na terra familiar para fins de subsistência, na forma de cereais ou de cabeças de gado, e que a venda dos excedentes não compromete a base da administração doméstica. Só um senso comum genial seria capaz de sustentar, como Aristóteles fez, que o lucro era uma motivação peculiar da produção para o mercado e que o fator monetário introduzia um novo elemento na situação, sem que isso, enquanto os mercados e o dinheiro se mantivessem como aspetos subsidiários de uma administração doméstica que permanecesse autossuficiente, impedisse que o princípio continuasse a ser a produção com vista ao uso. O que era inquestionavelmente verdade, embora Aristóteles não se tenha dado conta de que se tornava impraticável ignorar a existência dos mercados numa época em que a economia grega se tornara dependente do comércio por grosso e dos empréstimos de capital. Porque era o século em que Delos e Rodes se tinham tornado centros de oferta de seguros sobre os fretes, de empréstimos marítimos e de letras de crédito – centros por comparação com os quais, passados mil anos, a Europa Ocidental não passava de uma realidade simplesmente primitiva. Todavia, Jowett, *Master* de Balliol, enganava-se redondamente ao mostrar-se seguro de que a sua Inglaterra vitoriana concebia mais corretamente do que Aristóteles a natureza da diferença entre a administração doméstica e a atividade de fazer dinheiro. Com efeito, Jowett desculpava Aristóteles, reconhecendo que «as matérias do saber que se ocupam do homem se confundem e, na época de Aristóteles, não era fácil distingui-las». É verdade que Aristóteles não identificou com precisão as consequências da divisão do trabalho e a sua ligação com as realidades dos mercados e do dinheiro, do mesmo modo que não compreendeu os diferentes usos do dinheiro como crédito e como capital. As críticas de Jowett eram, no que se refere a estes pontos, fundamentadas. Mas, quanto às consequências humanas da atividade orientada para a aquisição de dinheiro, era o *Master* de Balliol, e não Aristóteles, quem não as conseguia apreender devidamente. Era incapaz de conceber que a distinção entre o princípio do uso e o princípio do lucro era a chave dessa civilização que Aristóteles, dois mil anos antes do seu advento, previra com exatidão nas suas grandes linhas a partir da economia de mercado rudimentar a que tinha acesso – enquanto Jowett, perante o exemplar perfeitamente desenvolvido, não se dava conta do problema. Quando denunciava o princípio da produção com vista ao lucro «como não natural no homem», Aristóteles identificava, de facto, o ponto fundamental – ou seja, o divórcio entre a motivação económica e todas as relações sociais concretas que, pela sua própria natureza, impõem a sua limitação.

Generalizando, podemos sustentar que todos os sistemas económicos de que temos conhecimento até ao fim da época feudal na Europa Ocidental se organizavam segundo os princípios ou da reciprocidade ou da redistribuição ou da administração doméstica – ou ainda segundo uma ou outra forma de combinação entre os três. Estes princípios achavam-se institucionalizados através do apoio de uma organização social, que recorria, entre outros aspetos, aos modelos da simetria, da centricidade e da autarcia. Em semelhante quadro, a produção e a distribuição ordenadas dos bens era garantida através de uma grande variedade de motivações individuais disciplinadas por um conjunto de princípios gerais de conduta. Entre as referidas motivações, o lucro não era a que prevalecia. Os costumes e as leis, a magia e a religião cooperavam para induzir o indivíduo a observar regras de comportamento que, em seguida, presidiam ao modo como agia no interior do sistema económico.

O período greco-romano, apesar do seu enorme desenvolvimento comercial, não representou uma rutura deste ponto de vista: caracterizou-se pela redistribuição de trigo a grande escala praticada pela administração romana no quadro de uma economia que se mantinha doméstica, e não foi uma exceção à regra que fez com que, até ao fim da Idade Média, os mercados não desempenhassem um papel importante no interior do sistema económico, dado o primado de outros modelos institucionais.

A partir do século XVI, os mercados tornaram-se numerosos e mais importantes. Com o sistema mercantilista, passaram a ser, com efeito, uma das preocupações essenciais do governo, embora não houvesse ainda sinal algum de que viriam a pôr sob o seu controlo a sociedade humana. Pelo contrário: a regulamentação e os regimentos eram mais estritos do que nunca, e era evidente a ausência da própria ideia de mercado autorregulado. Para compreendermos a súbita transição, no século XIX, para um tipo de economia inteiramente novo, teremos de nos voltar agora para a história do mercado – essa instituição que podemos deixar quase por completo de parte no nosso breve exame dos sistemas económicos do passado.

CAPÍTULO V

A Evolução do Modelo do Mercado

O papel dominante desempenhado pelos mercados na economia capitalista, bem como a importância fundamental do princípio da permuta ou da troca em geral nessa mesma economia, torna necessário – se quisermos desfazer-nos das superstições económicas do século XIX([1]) – uma reflexão atenta sobre a natureza e a origem dos mercados.

O negociar, permutar ou trocar umas coisas por outras são um princípio do comportamento económico cuja eficácia depende do modelo de mercado. Um mercado é um lugar onde se dão encontros que têm por fim a troca de bens ou a compra e venda. A menos que este modelo esteja presente, pelo menos sectorialmente, a propensão para a troca negociada será de alcance limitado: não poderá formar preços([2]). Porque, tal como a reciprocidade é favorecida por um modelo simétrico de organização, a redistribuição é facilitada por um certo grau de centralização e a administração doméstica deverá ter por base a autossuficiência, também o princípio da troca negociada

---

([1]) Cf. «Notas sobre as Fontes», p. 495.
([2]) G.R. Hawtrey, *The Economic Problem*, 1925, p. 13. «A aplicação prática do princípio do individualismo depende inteiramente da prática da troca». No entanto, Hawtrey errava ao considerar que a existência dos mercados decorria simplesmente da prática da troca.

depende, no que se refere à sua eficácia, do modelo de mercado. Mas, do mesmo modo que tanto a reciprocidade como a redistribuição ou a administração doméstica podem verificar-se numa sociedade sem que nela prevaleçam, o princípio da troca pode também assumir um lugar subordinado numa sociedade na qual primem outros princípios.

Todavia, em outros aspetos o princípio da troca não está em pé de igualdade com os três outros princípios. O modelo do mercado, ao qual se encontra associado, é mais específico do que a simetria, a centricidade ou a autarcia – que, por contraste com o modelo do mercado, constituem simples «traços» e não dão origem a instituições destinadas a assegurar uma função única. A simetria não é mais do que um dispositivo sociológico que não dá origem a instituições separadas, mas simplesmente molda as existentes (não há qualquer instituição distintiva que, em si mesma, faça com que uma tribo ou uma aldeia adotem uma forma simétrica). A centralidade, embora frequentemente criadora de instituições distintivas, não implica qualquer motivação através da qual a instituição resultante valeria apenas para uma função específica (por exemplo, o chefe de uma aldeia, ou qualquer outra figura oficial que ocupa um lugar central, pode assegurar indiferentemente toda a espécie de funções políticas, militares, religiosas ou económicas). A autarcia económica, por fim, é apenas um traço acessório de um grupo fechado.

O modelo do mercado, por outro lado, uma vez que remete para uma motivação peculiar que lhe é própria, a motivação da permuta ou da troca negociada, é capaz de criar uma instituição específica – que não é outra senão o próprio mercado. Em última análise, é por isso que o controlo do sistema económico pelo mercado tem consequências avassaladoras sobre o conjunto da organização da sociedade: significa nada menos do que a direção da sociedade como um elemento auxiliar do mercado. Em vez de existir uma economia incrustada (*embedded*) nas relações sociais, são as relações sociais que são incrustadas no sistema económico. A importância vital do fator económico na existência da sociedade exclui qualquer outro resultado. Porque, uma vez que o sistema económico se organiza em instituições separadas, baseadas em motivações específicas e portadoras de um estatuto especial, a sociedade tem de se moldar de maneira a permitir que o sistema funcione segundo as suas próprias leis. Tal é o que significa a bem conhecida proposição de que uma economia de mercado só pode funcionar numa sociedade de mercado.

O passo que vai dos mercados isolados a uma economia de mercado, dos mercados regulados aos mercados autorregulados, é, com efeito, decisivo. O século XIX – quer saudasse esse facto como o auge da civilização, quer o deplorasse como uma proliferação cancerosa – imaginou ingenuamente o desenvolvimento em causa como o desfecho natural da difusão dos mercados. Não se deu conta de que a transformação dos mercados num sistema autorregulado detentor de uma força assustadora não decorria de uma qualquer tendência intrínseca aos mercados a proliferarem, mas era antes o efeito de estimulantes artificiais ministrados ao corpo social a fim de dar resposta a uma situação que fora criada pelo fenómeno não menos artificial do maquinismo. A natureza limitada e não expansiva do modelo do mercado enquanto tal não foi reconhecida, embora seja um aspeto que se pode concluir com toda a clareza das investigações atuais.

«Não há mercados em toda a parte; a sua ausência, embora indicando um certo isolamento e uma certa tendência para o ensimesmamento, não permite mais do que o faria a sua presença a identificação de uma evolução particular». Estas palavras desenxabidas de Thurnwald em *Economics in Primitive Communities* resumem os resultados mais importantes da investigação atual sobre o nosso tema. Um outro autor repete, no que se refere ao dinheiro, o que Thurnwald diz dos mercados: «O simples facto de uma tribo se servir da moeda diferencia-a muito pouco em termos económicos de uma outra que, do mesmo nível cultural, a não utiliza». Pouco mais nos resta fazer além de sublinharmos algumas das implicações mais impressivas destes juízos.

A presença ou ausência de mercados ou do dinheiro não afeta necessariamente o sistema económico de uma sociedade primitiva – o que refuta o mito do século XIX segundo o qual o dinheiro foi uma invenção cujo aparecimento transformou inevitavelmente a sociedade criando os mercados, impondo o ritmo da divisão do trabalho e libertando a propensão natural do homem para negociar, permutar e trocar. A história económica ortodoxa, com efeito, baseava-se numa imagem imensamente exagerada da importância dos mercados enquanto tais. Um «certo isolamento» ou, talvez, uma «tendência para o ensimesmamento», eis o único traço económico que podemos inferir corretamente da sua ausência: no que se refere à organização interna de uma economia, a sua presença ou ausência não constitui necessariamente uma diferença.

As razões são simples. Os mercados são instituições que não funcionam essencialmente no interior de uma economia, mas no seu exterior. São um ponto de encontro para o comércio de longa distância. Os mercados locais propriamente ditos não acarretam grandes consequências. Além disso, nem os mercados locais nem os do comércio a longa distância são essencialmente competitivos, e daí, tanto num caso como noutro, a pouca pressão é exercida no sentido da criação de um comércio territorial – daquilo a que se chama um mercado interno ou nacional. Afirmá-lo continua a ser, contudo, atacar uma hipótese considerada axiomática pelos economistas clássicos, apesar de a afirmação se basear nos factos descritos à luz das investigações contemporâneas.

Com efeito, a lógica que aqui age é quase a oposta da subjacente à doutrina clássica. O ensinamento ortodoxo tomava como ponto de partida a propensão do indivíduo para trocar; deduzia desta a necessidade da existência de mercados locais, bem como da divisão do trabalho, e, por fim, inferia a necessidade do comércio, e mais tarde do comércio externo, incluído neste o de longo curso. À luz do que hoje sabemos, quase teremos de inverter a ordem do argumento: o verdadeiro ponto de partida é o comércio de longo curso, resultante da localização geográfica dos bens e da «divisão do trabalho» determinada pelo lugar. É frequente que o comércio de longa distância crie mercados, uma instituição que implica atos de troca, e, no caso de utilização da moeda, de compra e venda, podendo assim oferecer a alguns indivíduos, mas sem que de modo algum o faça necessariamente, uma ocasião de cederem à sua propensão para fazer negócios e transacionar.

O traço dominante desta doutrina é a origem do comércio numa esfera externa não relacionada com a organização interna da economia: «A aplicação dos princípios observados na caça à obtenção de bens que estão *fora dos limites da circunscrição* conduziu a certas formas de troca que, mais tarde, nos surgem sob a aparência de comércio». Ao investigarmos as origens do comércio, o nosso ponto de partida deveria ser esta busca da obtenção de bens distantes, como numa caçada. «Os Dieri da Austrália Central fazem todos os anos, em julho ou agosto, uma expedição a sul para conseguirem o ocre vermelho que usam para pintar o corpo. (...) Os seus vizinhos Yantruwunta organizam expedições comparáveis a fim de obterem, em Flinders Hills, a 800 quilómetros de distância, ocre vermelho e placas de grés com que trituram sementes. Em ambos os casos, pode acontecer que sejam necessários combates para a obtenção dos artigos cobiçados, no caso de os habitantes locais oporem resistência aos que deles querem apoderar-se». Esta espécie de requisição ou de caça ao tesouro está, sem dúvida, tão próxima do saque ou da pirataria como daquilo que costumamos considerar comércio – é uma atividade fundamentalmente unilateral. Muitas vezes só se torna bilateral, passando a ser «uma certa forma de troca», graças à chantagem praticada pelos poderes locais, ou devido a dispositivos de reciprocidade – como acontece no circuito do *kula*, nas visitas festivas dos Pangwe da África Ocidental, ou com os Kpelle, entre os quais o chefe monopoliza o comércio externo e insiste em presentear todos os convidados. É certo que – segundo o nosso ponto de vista, se não de acordo com o dos interessados –, as visitas deste género são autênticas viagens de negócios, e não episódios acidentais; contudo, a troca de bens é sempre conduzida sob a forma de presentes mútuos e, em geral, através de visitas e da retribuição de visitas.

Podemos concluir que, embora as comunidades humanas mostrem nunca ter esquecido por completo o comércio externo, este comércio não implica necessariamente os mercados. O comércio externo assemelha-se, originalmente e por natureza, mais à aventura, à exploração, à caçada, à pirataria e à guerra do que ao fazer negócios. Não implica sequer nem a paz nem a bilateralidade, e até mesmo quando se acompanha de ambas organiza-se em geral segundo o princípio da reciprocidade e não do da permuta.

A transição no sentido do escambo pacífico é detetável em duas direções – ou seja, a do negócio e a da paz. Uma expedição tribal pode ter de se adaptar, como acima indicámos, às condições impostas pelos poderes locais, que, pelo seu lado, poderão exigir certo tipo de contrapartida dos estrangeiros: ora, este tipo de relação, ainda que não inteiramente pacífico, poderá dar origem ao negócio, enquanto o transporte unilateral se transforma em transporte bilateral. A segunda direção é a do «comércio silencioso», como se verifica no mato africano, no qual o risco de combate é evitado através da organização de uma trégua, sendo os elementos da paz, da segurança e da confiança assim introduzidos com a devida circunspeção na atividade comercial.

Numa fase mais tardia, como todos sabemos, os mercados tornaram-se predominantes na organização do comércio externo. Mas, do ponto de vista económico, os mercados externos são uma realidade inteiramente diferente tanto dos mercados locais como dos mercados internos. Não diferem apenas pela dimensão: são instituições com uma função e uma origem diferentes. O comércio externo efetua um transporte e a sua razão de ser reside na ausência de determinados tipos de bens numa região – um exemplo poderia ser aqui a troca das lãs inglesas pelo vinho português. O comércio local é limitado aos bens da região, que *não* podem ser transportados, devido ao seu peso, volume ou natureza perecível. Assim, tanto o comércio externo como o comércio local têm relação com a distância geográfica, confinando-se um aos bens que não podem transpô-la e o outro apenas aos bens transportáveis. É justificadamente que se fala a este propósito de complementaridade. As trocas locais entre a cidade e o campo, o comércio externo entre zonas com climas diferentes – tanto um como outro se baseiam nesse princípio. Estamos perante um tipo de comércio que não implica a concorrência e, quando a concorrência tende a desorganizá-lo, não parece contraditório eliminá-la. Contrastando tanto com o comércio local como com o comércio externo, o comércio interno, pelo seu lado, é essencialmente concorrencial – além das trocas complementares, inclui um número muito mais vasto de trocas relativas a bens semelhantes, mas de diferentes proveniências que se oferecem em concorrência uns com outros. Portanto, é só com a emergência do comércio interno ou nacional que a concorrência passa a ser admitida como princípio geral de comércio.

Estas três formas de comércio, que se distinguem nitidamente pela função económica, têm também origens distintas. Já nos referimos aos primórdios do comércio externo. Naturalmente, assistiu-se ao nascimento de mercados nos lugares – vaus, portos de mar, nascentes de cursos de água – onde os portadores dos bens trocados faziam paragens no seu trajeto, ou nos pontos em que se cruzavam os caminhos de duas expedições terrestres. Formaram-se assim «portos» nos locais de transbordo([3]). O breve surto das célebres feiras da Europa é outro exemplo da criação, pelo comércio de longa distância, de um determinado tipo de mercado; outro exemplo poderia ser o das *staples* («entrepostos») de Inglaterra. Mas enquanto as feiras e as *staples* tornaram a desaparecer com uma rapidez desconcertante para os evolucionistas dogmáticos, o *portus* estava destinado a desempenhar um enorme papel na criação das cidades na Europa Ocidental. Todavia, ainda quando as cidades se estabeleciam num lugar privilegiado do comércio externo, era frequente que os mercados locais continuassem a ser uma realidade distinta, não só pela sua função, mas também pela sua organização. Nem o porto, nem a feira, nem a etapa deram origem a mercados internos ou nacionais. Onde deveremos procurar, pois, a sua origem?

Talvez pareça natural supor que, a partir dos atos individuais de troca, se tenha verificado com o tempo o desenvolvimento de mercados locais, levando depois estes mercados locais, também de modo natural, à implantação de mercados internos ou nacionais. No entanto, nem uma coisa nem outra se verificaram. Os atos individuais de permuta ou de troca – esta é a simples realidade – não conduziram, de um modo geral, ao estabelecimento de mercados nas sociedades em que prevaleciam outros

---

([3]) H. Pirenne, *Medieval Cities*, 1925, p. 148 (nota 12).

princípios de comportamento económico. A permuta e a troca são práticas comuns em quase todos os tipos de sociedade primitiva, mas tidas por aspetos secundários, pois não são elas que fornecem os bens necessários à existência. Nos grandes sistemas antigos de redistribuição, os atos de troca e os mercados locais eram correntes, mas nem por isso constituíam mais do que um traço subordinado. O mesmo vale para as condições governadas pela reciprocidade: os atos de troca encontram-se habitualmente incrustados em relações duradouras que supõem segurança e confiança, e tais condições tendem a toldar o caráter bilateral da transação. Os fatores restritivos ligam-se a toda a espécie de aspetos de ordem sociológica: as leis e os costumes, a religião e a magia contribuem igualmente para o resultado, que é limitar o campo das trocas do ponto de vista das pessoas e dos objetos, bem como do tempo e da ocasião. Por regra, aquele que troca entra simplesmente num tipo já definido de transação, que estabelece o objeto e os montantes do seu equivalente. O termo *utu*, na língua dos Tikopia([4]), designa esse equivalente tradicional enquanto parte da troca recíproca. Aquilo que, para o pensamento do século XVIII, parecia o traço fundamental da transação – ou seja, o elemento voluntarista da negociação e a discussão dos seus termos, traduzindo da melhor maneira a motivação que se supunha presidir à permuta – ocupa um lugar reduzido na transação efetiva: se tal motivação informa os procedimentos observados, só raramente aflora à tona.

A via habitualmente adotada consiste antes em deixar afirmar-se a motivação oposta. O doador pode deixar simplesmente cair o objeto no solo, enquanto o recetor fingirá recolhê-lo acidentalmente, ou deixar até que seja um dos seus auxiliares a fazê-lo. Uma vez que temos boas razões para pensar que esta atitude elaborada não é o resultado de uma autêntica falta de interesse pelo lado material da transação, poderemos talvez descrever a etiqueta da troca como um processo de compensação destinado a limitar o alcance da troca.

Na realidade, com base nos dados de que dispomos, seria imprudente sustentar que os mercados locais se formaram a

---

([4]) R. Firth, *Primitive Polynesian Economics*, 1939, p. 347.

partir de atos de troca individuais. Sobre as origens obscuras dos mercados locais, podemos afirmar quando muito o seguinte: a instituição foi desde o início enquadrada por um certo número de dispositivos de segurança destinados à proteção da organização económica da sociedade prevalecente contra a interferência das práticas dos mercados. A paz do mercado era garantida mediante rituais e cerimónias que limitavam o seu campo, ao mesmo tempo que asseguravam a sua possibilidade de funcionamento no interior de limites estreitos. O resultado mais importante dos mercados – o nascimento das cidades e da civilização urbana – foi, com efeito, o desfecho de um desenvolvimento paradoxal. As cidades, na medida em que emergiram dos mercados, não eram só casos de proteção dos mercados, mas também meios que os impediam de se expandir nos campos e de perturbarem desse modo a organização económica que prevalecia na sociedade. Os dois sentidos do verbo «conter» talvez sejam o que melhor exprime esta dupla função das cidades no que se refere aos mercados que elas, ao mesmo tempo, envolviam e impediam de se desenvolverem.

Se a troca surgia rodeada por tabus visando garantir que o tipo de relação que instaurava perturbasse as funções da organização económica propriamente dita, a disciplina imposta ao mercado era ainda mais estrita. Eis um exemplo da região *chaga*: «O mercado deve ser visitado regularmente nos dias de mercado. Se algum acontecimento impedir a realização do mercado por um ou mais dias, os negócios não poderão ser retomados antes de levada a cabo a purificação da praça do mercado (...) Qualquer agressão que se verifique na praça do mercado e acarrete derramamento de sangue torna necessária uma expiação imediata. A partir desse momento, nenhuma mulher podia sair da praça do mercado e nenhum dos produtos presentes podia ser tocado: era necessário lavá-los antes de poderem ser levados da praça e usados na alimentação. Nos casos menos graves requeria-se o sacrifício imediato de uma cabra. Tornava-se necessária uma expiação mais dispendiosa e mais séria se uma mulher tivesse um parto ou um desmancho na praça do mercado. Requeria-se então o sacrifício de um animal que desse leite. Além disso, a parcela de terra do chefe teria de ser purificada por meio do sangue obtido da imolação de uma vaca leiteira. Depois, todas as mulheres da região, em cada uma das suas circunscrições, seriam aspergidas»([5]). As regras desta espécie não eram de molde a tornar mais fácil a expansão dos mercados.

O mercado local típico, em que as donas de casa se abastecem do necessário e onde os vendedores de cereais e legumes, bem como os artesãos locais, oferecem os seus artigos, exibe uma indiferença significativa ao tempo e ao lugar. Trata-se de uma espécie de mercado que não só é muito generalizada nas sociedades primitivas, mas que encontramos numa forma quase inalterada até meados do século XVIII nos países mais avançados da Europa Ocidental. Estes mercados são um aspeto que acompanha a vida local e diferem pouco uns dos outros, quer ocorram nas condições de existência de uma tribo centro-africana, ou numa *cité* da França merovíngia, ou numa aldeia escocesa do tempo de Adam Smith. Mas o que vale para a aldeia vale também para a cidade. Os mercados locais são essencialmente mercados de proximidade, e, embora importantes para a vida da comunidade, não parecem impor seja onde for, de um modo ou de outro, o seu modelo ao sistema económico vigente. Não são núcleos que deem origem ao comércio interno ou nacional.

O comércio interno na Europa Ocidental foi, com efeito, criado pela intervenção do Estado. Até à época da Revolução Comercial, aquilo que aos nossos olhos mais se assemelha a um comércio nacional não era nacional, mas municipal. A Hansa não correspondia aos mercadores alemães – era uma corporação de oligarcas do comércio, ligados a um certo número de cidades do mar do Norte e do Báltico. O comércio de Antuérpia ou de Hamburgo, de Veneza ou de Lyon, não era em caso algum flamengo ou alemão, italiano ou francês. Londres não era uma exceção: era tão pouco «inglesa» como a cidade de Lubeque «alemã». O mapa comercial da Europa durante o período em causa poderia mostrar, justificadamente, apenas cidades e deixar em branco os campos, uma vez que estes, do ponto de vista da organização do comércio, eram como que inexistentes. As chamadas «nações» eram meras unidades políticas, de resto

---

([5]) R. C. Thurnwald, *op. cit.*, pp. 162-164.

muito frouxas, compondo-se em termos económicos de um grande número de maiores ou menores unidades de administração interna autossuficientes e de múltiplos mercados locais nas aldeias. O comércio limitava-se às comunas organizadas, que o asseguravam quer a nível local, como comércio de proximidade, quer na forma de comércio de longa distância – um e outro estavam estritamente separados, mas a nenhum deles se permitia que se infiltrasse indiscriminadamente nos campos.

A separação persistente entre o comércio local e o de longa distância no quadro da organização da cidade não poderá deixar de ser uma vez mais chocante para o evolucionista, de cujo ponto de vista as coisas parecem sempre derivar facilmente umas das outras. E contudo, estamos perante um facto peculiar que é também a chave da história social da vida urbana da Europa Ocidental. Tende fortemente a confirmar a nossa tese sobre a origem dos mercados, inferida a partir das condições existentes nas economias primitivas. A distinção estanque traçada entre comércio local e comércio de longa distância poderá ter parecido demasiado rígida, especialmente por nos ter conduzido à conclusão um tanto surpreendente de que nem o comércio de longa distância nem o comércio local tinham criado o comércio interno dos tempos modernos – não deixando aparentemente outra alternativa para além da explicação por meio do *deus ex machina* da intervenção do Estado. Veremos dentro em breve que, sobre este problema, a investigação recente corrobora também as nossas conclusões. Mas gostaríamos de apresentar primeiro uma perspetiva sumária da história da civilização urbana, tal como a moldou a separação peculiar vigente entre o comércio local e o comércio de longa distância dentro dos limites da cidade medieval.

A referida separação habitava, na realidade, o núcleo da instituição dos centros urbanos medievais[6]. A cidade foi uma organização dos burgueses. Só eles tinham o direito de cidadania e o sistema instaurado nas cidades assentava na distinção entre burgueses e não-burgueses. Mas enquanto a influência

---

[6] A nossa exposição segue os trabalhos bem conhecidos de H. Pirenne.

militar e política da cidade lhes permitiam afirmar-se perante os camponeses da região, a mesma autoridade já não podia exercer-se e impor-se aos mercadores estrangeiros. Por conseguinte, os burgueses adotaram posições inteiramente diferentes em relação ao comércio local e em relação ao comércio de longa distância.

Quanto ao abastecimento em provisões alimentares, a regulamentação comportava a aplicação de medidas como a publicidade obrigatória das transações e a exclusão dos intermediários – métodos que se destinavam a controlar o comércio e a combater a subida dos preços. Mas esta regulamentação só era adotada no que se referia ao comércio realizado entre a cidade e as regiões imediatamente circundantes. Em relação ao comércio de longa distância, a posição era inteiramente diferente. As especiarias, o peixe salgado ou o vinho tinham de ser transportados e de percorrer longos itinerários, o que os convertia em domínio do mercador estrangeiro e dos seus métodos de negócio capitalistas. Tratava-se de um tipo de comércio que escapava à regulamentação local, e tudo o que esta podia fazer era tentar mantê-lo o mais distante possível do mercado local. A proibição estrita da venda a retalho aos mercadores estrangeiros fora decidida com vista a esse fim. Quanto mais crescia o volume do comércio por grosso capitalista, mais severamente se entendia excluí-lo, com os seus produtos importados, do acesso aos mercados locais.

Quanto aos artigos industriais, a separação entre os comércios local e o de longa distância era ainda mais profunda, uma vez que aqui estava em jogo toda a organização da produção com vista à exportação. Este aspeto remete-nos para a questão da própria natureza das corporações de artesãos que organizavam a produção industrial. No mercado local, a produção era regulamentada em função das necessidades dos produtores, o que se destinava a restringi-la nos níveis de remuneração. Este princípio não se aplicava naturalmente às exportações, uma vez que, no seu domínio, os interesses dos produtores não definiam limites à produção. Por conseguinte, enquanto o comércio local era objeto de regulamentações estritas, a produção com vista à exportação só formalmente era controlada pelas corporações dos ofícios. A indústria para exportação dominante à época – o comércio de panos – era, de facto, organizada sobre a base capitalista do trabalho assalariado.

A separação cada vez mais severa entre o comércio local e o comércio das exportações, tal era a reação da vida urbana à ameaça de um capital móvel que ameaçava de desintegração as instituições da cidade. A cidade medieval típica não procurava evitar o referido perigo transpondo o fosso que separava o mercado local controlável das incertezas de um comércio de longa distância incontrolável – mas, pelo contrário, tentou enfrentá-lo diretamente aplicando com o máximo rigor essa política de exclusão e de proteção que era a sua razão de ser.

Na prática, isso significou que as cidades punham todos os obstáculos que podiam à formação desse mercado nacional ou interno pelo qual ansiavam os capitalistas do comércio grossista. Através da manutenção do princípio de um comércio local não-concorrencial e de um igualmente não-concorrencial comércio de longo curso a funcionar de umas cidades para as outras, os burgueses opuseram-se por todos os meios de que dispunham à absorção dos campos pelo espaço do comércio e a abertura de vias comerciais livres entre as cidades do país. Foi esta dinâmica que forçou o Estado territorial a intervir como instrumento da «nacionalização» do mercado e criador do comércio interno.

Durante os séculos XV e XVI, a ação deliberada do Estado impôs os seus critérios mercantilistas ao protecionismo obstinado das cidades e dos principados. O mercantilismo destruiu o particularismo caduco do comércio local e intermunicipal abatendo as barreiras que separavam esses dois tipos de comércio não-concorrencial e abrindo assim caminho à formação de um mercado nacional que passaria a ignorar em medida crescente a distinção entre a cidade e os campos, bem como as diferenças entre as diversas cidades e as províncias.

O mercantilismo foi, com efeito, uma resposta perante múltiplos desafios. Politicamente, o Estado centralizado era uma criação nova suscitada pela Revolução Comercial que deslocara o centro de gravidade do mundo ocidental do Mediterrâneo para as margens do Atlântico, forçando assim as populações atrasadas das regiões agrárias mais vastas a organizarem-se para o comércio e a sua extensão. Em termos de política externa, a instauração do poder soberano era a grande tarefa da ordem do dia, ao mesmo tempo que a política mercantilista implicava que os recursos do conjunto do território nacional fossem postos ao serviço da afirmação de um poder crescente no plano internacional. Do ponto de vista da política interna, a unificação dos países atomizados pelo particularismo feudal e municipal foi um efeito derivado necessário da nova política de potência. Economicamente, o instrumento desta unificação era o capital – ou seja, os recursos privados disponíveis na forma de dinheiro entesourado e, por isso, particularmente propícios ao desenvolvimento do comércio. Finalmente, a extensão do tradicional sistema municipal ao território mais vasto do Estado forneceu as técnicas administrativas sobre as quais assentava a política económica do governo central. Em França, onde as corporações profissionais tenderam a tornar-se órgãos de Estado, o sistema das corporações alargou-se uniformemente a todo o território do país; em Inglaterra, onde o declínio das cidades muralhadas enfraquecera fatalmente esse sistema, os campos foram industrializados fora do controlo das corporações –, enquanto, nos dois países, o comércio e a circulação de mercadorias alastraram por todo o território da nação e se tornaram a forma dominante de atividade económica. Temos aqui mais um aspeto que explica a política por vezes desconcertante que o mercantilismo adotou no comércio interno.

A intervenção do Estado, que libertara o comércio dos limites que lhe impunham a cidade e os seus privilégios, teve de enfrentar então dois perigos intimamente associados que a cidade enfrentara com sucesso – o perigo do monopólio e o da concorrência. Que a concorrência podia conduzir, em última instância, ao monopólio era um facto plenamente reconhecido na época, enquanto o monopólio passava a ser ainda mais temido do que antes, uma vez que afetava com frequência a provisão dos bens necessários à existência e, por isso, podia tornar-se facilmente um perigo para a comunidade. O remédio adotado foi a regulamentação completa da vida económica, agora à escala nacional, e já não somente ao nível do município. O que para um espírito moderno poderá parecer naturalmente uma exclusão de vistas curtas da concorrência foi na realidade um meio que visa garantir o funcionamento dos mercados nas condições dadas. Porque qualquer intervenção de compradores ou vendedores temporários no mercado destrói forçosamente o seu equilíbrio e afeta os compradores ou vendedores regulares, acabando por impedir que o mercado funcione. Os fornecedores anteriores deixam de oferecer os seus bens no mercado pois não sabem se conseguirão vendê-los por um preço satisfatório, e o mercado, à falta de oferta suficiente, tornar-se-á presa de um monopolista. Num grau menor, os mesmos perigos surgem do lado da procura, sendo que a uma sua rápida queda poderá seguir-se um monopólio da procura. Sempre que o Estado tomava medidas visando desembaraçar o mercado de restrições particularistas, de licenças e proibições, acabava por pôr em perigo o sistema organizado da produção e da distribuição, ameaçado doravante pela concorrência não-regulamentada e pela intervenção súbita de intrusos que conquistavam o mercado, mas não ofereciam garantias de permanência. Sucedeu assim que, embora os novos mercados nacionais fossem, inevitavelmente, mais ou menos concorrenciais, acabou por prevalecer neles o traço tradicional da regulamentação, e não o elemento novo que era a concorrência([7]). A administração doméstica autossuficiente do camponês que trabalhava para garantir a subsistência continuou a ser a grande base do sistema económico, que ia sendo integrado em unidades nacionais mais amplas através da formação do mercado interno. Este mercado nacional tomava agora lugar ao lado dos mercados local e externo, sobrepondo-se-lhes em parte. À agricultura passava a acrescentar-se o comércio interno – um sistema de mercados relativamente isolados, inteiramente compatível com o princípio da economia doméstica que continuava a prevalecer nos campos.

Conclui-se assim a nossa sinopse da história do mercado até à época da Revolução Industrial. Essa etapa seguinte da história da humanidade levou a cabo, como sabemos, a tentativa de ins-

---

([7]) Montesquieu, *Do Espírito das Leis*: «Ela [a Inglaterra] estorva o negociante, mas em favor do comércio» (p. 503).

taurar um grande mercado único autorregulado. Nada havia no mercantilismo – essa política característica do Estado-nação ocidental – que anunciasse uma evolução tão singular. A «libertação» do comércio realizada pelo mercantilismo limitara-se a libertar o comércio do particularismo, mas alargando, ao mesmo tempo, o âmbito das regulamentações. O conjunto do sistema económico mergulhava no conjunto das relações sociais: os mercados eram simplesmente um traço acessório de um quadro institucional, mais do que nunca controlado e regulado pela autoridade social.

CAPÍTULO VI

O Mercado Autorregulado e as Mercadorias Fictícias: Trabalho, Terra e Moeda

Esta rápida perspetiva que acabamos de traçar do sistema económico e dos mercados, considerados separadamente, mostra como, até ao nosso tempo, os mercados nunca foram mais do que elementos acessórios da vida económica. Em geral, o sistema económico era absorvido pelo sistema social, e, fosse qual fosse o princípio de comportamento predominante na economia, entendia-se que o modelo do mercado era compatível com ele. O princípio do negócio ou da troca subjacente ao modelo do mercado não revelava qualquer tendência para se expandir à custa dos restantes domínios. Nos casos que conheciam um desenvolvimento mais amplo, como no sistema mercantilista, os mercados prosperavam sob o controlo de uma administração centralizada que procurava a autossuficiência tanto ao nível da economia doméstica do camponês como no que se referia à vida nacional. A regulamentação e os mercados, com efeito, cresceram juntos. O mercado autorregulado era desconhecido; na realidade, a emergência da ideia da autorregulação representou uma inversão completa da tendência do desenvolvimento. É à luz destes factos que poderemos compreender plenamente os pressupostos extraordinários que presidem a uma economia de mercado.

Uma economia de mercado é um sistema económico controlado, regulado e dirigido pelos preços de mercado – é a este mecanismo de autorregulação que se confia a definição da ordem nos domínios da produção e da distribuição dos bens. Uma economia deste tipo assenta na expectativa de que os seres humanos se comportem de modo a conseguir um máximo de ganhos monetários. Pressupõe a existência de mercados em que a oferta de bens (incluídos neles os serviços) disponíveis a determinado preço seja igual à procura ao mesmo preço. Pressupõe a presença do dinheiro, que funciona como poder de compra nas mãos dos seus detentores. A produção será, portanto, controlada pelos preços, porque os lucros dos que dirigem a produção dependerá deles – e a distribuição dos bens dependerá também dos preços, porque os preços são a origem dos rendimentos, e é por meio desses rendimentos que os bens produzidos são distribuídos entre os membros da sociedade. De acordo com estes pressupostos, a ordem da produção e da distribuição será assegurada exclusivamente pelos preços.

A autorregulação implica que toda a produção se destina a ser vendida no mercado e que todos os rendimentos resultam dessa venda. Por conseguinte, existem mercados para todos os elementos da indústria – não só para os bens (que incluem sempre os serviços), mas também para o trabalho, a terra e o dinheiro, e os preços correspondentes chamam-se preço das mercadorias, salários, rendas e juros. Os próprios termos usados indicam já que os preços formam rendimentos: o juro é o preço da utilização do dinheiro e forma o rendimento dos que estão em condições de o fornecer; a renda é o preço da utilização da terra e forma o rendimento dos que a oferecem; os salários são o preço da utilização da força de trabalho e formam o rendimento daqueles que a vendem; os preços das mercadorias, enfim, contribuem para os rendimentos dos que vendem os seus serviços empresariais, sendo o rendimento chamado lucro, na realidade, a diferença entre dois conjuntos de preços: o preço dos bens produzidos e o seu custo, ou o preço dos bens necessários à sua produção. Se se verificarem estas condições, todos os rendimentos terão origem nas vendas no mercado, e esses mesmos rendimentos serão precisamente suficientes para comprar todos os bens produzidos.

Surge depois um outro grupo de pressupostos que se reportam ao Estado e às suas políticas. Nada deve ser feito que impeça a formação dos mercados, ao mesmo tempo que é necessário impedir que os rendimentos se formem por outras vias que não a venda. Nem deve haver interferência com o ajustamento dos preços às mudanças que se registem nas condições do mercado – sejam os preços considerados os dos bens, do trabalho, da terra ou da moeda. Portanto, não só devem existir mercados para todos os elementos da indústria, como não deve ser tomada qualquer medida política que influencie a ação desses mesmos mercados. Nem os preços, nem a oferta, nem a procura devem ser fixados ou regulados – tais são as únicas políticas e medidas que asseguram a autorregulação do mercado, criando as condições em que aquele se tornará a única força organizadora na esfera económica[1].

Para apreendermos melhor a importância do que está aqui em jogo, voltemos a considerar por um momento o mercantilismo e os mercados nacionais que aquele tanto se esforçou por desenvolver. No quadro do feudalismo e do sistema das corporações, a terra e o trabalho faziam parte da própria organização social (o dinheiro ainda não se tornara um elemento maior da indústria). A terra, como elemento axial da ordem feudal, era a base do sistema militar, judicial, administrativo e político – o seu estatuto e a sua função eram determinados por normas legais e consuetudinárias. Saber se a posse era ou não transmissível e, no caso de o ser, a quem e com que limitações, ou o que acarretavam os direitos de propriedade, ou a que usos poderiam ser afetados certos tipos de terra – todas estas questões eram postas fora da esfera da compra e da venda e submetidas a um conjunto inteiramente diferente de regulações institucionais.

---

[1] H. D. Henderson, *Supply and Demand*, 1922. A função do mercado é dupla: a distribuição dos fatores a diferentes utilizações e a organização das forças que influenciam a oferta agregada desses fatores.

O mesmo valia para a organização do trabalho. No quadro do sistema das corporações – como no de qualquer outro sistema económico da história anterior –, as motivações e circunstâncias das atividades produtivas estavam incrustadas na organização geral da sociedade. As relações entre mestre, oficial e aprendiz, as condições de exercício do ofício; o número de aprendizes, os salários dos artesãos – tudo isso era definido e regulamentado pelo costume e pelos órgãos de dirigentes da corporação e da cidade. O que o mercantilismo fez foi simplesmente unificar as regras ou através de definições estatutárias, como em Inglaterra, ou através da «nacionalização» das corporações, como em França. Como aconteceu no que se refere à terra, só foram abolidos os aspetos ligados aos privilégios das províncias do estatuto do trabalho, que, sob todos os outros pontos de vista, se manteve *extra commercium*, tanto em Inglaterra como em França. Até à época da Grande Revolução de 1789, a propriedade fundiária continuou a ser a origem do privilégio social em França, enquanto, já para além da mesma época, a *Common Law*, em Inglaterra, continuou a ser, no que se referia à terra, essencialmente medieval. O mercantilismo, apesar de toda a sua aposta no desenvolvimento comercial, nunca pôs em causa as salvaguardas que protegiam esses dois elementos fundamentais da produção, que eram o trabalho e o comércio, da redução a objetos comerciais. Em Inglaterra, a «nacionalização» da legislação sobre o trabalho através do Estatuto dos Artesãos [*Statute of Artificers*] de 1563 e da Lei dos Pobres [*Poor Law*] de 1601 afastavam o trabalho da zona perigosa, enquanto a política contrária às vedações dos Tudors e dos primeiros Stuarts significava uma oposição consistente ao princípio do lucro como critério de utilização da propriedade fundiária.

Que o mercantilismo – por mais enfaticamente que insistisse no fomento do comércio como política nacional – concebia os mercados em termos que são exatamente o contrário das conceções de uma economia de mercado, eis o que decorre com a maior evidência pela vasta extensão da intervenção industrial do Estado a que procedeu. Sobre este ponto, não havia qualquer diferença entre mercantilistas e feudais, entre planificadores empossados e interesses estabelecidos, entre burocratas centralizadores e conservadores adeptos dos particularismos. O único desacordo incidia sobre os métodos da regulamentação: as corporações, as cidades e as províncias invocavam a força do costume e a tradição, enquanto as novas formas da autoridade do Estado preferiam os estatutos e os decretos. Mas era universalmente partilhada a hostilidade à ideia de comercialização do trabalho e da terra – a hostilidade, o mesmo é dizer, à condição necessária de uma economia de mercado. As corporações dos ofícios e os privilégios feudais só em 1790 foram abolidos em França; em Inglaterra, só em 1813-1814 foi abolido o Estatuto dos Artesãos e, em 1834, a Lei dos Pobres. Em ambos os países, antes da última década do século XVIII a ideia de um mercado livre do trabalho não era sequer discutida – e quanto à ideia de uma autorregulação da vida económica, era uma perspetiva para além do horizonte da época. Os mercantilistas estavam preocupados com o desenvolvimento dos recursos do país, assegurando assim o pleno emprego, através das redes de transporte e do comércio, tendo por adquirida a organização tradicional do trabalho e da utilização da terra. Estavam, a este respeito, tão longe das conceções atuais como o estavam no que se refere ao domínio da política, no qual a sua fé nos poderes absolutos de um déspota esclarecido não era temperada por qualquer sugestão de democracia. E, do mesmo modo que a transição para um regime democrático e para um sistema político representativo implicou uma inversão completa das tendências da época, a passagem dos mercados regulamentados para os mercados autorregulados nos finais do século XVIII representou uma transformação completa da estrutura da sociedade.

Um mercado autorregulado requer nada menos do que a divisão institucional da sociedade numa esfera económica e numa esfera política. Com efeito, esta dicotomia é simplesmente a reafirmação, do ponto de vista da sociedade no seu conjunto, da existência de um mercado autorregulado. Poderá talvez haver quem sustente que a separação das duas esferas se opera em todos os tipos de sociedade e em todas as épocas. Mas trata-se de uma tese que assenta numa falácia. É certo que nenhuma sociedade pode existir sem um sistema de uma ou de outra espécie que assegure e ordene a produção e a distribuição de bens. Mas isso não implica a existência de instituições económicas separadas: normalmente, a ordem económica é simplesmente uma das funções da ordem social. Não existia na sociedade, como vimos, nem sob as condições da tribo, nem sob as do feudalismo, nem sob as do mercantilismo, um sistema económico separado. A sociedade do século XIX, que isolou a atividade económica e a imputou a uma motivação económica à parte, foi uma inovação singular.

Um modelo institucional deste tipo não podia funcionar sem que a sociedade se subordinasse, de uma maneira ou de outra, às suas exigências. Uma economia de mercado só pode existir numa sociedade de mercado. Foi a conclusão a que chegámos a partir da nossa análise do modelo do mercado. Podemos agora especificar as razões do juízo em causa. Uma economia de mercado tem de incluir todos os elementos da indústria, entre os quais se incluem o trabalho, a terra e a moeda. (Numa economia de mercado, a moeda é também um elemento essencial da vida industrial e a sua inclusão no mecanismo de mercado comporta, como vimos, consequências institucionais de longo alcance.) Mas o trabalho e a terra não são outra coisa senão os próprios seres humanos em que cada sociedade consiste e as condições ambientes naturais que acompanham a sua existência. Incluí-los no mecanismo do mercado significa subordinar a substância da própria sociedade às leis do mercado.

Estamos agora em condições de desenvolver mais concretamente a natureza institucional de uma economia de mercado e os perigos que ela implica para a sociedade. Descreveremos, primeiro, os métodos através dos quais o mecanismo de mercado pode controlar e dirigir os elementos efetivos da vida industrial; a seguir, tentaremos avaliar a natureza dos efeitos desse mecanismo sobre a sociedade submetida à sua ação.

É apoiando-se no conceito de mercadoria que o mecanismo do mercado se insere nos diversos elementos da vida industrial. As mercadorias são aqui empiricamente definidas como objetos produzidos com vista à venda no mercado, e os mercados são, uma vez mais, definidos empiricamente como contactos efetivos entre compradores e vendedores. Por conseguinte, cada elemento da indústria é considerado como tendo sido produzido para fins de venda, pois então, e só então, se submete ao mecanismo da oferta e da procura em interação com os preços. O que significa, na prática, que têm de existir mercados para todos os elementos da indústria; que, nesses mercados, cada um desses elementos se organiza num grupo de oferta e num grupo de procura, e que cada um deles tem um preço que interage com a procura e a oferta. Estes mercados – que são inúmeros – articulam-se entre si e formam um Grande Mercado Único [*One Big Market*] ([2]).

O ponto decisivo é o seguinte: o trabalho, a terra e o dinheiro são elementos essenciais da indústria; têm de ser, pois, também organizados em mercados, e, de facto, esses mercados são uma parte absolutamente vital do sistema económico. Mas o trabalho, a terra e a moeda não são, evidentemente, mercadorias: o postulado segundo o qual qualquer coisa que seja comprada e vendida tem de ter sido produzida a fim de ser vendida é rotundamente falso no que se lhes refere. Por outras palavras, segundo a definição empírica de mercadoria, não são mercadorias. O trabalho é somente outro nome de uma atividade humana que acompanha a própria vida, a qual, por seu turno, não é produzida para venda, mas por razões inteiramente diferentes, acrescendo que a atividade em causa não pode ser desligada do resto da vida, para ser armazenada ou mobilizada; a terra é somente outro nome que damos à natureza, que não é produzida pelo homem; a moeda efetivamente existente, enfim, é tão-só um símbolo do poder de compra, o qual, em regra, não é produzido, mas resulta de uma criação da banca ou das finanças do Estado. Nenhum dos três elementos – trabalho, terra, moeda – é, portanto, produzido para venda: a sua descrição como mercadorias é inteiramente fictícia.

É, contudo, por meio dessa ficção que se organizam na realidade os mercados do trabalho, da terra e da moeda([3]): estes são de facto comprados e vendidos no mercado; a sua procura

---

([2]) G.R. Hawtrey, *op. cit.* Segundo Hawtrey, a sua função é tornar «coerentes entre si os valores no mercado de todas as mercadorias».

([3]) A descrição que Marx faz do caráter fetichista do valor das mercadorias refere-se ao valor de troca das verdadeiras mercadorias e nada tem a ver com as mercadorias fictícias aqui mencionadas.

e a sua oferta traduzem-se em grandezas reais, e quaisquer medidas ou políticas que inibam a formação destes mercados poriam *ipso facto* em perigo a regulação do sistema. A ficção da mercadoria fornece, portanto, um princípio organizador fundamental no que se refere ao conjunto da sociedade e afetando a quase totalidade das instituições dos modos mais variados – trata-se, por outras palavras, do princípio em cujos termos não deve ser permitida a existência de qualquer dispositivo ou comportamento que possa impedir o funcionamento efetivo do mecanismo do mercado de acordo com a ficção da mercadoria.

Pois bem, é impossível validar este postulado reportando-o ao trabalho, à terra e à moeda. Permitir que seja exclusivamente o mecanismo do mercado a governar o destino dos seres humanos e o seu meio natural, ou até mesmo, na realidade, a determinar o montante e a utilização do poder de compra, teria por resultado a destruição da sociedade. Porque a pretensa mercadoria «força de trabalho» não pode ser manejada, aplicada de qualquer maneira ou deixada até por utilizar, sem que isso afete também o indivíduo que é o portador dessa mercadoria. Dispondo da força de trabalho de um homem, o sistema disporia, por inerência, da entidade física, psicológica e moral «homem» associada a essa força. Despojados da proteção das instituições culturais, os seres humanos pereceriam, vítimas dos efeitos da sua exposição à sociedade; morreriam devido à desagregação social extrema causada pelo vício, o crime e a fome. A natureza ver-se-ia reduzida aos seus elementos, o meio circundante e as paisagens seriam vítimas da contaminação, os cursos de água seriam devastados pela poluição, a segurança militar estaria comprometida, a capacidade de produção de alimentos e matérias-primas sucumbiria à destruição. Finalmente, a administração do poder de compra pelo mercado submeteria as empresas comerciais a liquidações periódicas, uma vez que a alternância da escassez e do excesso de moeda teria sobre o comércio efeitos tão desastrosos como as inundações e as secas sobre as sociedades primitivas. Os mercados do trabalho, da terra e da moeda são, evidentemente, essenciais na economia de mercado. Mas nenhuma sociedade seria capaz de suportar, ainda que pelo mais breve período de tempo, os efeitos de um sistema assim, baseado em ficções grosseiras, se tanto a sua substância humana e natural como a sua organização comercial não fossem protegidas contra as devastações do moinho satânico. O caráter extremamente artificial da economia de mercado radica no facto de o próprio processo de produção ser aqui organizado na forma da compra e da venda. Não é possível qualquer outra organização da produção para o mercado numa sociedade comercial([4]). Durante a Idade Média tardia, a produção industrial destinada à exportação era organizada por burgueses ricos e levada a cabo sob a sua supervisão direta na sua cidade. Posteriormente, na sociedade mercantilista, a produção era organizada por mercadores e já não se restringia às cidades; foi a época do *putting out* ou sistema doméstico, em que o mercador-fabricante capitalista fornecia as matérias-primas, controlando o processo de produção como uma simples empresa comercial. Foi então que a produção industrial passou claramente e em larga escala a ser organizada e dirigida pelo mercador. Este conhecia o mercado, o volume e também a qualidade da procura, ao mesmo tempo que podia também garantir os fornecimentos, que, de resto, eram sobretudo de lã, pastel e, por vezes, de teares e máquinas usados pela indústria caseira. Quando os fornecimentos falhavam, era o trabalhador caseiro o mais atingido, pois ficava de momento desempregado – mas, dado que não havia instalações dispendiosas, o mercador-fabricante não assumia riscos graves ao assumir a responsabilidade da produção. Durante séculos o sistema desenvolveu-se e expandiu-se, acabando, num país como a Inglaterra, por cobrir vastas zonas do país, nas quais a indústria dos teares era organizada pelos mercadores de panos. Consideremos que o comerciante que comprava e vendia era o mesmo que se encarregava de fazer funcionar a produção, o que não implicava a intervenção de motivações distintas. Assim, a criação de bens não implicava a atitude de reciprocidade que caracteriza o auxílio mútuo, nem a preocupação do chefe de família por aqueles que estão a seu cargo, nem o orgulho que o artesão extrai do exercício da sua

---

([4]) W. Cunningham, «Economic Change», in *Cambridge Modern History*, vol. I.

arte, nem as satisfações decorrentes da boa reputação – bastava a simples motivação do lucro, tão bem conhecida por aquele cuja profissão consiste em comprar e vender. Até finais do século XVIII, a produção industrial na Europa Ocidental era um mero prolongamento do comércio.

Enquanto a máquina permaneceu um instrumento pouco dispendioso e pouco especializado, estas condições mantiveram-se. O simples facto de o artesão das zonas rurais poder produzir em sua casa maiores quantidades em menos tempo do que antes poderia incentivá-lo a servir-se de máquinas para aumentar os seus proventos, mas não afetava necessariamente a organização da produção. A circunstância de as máquinas pouco dispendiosas serem propriedade do trabalhador ou do negociante fazia alguma diferença no que se refere à posição social das partes e, quase certamente, nos rendimentos conseguidos pelo trabalhador, cuja situação melhorava no caso de ser proprietário dos instrumentos de trabalho – mas isso não obrigava o negociante a tornar-se um capitalista industrial, nem a não fazer mais do que emprestar dinheiro a quem o fosse. O escoamento dos bens raramente era interrompido; a principal dificuldade continuava a dizer respeito à disponibilidade das matérias-primas que, por vezes, inevitavelmente, escasseavam. Mas, até mesmo em tais casos, as perdas do negociante proprietário das máquinas não eram substanciais. Não foi o advento da máquina enquanto tal, mas a invenção de maquinaria e instalações mais complexas e, portanto, também mais especializadas, o que transformou por completo a relação do negociante com a produção. Embora a nova organização do processo produtivo fosse introduzida pelo comerciante – facto que determinaria todo o curso da transformação –, a utilização de maquinaria e instalações mais complexas acarretou o desenvolvimento do sistema de fábrica e causou uma inversão decisiva nos termos da importância relativa do comércio e da indústria, passando a beneficiar a segunda. A produção industrial deixou de ser um prolongamento do comércio organizado pelo negociante como uma empresa de compra e venda, e passava a implicar agora um investimento a longo prazo, com todos os riscos que essa operação traz consigo. E estes riscos não eram suportáveis, a menos que a constância da produção pudesse ser razoavelmente garantida.

Mas quanto mais complexa se tornava a produção industrial, mais numerosos eram os elementos da indústria cuja provisão tinha de ser salvaguardada. Três de entre os referidos elementos eram, sem dúvida, da maior importância: o trabalho, a terra e a moeda. Numa sociedade comercial a sua provisão só podia ser organizada de uma maneira: tornando-os uma oferta disponível para a compra. Era, portanto, necessário organizá-los com vista à venda no mercado – ou, por outras palavras, enquanto mercadorias. A extensão do mecanismo do mercado aos elementos da indústria – trabalho, terra e moeda – foi a consequência inevitável da introdução do sistema da fábrica numa sociedade comercial. Era necessário que os elementos da indústria fossem postos à venda.

Isso significava simplesmente a necessidade de um sistema de mercado. Sabemos que, num sistema semelhante, os lucros só estão assegurados se a autorregulação for garantida por mercados concorrenciais interdependentes. Uma vez que o desenvolvimento do sistema da fábrica fora organizado como parte de um processo de compra e venda, o trabalho, a terra e a moeda tinham de ser, por conseguinte, transformados em mercadorias a fim de que a produção pudesse continuar. Sem dúvida, não era possível transformá-los por completo em mercadorias, pois, com efeito, não eram elementos produzidos para serem vendidos no mercado. Mas a ficção que queria que assim fosse tornou-se o princípio de organização da sociedade. De entre os três elementos, há um que se destaca: o *trabalho* é o termo técnico que designa os seres humanos quando estes não são empregadores, mas empregados – daí que a organização do trabalho devesse passar a transformar-se concomitantemente com a organização do sistema do mercado. Mas, como a organização do trabalho é só uma outra maneira de dizer as formas de vida das pessoas comuns, isso significa que o desenvolvimento do sistema de mercado teve de ser acompanhado por uma transformação na organização da própria sociedade. A sociedade humana tornara-se em toda a linha um prolongamento do sistema económico.

Retomemos o paralelo que definimos entre as devastações causadas pelas vedações na história de Inglaterra e a catástrofe social que se seguiu à Revolução Industrial. As beneficiações, dizíamos nós, têm geralmente por preço a desagregação social. Se o ritmo da desagregação for demasiado rápido, a comunidade sucumbirá ao processo. Os Tudors e os primeiros Stuarts pouparam a Inglaterra ao destino de Espanha regulando o curso da mudança de modo a torná-lo suportável e a canalizar os seus efeitos para vias menos destrutivas. Mas nada poupou o povo comum de Inglaterra ao impacto da Revolução Industrial. Uma fé cega no progresso espontâneo apoderou-se dos espíritos e foi com um fanatismo de sectários que os mais esclarecidos de entre eles se mobilizaram ao serviço de uma transformação ilimitada e desregulada da sociedade. Os terríveis efeitos sobre a existência das populações desafiam a descrição. A verdade é que a sociedade humana poderia ter sido aniquilada se não interviessem os contramovimentos defensivos que refrearam a ação do mecanismo autodestrutivo.

A história social do século XIX foi assim o resultado de um duplo movimento: a extensão da organização do mercado no que se referia às verdadeiras mercadorias foi acompanhada por restrições relativas às mercadorias fictícias. Enquanto, por um lado, os mercados alastraram por toda a face da Terra e as quantidades de bens que neles circulavam atingiam dimensões inimagináveis, intervejo, por outro lado, uma série de medidas e decisões políticas que foram a origem de instituições poderosas que visavam controlar a ação do mercado sobre o trabalho, a terra e a moeda. Enquanto a organização de mercados mundiais para as mercadorias, os capitais e as divisas, sob a égide do padrão-ouro, imprimia um impulso incomparável aos mecanismos do mercado, irrompeu a partir de um nível profundo um movimento de resistência aos efeitos funestos de uma economia controlada pelo mercado. A sociedade protegia-se contra os perigos inerentes a um sistema de mercado autorregulado – e tal foi uma tendência geral da história da época.

CAPÍTULO VII

Speenhamland, 1795

A sociedade do século XVIII resistiu inconscientemente a todas as tentativas que visavam transformá-la em simples apêndice do mercado. Não era concebível uma economia de mercado que não incluísse um mercado do trabalho – mas instaurar esse mercado, sobretudo na civilização rural de Inglaterra, implicava nada menos do que a destruição da estrutura tradicional da sociedade. Durante o período mais ativo da Revolução Industrial, entre 1795 e 1834, a criação de um mercado de trabalho em Inglaterra foi entravada pela Lei de Speenhamland.

O mercado do trabalho foi, com efeito, o último a ser organizado sob as condições do novo sistema industrial, e a sua última etapa só foi transposta depois de a economia de mercado estar pronta a entrar em funcionamento e depois de a ausência de um mercado do trabalho se revelar um mal maior para os membros da população comum do que as calamidades que acompanhavam a sua introdução. A liberdade do mercado de trabalho, a despeito de todos os métodos inumanos utilizados na sua criação, acabou por revelar-se financeiramente vantajosa para todos os interessados.

E contudo foi só então que o problema decisivo se tornou manifesto. As vantagens económicas de um mercado do trabalho livre não podiam dissimular a destruição social que aquele causara. Foi necessário introduzir uma regulamentação de tipo novo que tornasse a proteger o trabalho – desta feita, contra o próprio funcionamento do mecanismo do mercado. Embora as novas instituições de proteção – como os sindicatos e a legislação sobre as fábricas – tenham sido adaptadas na medida do possível às exigências do mecanismo económico, nem por isso deixavam de interferir na sua autorregulação, acabando, em última análise, por significar a destruição do sistema.

Nos termos da lógica do conjunto desta evolução, a Lei de Speenhamland ocupou uma posição estratégica.

Em Inglaterra, a terra e a moeda foram mobilizados primeiro que o trabalho. Este último estava impedido de formar um mercado nacional por restrições estritas de ordem jurídica, relativas à sua mobilidade física, uma vez que o trabalhador (*laborer*) se encontrava praticamente adstrito à sua paróquia. O Act of Settlement (Ato de Residência) de 1662(*), que fixava as regras da chamada «servidão paroquial», só veria atenuadas as suas disposições em 1795. Estas alterações teriam tornado possível a instauração de um mercado do trabalho nacional, se no mesmo ano não tivesse sido adotada também a Lei de Speenhamland ou «sistema de assistência» (*allowance system*). Esta última lei apontava no sentido oposto, estipulando um reforço importante do sistema paternalista de organização do trabalho, na linha do legado dos Tudors e dos Stuarts. A 6 de maio de 1795, num período de grande pobreza generalizada, os juízes do Berkshire, reunidos na Pelican Inn, em Speenhamland, nas imediações de Newbury, decidiram a criação de subsídios complementares dos salários, a distribuir segundo uma tabela indexada ao preço do pão, de maneira a garantir aos pobres *um rendimento mínimo que não dependesse dos seus ganhos*. A célebre recomendação dos magistrados era do seguinte teor: se um pão de oito libras e onze onças de certa qualidade «custar 1 xelim, cada pessoa pobre e industriosa receberá um abono de 3 xelins por semana, assegurados ou pelo seu trabalho ou o da sua família, ou por um subsídio pago através do imposto para os pobres, e para o sustento da sua família 1 xelim e 6 dinheiros;

(*) Também conhecido por Poor Relief Act (*N. T.*).

se o pão custar 1 xelim e 6 dinheiros, receberá 4 xelins por semana, mais 1 xelim e 10 dinheiros; por cada dinheiro [*penny*] que o preço do pão aumente acima de 1 xelim, receberá 3 dinheiros para a sua pessoa e 1 dinheiro para os restantes». Os números variavam ligeiramente segundo os condados, mas a tabela de Speenhamland seria adotada na maior parte dos casos. Tratava-se de uma medida de urgência, adotada a título informal. Embora habitualmente citada como «lei», *a tabela assim definida nunca foi votada*. E contudo, tornou-se uma verdadeira lei do país na maior parte das zonas rurais e, também, mais tarde, nalgumas cidades fabris: seja como for, introduziu na realidade uma inovação que consistia em nada menos do que a afirmação de um «direito à vida», e até ser abolida em 1834 impediu de facto a instauração de um mercado do trabalho concorrencial. Dois anos antes da abolição, em 1832, a classe média avançara no caminho do poder, tendo em parte como objetivo remover esse obstáculo à nova economia capitalista. Com efeito, nada podia ser mais evidente do que o facto de o sistema salarial requerer em termos imperativos a anulação do «direito à vida» tal como fora formulado em Speenhamland – no novo regime do homem económico, ninguém trabalharia em troca de um salário se lhe fosse possível ganhar a vida sem nada (ou quase nada) fazer.

Um outro aspeto da revogação das disposições de Speenhamland foi menos aparente aos olhos da maior parte dos autores do século XIX: referimo-nos ao facto de o sistema salarial dever ser universalizado também no interesse dos próprios assalariados, ainda que essa universalização os privasse da possibilidade legal de reclamarem meios de subsistência. O «direito à vida» revelara-se, para eles, uma armadilha mortal.

O paradoxo não era mais do que uma aparência. Em princípio, Speenhamland significava que a Lei dos Pobres deveria ser aplicada com liberalidade – mas, na prática, funcionou contrariando as intenções originais. Nos termos da lei isabelina, os pobres eram obrigados a trabalhar em troca de qualquer salário que se lhes proporcionasse e só os que não conseguiam trabalho podiam reclamar assistência – mas não fora prevista nem seria concedida qualquer assistência na forma de *complemento do salário*. Com a Lei de Speenhamland, o pobre tinha direito à assistência ainda que estivesse empregado, na condição de o seu salário ser inferior ao rendimento familiar garantido que a tabela lhe atribuía. Portanto, o trabalhador não tinha qualquer interesse financeiro em satisfazer o seu patrão, pois o seu rendimento seria o mesmo independentemente do salário que recebesse – o caso só mudava de figura quando o salário corrente, o salário efetivamente pago, excedia o valor fixado na tabela; mas estava longe de ser essa a situação vigente nos campos, uma vez que o patrão tinha facilidade em conseguir trabalho quase a troco de qualquer salário: por reduzido que fosse o salário que pagasse, o subsídio financiado pelo imposto para os pobres assegurava ao trabalhador o nível de rendimento tabelado. No prazo de poucos anos, a produtividade do trabalho baixava para o nível da dos indigentes, o que proporcionava aos patrões mais uma razão para não aumentarem os salários, tornando-os mais elevados do que o rendimento que a tabela fixava. Com efeito, a partir do momento em que a intensidade, a eficácia e o cuidado postos no trabalho desciam abaixo de certo nível, o trabalho tornava-se um «embuste», uma aparência de trabalho destinada a observar as conveniências. Embora, em princípio, o trabalho continuasse a ser uma obrigação imposta, a assistência no local de residência generalizava-se e, até mesmo quando nos casos em que a assistência se verificava no asilo, a atividade imposta aos assistidos quase não justificava o nome de trabalho. Portanto, o abandono da legislação Tudor desembocava não em menos, mas em mais paternalismo. A extensão da assistência no local de residência, a introdução de complementos salariais, incluindo subsídios à parte para a mulher e para os filhos, a oscilação dos seus montantes segundo as variações do preço do pão, correspondiam a uma impressionante reentrada, em relação ao trabalho, desse mesmo princípio de regulação que, entretanto, estava a ser rapidamente eliminado do conjunto da vida industrial.

Nunca houve medida mais popular([1]). Os pais eram aliviados do cuidado dos seus filhos, e estes deixavam de depender

---

([1]) H. O. Meredith, *Outlines of the Economic History of England*, 1908.

dos pais; os patrões podiam reduzir facilmente os salários e os trabalhadores viam-se a salvo da fome, quer se esforçassem, quer se mostrassem indolentes; os humanitaristas aplaudiram a medida como um ato de compaixão – se não de justiça –, e os egoístas regozijaram-se, vendo que, por misericordiosa que fosse, a medida não era demasiado generosa, e os próprios contribuintes só lentamente compreenderam o que implicaria do ponto de vista dos impostos um sistema que estatuía o «direito à vida» independentemente de cada um ganhar ou não um salário destinado a assegurar a sua subsistência.

A prazo, no entanto, o resultado foi assustador. Embora tivesse sido necessário algum tempo para diminuir o amor-próprio do homem comum a ponto de o levar a preferir viver da assistência aos pobres a ganhar um salário, o seu salário, subsidiado pelos fundos públicos, desceu de tal modo que o reduzia, em qualquer caso, a viver à custa dos contribuintes. Pouco a pouco, as populações dos campos empobreciam, e a verdade era a que formulava a sentença corrente: «às sopas do imposto um dia; às sopas do imposto para sempre». Sem ter em conta o efeito prolongado do sistema de assistência, seria impossível explicar a degradação social e humana dos primeiros tempos do capitalismo.

O episódio de Speenhamland revelou à população do país que era a maior potência do século a verdadeira natureza da aventura social em que os seus membros estavam a embarcar. Nem os governantes nem os governados esqueceram alguma vez as lições dessa ilusória experiência paradisíaca: se a Reform Bill, que reformou a lei eleitoral em 1832, e a Poor Law Amendment Bill, que emendou a Lei os Pobres em 1834, são habitualmente considerados o ponto de partida do capitalismo moderno, isso deve-se ao facto de terem posto termo ao reinado do proprietário de terras benevolente e ao seu sistema de assistência. A tentativa de criação de uma ordem capitalista sem um mercado do trabalho falhara desastrosamente. As leis que governavam a ordem capitalista tinham-se afirmado e revelado o seu antagonismo radical perante o princípio do paternalismo. O rigor dessas mesmas leis tornara-se claro e a sua violação acarretava uma cruel punição dos infratores.

Durante o período de Speenhamland, operavam na sociedade duas influências opostas: uma era inspirada pelo paternalismo e visava proteger o trabalho dos perigos do sistema de mercado; a outra organizava os elementos da produção, entre os quais se incluía a terra, num sistema de mercado, e, portanto, despojando os membros comuns da população dos seus anteriores estatutos, forçava-os a ganhar a vida oferecendo e vendendo no mercado a sua força de trabalho, ao mesmo tempo que privava o seu trabalho do seu valor no mercado. Estava a ser criada uma nova classe de patrões, mas não era possível que se constituísse por si só a nova classe de trabalhadores correspondente. Uma outra gigantesca vaga de vedações mobilizava a terra e produzia um proletariado rural, enquanto a «má aplicação da Lei dos Pobres» o impedia de ganhar a vida por meio do seu trabalho. Não é de surpreender que os contemporâneos se sentissem aterrados perante a contradição manifesta entre um aumento quase miraculoso da produção e o crescimento das massas quase reduzidas a morrer de fome. Por volta de 1834, era convicção generalizada – e convicção apaixonada de muitos espíritos atentos – que qualquer coisa seria preferível a manter em vigor a Lei de Speenhamland. Seria necessário ou destruir as máquinas, como os luditas tinham tentado fazer, ou criar um mercado do trabalho regular. E a humanidade viu-se assim forçada a tomar o caminho de uma experiência utópica.

Não podemos alargar-nos aqui sobre a economia de Speenhamland – teremos ocasião de o fazer mais adiante. Aparentemente, o «direito à vida» deveria ter eliminado também o trabalho assalariado. O salário padrão deveria ter baixado gradualmente, descendo até ao zero e transferindo assim para a paróquia a totalidade do seu pagamento – o que teria tornado patente o caráter absurdo das medidas tomadas. Mas tudo se passava numa época essencialmente pré-capitalista, em que o povo comum conservava uma mentalidade tradicional, estando muito longe de se guiar apenas por motivações monetárias. A maior parte dos habitantes dos campos, rendeiros vitalícios ou simples trabalhadores, preferia qualquer tipo de existência ao estatuto de pobre, até mesmo antes de esse estatuto ter passado a implicar incapacidades humilhantes e penosas, como viria mais tarde a acontecer. Se os trabalhadores tivessem tido a liberdade de se associar para defender os seus interesses, o sistema dos subsídios teria tido, evidentemente, um efeito contrário sobre a generalidade dos salários: porque a ação sindical teria sido amplamente reforçada pela assistência aos desempregados estipulada por uma aplicação tão liberal da Lei dos Pobres. Daqui podemos inferir que a intervenção paternalista de Speenhamland terá preludiado as leis contra as associações (Anti-Combination Laws), que lhe são posteriores, e sem as quais Speenhamland poderia ter tido por efeito o aumento e não a descida dos salários. Conjugada com as Anti-Combination Laws, que durante um quarto de século não seriam revogadas, a solução de Speenhamland teve por resultado irónico que o apoio financeiro ao «direito à vida» acabaria por contribuir para arruinar aqueles que explicitamente se destinava a proteger.

Para as gerações posteriores, nada poderia ser mais manifesto do que a incompatibilidade mútua de instituições como o sistema salarial e o «direito à vida», ou, por outras palavras, do que a impossibilidade de funcionamento de uma ordem capitalista enquanto os salários proviessem de fundos públicos. Mas os contemporâneos não compreendiam a ordem a que estavam a abrir caminho. Só quando se seguiu uma grave deterioração da capacidade produtiva das massas – uma verdadeira calamidade nacional que obstruía o progresso da civilização mecânica – se impôs à consciência da comunidade a necessidade de abolir o direito incondicional dos pobres à assistência. A economia complexa de Speenhamland ultrapassava a compreensão até mesmo dos observadores mais competentes da época, mas nem por isso se afirmava menos fortemente a conclusão de que os subsídios complementares do salário eram intrinsecamente perversos, uma vez que miraculosamente lesavam aqueles que os recebiam.

As ratoeiras do sistema de mercado não eram imediatamente percetíveis. Para nos darmos bem conta do facto, teremos de distinguir entre as várias vicissitudes a que os membros da população trabalhadora se viram expostos em Inglaterra devido ao advento das máquinas: primeiro, as do período de Speenhamland, entre 1795 e 1834; depois, as provações causadas pela reforma da Lei dos Pobres, na década que se seguiu a 1834; enfim, os efeitos deletérios do mercado do trabalho concorrencial a partir de 1834, até ao momento em que, em 1870, o reconhecimento dos sindicatos introduziu um elemento de proteção suficiente. Em termos cronológicos, Speenhamland antecedeu a economia de mercado; a década da reforma da Lei dos Pobres foi uma etapa transitória rumo a essa economia; o terceiro período – que, em parte, se sobrepõe ao anterior – foi o da economia de mercado propriamente dita.

Os três períodos diferem nitidamente. Speenhamland visava impedir a proletarização do povo comum ou, pelo menos, retardá-la. O resultado foi simplesmente a pauperização das massas, fazendo com que estas quase perdessem a sua forma humana no decorrer do processo.

A reforma da Lei dos Pobres de 1834 eliminou o obstáculo à instauração do mercado do trabalho: foi abolido o «direito à vida». A crueldade científica desta reforma foi tão chocante para a sensibilidade pública das décadas de 1830 e 1840 que a veemência dos protestos contemporâneos impediu que a posteridade fizesse uma ideia clara do problema. É verdade que muitos dos mais pobres foram abandonados à sua sorte ao ser-lhes retirada a assistência no local de residência – e entre os que mais sofreram contaram-se os «pobres dignos», demasiado orgulhosos para se refugiarem no asilo [*workhouse*], que viam como uma residência infamante. Em toda a história moderna talvez não tenha havido reforma social mais impiedosa: a pretexto de estabelecer um critério de autêntica necessidade por meio do asilo, desfez um número imenso de vidas humanas. A tortura psicológica foi friamente advogada e expeditamente posta em prática por filantropos compassivos que viam nela uma maneira de lubrificar as engrenagens do moinho do trabalho. Todavia, o grosso das queixas resultava, de facto, da súbita brutalidade da eliminação de uma instituição antiga, fazendo com que lhe sucedesse uma transformação radical. Disraeli denunciou esta «revolução inconcebível» suscitada na vida das pessoas. Apesar disso, se quisesse levar-se em conta somente os rendimentos monetários, teria de se admitir que as condições de existência da população tinham melhorado.

Os problemas do terceiro período foram incomparavelmente mais profundos. As atrocidades burocráticas perpetradas sobre os pobres ao longo da década que se seguiu a 1834 pelas novas autoridades centralizadas instituídas pela reforma da Lei dos Pobres não passaram de realidades esporádicas e insignificantes por comparação com os efeitos maciços da mais poderosa de todas as instituições modernas, o mercado do trabalho. A sua ameaça assemelhava-se à representada por Speenhamland, mas com a diferença de vulto de ser agora a presença de um mercado do trabalho concorrencial, e não a sua ausência, a origem da ameaça. Se Speenhamland impedira a emergência de uma classe trabalhadora, agora os pobres postos a trabalhar transformavam-se nessa classe sob a pressão de um mecanismo insensível. Se no regime de Speenhamland os seres humanos tinham sido ajudados como animais sem grande valor, esperava-se agora que se ajudassem a si próprios, numa situação em que tudo jogava contra eles. Se Speenhamland significava a miséria da degradação sob tutela, agora o trabalhador era um membro sem abrigo na sociedade. Se Speenhamland exagerara os valores da proximidade, da família e do quadro rural, agora o homem, arrancado ao seu lar e aos seus laços familiares, perdia por completo as suas raízes e qualquer meio que o apoiasse. Numa palavra, se Speenhamland era a estagnação da imobilidade, o perigo era agora a exposição à intempérie.

Não existiu em Inglaterra um mercado concorrencial de trabalho antes de 1834, pelo que não se pode dizer que o capitalismo industrial existisse antes dessa data como sistema social. No entanto, a autoproteção da sociedade interveio quase simultaneamente: as leis sobre as fábricas e a legislação social, bem como um movimento político e sindical da classe trabalhadora, não se fizeram esperar. Foi nesta tentativa de combater os perigos inteiramente novos do mecanismo do mercado que a ação de proteção social iniciada entrou inevitavelmente em conflito com a autorregulação do sistema. Não é exagerado sustentar que a história social do século XIX foi determinada pelo sistema de mercado propriamente dito, tal como se instaurou pela reforma da Lei dos Pobres de 1834. O ponto de partida desta dinâmica foi a Lei de Speenhamland.

Ao sugerirmos que a análise de Speenhamland é a análise do nascimento da civilização do século XIX, não são apenas os seus efeitos sociais e económicos que temos presentes, nem tão- -pouco a influência determinante desses efeitos na história política contemporânea, mas também o facto, em grande medida ignorado pela geração atual, de ser em Speenhamland que encontramos o molde que definiu a nossa consciência social. A figura do indigente, entretanto quase esquecida, dominou um debate cujas marcas persistentes são tão fortes como as dos acontecimentos históricos mais espetaculares. Se a Revolução Francesa foi devedora do pensamento de Voltaire e de Diderot, de Rousseau e de Quesnay, o debate sobre a Lei dos Pobres formou os espíritos de Bentham e Burke, de Godwin e de Malthus, de Ricardo e de Marx, de Robert Owen e de John Stuart Mill, de Darwin e de Spencer, que partilham com a Revolução Francesa a paternidade espiritual da civilização do século XIX. Durante as décadas que se seguiram a Speenhamland e à reforma da Lei dos Pobres, o espírito dos homens tomou por objeto a sua comunidade com uma preocupação marcada por uma ansiedade nova: a revolução, que os juízes do Berkshire tinham tentado em vão refrear e que a reforma da Lei dos Pobres permitira enfim que se desencadeasse, fez com que os homens olhassem a sua própria existência coletiva como se até então a tivessem ignorado. Tratava-se da descoberta de um mundo de cuja existência não se suspeitara sequer – o mundo das leis que governam uma sociedade complexa. Embora a emergência da sociedade neste sentido novo e distintivo tenha começado por ocorrer no campo económico, o seu alcance era de ordem universal.

A forma sob a qual a realidade nascente entrou na consciência foi a da economia política. As suas regularidades surpreendentes, as suas contradições inquietantes teriam de ser integradas nos esquemas da filosofia e da teologia, a fim de poderem ser assimiladas em termos de sentido humano. Os factos obstinados e as inexoráveis leis brutais que pareciam abolir a nossa liberdade teriam, de uma maneira ou de outra, de ser conciliados com a liberdade. Tal era o principal impulso das forças metafísicas que secretamente alimentavam positivistas e utilitaristas. As esperanças sem freio e o desespero ilimitado que sondavam regiões de possibilidades humanas ainda por explorar eram a resposta ambivalente do espírito às limitações impostas pelo presente. A esperança – com a sua conceção da perfetibilidade – destilava-se a partir do pesadelo das leis dos salários e da população, e encarnava numa ideia de progresso tão arrebatadora que parecia justificar a enorme e dolorosa desagregação em curso. Mas o desespero revelar-se-ia um agente de transformação ainda mais potente.

O homem via-se forçado a resignar-se à perdição secular: estava condenado ou a interromper a procriação da sua espécie ou a condenar-se conscientemente a perecer por meio da guerra e da doença, da fome e do vício. A miséria era a natureza que sobrevivia no interior da sociedade, e o facto de a questão da quantidade limitada dos recursos alimentares e do número sem limites da população dos humanos se colocar no preciso momento em que caía sobre nós a promessa de um crescimento ilimitado da riqueza servia apenas para tornar a ironia mais amarga.

Foi assim que a descoberta da sociedade passou a integrar-se no universo espiritual do homem; mas como é que a sociedade, essa realidade nova, se traduziria nos termos da vida quotidiana? Os princípios morais da harmonia e do conflito como guias práticos foram redefinidos por uma pressão extrema e introduzidos à força num modelo com o qual estavam em contradição declarada. A harmonia era intrínseca à economia, dizia-se, porque os interesses do indivíduo e os da comunidade eram, em última instância, idênticos – mas esta autorregulação harmoniosa exigia que o indivíduo respeitasse as leis económicas, mesmo no caso de elas o destruírem. O conflito, do mesmo modo, parecia intrínseco à economia, na forma de competição entre os indivíduos ou na forma de luta de classes – mas, uma vez mais, esse conflito parecia ser o único veículo de uma harmonia imanente na sociedade atual ou, talvez, futura.

O pauperismo, a economia política e a descoberta da sociedade estavam intimamente associados. O pauperismo chamava a atenção para o facto incompreensível de a pobreza parecer acompanhar a abundância. Mas isto era apenas o primeiro dos paradoxos desconcertantes com que a sociedade industrial confrontaria o homem contemporâneo. Este entrara na sua nova morada pela porta da economia, e essa circunstância fortuita envolvia a época numa aura materialista. Para Ricardo e para Malthus, nada parecia mais real do que os bens materiais. As leis do mercado significavam para eles os limites das possibilidades humanas. Godwin acreditava, por seu turno, que essas possibilidades eram ilimitadas e, por isso, tinha de negar as leis do mercado. Que as possibilidades humanas fossem limitadas, não pelas leis do mercado, mas pelas da sociedade, tal era a descoberta reservada a Owen que, só ele, soube discernir, sob o véu da economia de mercado, a realidade emergente da sociedade. E todavia, essa intuição continuou a ser posta de lado durante mais um século.

Entretanto, foi por referência ao problema da pobreza que começou a pôr-se a questão do sentido da vida numa sociedade complexa. A introdução da economia política no reino do universal fez-se segundo duas perspetivas opostas: a do progresso e da perfetibilidade, por um lado, a do determinismo e da condenação, por outro – e a sua tradução na prática far-se-ia também em duas direções contrárias: por um lado, através do princípio da harmonia e da autorregulação, e, por outro, através da competição e do conflito. O liberalismo económico e o conceito de classe foram prefigurados por estas contradições. Com a evidência de um facto elementar, introduzia-se na nossa consciência um novo conjunto de ideias.

CAPÍTULO VIII

Antecedentes e Consequências

O sistema de Speenhamland foi, de início, apenas um expediente. Todavia, poucas instituições moldaram mais decisivamente do que ele o destino de toda uma civilização, ainda que a sua solução tivesse de ser posta de lado para que a nova época pudesse começar. Speenhamland foi o produto típico de um período de transição e o seu caso merece a atenção de todos os que pretendam analisar o estado presente dos assuntos humanos.

No sistema mercantilista, a organização do trabalho em Inglaterra assentava na Lei dos Pobres e no Estatuto dos Artesãos. Falar de Lei dos Pobres a propósito das leis aplicadas de 1536 a 1601 é reconhecidamente um equívoco: de facto, essas leis, com as emendas de que foram objeto, representavam metade do código do trabalho de Inglaterra, enquanto a outra metade correspondia ao Estatuto dos Artesãos de 1563. Este último ocupava-se dos empregados; a Lei dos Pobres, daqueles a que nós chamaríamos os desempregados e não-empregáveis (exceto os velhos e as crianças). Mais tarde, como vimos, acrescentaram-se a estas disposições o Act of Settlement de 1662 relativo à residência legal e restringindo em grande medida a mobilidade dos elementos da população. (A distinção precisa entre empregados, desempregados e não-empregáveis é, evidentemente, um anacronismo, uma vez que implica a existência de um moderno sistema salarial que continuaria a não existir por um período de cerca de mais 250 anos – usamos estes termos apenas para simplificar o esquema desta exposição muito geral.)

A organização do trabalho, segundo o Estatuto dos Artesãos, assentava em três pilares: a obrigação do trabalho, uma aprendizagem de sete anos e a fixação anual dos salários pelos funcionários da autoridade pública. A lei – devemos sublinhá-lo – aplicava-se tanto aos trabalhadores agrícolas como aos artesãos e vigorava tanto nas circunscrições rurais como nas cidades. Durante cerca de oitenta anos, o Estatuto foi rigorosamente aplicado – mais tarde, as cláusulas relativas aos aprendizes caíram parcialmente em desuso e foram limitadas aos ofícios tradicionais, deixando simplesmente de se aplicar nas novas indústrias, como a do algodão; as atualizações anuais do salário tendo em conta o custo de vida deixaram também de ser contempladas em grande parte do país depois da Restauração (1660). Formalmente, as cláusulas relativas aos salários foram revogadas apenas em 1813, e a regulamentação do período de aprendizado, em 1814. No entanto, em muitos aspetos, o aprendizado sobreviveu ao Estatuto e continua a ser ainda geralmente praticado nos ofícios qualificados de Inglaterra. A imposição da obrigação de trabalhar foi, nos campos, abandonada pouco a pouco. Mas podemos, em todo o caso, dizer que, durante os dois séculos e meio referidos o Estatuto dos Artesãos traçou as grandes linhas de uma organização nacional do trabalho baseada nos princípios da regulação e do paternalismo.

O Estatuto dos Artesãos foi, portanto, completado pelas Leis dos Pobres [Poor Laws], termo que pode ser para nós causa de grande confusão, uma vez que estamos habituados a entender como termos quase idênticos as palavras *poor* («pobres») e *pauper* («indigentes»). Na realidade, os nobres de Inglaterra consideravam pobres todas as pessoas que não beneficiassem de rendimentos suficientes para viver na ociosidade. Os «pobres» eram praticamente um sinónimo de «povo comum», e o «povo comum» incluía toda a gente exceto os membros da classe proprietária de terras (numa época em que era difícil até mesmo a um mercador bem sucedido adquirir bens fundiários). Assim, o termo «pobres» designava todas as pessoas necessitadas e qualquer pessoa que pudesse estar nessas condições. O que, evidentemente, incluía os indigentes, mas não só. Os idosos, os enfermos e os órfãos tinham de ser cuidados por uma sociedade que proclamava que no seu seio havia lugar para todos os cristãos. Mas, antes do mais, existiam os pobres fisicamente válidos, a que chamaríamos os desempregados, tidos como podendo ganhar a sua vida por meio do trabalho manual se houvesse em que empregá-los. A mendicidade era punida severamente; a vadiagem, no caso de reincidência, era um crime capital. A Lei dos Pobres de 1601 decretava que os pobres fisicamente válidos deviam ser postos a trabalhar de modo a obterem o seu sustento, sendo responsabilidade da paróquia assegurá-lo: o encargo da assistência era assim imputado abertamente à paróquia, à qual se concedia o poder de reunir os montantes necessários para o efeito através de impostos ou contribuições locais. Estes seriam cobrados aos proprietários ou locatários fundiários, fossem ricos ou não, de acordo com as rendas correspondentes às terras ou casas que ocupavam.

O Estatuto dos Artesãos e a Lei dos Pobres introduziram, combinando-se, aquilo a que poderíamos chamar um código do trabalho. Todavia, a Lei dos Pobres era administrada localmente. Cada paróquia – uma unidade muito pequena – tomava as suas próprias disposições no sentido de pôr a trabalhar os desempregados fisicamente válidos, de manter um asilo para os pobres, de garantir uma aprendizagem aos órfãos e crianças abandonadas, de prover ao enterro dos indigentes, editando, para esse efeito, a sua própria tabela tributária. A tarefa assumida pode parecer muito maior do que em muitos casos era. Muitas paróquias não tinham asilos; muitas mais ainda eram as que não tomavam disposições razoáveis para pôr a trabalhar os desempregados válidos; havia um sem fim de casos em que a relutância dos contribuintes locais, a indiferença dos supervisores e a dureza dos que lucravam com o pauperismo viciavam o funcionamento da lei. No entanto, de um modo geral, as cerca de dezasseis mil autoridades da aplicação da Lei dos Pobres no país lograram evitar a rutura e manter a integridade da estrutura social da vida das aldeias.

Mas a organização local da intervenção sobre o desemprego e da assistência aos pobres era uma anomalia manifesta no quadro de um sistema nacional de trabalho. Quanto mais variáveis eram as disposições locais de assistência à pobreza, maior era o risco que corria uma paróquia bem administrada de se ver afogada pela afluência de indigentes profissionais. A seguir à Restauração, o Act of Settlement and Removal destinou-se a proteger as paróquias «melhores» do afluxo de indigentes. Mais de um século depois, Adam Smith dirigia as suas invetivas contra essa lei, acusando-a de imobilizar a população e de impedir os seus membros de obterem uma ocupação útil, do mesmo modo que impedia o capitalista de poder contratar trabalhadores. Só valendo-se da boa vontade do magistrado local e das autoridades da paróquia um homem podia fixar-se noutra paróquia que não a sua: em qualquer outro lugar, arriscava-se a ser expulso, ainda que tivesse emprego e gozasse de boa reputação. O estatuto legal dos indivíduos impunha, portanto, à sua liberdade e igualdade limitações severas. Eram iguais perante a lei e tinham a liberdade de dispor da sua pessoa, mas não eram livres nem de escolherem a sua profissão ou a dos seus filhos, nem de se fixarem onde entendessem – sendo, além disso, obrigados a trabalhar. O conjunto dos dois grandes estatutos isabelinos e o Ato de Residência configurava ao mesmo tempo uma carta das liberdades do povo comum e a consagração da sua dependência.

A Revolução Industrial avançava já em pleno quando, em 1795, por pressão das necessidades da indústria, a lei de 1662 foi parcialmente revogada, a servidão paroquial abolida e restabelecida a mobilidade dos trabalhadores. Mas, como se sabe, exatamente no mesmo ano foi instaurada uma prática na aplicação da Lei dos Pobres que significava a inversão do princípio isabelino do trabalho compulsivo. Speenhamland assegurava o «direito à vida»: os subsídios complementares dos salários generalizaram-se e foram completados por abonos familiares – e todas estas disposições passavam a relevar da assistência no local de residência, deixando de acarretar o internamento do assistido num asilo. Por exígua que fosse a tabela que fixava os subsídios, estes permitiam assegurar uma subsistência, ainda que extremamente elementar. Estas medidas equivaliam a um retomar da inspiração regulamentadora e do paternalismo mais exacerbado, no momento preciso em que, dir-se-ia, a máquina de vapor reclamava em alta voz a liberdade e as máquinas exigiam braços humanos. A Lei de Speenhamland coincidiu no tempo com a revogação do Ato de Residência. A contradição era visível: o Ato de Residência era posto de lado porque a Revolução Industrial exigia uma oferta de mão de obra disponível para vender a sua força de trabalho em troca de um salário, enquanto Speenhamland proclamava o princípio de que ninguém teria de recear a fome e que os necessitados, por pouco que ganhassem, e as suas famílias seriam sustentados pela paróquia. Havia uma contradição radical entre as duas políticas industriais – que seria de esperar senão uma monstruosidade social da sua aplicação simultânea e continuada?

Mas a geração de Speenhamland não tinha consciência do que vinha a caminho. Nas vésperas da maior revolução industrial da história, não houve prodígios que predissessem o futuro. O capitalismo chegou sem se fazer anunciar. Ninguém previra o desenvolvimento de uma indústria mecanizada e a sua emergência foi uma surpresa completa. Com efeito, a Inglaterra esperava havia algum tempo uma recessão permanente do comércio externo no momento em que os diques cederam, galgados por uma vaga irreprimível no sentido de uma economia planetária.

Todavia, antes da década de 1850 ninguém poderia ter a certeza do que se passava. A recomendação dos magistrados de Speenhamland explica-se pelo desconhecimento das consequências do processo a que assistiam. Retrospectivamente, poderá parecer que não só tentaram o impossível como o fizeram por meios cujo caráter internamente contraditório deveria ser percetível aos seus olhos. Na realidade, conseguiram o seu objetivo de proteger a aldeia contra a desagregação, embora as suas medidas tivessem tido efeitos absolutamente desastrosos noutras direções, que não previram. As medidas de Speenhamland foram o resultado de uma fase concreta do desenvolvimento de um mercado da força de trabalho e devem ser compreendidas à luz da imagem que aqueles que estavam em posição de as tomar politicamente faziam da situação. Deste ponto de vista, o sistema dos subsídios surge como um meio concebido pelos proprietários de terras que visava evitar a desestabilização das condições locais – incluindo o pagamento de salários mais elevados – pressuposta pela aceitação de um mercado do trabalho livre à escala nacional.

A dinâmica de Speenhamland radicava nas circunstâncias que estiveram na origem das suas disposições. O aumento do pauperismo rural era o primeiro sintoma da convulsão iminente. Mas ninguém parece tê-lo pensado na época. A relação entre a miséria rural e o impacto do comércio mundial estava muito longe de ser evidente. Os contemporâneos não viam razões que lhes permitissem associar o número dos pobres de uma aldeia ao desenvolvimento do comércio nos Sete Mares. O inexplicável aumento do número de pobres era atribuído aos métodos de aplicação da Lei dos Pobres, não sem que houvesse alguns motivos para tanto. Na realidade, para lá das aparências, a sinistra extensão do pauperismo ligava-se diretamente a uma tendência de fundo da história económica geral. Essa ligação, no entanto, não era à época facilmente percetível. Muitos autores investigaram as vias através das quais os pobres apareciam nas aldeias, e é impressionante a quantidade e a diversidade das razões invocadas para explicar a sua presença. Só muito raros autores, em todo o caso, apontaram na época os sintomas que preludiavam essa desagregação que nos habituámos a associar à Revolução Industrial. Até 1785, a opinião pública inglesa não tomou consciência de qualquer transformação de fundo em curso na vida económica – exceto, sem dúvida, o crescimento irregular do comércio e o aumento do pauperismo.

De onde vêm os pobres? – tal era a pergunta feita numa profusão de panfletos que se foram multiplicando com o andar do século. Não seria de esperar que encontrássemos traçada uma distinção precisa entre as causas do pauperismo e os meios de o combater numa literatura animada pela ideia de que, se fosse possível atenuar os estragos mais percetíveis do pauperismo, este acabaria por desaparecer por completo. A grande diversidade das causas que explicavam o aumento de pauperismo era um ponto sobre o qual parecia haver acordo generalizado. Entre as causas invocadas, poderemos citar: a penúria cerealífera; os salários agrícolas excessivamente elevados, levando à subida dos preços dos produtos alimentares; os salários agrícolas demasiado baixos; os salários urbanos muito altos; a irregularidade do emprego nas cidades; o desaparecimento dos pequenos proprietários de terras independentes [*yeomanry*]; a inaptidão do operário da cidade para os trabalhos rurais; a relutância por parte dos agricultores perante a perspetiva de pagarem melhores salários; o medo que os proprietários de terras sentiam de ver diminuir o número de rendeiros caso os salários subissem; a incapacidade por parte do asilo de fazer concorrência às máquinas; a ausência de economia doméstica; os alojamentos sem condições; os regimes alimentares prescritos por preconceitos erróneos; a toxicomania. Havia autores que culpavam uma raça de ovinos demasiado grandes; outros assinalavam a necessidade de substituir os bois aos cavalos; outros ainda insistiam que se tornava urgente reduzir o número de cães. Havia os que sustentavam que os pobres deveriam comer menos pão, ou nenhum, enquanto outros argumentavam que, ainda que se alimentassem do «pão de melhor qualidade», isso «não devia ser uma acusação contra eles». Pensava-se que o chá arruinava a saúde de muitos dos pobres e que a «cerveja caseira» a poderia restabelecer – os defensores mais convictos desta tese vincavam que o chá não era melhor do que o álcool de pior qualidade. Quarenta anos mais tarde, Harriet Martineau ainda defende que o combate contra o pauperismo passava pela denúncia reiterada dos malefícios do chá([1]). É certo que vários autores lamentavam o desenraizamento causado pelas vedações, enquanto outros apontavam a deterioração do emprego rural acarretada pelas flutuações do setor manufatureiro. Mas, no conjunto, a impressão com que ficamos é a de que o pauperismo era visto como um fenómeno *sui generis*, uma enfermidade social gerada por uma variedade de razões, a maior parte das quais só passara a verificar-se devido ao facto de a Lei dos Pobres não ter sido aplicada de modo a remediar a situação.

([1]) H. Martineau, *The Hamlet*, 1833.

É quase certo que a verdadeira explicação está no facto de o pauperismo se ter agravado e os impostos aumentado devido àquilo a que hoje chamaríamos um desemprego invisível. Ora, esse facto não podia ser evidente numa época em que o emprego era, por seu turno e em geral, também invisível, como até certo ponto o sistema doméstico da indústria nos campos. Subsistem, todavia, certas questões: como explicar esse aumento dos números do desemprego e do subemprego? E porque é que os sinais das transformações iminentes no domínio da indústria escaparam até mesmo aos observadores mais atentos do período?

A explicação reside fundamentalmente nas flutuações excessivas do comércio num primeiro tempo, que tenderam a dissimular o seu crescimento em termos absolutos. Se este último contribuiu para o aumento do emprego, as flutuações contribuíram para um crescimento muito maior do desemprego. Mas, enquanto o aumento do nível geral do emprego era lento, o aumento do desemprego e do subemprego tendia a ser rápido. Assim, a constituição daquilo a que Friedrich Engels chamou o exército de reserva industrial pesou muito mais do que a criação do exército industrial propriamente dito.

O que teve como consequência importante levar a subestimar facilmente a relação entre desemprego e o crescimento global do comércio. Embora fosse com frequência referido que o aumento do desemprego se devia às grandes flutuações no domínio comercial, perdia-se de vista que essas flutuações faziam parte de um processo subjacente de maior amplitude ainda – ou seja: de um crescimento geral do comércio que se baseava cada vez mais na atividade das manufaturas. Com efeito, para os contemporâneos dos acontecimentos parecia não haver qualquer ligação entre as manufaturas fundamentalmente urbanas e o grande aumento do número dos pobres nos campos.

O aumento do conjunto do comércio dilatou naturalmente o volume do emprego, enquanto a divisão territorial do trabalho, combinada com as acentuadas flutuações do comércio, era responsável pela desagregação grave que se verificava tanto nas atividades da aldeia como da cidade, tendo por resultado um rápido aumento do desemprego. Os rumores que chegavam de altos salários pagos noutros lugares alimentavam a insatisfação dos pobres com as remunerações que a agricultura lhes permitia obter e reforçou a repugnância perante o trabalho mal pago nos campos. As regiões industriais da época assemelhavam-se a um outro país, como que uma outra América, atraindo milhares de imigrantes. As migrações são em geral acompanhadas de uma considerável migração de retorno. O facto de não se ter registado um decréscimo absoluto da população rural parece indicar que esse refluxo em direção à aldeia existiu. Portanto, desenrolou-se um processo cumulativo de desestabilização da população à medida que diferentes grupos eram atraídos, por períodos de duração variável, pela esfera do emprego comercial e industrial, antes de serem arrastados pela deriva que os fazia regressar ao seu meio rural de origem.

Muitos dos estragos sociais sofridos nos campos de Inglaterra resultaram principalmente dos efeitos desagregadores que o comércio exercia sobre os meios rurais. A revolução agrícola foi claramente anterior à Revolução Industrial. A vedação das terras comunitárias e os reemparcelamentos em novas explorações, que acompanharam os novos grandes progressos nos métodos agrícolas, tiveram efeitos fortemente desestabilizadores. A guerra contra as *cottages* [casas dos camponeses] e a anexação dos seus quintais e hortas pelas novas unidades, bem como a confiscação dos direitos relativos aos terrenos de uso comum, despojaram a indústria do sistema doméstico dos seus apoios fundamentais: os proventos familiares e a atividade agrícola. Enquanto a indústria do sistema doméstico pôde ser complementada pelos benefícios e instalação de uma pequena horta, de uma parcela terra ou do acesso a terrenos de pastagem comuns, o trabalhador não dependia inteiramente dos seus rendimentos monetários – um campo de batatas ou a criação de alguns gansos, uma vaca ou até mesmo um burro alimentado graças aos pastos comunais faziam uma diferença decisiva, e os proventos familiares funcionavam como uma espécie de seguro frente ao desemprego. Era, portanto, inevitável que a racionalização da exploração agrícola desenraizasse o trabalhador e arruinasse a sua segurança social.

No quadro urbano, os efeitos do novo flagelo das flutuações do emprego eram, evidentemente, manifestos. O trabalho na indústria era, generalizadamente, tido por um caminho sem saída. «Os operários que têm hoje um emprego completo poderão estar amanhã na rua a mendigar o pão», escrevia David Davies, que acrescentava: «... A incerteza das condições de trabalho é o resultado mais perverso destas inovações recentes». «Quando uma cidade cujo emprego é uma manufatura se vê privada desta, os seus habitantes são como que atacados de paralisia e tornam-se prontamente um encargo para as rendas da paróquia; mas o mal não morre com esta geração ...». Porque, entretanto, a divisão do trabalho leva a cabo a sua vingança: é em vão que o artesão desempregado regressa à sua aldeia porque «o tecelão em nada pode ocupar as suas mãos». A irreversibilidade fatal da urbanização decorria desse facto simples que Adam Smith antevia ao descrever o trabalhador industrial como intelectualmente inferior ao mais pobre dos jornaleiros rurais, sendo que este último, de um modo geral, é capaz de desempenhar qualquer trabalho. E todavia, até à época em que Adam Smith publicava o seu *A Riqueza das Nações*, o pauperismo não começara ainda a aumentar de modo alarmante.

O quadro mudou bruscamente ao longo das duas décadas seguintes. Nos seus *Thoughts and Details on Scarcity*, que Burke apresentou a Pitt em 1795, o autor admitia que, apesar do progresso geral, tivera lugar «um recente mau ciclo de vinte anos». Com efeito, na década que se seguiu à Guerra dos Sete Anos (1763), o desemprego crescera sensivelmente, como a extensão da assistência prestada no local de residência documenta. Acontecia pela primeira vez observar-se que um *boom* comercial era acompanhado por privações crescentes para os pobres. Esta aparente contradição estava destinada a tornar-se, para a geração seguinte da humanidade ocidental, o mais desconcertante entre todos os fenómenos recorrentes da vida social. O espectro do excesso populacional começava a ser uma obsessão dos espíritos. Joseph Townsend alertara na sua *Dissertation on the Poor Laws*: «Deixando de parte a especulação, é um facto que, em Inglaterra, temos mais habitantes do que os que podemos alimentar e muito mais do que os que poderemos empregar com proveito sob o sistema legal vigente». Em 1776, os escritos de Adam Smith transmitiam a impressão de um progresso tranquilo. Só dez anos mais tarde Townsend escreve a registar o avanço de uma vaga de fundo.

No entanto, muitas coisas teriam ainda de acontecer até ao dia (vinte e cinco anos mais tarde) em que um homem tão afastado da política, tão bem-sucedido e com os pés tão assentes na terra, como o construtor de pontes escocês Telford, poderia explodir lamentando amargamente que pouca mudança seria de esperar das formas habituais de governo e que a única esperança era a revolução. Um só exemplar de *Os Direitos do Homem* de Thomas Paine, enviado pelo correio por Telford para a sua aldeia natal, bastaria para causar um motim na terra. Paris catalisava a fermentação da Europa.

Segundo Canning, a Lei dos Pobres salvou a Inglaterra de uma revolução. Ao afirmá-lo, Canning pensava sobretudo na década de 1790 e nas guerras com a França. O novo surto de vedações levou a que os níveis de vida descessem ainda mais entre os pobres dos campos. J. H. Clapham, apologista das vedações, reconheceu que era «impressionante a coincidência entre a região onde os salários conheceram um reforço mais sistemático proveniente das taxas [do imposto para os pobres] e aquela onde foram mais numerosas as vedações recentes». Por outras palavras, sem os salários subsidiados, os pobres teriam sido vítimas da fome em grandes extensões da Inglaterra rural. Os incêndios de medas multiplicavam-se. O *Popgun Plot* obteve amplo crédito(*). Os motins eram frequentes, e os rumores a seu respeito ainda mais. No Hampshire – e não só aí –, os tribunais ameaçavam punir com a morte qualquer tentativa de «impor pela força a redução do preço das mercadorias, na praça do mercado ou nos caminhos», mas, ao mesmo tempo, os magistrados da região reclamavam de urgência do governo fundos que permitissem subsidiar os salários. Era evidente que chegara o tempo da ação preventiva.

Mas por que razão, entre todas as formas de ação possíveis, foi escolhida a que, em retrospetiva, pareceria a mais imprati-

---

(*) Pretensa conspiração cujo plano consistiria em matar Jorge III por meio de uma flecha envenenada disparada por uma espingarda de brincar (*N. T.*).

cável? Consideremos a situação e os interesses em jogo. A aldeia era governada pelo *squire* [proprietário nobre] e pelo pároco. Townsend resume o quadro dizendo que o proprietário de terras nobre mantém as manufaturas «a uma distância conveniente», porque «considera que as manufaturas são incertas; que os benefícios delas derivados não compensam os encargos que acarretariam para a sua propriedade (...)» O encargo em causa decorria sobretudo de dois efeitos aparentemente contraditórios das manufaturas – ou seja: o aumento do pauperismo e a subida dos salários. Mas a contradição só se verificava se se aceitasse a existência de um mercado do trabalho concorrencial, que tenderia, sem dúvida, a diminuir o desemprego através da redução dos salários dos trabalhadores com emprego. À falta deste mercado – e o Ato de Residência estava ainda em vigor –, o pauperismo e os salários poderiam aumentar em simultâneo. Em condições semelhantes, o «custo social» do desemprego urbano teria de ser fundamentalmente suportado pela aldeia de origem, à qual era frequente os desempregados regressarem em busca de refúgio. Os salários altos nas cidades representavam um encargo ainda maior para a economia rural. Os salários agrícolas eram superiores ao que o lavrador podia suportar, embora inferiores ao necessário para garantir a subsistência do trabalhador rural. Tornava-se evidente que a agricultura não podia competir com os salários urbanos. Por outro lado, havia acordo geral sobre a necessidade de revogar – ou, pelo menos, adaptar – o Ato de Residência, facilitando aos operários encontrar trabalho e aos patrões encontrar operários. Supunha-se que isso aumentaria em toda a parte a produtividade do trabalho e, por ricochete, diminuiria o peso real dos salários. Mas a questão imediata da diferença dos salários entre a cidade e a aldeia só poderia tornar-se ainda mais premente no caso de se consentir aos salários «encontrar o seu próprio nível». As comunidades rurais ver-se-iam mais do que nunca abaladas pelo fluxo e pelo refluxo do emprego industrial, acompanhados de espasmos de desemprego. Era necessário levantar um dique que protegesse a aldeia da vaga dos salários em alta. Teriam de se descobrir métodos que protegessem o quadro rural da desagregação social, reforçassem as autoridades tradicionais, impedissem a drenagem da mão de obra rural e permitissem subir os salários agrícolas sem sobrecarregar o lavrador. O instrumento que se concebeu para o efeito foi a Lei de Speenhamland. Intervindo nas águas turbulentas da Revolução Industrial, as suas medidas acabariam por dar origem a um turbilhão económico. Todavia, pelos seus efeitos sociais, do ponto de vista dos interesses do *squire* [nobre proprietário de terras] que dominavam a aldeia, eram as mais adequadas para fazer frente à situação.

Do ponto de vista da administração da Lei dos Pobres, Speenhamland representou um recuo devastador. A experiência de duzentos e cinquenta anos mostrara que a paróquia era uma unidade demasiado pequena para administrar a Lei dos Pobres, pois o problema a tratar não podia sê-lo de modo adequado a menos que se operasse uma distinção entre, por um lado, os desempregados fisicamente aptos para o trabalho e, por outro, os idosos, os doentes e as crianças. É como se hoje um município tivesse de gerir por si só a assistência aos desempregados ou como se a assitência aos desempregados se confundisse com a assistência aos idosos. Assim, somente durante os breves períodos em que foi ao mesmo tempo *nacional* e *diferenciada* a administração da Lei dos Pobres pôde ser mais ou menos satisfatória. Foi o que sucedeu entre 1590 e 1640, com Burleigh e Laud, quando a Coroa aplicou a Lei dos Pobres através dos juízos de paz e encetou um ambicioso plano de construção de *workhouses*, ao mesmo tempo que impunha a obrigação do trabalho. Mas o período da Commonwealth destruiu uma vez mais o que denunciava como governo pessoal da Coroa, e a Restauração, facto bastante irónico, completou a obra da Commonwealth. O Ato de Residência de 1662 remeteu a administração da Lei dos Pobres para a paróquia, e a legislação pouca atenção prestou ao pauperismo até à terceira década do século XVIII. Em 1772, por fim, começaram a ter lugar alguns esforços com vista à diferenciação: as *workhouses* passariam a ser construídas por uniões de paróquias, passando a distinguir-se dos asilos locais [*poorhouses*], enquanto se admitia a assistência no local de residência nos casos que o justificassem, uma vez que o acesso à *workhouse* tinha doravante por condição a prova de indigência. Em 1782, com a Lei Gilbert, deu-se um considerável passo em frente no sentido da criação de unidades de base mais ampla para a administração das medidas em vigor, encorajando-se a formação de uniões de paróquias, ao mesmo tempo que era recomendado às paróquias que tratassem de assegurar emprego para os necessitados fisicamente válidos da sua circunscrição. Embora a formação de uniões de paróquias fosse facultativa e não imperativa, significou um avanço no sentido de unidades de administração de base alargada e da definição de distinções entre as diversas categorias de pobres assistidos. Deste modo, apesar das falhas do sistema, a Lei Gilbert representou uma tentativa na direção certa – e a verdade é que enquanto a assistência no local de residência e os pagamentos complementares do salário fossem simplesmente subsidiários nos termos da legislação social positiva, não constituiriam fatalmente obstáculos que impossibilitassem uma solução racional. Speenhamland pôs fim a esta política reformadora. Ao *generalizar* a assistência no local de residência e os subsídios complementares dos salários, as suas medidas não se orientavam (como se tem erroneamente afirmado) no sentido da Lei Gilbert, mas, pelo contrário, representavam uma inversão total da sua política, ao mesmo tempo que demolia completamente o sistema da Lei dos Pobres isabelina. A distinção cuidadosamente traçada entre *workhouse* e *poorhouse* deixava de fazer sentido, uma vez que também as diversas categorias de indigentes e de desempregados fisicamente aptos para o trabalho tendiam a fundir-se numa só massa indiferenciada de pobreza dependente. Na realidade, o que se seguiu foi o oposto de um processo de diferenciação: a *workhouse* fundiu-se com a *poorhouse*, e esta última tendia cada vez mais a desaparecer, enquanto a paróquia voltava a ser a única e última unidade desta verdadeira obra-prima de degenerescência institucional.

A supremacia do *squire* e do pároco consolidava-se ainda mais, se possível, por efeito da Lei de Speenhamland. A «benevolência indiscriminada do poder», de que se queixavam os inspetores dos pobres, encontrava as suas condições ideais de exercício na forma de um «socialismo *tory*», em que os juízes de paz administravam o seu poder benevolente, enquanto a classe média rural suportava a carga dos impostos locais. O grosso dos pequenos proprietários rurais independentes [*yeomanry*] desaparecera havia muito devido às vicissitudes da Revolução Agrícola e o que restava dos rendeiros vitalícios e proprietários-ocupantes tendia a fundir-se no conjunto formado pelos *cottagers* [caseiros] e rendeiros detentores de pequenas parcelas, constituindo uma única camada social aos olhos do poderoso grande proprietário. Este último não distinguia adequadamente entre os necessitados permanentes e os ocasionais – das alturas a partir das quais observava a vida dura da aldeia, não parecia existir uma linha precisa que separasse os pobres dos miseráveis, pelo que não o surpreenderia excessivamente saber que, na sequência de um ano mau, este ou aquele pequeno rendeiro passaria a recorrer «às sopas» da Lei dos Pobres, depois de se ter arruinado a pagar os impostos que aquela acarretava. Estes casos não eram, sem dúvida, frequentes – mas a sua possibilidade basta para pôr em evidência o facto de que muitos contribuintes que pagavam o «imposto dos pobres» eram, eles próprios, pobres. No conjunto, a relação entre o contribuinte e o indigente era até certo ponto análoga à que hoje existe entre o empregado e o desempregado, na medida em que diversos sistemas de segurança social fazem recair sobre os que trabalham o encargo da assistência ao desempregado temporário. No entanto, o contribuinte típico não estava habitualmente em condições de poder beneficiar das medidas públicas de assistência, do mesmo modo que o trabalhador rural típico não pagava taxas. Politicamente, Speenhamland reforçava a posição de poder do *squire* sobre os pobres da aldeia, ao mesmo tempo que enfraquecia a classe média.

O aspeto mais insensato do sistema era a sua conceção propriamente económica. Era praticamente impossível responder à pergunta: «Quem paga o sistema de Speenhamland?». O principal encargo direto era, evidentemente, o que onerava os contribuintes. Mas os *farmers* [agricultores] obtinham uma compensação parcial dos baixos salários que podiam pagar aos seus jornaleiros – pois isso era um dos efeitos imediatos do sistema de Speenhamland. Além disso, era muitas vezes devolvida ao agricultor uma parte das taxas que pagara, no caso de ele se dispor a empregar um habitante da aldeia que, de outro modo, passaria a depender das taxas. Assim, entre os encargos acarretados pelo sistema, ter-se-á de contar as cozinhas e os pátios das casas dos agricultores, apinhadas de braços desnecessários, muitos dos quais não se mostravam demasiado diligentes. O trabalho dos que eram efetivamente assistidos podia ser obtido a um preço extremamente reduzido. Os assistidos em causa eram amiúde obrigados a trabalhar ora num local, ora noutro, recebendo o nome de *roundsmen*, tendo por única remuneração o que comiam ou sendo por vezes leiloados na cerca de gado da aldeia, em troca de alguns dinheiros por dia. Saber o que valia este trabalho obrigatório de tipo servil é outra questão ainda. Para completar o quadro, uma vez que eram por vezes concedidos aos pobres subsídios destinados a pagar a renda de um alojamento, verificava-se que alguns proprietários sem escrúpulos de *cottages* faziam um bom negócio exigindo rendas elevadíssimas pelas instalações insalubres que forneciam – provavelmente, as autoridades da aldeia fechavam os olhos a estes casos, pelos menos enquanto os impostos sobre esses casebres continuassem a ser pagos. É óbvio que toda este emaranhado de interesses sobrepostos deteriorava por completo qualquer sentido das responsabilidades financeiras e encorajava múltiplas formas de pequena corrupção.

E contudo, num outro plano mais amplo, Speenhamland foi um sistema compensador. Começou por assumir a forma de um subsídio complementar dos salários, beneficiando aparentemente os assalariados, quando, na realidade, utilizava fundos públicos para subsidiar os patrões. O efeito principal dos abonos foi fazer com que os salários descessem abaixo do nível da subsistência. Nas regiões mais inteiramente pauperizadas, os agricultores não pensavam em empregar os trabalhadores que tivessem ainda alguma parcela de terra, «porque ninguém que fosse proprietário podia beneficiar da assistência da paróquia e o salário corrente era tão baixo que, sem alguma forma de assistência, não bastava para a subsistência de um homem casado». Por conseguinte, em certas regiões, só os que já dependiam do imposto dos pobres poderiam ter oportunidade de emprego, enquanto os que tentavam escapar às «sopas» do imposto e ganhar a vida pelos seus próprios meios quase não tinham possibilidade de encontrar trabalho. No conjunto do país, todavia, a grande maioria dos trabalhadores pertencia, sem dúvida, ao último grupo, pelo que os patrões, enquanto classe, extraíam de cada trabalhador nessas condições um ganho suplementar, beneficiando da insuficiência dos salários sem ter de a remediar, pois para isso existiam os fundos fornecidos pelas taxas. A longo prazo, um sistema tão antieconómico estava destinado a afetar a produtividade do trabalho e causar a baixa dos salários-padrão, bem como, em última instância, a distorcer a «tabela» estabelecida pelos magistrados para proteção dos pobres. Na década de 1820, a tabela do pão deteriorava-se efetivamente em vários condados, vendo os pobres os seus magros rendimentos ainda mais reduzidos. Entre 1815 e 1830, a tabela de Speenhamland, que era aproximadamente idêntica em todo o país, sofreu uma redução, igualmente mais ou menos universal, de cerca de um terço... Clapham pergunta-se se o fardo fiscal total seria, na realidade, tão pesado como tendiam a fazer crer os protestos que subitamente explodiram. As suas dúvidas justificam-se. Porque, se o aumento dos impostos foi espetacular e deve ter sido sentido como calamitoso em certas regiões, parece bastante provável que, na origem da agitação, estivesse não tanto o fardo fiscal por si só como o efeito económico exercido pelos subsídios complementares dos salários sobre a produtividade do trabalho. A região meridional de Inglaterra, que foi a mais duramente afetada, não chegava a pagar 3,3% do seu rendimento em impostos para os pobres: Clapham considera estarmos perante encargos perfeitamente admissíveis, dado que uma parte considerável dos montantes «deveria ser destinada aos pobres na forma de salários». Com efeito, na década de 1830, o total dos impostos diminuiu continuamente, e se tivermos em conta o aumento do bem-estar nacional, é provável que o seu peso relativo tenha também diminuído ainda mais rapidamente. Em 1818, os montantes efetivamente afetados à assistência aos pobres equivaliam a um total de cerca de oito milhões de libras; este total desceu quase sem interrupções, de tal modo que, em 1826, já era de menos de seis milhões de libras, ao mesmo tempo que o rendimento nacional continuava a aumentar rapidamente. E contudo, as críticas que visavam Speenhamland tornavam-se cada vez mais violentas, ao que parece devido ao facto de a desumanização das massas começar a exercer efeitos de paralisia sobre a vida do país e, nomeadamente, a refrear as energias da própria indústria.

Speenhamland precipitou uma catástrofe social. Habituámo-nos a subestimar as descrições impressionantes dos primórdios do capitalismo considerando-as exercícios sentimentais. O que não tem justificação possível. O quadro traçado por Harriet Martineau, adepta ardorosa da Reforma da Lei dos Pobres, coincide com o que nos apresentam os propagandistas do cartismo que dirigiam a campanha contra a Reforma da Lei dos Pobres. Os factos constantes do célebre Report of the Comission on the Poor Law [Relatório da Comissão da Lei dos Pobres] de 1834, que preconizava a revogação imediata das disposições de Speenhamland, poderiam ter servido de material para a campanha de Dickens contra a política adotada pela referida comissão. Ao considerarem que a própria imagem do homem fora degradada por uma catástrofe terrível, o certo é que Charles Kingsley, Friedrich Engels, Blake ou Carlyle, não se enganavam. E mais impressionante ainda do que os clamores de cólera e de protesto contra o sofrimento por parte dos poetas e dos filantropos foi o silêncio glacial que Malthus e Ricardo mantiveram perante o cenário que dera origem à sua filosofia da perdição secular.

Sem dúvida, a desagregação social causada pela máquina e as circunstâncias em que o homem se via agora condenado a servi-la comportavam muitos resultados inevitáveis. A civilização rural de Inglaterra não possuía essas periferias urbanas das quais, mais tarde, surgiriam([2]) as cidades industriais do continente. Não existia uma classe média urbana estabelecida nas novas cidades, nem núcleos de artesãos e trabalhadores dos ofícios, nem uma pequena burguesia e citadinos respeitáveis que poderiam ter constituído um meio ajudando a integração do rude trabalhador vindo dos campos (*laborer*) que – atraído pelos salários altos ou expulso da terra pelas manobras que alar-

---

([2]) O Professor Usher situa por volta de 1795 os inícios da urbanização generalizada.

gavam as vedações dos proprietários fundiários – era o operário das primeiras fábricas. A cidade industrial das Midlands e do Noroeste era um deserto cultural, e os seus bairros degradados refletiam simplesmente a sua falta de tradições e de amor-próprio cívico. Mergulhado nesse lamaçal sórdido de miséria, o camponês migrante, ou até mesmo o ex-pequeno proprietário independente ou rendeiro censitário, via-se rapidamente transformado de uma espécie até então por descrever que habitava no lodo. Não era só que fosse muito mal pago ou que trabalhasse demasiadas horas – embora essa situação fosse frequente –, mas passara a existir em condições físicas que eram a negação da forma humana da vida. Os negros da floresta africana que se descobriam enjaulados, respirando a custo no porão de um navio negreiro, terão sentido algo semelhante. E contudo, esta situação não era um destino irremediável. Enquanto um homem tinha um estatuto a que se agarrar, um modelo estabelecido pelos seus companheiros ou pelos seus pais, podia bater-se por mantê-lo e salvaguardar assim a sua alma. Mas no caso destes novos trabalhadores só havia uma maneira de lutar: constituírem-se enquanto membros de uma nova classe. A menos que fosse capaz de ganhar a vida por meio do seu trabalho, não era um operário, mas um indigente. Reduzi-lo artificialmente à indigência fora a suprema abominação resultante de Speenhamland. Essa lei inspirada por um humanitarismo ambíguo impedia os trabalhadores de se transformarem numa classe económica e privava-os assim dos únicos meios de evitar o destino a que o grande moinho do funcionamento da economia os condenava.

Speenhamland foi um instrumento infalível de desmoralização popular. Se uma sociedade humana é uma máquina que age por conta própria com vista a manter os princípios segundo os quais foi construída, Speenhamland foi uma espécie de autómato dedicado a destruir os princípios de funcionamento em que qualquer sociedade se possa basear. Não só recompensava a fuga ao trabalho e as pretensas incapacidades de o levar a cabo, mas aumentava a força de atração do pauperismo para aquele que se encontrava precisamente no momento em que se tratava para ele de escapar ao destino da miséria. Depois de dar entrada no asilo (onde habitualmente acabava por dar entrada ao fim de algum tempo a viver, juntamente com a sua família, à conta do imposto dos pobres), ficava moral e psicologicamente encurralado. A decência e o amor-próprio enraizados em séculos de um modo de vida equilibrado deterioravam-se rapidamente na promiscuidade da *poorhouse*, onde cada assistido tinha de conseguir maneira de não passar por melhor do que o seu vizinho, receando ser obrigado a procurar trabalho em vez de continuar ocioso no redil a expensas da assistência pública. «O imposto para os pobres tornara-se uma ocasião de saque de bens públicos. (...) Para obterem a sua parte, os mais brutais ameaçavam os administradores; os debochados exibiam os seus bastardos, que era necessário alimentar; os ociosos cruzavam os braços e esperavam o momento em que seriam socorridos, os jovens e as raparigas ignorantes casavam, a contar com os subsídios; os caçadores furtivos, os ladrões e as prostitutas extorquiam-nos por meio da intimidação; os juízes das zonas rurais atribuíam-nos para garantir a sua popularidade, e os curadores por conveniência. Assim eram aplicados os fundos [de assistência]. (...) Em vez do número suficiente de operários de que precisava para cultivar a terra – operários que ele próprio pagava –, esperava-se que o agricultor utilizasse o dobro, sendo os salários pagos em parte pelas taxas, enquanto esses homens, empregados contra sua vontade, se furtavam à sua autoridade – trabalhavam ou não, conforme entendiam –, deixavam degradar-se a qualidade das terras e punham o agricultor na impossibilidade de empregar melhores trabalhadores, que se esforçassem duramente tendo em vista manter-se independentes. Os melhores tendiam a cair ao nível dos piores; o caseiro, até então contribuinte, depois de se ter esforçado em vão, via-se obrigado a ir solicitar ajuda à caixa da paróquia (...)». Tal é o quadro que traça Harriet Martineau[3]. Os liberais tímidos que surgiram depois dela mostraram-se ingratos perante a memória desta adepta do seu credo que ousava falar com franqueza. E contudo, até mesmo os seus exageros, que parecem hoje temíveis aos que chegaram depois dela, sublinham o que

---

[3] H. Martineau, *History of England During the Thirty Years Peace* (1816--1846), 1849.

realmente importa. Ela própria pertencia a uma classe média que se debatia com grandes dificuldades e que uma pobreza composta tornava mais sensível à complexidade moral da Lei dos Pobres. Harriet Martineau apreendia e exprimia com clareza a necessidade que a sociedade tinha de ver formar-se uma nova classe, uma classe de «trabalhadores independentes». Tais eram os heróis dos seus sonhos, e mostra-nos um deles – um desempregado crónico que se recusa a recorrer à assistência – a dizer orgulhosamente a um companheiro que decide passar a viver por conta das taxas: «Mantenho-me no meu lugar e desafio seja quem for a desprezar-me. Posso pôr os meus filhos bem no meio da igreja e desafiar seja quem for a desprezá-los pelo lugar que têm na sociedade. Haverá alguns mais sensatos do que eu; haverá muitos mais ricos; mas não mais honrados». Os elementos poderosos da classe dominante estavam ainda longe de ter compreendido a necessidade da classe em causa. Miss Martineau referia-se ao «erro comum por parte da aristocracia de supor que só existe na sociedade uma classe abaixo da que é realmente rica e com cujos membros os seus negócios a obrigam a lidar». Lord Eldon, lamentava-se ainda, como outros que deviam mostrar-se mais avisados, «incluía numa mesma rubrica [«as classes mais baixas»] todos os que tivessem menos posses do que os banqueiros mais ricos – ou seja, tanto os manufatureiros, os comerciantes, os artesãos, os trabalhadores dos campos como os indigentes...»([4]). Mas era da distinção entre as duas últimas categorias, insistia a autora com veemência, que dependia o futuro da sociedade. «Excetuada a distinção entre soberano e súbdito, não há outra diferença social tão grande em Inglaterra como a que existe entre o trabalhador independente e o indigente, e é ao mesmo tempo sinal de ignorância, de imoralidade e de falta de senso político confundir um e outro», escrevia ela ainda. Dificilmente se poderá considerar estarmos perante um juízo de facto – uma vez que a diferença entre as duas camadas referidas se tornara inexistente com a Lei de Speenhamland. Tratava-se antes de um juízo político, baseado numa antecipação profética. A perspetiva política era

---

([4]) H. Martineau, *The Parish*, 1833.

a dos membros da comissão para a reforma da Lei dos Pobres, e a profecia apontava no sentido da criação de um mercado do trabalho concorrencial e da consequente emergência de um proletariado industrial. A abolição das medidas de Speenhamland assinala a verdadeira data de nascimento da moderna classe operária, cujos interesses próprios imediatos destinavam os seus membros a tornarem-se os protetores da sociedade contra os perigos intrínsecos de uma civilização da máquina. Mas, fosse qual fosse o seu conteúdo futuro, a classe operária e a economia de mercado entravam ao mesmo tempo em cena na história. A odiada assistência pública, a desconfiança perante a ação do Estado, a insistência na respeitabilidade e no contar com as próprias forças, seriam ao longo das gerações seguintes traços característicos do trabalhador britânico.

A rejeição de Speenhamland foi obra da entrada em cena na história de uma nova classe, o conjunto das classes médias de Inglaterra. A hierarquia fundiária aristocrática [*squirearchy*] não assumiu a tarefa da transformação na sociedade numa economia de mercado que essas classes médias estavam destinadas a levar a cabo. Teriam de ser revogadas e adotadas dezenas de leis antes de semelhante transformação poder abrir caminho. A reforma parlamentar (Parliamentary Reform Bill) de 1832 acabou com os representantes de povoações estagnadas e concedeu de uma vez por todas, na Câmara dos Comuns, o poder aos homens de negócios. O primeiro grande ato de reforma foi a abolição do sistema de Speenhamland. Hoje, quando compreendemos bem a que ponto os métodos paternalistas desse sistema faziam parte da vida do país, compreendemos também por que razões até mesmo os mais radicais defensores da reforma hesitaram em propor um período de transição que se estendesse por menos de dez ou quinze anos. Na realidade, a reforma iria ocorrer com uma celeridade abrupta que revela o absurdo da lenda do gradualismo inglês, que seria mais tarde invocado como argumento contra as propostas de outras reformas radicais. A memória do choque brutal da transformação atormentou durante gerações a classe trabalhadora britânica. E contudo o sucesso desta operação dilacerante ficou a dever-se à convicção profunda de amplas camadas da população, entre as quais se

contavam os próprios trabalhadores, de que o sistema, que na aparência se destinava a apoiar os desfavorecidos, servia na realidade para os despojar ainda mais e que o «direito à vida» que esse sistema proclamava significava de facto uma doença mortal.
   A nova lei estabelecia que de futuro deixaria de ser prestada qualquer assistência aos necessitados no local de residência. O novo regime seria administrado à escala nacional e em termos diferenciados. Deste ponto de vista, as mudanças introduzidas pela reforma eram igualmente profundas. Os subsídios complementares dos salários foram, evidentemente, abolidos. A condicionalidade do ingresso na *workhouse* foi restabelecida, mas em termos novos. Cabia agora ao candidato decidir se estava desprovido de recursos a ponto de optar por sua iniciativa por um lugar de asilo, deliberadamente convertido num lugar de horror. A *workhouse* passava a ser associada a um estigma e residir numa *workhouse* era uma tortura moral e psicológica, embora o estabelecimento reconhecesse exigências de decência e de higiene – as quais seriam, na realidade, utilizadas como justificações de medidas estigmatizantes suplementares. A lei deixava de ser administrada por juízes de paz e inspetores locais, passando a ser aplicada por autoridades cujas competências foram alargadas – os *guardians* (curadores) – e que exerciam a sua supervisão em termos ditatoriais. O próprio enterro do indigente passava a ser organizado de modo a excluir, até mesmo perante a morte, qualquer solidariedade dos seus companheiros para com ele.
   Em 1834, o capitalismo industrial estava em condições de funcionar plenamente, e teve, portanto, lugar a reforma da Lei dos Pobres. A Lei de Speenhamland, que se destinara à Inglaterra rural e, por conseguinte, à população laboriosa em geral, perante a força irrefreada dos mecanismos do mercado corroía a sociedade até aos ossos. Na época em que foi revogada, havia grande massas da população trabalhadora que se assemelhavam mais a figuras espectrais de pesadelo do que a seres humanos. Mas se os operários tinham sido desumanizados fisicamente, as classes detentoras da propriedade estavam moralmente degradadas. A unidade tradicional de uma sociedade cristã dava lugar, entre as camadas mais favorecidas, a uma recusa das responsa-

bilidades perante a sorte dos restantes seres humanos. As «duas nações» tomavam forma. Perante a estupefação dos espíritos sensatos, uma riqueza inédita parecia ter-se tornado inseparável de uma pobreza também inédita. As autoridades do saber proclamavam unanimemente que fora descoberta uma ciência que fixava sem margem para dúvidas as leis que governavam o mundo dos homens. Essas leis exigiam que a compaixão fosse varrida dos corações e que se assumisse numa atitude de determinação estoica a renúncia à solidariedade humana em nome da felicidade do maior número, ideia que adquirira a dignidade de uma religião secular.

Os mecanismos do mercado afirmavam-se e exigiam plenos poderes: o trabalho humano teria de se tornar uma mercadoria. O paternalismo reacionário tentara em vão opor-se a essa necessidade. Fugindo aos horrores de Speenhamland, os homens precipitaram-se cegamente procurando abrigo numa economia de mercado utópica.

CAPÍTULO IX

Pauperismo e Utopia

O problema da pobreza centrava-se em dois aspetos intimamente associados: o pauperismo e a economia política. Embora tratemos adiante separadamente do impacto de cada um deles sobre a consciência moderna, um e outro faziam parte de um todo indivisível: a descoberta da sociedade.

Até à época de Speenhamland, não se descobrira resposta satisfatória à questão de saber de onde vinham os pobres. Todavia, admitia-se de um modo geral entre os pensadores do século XVIII que o pauperismo e o progresso eram inseparáveis. O maior número de pobres não se encontra nas regiões áridas ou entre as nações bárbaras, mas nos países mais férteis e mais civilizados – escrevia John M'Farlane em 1782. O economista italiano Giammaria Ortes formulou o axioma segundo o qual a riqueza de uma nação correspondia à da sua população, ao mesmo tempo que a sua miséria à sua riqueza (1774). E o próprio Adam Smith, ao seu jeito cauteloso, afirmava que não é nos países mais ricos que os salários são mais elevados. Portanto, M'Farlane não se arriscava formulando uma opinião insólita quando exprimia a sua convicção de que, aproximando-se agora a Inglaterra do auge da sua grandeza, o «número de pobres continuará a crescer»[1].

---

[1] M'Farlane, J., *Enquiries Concerning the Poor*, 1782. Cf. Também a nota editorial de Postlethwayt no *Universal Dictionary* de 1757 sobre a Lei dos Pobres holandesa de 7 de outubro de 1531.

De resto, para um inglês, prever a estagnação comercial não significava mais do que fazer-se eco de uma opinião amplamente difundida. Se o crescimento das exportações durante o meio século anterior a 1782 fora impressionante, os altos e baixos do comércio eram-no ainda mais. O comércio mal começava a recuperar de um marasmo que reduzira os valores das exportações quase ao nível do que tinham sido cinquenta anos antes. Para os contemporâneos, a grande expansão comercial e o crescimento manifesto da prosperidade do país que se seguiram à Guerra dos Sete Anos significavam simplesmente que também a Inglaterra conhecera o seu momento de boa sorte, como acontecera a Portugal, à Espanha, à Holanda e a França. O seu rápido crescimento parecia pertencer doravante ao passado, e não havia razão para se acreditar na constância do progresso, que se afigurava como não mais do que o resultado de uma guerra feliz. Esperava-se quase unanimemente, como já vimos, uma quebra da atividade comercial.

Na realidade, a prosperidade estava ao dobrar da esquina – uma prosperidade de proporções gigantescas, destinada a tornar-se numa nova forma de vida, não no quadro de uma só nação, mas para toda a humanidade. No entanto, nem os homens de Estado nem os economistas se davam conta do mais pequeno prenúncio nesse sentido. Quanto aos homens de Estado, poderemos pensar que consideravam o problema com indiferença, uma vez que, por mais duas gerações ainda, o disparar dos números do comércio só muito limitadamente aliviaria a miséria popular. Mas, no caso dos economistas, a sua incapacidade de previsão foi desastrosa, levando-os a erguer o conjunto do seu sistema teórico sob o efeito de uma vaga avassaladora de «condições fora do normal», ou seja, num período em que um tremendo crescimento do comércio e da produção era acompanhado por um aumento enorme da miséria humana – e, com efeito, os factos manifestos em que assentavam os princípios de Malthus, de Ricardo e de James Mill limitavam-se a reflectir as tendências paradoxais que prevaleceram durante um período de transição muito específico.

A situação era, na realidade, desconcertante. Fora na primeira metade do século XVI que os pobres tinham pela primeira vez entrado em cena em Inglaterra: tornaram-se visíveis como indivíduos não ligados à casa senhorial ou «a qualquer superior feudal», e a sua gradual transformação numa classe de trabalhadores livres foi o resultado combinado da perseguição feroz movida à vadiagem e do encorajamento dado ao sistema interno da indústria, que se via vigorosamente estimulada pela contínua expansão do comércio externo. Ao longo do século XVII, as menções ao pauperismo diminuem, como é ilustrado pelo facto de o próprio Ato de Residência ter sido adotado sem dar lugar a um debate público. Quando este se reacendeu em finais do século, desde a *Utopia* de Thomas More e a primeira Lei dos Pobres tinham passado mais de 150 anos, e a dissolução dos conventos e a revolta de Kett estavam havia muito caídas no esquecimento. Os *enclosures* e o «açambarcamento» de terras nunca chegaram a interromper-se por completo, e há exemplos que o testemunham durante, por exemplo, o reinado de Carlos I – mas as novas classes, no seu conjunto, tinham-se instalado já em termos estáveis. Além disso, enquanto em meados do século XVI os pobres representavam uma ameaça para a sociedade sobre a qual pareciam poder abater-se como um exército inimigo, já nos finais do século XVII não eram mais do que um encargo por conta dos impostos que os contribuintes pagavam. Por outro lado, a sociedade inglesa já não era uma formação semifeudal, mas uma sociedade que se tornara comercial e cujos membros mais representativos eram apologistas de uma valorização do trabalho, não adotando nem a opinião medieval que não via a pobreza como um problema, nem a dos *enclosers* bem-sucedidos a cujos olhos os desempregados não eram mais que do que homens fisicamente válidos, mas ociosos. Doravante, as opiniões sobre o pauperismo passariam a refletir posições filosóficas, como antes correspondiam a conceções teológicas. A imagem dos pobres correspondia cada vez mais à imagem que se fazia da totalidade da existência. Daí, a variedade e a aparente confusão das conceções a seu respeito, mas também o seu máximo interesse para o historiador da nossa civilização.

Os *quakers*, que exploraram como pioneiros as possibilidades da existência moderna, foram os primeiros a reconhecer que o desemprego involuntário era necessariamente resultado de uma deficiente organização do trabalho. Animados pela sua fé vigorosa nos métodos que observavam na condução dos seus negócios, aplicaram aos pobres esse princípio do auxílio mútuo coletivo que por vezes eram levados a praticar enquanto objetores de consciência, empenhados em evitar apoiar as autoridades pagando-lhes para elas os porem na prisão. Lawson, um *quaker* fervoroso, publicou um *Apelo ao Parlamento sobre os Pobres para que Deixe de Haver Mendigos em Inglaterra*, que era uma espécie de «manifesto» a sugerir a criação de bolsas de trabalho, de um tipo semelhante aos atuais centros de emprego. Era o ano de 1660 – dez anos antes, Henry Robinson propusera a criação de um «posto de endereços e encaminhamentos». Mas o governo da restauração preferiu métodos mais habituais: o Ato de Residência de 1682 contrariava diretamente a instauração de qualquer sistema racional de bolsas de trabalho, capazes de criarem um mercado do trabalho mais amplo; o termo *settlement* [«fixação de residência»], que era pela primeira vez utilizado neste tipo de documentos, ligava o trabalho à paróquia.

Depois da Gloriosa Revolução (1688), a filosofia *quaker* produziu, na pessoa de John Bellers, um verdadeiro profeta do curso que as ideias sociais adotariam num futuro longínquo. Foi no ambiente dos Meetings of Sufferings [Assembleias de Agravos], em que doravante passariam a recorrer com frequência a dados estatísticos para dar forma precisa às ações de assistência de inspiração religiosa, que em 1696 foi formulada a sua proposta de criação de «Colégios da Indústria» [«*Colleges of Industry*»], através dos quais a ociosidade involuntária dos pobres poderia dar lugar a ocupações proveitosas. Tratava-se de uma solução inspirada não no princípio das bolsas de trabalho, mas na ideia muito diferente de uma troca de trabalhos. As bolsas assentam na noção convencional de encaminhar o desempregado que procura um empregador; os colégios assentam na noção simples de que os trabalhadores não têm necessidade de patrões que os empreguem contanto que tenham a possibilidade de trocar diretamente os seus produtos. «Sendo o trabalho dos pobres a mina dos ricos», como dizia Bellers, porque não poderiam os primeiros prover às suas próprias necessidades explorando as riquezas dessa mina em seu próprio benefício, conseguindo até um excedente? Bastaria que os pobres se organizassem, com efeito, num «colégio» ou corporação, que lhes permitisse porem em comum os seus esforços. Esta noção reapareceria no núcleo de todo o pensamento socialista posterior sobre a questão da pobreza – tanto na forma das *Villages of Union* de Owen, como dos falanstérios de Fourier, das bolsas de trabalho de Proudhon, dos *Ateliers nationaux* de Louis Blanc, das *Nationale Werkstätten* de Lassalle ou, ainda, dos planos quinquenais de Estaline. O livro de Bellers continha em germe e antecipava a maior parte das propostas que viriam a ser concebidas para o mesmo problema desde que começaram a manifestar-se as perturbações profundas criadas pela máquina na sociedade moderna. «Esta sociedade colegial fará do trabalho, e não do dinheiro, a medida de avaliação de todas as coisas necessárias (...)». Era concebido como «um colégio de ofícios úteis de toda a sorte, trabalhando sem quebras uns para os outros (...)». A conjugação dos vales de trabalho, o auxílio mútuo e a cooperação é um aspeto fundamental. Os trabalhadores do colégio, reunindo trezentos membros, deveriam bastar-se a si próprios, trabalhando em comum para assegurarem as condições elementares da sua existência, enquanto «aquilo que cada um faça a mais será pago». Combinavam-se assim os critérios da subsistência e da remuneração segundo os resultados. No caso de certas experiências de auxílio mútuo em pequena escala, o excedente financeiro era encaminhado para a Assembleia de Agravos e aplicado em benefício dos restantes membros da comunidade religiosa. Este aspeto ligado ao excedente teria grande futuro: o lucro era uma noção nova e concebido como a grande panaceia da época. O plano de Bellers de um apoio aos desempregados à escala nacional assentava, de facto, no lucro dos capitalistas! Em 1696 – no mesmo ano, portanto –, John Cary animava a Bristol Corporation for the Poor, que, depois de alguns sucessos iniciais, falharia nos seus propósitos de lucro, e o mesmo aconteceria, em última análise, a todas as outras iniciativas afins. A proposta de Bellers baseava-se nos mesmos pressupostos que o sistema da taxa de trabalho que John Locke formularia, também em 1696, estipulando que os pobres de cada aldeia trabalhassem para os contribuintes que pagavam a taxa dos pobres, beneficiando cada um destes últimos de uma quantidade de trabalho proporcional ao montante da sua contribuição. Tal foi a origem do sistema, que viria a fracassar, dos *roundsmen* estabelecido pela Lei Gilbert. A ideia de que o pauperismo poderia ser rentabilizado implantara-se solidamente nos espíritos.

Foi exatamente um século mais tarde que Jeremy Bentham, o mais prolífico de todos os autores de projetos de organização da sociedade, formulou a ideia de utilizar maciçamente os indigentes para assegurar o funcionamento de uma máquina concebida pelo seu irmão Samuel, ainda mais inventivo do que ele próprio, e destinada ao trabalho da madeira e do metal. «Bentham», segundo Sir Leslie Stephen, «associara-se ao seu irmão e os dois pensavam em conseguir uma máquina a vapor. Foi então que se lembraram de que poderiam substituir a força do vapor pelo trabalho dos presos». Estávamos em 1794 – o projeto do Panóptico de Jeremy Bentham, que permitiria que as prisões fossem construídas de maneira a assegurar uma vigilância eficaz e pouco dispendiosa, datava de alguns anos antes, e Bentham decidiu aplicá-lo à sua fábrica movida pela mão de obra prisional, mas sendo agora o lugar dos presos ocupado pelos pobres. Assim, a iniciativa privada dos irmãos Bentham deu origem a um plano geral de resolução da questão social no seu conjunto. A decisão dos magistrados de Speenhamland, a proposta de salário mínimo de Whitbread e, principalmente, o esboço do projeto de Pitt, que circulava em certos meios privados, de uma reforma profunda da Lei dos Pobres, tinham convertido o pauperismo numa preocupação obrigatória de todos os políticos. Bentham, cujas críticas ao projeto de Pitt tinham levado este último, segundo se dizia, a retirá-lo, tomaria posição sobre o assunto nos *Annals* de Arthur Young, apresentando as suas elaboradas propostas pessoais (1797). As suas *Industry Houses* [casas da indústria], concebidas segundo o plano do Panóptico – com cinco pisos e doze setores –, que assegurariam a exploração do trabalho dos pobres a cargo da assistência pública, seriam dirigidas por um conselho de administração central sediado na capital e funcionando segundo o modelo do conselho de administração do Banco de Inglaterra, concedendo o voto a todos os membros detentores de títulos no valor de cinco ou dez libras. Num texto publicado alguns anos mais tarde, Bentham escrevia: «1) *Uma só* autoridade deve receber o encargo de administrar os assuntos dos pobres em todo o Sul de Inglaterra, todas as despesas devem provir de *um único* fundo (...) 2) Esta autoridade será exercida por uma *companhia de acionistas*, cujo nome deverá ser qualquer coisa como Companhia Nacional da Caridade [*National Charity Company*]»([2]). Construíram-se não menos de duzentas e cinquenta *Industry Houses*, albergando cerca de 500 000 residentes. O plano era acompanhado de uma análise minuciosa das várias categorias de desempregados, na qual Bentham anunciava com mais de um século de antecipação os resultados de investigações posteriores no mesmo campo. O seu espírito propenso à classificação revelou, na melhor forma, a sua capacidade de realismo. Assim, Bentham distinguia «os trabalhadores sem lugar» recentemente despedidos dos seus postos de trabalho dos que não podiam obter emprego devido a uma «estagnação acidental»; do mesmo modo, distinguia os trabalhadores sazonais afetados por uma «estagnação periódica» dos «trabalhadores excedentários» como os «tornados supérfluos pela introdução das máquinas»; por fim, distinguia um último grupo, o dos «desmobilizados», categoria moderna que, no tempo de Bentham, ganhara maior visibilidade devido à guerra com a França. No entanto, a categoria mais importante era a de «estagnação acidental», que mencionámos acima, incluindo não só artistas e artesãos cujas ocupações «dependem da moda», mas também o grupo muito mais importante dos empregados «devido a uma estagnação geral das manufaturas». O plano de Bentham correspondia a nada menos do que a nivelar o ciclo económico através da comercialização do desemprego a uma escala gigantesca.

Em 1819, Robert Owen tornou a publicar o projeto de criação de Colégios da Indústria, que Bellers traçara havia mais de 120 anos. O empobrecimento esporádico transformara-se, entretanto, numa torrente de miséria. As *Villages of Union* de Owen

---

([2]) J. Bentham, *Pauper Management*, cuja primeira edição data de 1797.

diferiam dos colégios de Bellers sobretudo pelo facto de serem unidades muito mais amplas, reunindo cada uma delas 1200 membros que ocupavam outros tantos acres de terras. O comité que recomendava a subscrição deste projeto decididamente experimental tendo em vista a solução do problema do desemprego contava entre os seus membros com uma autoridade como David Ricardo. Mas os subscritores não apareceram. Um pouco mais tarde, o francês Charles Fourier seria ridicularizado quando, também ele, esperou em vão por um sócio disposto a investir os fundos necessários no seu projeto do Falanstério, cujos princípios eram muito semelhantes aos do projeto de Owen recomendado pelo maior especialista financeiro britânico. E não viria a iniciativa de New Lanark de Robert Owen – que teve como financiador Jeremy Bentham – a ficar célebre pelo sucesso económico da sua organização filantrópica? Não fora ainda consagrada uma conceção definida da pobreza nem do modo de tornar possível tirar benefícios dos pobres.

Owen adotou de Bellers a ideia dos vales de trabalho e aplicou-a, em 1832, no seu National Equitable Labour Exchange – mas a iniciativa fracassou. O princípio muito semelhante da autossuficiência económica da classe trabalhadora – outra ideia de Bellers – presidiu ao célebre movimento da Trades-Union nos dois anos seguintes. A Trades-Union era uma associação geral de todas profissões, ofícios e artes, que não excluía os pequenos mestres artesãos, tendo o vago propósito de os constituir como corpo da sociedade, através de uma jornada de manifestação pacífica. Quem poderia ter pensado que esta associação seria o germe de todas as violentas iniciativas de luta do Grande Sindicato Único ao longo dos cem anos que se seguiriam? Na realidade, o sindicalismo, o capitalismo, o socialismo e o anarquismo quase não se distinguiam nos planos que propunham para a questão da pobreza. A *Banque d'échange* mutualista de Proudhon em 1848 – primeira realização prática do anarquismo filosófico – era, no essencial, uma reedição da experiência de Owen. Marx, com o seu socialismo de Estado, criticou asperamente as ideias de Proudhon e daí em diante passaria a reclamar-se do Estado os investimentos de capital necessários a esse tipo de projetos coletivistas, entre os quais a história recorda os de Louis Blanc e Lassalle.

A razão económica que tornava impossível rentabilizar monetariamente os indigentes não parece propriamente misteriosa. Fora enunciada quase 150 anos antes por Daniel Defoe, cujo panfleto, publicado em 1704, travou o debate sobre o problema iniciado por Bellers e Locke. Defoe sublinhava que, se fossem assistidos, os pobres não quereriam trabalhar em troca de um salário, e que, se fossem postos a manufaturar produtos em instituições públicas, isso aumentaria o desemprego nas manufaturas privadas. Ao seu panfleto, com o título demoníaco de *Giving Alms No Charity and Employing the Poor a Grievance to the Nation* (dar esmola não é caridade e empregar os pobres é um malefício para a nação), seguiu-se a sátira, mais famosa, de Mandeville sobre as bem organizadas abelhas, cuja sociedade só prospera porque encoraja a vaidade e a inveja, o vício e o desperdício. Mas, enquanto o médico jocoso se comprazia num paradoxo superficial, o panfletário identificara certos elementos fundamentais da nova economia política. O seu ensaio foi rapidamente esquecido fora dos círculos da «política inferior», designação que recebiam, no século XVIII, os problemas de manutenção da ordem, ao passo que o brilhantismo fácil de Mandeville atraiu a atenção de espíritos tão distintos como Berkeley, Hume e Smith. Manifestamente, na primeira metade do século XVIII a riqueza mobiliária era ainda uma questão moral, enquanto a pobreza o não era ainda. As classes puritanas sentiam-se chocadas com as formas feudais de esbanjamento ostentatório que, para a sua consciência, eram condenáveis como luxo e vício, embora relutantemente tivessem de admitir, como as abelhas de Mandeville, que o comércio e as artes rapidamente declinariam sem tais males. Mais tarde, os comerciantes ricos acabariam por se sentir mais tranquilos a respeito da moralidade dos negócios: com efeito, as novas manufaturas do algodão já não alimentavam a ostentação dos ociosos, mas satisfaziam necessidades quotidianas banais, ao mesmo tempo que apareciam outras formas de desperdício mais subtis e que se pretendiam menos aparentes, conseguindo embora ser ainda mais inúteis do que as anteriores. A sátira de Defoe sobre os perigos acarretados pelo auxílio prestado aos pobres não condizia o suficiente com as preferências da época para apelar às consciências preocupadas com os perigos morais da riqueza – a Revolução Industrial ainda não entrara em cena. E contudo, à sua maneira, o paradoxo de Defoe antecipava as dúvidas futuras: «Dar esmola não é caridade», porque, quando se suprime o incentivo da fome, refreia-se a produção e o resultado só pode ser criar mais fome; «empregar os pobres é um malefício para a nação», porque, quando se cria empregos públicos, tudo o que se faz é aumentar o excesso de bens no mercado e apressar a ruína dos comerciantes privados. Entre o *quaker* John Bellers e o entusiasta dos negócios Daniel Defoe, entre o santo e o cínico, por volta do dobrar do século eram suscitadas as questões para as quais, durante mais de dois séculos de trabalho e reflexão, de esperanças e de sofrimento, se iria, penosamente, procurar soluções.

Mas, na época de Speenhamland, a verdadeira natureza do pauperismo mantinha-se ainda impercetível aos olhos da maior parte dos homens. Existia completo acordo sobre as vantagens de uma abundante população, tão abundante quanto possível, uma vez que a força do Estado se media em homens. Existia também um amplo acordo sobre os benefícios de uma força de trabalho barata, uma vez que o trabalho barato permitia que as manufaturas florescessem. De resto, sem os pobres, como se tripulariam os navios e se fariam as guerras? E contudo, não seria, apesar de tudo, o pauperismo um mal? Em todo o caso, porque não deveriam os indigentes ser proveitosamente organizados em benefício público, tanto mais que era evidente as vantagens que asseguravam aos interesses privados? Não havia respostas convincentes para estas perguntas. Defoe descobrira por acaso a verdade que, 70 anos mais tarde, talvez Adam Smith tenha ou não compreendido – o sistema de mercado ainda não se desenvolvera e as deficiências que lhe são intrínsecas não eram ainda visíveis. Nem a nova riqueza nem a nova pobreza podiam ser ainda plenamente compreendidas.

O facto de a questão se pôr sob uma forma não mais do que embrionária revela-se bem na surpreendente convergência de projetos que inspirava em espíritos tão diferentes como o *quaker*

Bellers, o ateu Owen e o utilitarista Bentham. Owen, socialista, era um ardente defensor da igualdade humana e dos direitos inatos dos homens, e Bentham, pelo seu lado, desprezava o igualitarismo, troçava dos direitos do homem e simpatizava fortemente com o *laissez-faire*. Apesar disso, os «paralelogramos» de Owen assemelhavam-se a tal ponto às *Industry Houses* de Bentham que, se não nos lembrássemos da sua dívida para com Bellers, poderíamos pensar que fora Bentham a sua única inspiração ao concebê-los. Tanto Bellers como Bentham e Owen estavam convencidos de que uma organização adequada do trabalho dos desempregados produziria necessariamente um excedente, que Bellers, com o seu humanitarismo, esperava que viesse a servir antes de mais para aliviar outros sofrimentos; Bentham, com o seu liberalismo utilitarista, contava que viesse a beneficiar os acionistas, e Owen, socialista, desejava devolver aos próprios desempregados. Mas, enquanto as suas diferenças se limitam a revelar os sinais quase impercetíveis das futuras divergências, as suas ilusões comuns manifestam o mesmo erro radical de interpretação da natureza do pauperismo no quadro da economia de mercado nascente. Mais importante do que todas as diferenças entre eles é o facto de, nos lapsos de tempo que os separam uns dos outros, o número de pobres não ter parado de aumentar: em 1696, quando Bellers escrevia, o montante total das taxas locais aproximava-se das 400 000 libras; em 1796, quando Bentham atacava os projetos legislativos de Pitt, teria já ultrapassado os dois milhões; por altura das primeiras intervenções de Owen era quase de oito milhões. Ao longo dos 120 anos que separavam Bellers de Owen, a população poderá ter triplicado – mas as taxas locais eram 20 vezes mais pesadas. O pauperismo tornara-se um presságio. Mas ninguém era ainda capaz de decifrar o seu sentido.

CAPÍTULO X

A Economia Política
e a Descoberta da Sociedade

Uma vez compreendida a importância da pobreza, o século XIX podia entrar em cena. A linha de separação das águas passa algures por volta de 1780. Na grande obra de Adam Smith, a assistência aos pobres ainda não é um problema; mas apenas uma década mais tarde torna-se uma questão do maior alcance na *Dissertation on the Poor Laws* de Townsend e durante o século e meio seguinte não mais deixará de ocupar o espírito dos homens.

A mudança de atmosfera entre Adam Smith e Townsend foi, na realidade, impressionante. O primeiro assinala o termo de uma época iniciada com os inventores do Estado, Thomas More e Maquiavel, Lutero e Calvino; o segundo pertencia a esse século XIX em que Ricardo e Hegel descobriram, a partir de perspetivas opostas, a existência de uma sociedade que não estava submetida às leis do Estado, mas, pelo contrário, submetia o Estado às suas próprias leis. É verdade que Adam Smith tratava a riqueza material como um campo de estudo à parte – foi porque o fez, animado por um forte sentido de realismo, que veio a ser o fundador de uma nova ciência, a economia. Em todo o caso, a riqueza era aos seus olhos simplesmente um aspeto da vida de uma comunidade, permanecendo subordinada aos seus fins – tratava-se de um elemento das nações que lutavam pela sobrevivência na história, não podendo ser dissociado deste seu quadro. No seu entender, um dos conjuntos de condições que governam a riqueza das nações resultava do estado geral do país – do seu progresso, situação estacionária ou de declínio; outra série de condições decorria da necessidade fundamental de segurança, bem como das exigência de equilíbrio entre as potências; outra ainda reportava-se à política do governo, que poderia favorecer a cidade ou os campos, a indústria ou a agricultura, e, portanto, só no seio de determinado quadro político Smith considerava possível formular a questão da riqueza, que ele entendia como sendo a do bem-estar material do «grande corpo do povo». Não encontramos na sua obra a sugestão de serem os interesses económicos dos capitalistas a estabelecer a lei da sociedade, de serem eles os porta-vozes seculares de uma providência divina governando o mundo económico como uma entidade distinta. Com Smith, a esfera económica ainda não está subordinada a leis próprias que nos ditem, a nós, um critério do bem e do mal.

O propósito de Smith era olhar a riqueza das nações como uma função da sua vida nacional, física e moral; era por isso que a sua política naval aprovava tão grandemente as Leis da Navegação de Cromwell e que as suas conceções acerca da sociedade humana adotavam o sistema dos direitos naturais de John Locke. Nas suas ideias, nada indica a presença de uma esfera económica da sociedade capaz de se tornar a fonte da lei moral e da obrigação política. O interesse próprio limita-se a impelir-nos a fazer o que, intrinsecamente, será também benéfico para os outros – tal como o interesse próprio do talhante acabará por nos proporcionar uma refeição. Um otimismo geral informa o pensamento de Smith, uma vez que as leis que governam a região económica do universo estão em consonância com o destino do homem, à semelhança das leis que governam as outras regiões. Não há mão escondida que tente impor-nos os ritos do canibalismo em nome do interesse próprio. A dignidade do homem é a de um ser moral, que, enquanto tal, é membro da ordem cívica da família, do Estado e da «grande Sociedade da humanidade». A razão e a humanidade estabelecem limites ao trabalho à peça; a emulação e o lucro têm de reconhecer o seu primado. É natural aquilo que concorda com os princípios encarnados no espírito do homem, e a ordem natural é a que concorda com esses princípios. A natureza, no sentido físico, foi conscientemente excluída por Smith do problema da riqueza. «Quaisquer que sejam o solo, o clima ou a extensão do território de uma nação particular, a abundância ou a escassez da sua provisão de cada ano depende necessariamente, *nessa situação particular*, de duas circunstâncias» – ou seja: da destreza dos trabalhadores e da proporção entre os membros úteis e os membros ociosos no interior da sociedade. Só os fatores humanos, e não os naturais, são tidos em conta. Esta exclusão dos fatores biológicos e geográficos desde o início do livro era deliberada. As falácias dos fisiocratas tinham-lhe servido de aviso: a predileção daqueles pela agricultura tentava-os a confundirem a natureza física com a natureza do homem, levando-os a sustentar que só a terra era verdadeiramente criadora. Nada estava mais longe do espírito de Smith do que uma tal glorificação da *physis*. A economia política teria de ser uma ciência humana, tratando do que era natural no homem, e não na natureza.

A *Dissertation* de Townsend, dez anos mais tarde, centrava-se no teorema das cabras e dos cães. O cenário é a ilha de Robinson Crusoe no oceano Pacífico, ao largo da costa do Chile. Nessa ilha, Juan Fernandez desembarcou algumas cabras que lhe forneceriam carne se lhe acontecesse tornar a visitar a ilha no futuro. As cabras multiplicaram-se com uma fertilidade bíblica, transformando-se numa reserva alimentar vantajosa para os corsários, sobretudo ingleses, que assediavam os navios mercantes espanhóis. Para combater as cabras, as autoridades espanholas desembarcaram na ilha um cão e uma cadela que, também eles, se multiplicaram profusamente, fazendo diminuir o número das cabras, alimento dos cães. «Restabeleceu-se então uma nova forma de equilíbrio», escrevia Townsend. «Os animais mais fracos de ambas as espécies foram os primeiros a pagar a sua dívida à natureza; os mais ativos e vigorosos preservaram a sua vida». E acrescentava: «É a quantidade de alimento que regula o número da espécie humana».

Podemos começar por notar que a investigação das fontes([1]) não permite atestar a realidade da história narrada. Juan Fernandez desembarcou efetivamente as cabras, mas os cães lendários são descritos por William Funnell como belos gatos, e nem cães nem gatos, tanto quanto se sabe, se terão multiplicado na ilha; por outro lado, as cabras viviam em rochedos inacessíveis, enquanto as praias – ponto no qual todos os relatos concordam – estavam cheias de focas gordas que seriam para os cães selvagens presas bem mais convidativas. Todavia, o paradigma não depende da base empírica. A falta de autenticidade histórica em nada impediu que Malthus e Darwin bebessem a sua inspiração aqui: Malthus conheceu-a através de Condorcet – Darwin, através de Malthus. No entanto, nem a teoria da seleção natural de Darwin nem as leis da população de Malthus teriam podido exercer uma influência notável sobre a sociedade moderna se não fizessem suas as máximas que Townsend deduziu das cabras e cães do seu exemplo e quis aplicar a propósito da reforma da Lei dos Pobres: «A fome amansará os animais mais ferozes, ensinará honestidade e civilidade, obediência e sujeição, aos mais perversos. Em geral, só a fome pode tocá-los e aguilhoá-los [aos pobres] fazendo-os trabalhar, e contudo, as nossas leis disseram que eles nunca deveriam ter fome. Reconheçamos que as leis diziam também que seriam obrigados a trabalhar. Mas acontece que a coerção da lei é acompanhada de grande agitação, violência e alarido; gera a má vontade e nunca logra produzir um serviço bom e conveniente – ao passo que a fome é não só um meio de pressão pacífico, silencioso e constante, como suscita também, sendo o motivo mais natural de entre os que impelem à diligência e ao trabalho, os esforços mais vigorosos, e, quando é saciada pela liberalidade de outrem estabelece sobre alicerces seguros e duradouros a boa vontade e a gratidão. O escravo tem de ser forçado a trabalhar, mas o homem livre deve ser deixado ao seu juízo e à sua discrição; deve ser protegido no pleno gozo dos seus bens, sejam estes

---

 ([1]) Cf. Antonio de Ulloa, Wafer, William Funnell, bem como Isaac James (que inclui também o relatório do capitão Wood Rogers sobre Alexander Selkirk) e as observações de Edward Cook.

muito ou pouco, como deve ser punido quando invade a propriedade do próximo».

Eis o que era um novo ponto de partida para a ciência política. Ao abordar a comunidade humana pelo lado animal, Townsend esquivava a questão tida por inevitável dos fundamentos do governo, ao mesmo tempo que, fazendo-o, introduzia uma nova conceção do direito nos assuntos humanos – a conceção das leis da natureza. A propensão geométrica de Hobbes, bem como a ambição declarada de Hume e Hartley, de Quesnay e Helvétius, de descobrirem as leis newtonianas da sociedade, não podia ser entendida senão metaforicamente: ansiavam por descobrir uma lei da sociedade tão universal como a lei da gravitação na natureza, mas representavam-na como uma lei humana – por exemplo, uma força mental como o medo era em Hobbes, a associação na psicologia de Hartley, o interesse próprio em Quesnay ou a busca da utilidade em Helvétius. Era um tema que abordavam sem relutância: Quesnay, na esteira de Platão, considerava por vezes o homem do ponto de vista do pastor e dono do rebanho, e Adam Smith não ignorava decerto a relação entre os salários reais e a oferta a longo prazo da força de trabalho. Todavia, Aristóteles ensinara que só os deuses ou os animais podiam viver fora da sociedade, e o homem não era um animal nem um deus. Para o pensamento cristão, a separação que existia entre o homem e o animal era do mesmo modo parte integrante das suas conceções: não havia exame dos factos fisiológicos que pudesse confundir a teologia sobre a questão das raízes espirituais da república dos homens. Se, para Hobbes, o homem era o lobo do homem, isso decorria do facto de fora da sociedade os homens se conduzirem como lobos, e não devido à intervenção de algum traço biológico comum aos lobos e aos homens. Era assim que se consideravam as coisas, porque, em última análise, ainda ninguém concebera uma sociedade humana em termos que não a identificassem com a lei e o governo. Mas na ilha de Juan Fernandez não havia lei nem governo, embora apesar disso houvesse um equilíbrio entre as cabras e os cães. Este equilíbrio era mantido pela dificuldade que os cães tinham em apanhar as cabras que se refugiavam na parte rochosa da ilha e às desvantagens que causava às cabras terem de se pôr a salvo dos cães. Não era necessário qualquer governo para que se mantivesse o equilíbrio, constantemente reposto, por um lado, pela pressão da fome e, por outro, pela escassez de alimentos. Hobbes sustentara a necessidade de um déspota porque os homens eram *como* animais; Townsend insistia que os homens eram *realmente* animais e que, justamente por essa razão, não era necessário mais do que um governo mínimo. Deste novo ponto de vista, poderia considerar-se que uma sociedade livre era constituída por duas espécies: os detentores de propriedade e os trabalhadores. O número destes últimos era limitado pela quantidade de alimento disponível, ao mesmo tempo que, enquanto a propriedade for salvaguardada, a fome os impelirá a trabalhar. Não havia necessidade de magistrados para esse efeito, uma vez que a fome é um agente de disciplina mais eficaz do que qualquer magistrado. Recorrer a um deles, observa contundentemente Townsend, seria «apelar de uma autoridade mais forte para uma mais fraca».

Estas novas bases concordam perfeitamente com a sociedade que desponta. Os mercados nacionais tinham-se desenvolvido muito a partir de meados do século XVIII; o preço dos cereais já não era local, mas regional – estes e outros aspetos pressupunham o uso quase universal do dinheiro e uma comercialização alargada de produtos no mercado. Os preços de mercado e os rendimentos, que incluem as rendas e os salários, mostravam uma estabilidade considerável. Os fisiocratas foram os primeiros a registar estas regularidades, que não puderam, nem mesmo teoricamente, integrar num todo, uma vez que os rendimentos de tipo feudal prevaleciam ainda em França e o trabalho era muitas vezes semisservil, o que fazia com que nem as rendas nem os salários fossem, de um modo geral, determinados no mercado. Mas os campos de Inglaterra na época de Adam Smith tinham-se tornado já parte integrante de uma sociedade comercial: tanto a renda devida ao proprietário da terra como o salário do trabalhador agrícola começavam a revelar-se dependentes dos preços. Só excecionalmente eram as autoridades a fixar os preços e os salários. E contudo, nesta curiosa nova ordem, as velhas classes da sociedade continuavam a existir mais ou menos nos termos da hierarquia anterior, apesar do desaparecimento dos seus privilégios ou incapacidades estatutárias legais. Ainda que nenhuma lei obrigasse o trabalhador a servir o rendeiro, nem o rendeiro a assegurar a abundância do senhor da terra, os trabalhadores e os rendeiros agiam como se essa obrigação existisse. Através de que lei era o trabalhador obrigado a obedecer a um amo ao qual não o ligavam quaisquer obrigações legais? Que força mantinha separadas as classes que compunham a sociedade, como se correspondessem a seres humanos de espécies diferentes? E o que mantinha o equilíbrio e a ordem num coletivo humano que não apelava à intervenção política do governo e não a tolerava sequer?

O paradigma das cabras e dos cães parecia apresentar uma resposta. A natureza biológica do homem parecia o fundamento de uma sociedade que deixara de ser uma ordem política. Foi assim que os economistas rapidamente abandonaram as bases humanistas de Adam Smith, adotando em vez delas as razões de Townsend. A lei da população de Malthus e a lei dos rendimentos decrescentes formulada por Ricardo tornavam a fertilidade do homem e do solo os elementos constituintes de um novo domínio da existência até então não reconhecido. Emergira a sociedade económica enquanto realidade distinta do Estado político.

As circunstâncias em que a existência desse agregado humano – uma sociedade complexa – se tornou manifesta foram da maior importância para a história do pensamento do século XIX. Uma vez que a sociedade emergente não era outra coisa senão o sistema de mercado, a sociedade humana estava doravante em perigo de passar a basear-se em alicerces absolutamente estranhos ao mundo moral do qual até então o corpo político fora parte. O problema aparentemente insolúvel do pauperismo forçava Malthus e Ricardo a apoiar a queda de Townsend no naturalismo.

Burke abordou abertamente a questão do pauperismo do ponto de vista da segurança pública. As condições existentes nas Índias Ocidentais convenceram-no do perigo da manutenção de uma grande população escrava sem qualquer garantia de segurança adequada à proteção dos seus senhores brancos, tanto mais que era frequente permitir-se aos negros que andassem armados. Pensava que considerações análogas valiam para o aumento do número dos desempregados na metrópole, uma vez que o governo não tinha forças de polícia à sua disposição. Embora defensor ardoroso das tradições patriarcais, Burke aderira com entusiasmo ao liberalismo económico, no qual via também a maneira de responder ao problema administrativo do pauperismo. As autoridades locais beneficiavam de bom grado com a inesperada procura por parte das fábricas de algodão de crianças indigentes, como aquelas cuja aprendizagem estava a cargo da paróquia. Essas crianças eram agora contratadas às centenas por manufatureiros, que por vezes as transportavam para regiões afastadas do país. No seu conjunto, as novas cidades mostravam um saudável apetite pelos indigentes, ao mesmo tempo que as fábricas estavam dispostas a pagar pela utilização do trabalho dos pobres. Os indigentes adultos eram confiados a um patrão que se limitaria a sustentá-los em troca do seu trabalho, tal como até aí eram já cedidos nas mesmas condições, no quadro do sistema dos *roundsmen*, ora a um ora a outro agricultor da paróquia. Esta solução era mais barata do que a das «prisões sem culpa», como eram por vezes referidas as *workhouses*. Do ponto de vista administrativo, o resultado era que «a autoridade mais persistente e mais estrita do patrão» substituía o governo e a paróquia na imposição do trabalho.

Era evidente que entravam aqui em conta razões de ordem política. Para quê fazer dos pobres um encargo público e incumbir a paróquia de os sustentar, se, em última análise, a paróquia acabava por alijar essa responsabilidade cedendo os homens válidos aos empresários capitalistas, tão ávidos de braços para as suas fábricas que estavam dispostos a pagar pelos serviços prestados pelos assistidos? Não se trataria aqui da indicação clara de que havia também uma maneira menos dispendiosa de obrigar os pobres a ganharem o seu sustento do que encarregar a paróquia dessa responsabilidade? A solução residia na abolição da legislação isabelina sem introduzir outra que a substituísse. A solução seria que deixassem de existir a fixação de salários, a assistência prestada a desempregados válidos, e também salários mínimos ou outras medidas que assegurassem o «direito à vida». O trabalho teria de ser tratado como aquilo que era – ou seja, uma mercadoria cujo preço será estabelecido pelo mercado. As leis do comércio eram as leis da natureza e, por conseguinte, as leis de Deus. Não seria isto justamente um apelar do magistrado mais fraco para o mais forte, do juiz de paz para o todo-poderoso aguilhão da fome? Para os políticos e os administradores, o *laissez-faire* era simplesmente um princípio de manutenção da lei e da ordem com um mínimo de custos. Deixando que fosse o mercado a ocupar-se dos pobres, as coisas compor-se-iam por si sós.

Era exatamente sobre este ponto específico que o racionalista Bentham e o tradicionalista Burke estavam de acordo. O cálculo do sofrimento e do prazer requeria que não fossem infligidos sofrimentos evitáveis. Se a fome era suficiente, não havia necessidade de outras penas. À pergunta: «Que pode a lei fazer em matéria de subsistência?», Bentham respondia: «Diretamente, nada»([2]). A pobreza era a natureza que sobrevivia na sociedade, a sua sanção física era a fome. «Sendo a força da sanção física suficiente, o uso da sanção política seria supérfluo»([3]). Requeria-se tão-só um modo «científico e económico» de lidar com o pobre([4]). Bentham opunha-se vigorosamente ao projeto de Pitt em relação à Lei dos Pobres, pois aquele equivaleria a uma restauração do sistema de Speenhamland, uma vez que autorizaria tanto a assistência no lugar de residência como os subsídios complementares dos salários. Embora Bentham, ao contrário dos seus discípulos, não fosse então um liberal estrito do ponto de vista económico, também não era um democrata. As suas *Industry Houses* eram um pesadelo de administração utilitarista minuciosa imposta por todos os meios de coação de uma gestão científica. Bentham sustentava que esses estabelecimentos seriam sempre necessários, uma vez que a comunidade não podia desinteressar-se por completo da sorte dos indigentes. Acreditava que a pobreza era inseparável da abundância. «No estádio mais elevado de prosperidade social»,

---

([2]) J. Bentham, J., *Principles of Civil Code*, cap. 4, Browning, vol. I, p. 333.

([3]) J. Bentham, *ibid.*

([4]) J. Bentham, *Observation on the Poor Bill*, 1797.

dizia, «a grande massa dos cidadãos provavelmente pouco mais possuirá do que os recursos do seu trabalho de cada dia e estará, por conseguinte, sempre próxima da indigência (...)» Assim, recomendava que «deveria ser instaurada uma contribuição regular com vista às necessidades da indigência», embora, desse modo, «em *teoria*, a necessidade diminua e a indústria sofra» – como Bentham acrescentava com relutância, uma vez que, do ponto de vista utilitarista, competiria ao governo aumentar a necessidade a fim de tornar eficiente a sanção física da fome [5].

A aceitação da quase-indigência da massa dos cidadãos como o preço a ser pago pelo estádio mais elevado da prosperidade podia associar-se a atitudes humanas muito diferentes. Townsend procura um certo de equilíbrio afetivo fazendo concessões aos preconceitos e ao sentimentalismo. A imprevidência dos pobres era uma lei da natureza, pois de outro modo não haveria quem fizesse os trabalhos servis, sórdidos e degradantes. E, depois, que seria feito da pátria, se não se pudesse contar com os pobres? «Pois tirando a infelicidade e a pobreza, que mais poderia levar as classes inferiores do povo a enfrentar todos os horrores que esperam os seus membros no oceano tormentoso do campo de batalha?» Mas esta ostentação de patriotismo rude deixava ainda espaço à afirmação de sentimentos mais brandos. A assistência aos pobres deve, sem dúvida, ser completamente abolida. As Leis dos Pobres «procedem de princípios que raiam o absurdo, propondo-se levar a cabo aquilo que as próprias natureza e constituição do mundo tornaram impraticável». Mas, se se deixar a sorte dos indigentes ao cuidado da benevolência, quem não conceberá que «a única dificuldade» será refrear o impulso dos que aquela anima? E, depois, não serão muito mais nobres os sentimentos da caridade do que os decorrentes de rigorosas imposições legais? «Poderá haver na natureza coisa mais bela do que a compaixão suave da benevolência?», interpela-nos Townsend, depois de evocar como termo de comparação a frieza sem coração de «uma mesa encarregada da assistência paroquial», que ignora essas cenas de uma «expres-

---

[5] J. Bentham, *Principles of Civil Code*, p. 314.

são sem artifício de gratidão sem fingimento perante favores inesperados». «Quando os pobres são obrigados a cultivar a amizade dos ricos, nunca faltará nos ricos a inclinação que os leva a aliviar a infelicidade dos pobres». Ninguém que leia esta descrição tocante da vida íntima das Duas Nações poderá duvidar de que, inconscientemente, foi da ilha das cabras e dos cães que a Inglaterra Vitoriana extraiu a sua educação sentimental.

Edmund Burke era um homem de outra envergadura. Onde homens como Townsend cometem erros mesquinhos, Burke erra com grandeza. O seu génio erige em tragédia a brutalidade dos factos e confere à expressão do sentimento uma aura de misticismo. «Quando pretendemos ter piedade desses pobres sem cujo trabalho o mundo não pode existir, desrespeitamos a condição humana». Eis o que é melhor do que a indiferença grosseira, as lamentações vazias ou a hipocrisia que exibe declarações compadecidas. Mas a virilidade dessa atitude realista é contrariada pela subtil complacência com que Burke se refere às cenas da pompa aristocrática. O resultado leva-o à apologia de uma crueldade excessiva, ao mesmo tempo que subestima os efeitos de uma reforma empreendida no momento oportuno. Podemos pensar que provavelmente, se Burke ainda estivesse vivo nessa época, a Lei de Reforma do Parlamento de 1832, que pôs fim ao *ancien régime*, só teria sido aprovada à custa de uma evitável revolução sangrenta. Todavia, Burke poderia ter respondido que, estando as massas condenadas pelas leis da economia política a suportar a miséria, a ideia de igualdade não passaria de um incitamento cruel a que a humanidade se precipite na autodestruição.

Bentham não tinha nem a complacência respeitável de um Townsend nem estava imbuído do historicismo irrefletido de um Burke. Espírito crente na razão e nas reformas, o domínio recentemente descoberto das leis sociais surgia antes como uma terra de ninguém propícia à sua vontade experimental de utilitarista. Como Burke, recusava-se a aceitar o determinismo zoológico, do mesmo modo que rejeitava a supremacia da economia sobre a política propriamente dita. Apesar de autor de um *Ensaio sobre a Usura* e de uma *Manual de Economia Política,* era um simples amador desta última disciplina e nunca conseguiu introduzir nela a grande contribuição que se poderia esperar do utilitarismo nesse domínio – ou seja, qualquer coisa como a demonstração de que o valor resultava da utilidade. Em contrapartida, foi induzido pela psicologia associacionista a dar rédea solta às faculdades ilimitadas da sua imaginação em matéria de engenharia social. O *laissez-faire* significava para Bentham apenas mais um dispositivo da mecânica social. O principal motor intelectual da Revolução Industrial era, não a invenção técnica, mas a invenção social. A contribuição decisiva das ciências naturais para a engenharia não se daria senão um bom século mais tarde, depois de a Revolução Industrial se ter concluído já há muito. Para quem se ocupava na prática da construção de uma ponte ou de um canal, para quem concebia motores ou máquinas, o conhecimento das leis gerais da natureza seria em grande medida inútil até ao momento em que, a partir da mecânica e da física, surgiram novas ciências aplicadas. Telford, fundador da Institution of Civil Engineers, recusava o ingresso nesta aos candidatos que tivessem estudado física, e, segundo Sir David Brewster, nunca quis, pelo seu lado, familiarizar-se com os elementos da geometria. Os triunfos da ciência da natureza tinham sido de ordem teórica, no sentido mais próprio, e não podiam comparar-se, em termos de importância prática, aos das ciências sociais da época. Era aos sucessos da segunda que a ciência devia o prestígio que conquistara contra a rotina e a tradição, pelo que se verificava – facto quase incrível para a nossa geração – que a ciência da natureza extraía boa parte do seu crédito das relações que mantinha com as ciências humanas. A descoberta da economia foi como que uma revelação assombrosa acelerando fortemente a transformação da sociedade e a instauração de um sistema de mercado, enquanto as máquinas de fundamental importância eram inventos de artesãos sem instrução, alguns dos quais mal sabiam ler e escrever. Era, por conseguinte, justificado e razoável que fosse às ciências sociais, e não às naturais, que se atribuía a paternidade da revolução mecânica que submetia ao homem as forças da natureza.

Pelo seu lado, Bentham estava convencido de que descobrira uma nova ciência social, a da moral e da legislação. Esta assentaria no princípio de utilidade, que, com o auxílio da psicologia associacionista, permitia a exatidão do cálculo. A ciência, precisamente pela eficácia que adquirira na esfera dos assuntos humanos, significava invariavelmente, na Inglaterra do século XVIII, uma arte prática baseada no saber empírico. A necessidade desta atitude pragmática fazia-se, de facto, sentir com uma intensidade avassaladora. À falta de dados estatísticos disponíveis, não era muitas vezes possível dizer se a população estava a aumentar ou a diminuir, qual o estado da balança do comércio externo, ou que classe da população tendia a prevalecer sobre outra. Era frequente não se poder mais do que conjeturar sobre o progresso ou declínio da riqueza do país, sobre as causas que davam origem à pobreza, sobre a situação em que se encontrava o crédito, a banca ou os lucros. Por «ciência» entendia-se antes de mais uma maneira, não simplesmente especulativa ou histórica, mas sobretudo empírica, de abordar problemas como os que referimos – pelo que, gozando os interesses práticos de uma atenção privilegiada, era atribuída à ciência a tarefa de propor formas de regulação e organização desses novos fenómenos. Já vimos como os «santos» (*) se sentiam perplexos perante a natureza da pobreza e como se dedicaram a experiências de novas soluções mutualistas; como a noção de lucro foi saudada como uma cura para os mais diversos males; como ninguém se sentia em condições de decidir se o pauperismo era um bom ou mau prenúncio; como os organizadores científicos das *workhouses* se sentiam confundidos pelo facto de não serem capazes de fazer dinheiro por meio dos pobres; como Owen fez fortuna gerindo as suas fábricas segundo os princípios de uma filantropia deliberada, e como várias outras experiências, que pareciam decorrer das mesmas técnicas de auxílio mútuo esclarecido, falharam lamentavelmente, para grande confusão dos seus autores filantrópicos. Se alargássemos a nossa perspetiva do pauperismo de modo a incluir nela o crédito, a moeda, os monopólios, as poupanças, os seguros, o investimento, as finanças públicas ou, ainda, as prisões, o sistema educativo e organização das lotarias, encontraríamos facilmente em todos estes

---

(*) Ou seja, os puritanos militantes (N. T.).

domínios exemplos do mesmo tipo de incertezas quanto à ação e modo de funcionamento de cada um deles.

Em termos aproximativos, podemos dizer que este período chega ao fim com a morte de Bentham([6]), uma vez que os autores de projetos industriais da década de 1840 são simplesmente promotores de operações bem definidas, que já não se dedicam a descobrir novas aplicações aventurosas dos princípios universais do mutualismo, da confiança, do risco e outros aspetos que fazem parte do domínio investido pelo espírito de iniciativa dos homens. Doravante, os homens de negócios supõem saber que formas devem assumir as suas atividades – e raramente se interrogam sobre a natureza do dinheiro antes de fundarem um banco. Os engenheiros sociais encontram-se agora sobretudo entre os espíritos extravagantes ou os impostores, acabando com frequência por dar entrada nas prisões. O caudal diluviano de sistemas industriais e bancários que – de Paterson e John Law aos Pereire – fizera transbordar as bolsas de projetos sectários de inspiração religiosa, social ou académica, reduziu-se a um estreito fio de água. Entre os que se consagram à rotina dos negócios, as ideias analíticas são desvalorizadas. O reconhecimento da sociedade, pelo menos segundo se pensava, fora concluído e já não havia espaços deixados em branco no mapa da humanidade. Um homem do tipo de Bentham seria impossível durante cerca de um século. Depois de a organização através do mercado da vida industrial se ter tornado dominante, todos os outros campos institucionais se subordinariam ao mesmo modelo, fazendo com que deixasse de haver lugar para o génio interessado nos artefactos sociais.

O Panóptico de Bentham não era apenas um «moinho que transformava os malfeitores em homens honestos, e os ociosos em diligentes»([7]) – renderia, além disso, dividendos no Banco de Inglaterra. Bentham deu o seu apoio a propostas tão diferentes como um sistema de patentes melhorado; a firmas de responsabilidade limitada; um censo da população a realizar de dez em dez anos; à instauração de um Ministério da Saúde;

([6]) Em 1832.
([7]) Sir L. Stephen, *The English Utilitarians*, 1900.

a emissão de títulos de juros com vista à generalização da poupança; um *frigidarium* para frutos e legumes; manufaturas de armamento de conceção técnica inovadora, cujo funcionamento poderia recorrer ao trabalho dos forçados ou dos pobres assistidos; um Externato de Ensino Crestomático [*Chrestomathic Day School*] que lecionasse o utilitarismo às classes médias superiores; um registo geral da propriedade imobiliária; um sistema de contabilidade pública; reformas da instrução pública; a uniformização do registo civil; a liberalização da usura; o abandono das colónias; o uso de contracetivos com vista a impedir o aumento da população pobre; a junção do Atlântico e do Pacífico a levar a cabo por uma sociedade de acionistas; etc. Alguns destes projetos implicavam, por si só, inúmeras beneficiações menores: o das *Industry-Houses*, por exemplo, sugeria um sem fim de medidas inovadoras destinadas a melhorar o homem e a exploração dos seus recursos, baseadas nas conclusões da psicologia associacionista. Se Townsend e Burke aliavam o *laissez--faire* a uma atitude de quietismo legislativo, Bentham, por seu lado, nada tinha a objetar à profusão das reformas.

Antes de passarmos à resposta que, em 1798, Malthus opôs a Godwin e que assinala o momento inaugural da economia clássica propriamente dita, recordemos algumas características da época. O texto de *Political Justice* de Godwin era uma réplica às *Reflections on the French Revolution* de Burke, datadas de 1790, e foi publicado imediatamente antes da vaga de repressão desencadeada em Inglaterra com a suspensão do *habeas corpus* (1794) e as perseguições movidas contra as Correspondence Societies [sociedades de correspondência] democráticas. Ao tempo, a Inglaterra estava em guerra com a França, e o *terror* tornava a palavra «democracia» um sinónimo de revolução social. Todavia, o movimento democrático em Inglaterra, que foi inaugurado pelo sermão de 1789 sobre a «*Old* Jewry» («velha judiaria») do Dr. Price e atingiu a sua máxima expressão literária com *Os Direitos do Homem* de Payne (1791), limitava-se ao campo político e não ecoava o descontentamento dos trabalhadores pobres: a questão da Lei dos Pobres era pouco mencionada nos panfletos que reclamavam o sufrágio universal e eleições parlamentares anuais. Mas, apesar de tudo, foi, com efeito, em torno da

Lei dos Pobres que se verificou esse movimento decisivo dos *squires* que se traduziria no sistema de Speenhamland. As paróquias entrincheiraram-se ao abrigo de um intrincado pântano artificial que sobreviveria por mais de vinte anos a Waterloo. E se as consequências funestas dos atos de repressão, inspirados pelo pânico, durante a década de 1790, poderiam ter sido rapidamente superadas se tivessem sido um aspeto isolado, o processo de degenerescência desencadeado por Speenhamland deixaria marcas indeléveis no país. O prolongamento por 40 anos da hegemonia dos *squires* que Speenhamland teve por efeito foi pago ao preço do sacrifício do ânimo viril do povo comum. «Quando as classes possidentes se queixavam de que o imposto para os pobres se fazia cada vez mais pesado», escreve Mantoux, «subestimavam o facto de esse imposto equivaler na realidade a um seguro contra a revolução, enquanto a classe trabalhadora, ao aceitar o escasso benefício concedido aos seus membros, não se tivesse apercebido de que os fundos que o pagavam eram em parte obtidos através de uma redução dos seus rendimentos legítimos. Porque os subsídios tinham por consequência inevitável manter os salários ao nível mais baixo possível, chegando ao ponto de permitir que descessem abaixo do limite correspondente às necessidades irredutíveis dos assalariados. O agricultor ou o industrial encarregavam a paróquia de cobrir a diferença entre o salário que pagavam aos trabalhadores e o mínimo de que estes tinham necessidade para viver. Porque haveriam de assumir uma despesa que era tão fácil fazer pagar pelo conjunto dos contribuintes? Por outro lado, os assistidos pelas paróquias contentavam-se com um salário inferior, formando uma mão de obra barata que fazia uma concorrência insustentável aos trabalhadores não subsidiados. E chegava-se ao seguinte resultado paradoxal: o imposto dito dos pobres representava uma economia para o patrão e uma perda para o operário laborioso que não reclamava qualquer apoio à assistência pública. O jogo implacável dos interesses fizera de uma lei de beneficência uma lei de bronze» [8].

---

[8] P. L. Mantoux, *The Industrial Revolution in the Eighteenth Century*, 1928.

Do nosso ponto de vista, foi esta lei de bronze a base em que se fundamentou a nova lei dos salários e da população. O próprio Malthus, à semelhança de Burke e de Bentham, opunha-se violentamente à Lei de Speenhamland e advogava uma revogação completa da Lei dos Pobres. Nenhum deles previra que o sistema de Speenhamland faria com que os salários descessem, reduzindo-se ao nível da simples subsistência, ou situando-se até abaixo deste – pelo contrário, tinham esperado ver os salários crescerem por força da necessidade, ou pelo menos serem artificialmente mantidos, o que, sem as leis contra as associações [*Anti-Combination Laws*], talvez tivesse acontecido. Esta antecipação equivocada ajuda-nos a compreender por que razões não atribuíam o nível muito baixo dos salários rurais ao sistema de Speenhamland, que era a sua verdadeira causa, mas o consideravam uma prova indiscutível daquilo a que se chamou a lei de bronze dos salários. E é para aqui, portanto, para os fundamentos em que assentou a nova ciência económica, que devemos agora voltar-nos.

O naturalismo de Townsend não era, sem dúvida, a única base possível para a nova ciência da economia política. A existência de uma sociedade económica manifestava-se nas regularidades dos preços e na estabilidade dos rendimentos que dependiam desses preços – pelo que a lei económica bem poderia ter-se baseado diretamente nos preços. O que impeliu a economia ortodoxa a procurar as seus alicerces no naturalismo foi a miséria, de outro modo inexplicável, da grande massa dos produtores que, tal como sabemos hoje, nunca poderia ter sido deduzida das leis do mercado. Mas o modo como os factos surgiam aos contemporâneos era, a traço grosso, o seguinte: nos tempos de outrora, o povo trabalhador vivera habitualmente no limiar da indigência (pelo menos, se tivermos em conta os níveis variáveis dos critérios estabelecidos pelo costume); a partir do momento da entrada em cena das máquinas, nunca teriam decerto ascendido acima do nível da subsistência; e agora, na época em que a sociedade económica tomava enfim forma, era um facto insofismável que, década após década, o nível material de existência dos trabalhadores pobres não melhorara rigorosamente nada, se é que, de facto, não se deteriorara ainda mais.

Se alguma vez a evidência avassaladora dos factos pareceu apontar numa direção precisa, tal terá sido o que se passou no caso da lei de bronze dos salários: nos seus termos, o nível de mera subsistência a que os trabalhadores se veem reduzidos é o resultado de uma lei que tende a manter os seus salários tão baixos que nenhum outro nível habitual se torna possível para eles. Esta aparência era, evidentemente, não só enganadora, como implicava, na realidade, um absurdo do ponto de vista de qualquer teoria consistente dos preços e dos rendimentos sob o capitalismo. E contudo, em última instância, foi a partir dessa aparência enganadora que a lei dos salários parecia não poder basear-se em qualquer regra racional do comportamento humano, devendo ser por isso deduzida de factos naturais como a fertilidade dos seres humanos e do solo, nos termos em que eram anunciados ao mundo pela lei da população de Malthus, combinada com a lei dos rendimentos decrescentes. O elemento naturalista nos alicerces da economia ortodoxa era o desfecho das condições criadas antes de mais por Speenhamland.

A conclusão é que nem Ricardo nem Malthus compreenderam o funcionamento do sistema capitalista. Antes de ter passado um século sobre a publicação de *A Riqueza das Nações*, não se entendera claramente que, num sistema de mercado, os fatores de produção participam no produto e que, quando o produto aumenta, a parte absoluta daqueles tem obrigatoriamente de crescer[9]. Embora Adam Smith tenha adotado de Locke o falso ponto de partida do trabalho como origem do valor, a sua noção do realismo evitou que o assumisse com plena coerência. Assim, manteve ideias confusas sobre os elementos do preço, embora insistindo, acertadamente, em que nenhuma sociedade pode prosperar se os seus membros, na sua grande maioria, forem pobres e miseráveis. Todavia, o que nos parece um truísmo era, no tempo de Smith, um paradoxo. Segundo a sua maneira de conceber as coisas, a abundância universal não poderia deixar de chegar ao povo: era impossível que a sociedade se tornasse cada vez mais rica e o povo cada vez mais pobre.

---

[9] E. A. Cannan, *Review of Economic Theory*, 1930.

Lamentavelmente, os factos observáveis durante muito tempo pareceram não confirmar a sua posição – e, assim, uma vez que os autores de teorias têm de dar conta dos factos, Ricardo passaria a argumentar que, quanto mais avançasse a sociedade, maior seria a dificuldade de assegurar a alimentação dos seus membros e mais ricos se tornariam os grandes proprietários fundiários, através da exploração exercida ao mesmo tempo sobre os capitalistas e os trabalhadores; que os interesses dos capitalistas e dos trabalhadores eram fatalmente contraditórios, mas que essa contradição era, em última análise, ineficiente porque os salários dos trabalhadores nunca poderiam subir acima do nível de subsistência e os lucros, fosse como fosse, estavam condenados a diminuir. Num sentido mais ou menos remoto, todas estas afirmações continham um elemento de verdade, mas, enquanto explicação do capitalismo, teria sido impossível produzir outra mais irreal e obscura. No entanto, os próprios factos assumiam formas aparentemente contraditórias, sendo que ainda hoje, de resto, temos dificuldade em elucidá-los com exatidão. Não é, pois, motivo de surpresa que o *deus ex machina* da propagação dos animais e das plantas seja invocado num sistema científico cujos autores se propunham deduzir as leis da produção e da distribuição, não do comportamento das plantas ou dos animais, mas do dos homens.

Resumamos brevemente as consequências do facto de as bases da teoria económica terem sido lançadas durante o período Speenhamland, fazendo com que aquilo que era de facto um capitalismo sem mercado de trabalho aparecesse como uma economia de mercado concorrencial.

Em primeiro lugar, a teoria económica dos economistas clássicos era essencialmente confusa. O paralelismo entre a riqueza e o valor introduzia o mais embaraçoso dos pseudoproblemas em quase todas as rubricas da economia ricardiana. A teoria do fundo de salários (*wage fund*), herdada de Adam Smith, é origem de abundantes mal-entendidos. Excetuadas algumas teorias particulares, como a da renda, a do imposto e a do comércio externo, que proporcionam análises profundas, a conceção de conjunto compõe-se de esforços que tentam inutilmente chegar a conclusões categóricas sobre termos imprecisamente definidos destinados a explicar o comportamento dos preços, a formação dos rendimentos, o processo da produção, a influência dos custos sobre os preços, o nível dos lucros, dos salários e dos juros – matérias que, na maior parte dos casos, se mantêm tão obscuras como antes.

Em segundo lugar, dadas as condições em que o problema se colocava, não era possível outro resultado. Nenhum sistema unitário poderia ter explicado os factos, uma vez que estes não faziam parte de qualquer sistema, mas eram, na realidade, o resultado da ação simultânea sobre o corpo social de dois sistemas mutuamente exclusivos – ou seja, uma economia de mercado nascente, por um lado, e, por outro, a regulamentação paternalista na esfera do mais importante dos fatores de produção, que é o trabalho.

Em terceiro lugar, a solução encontrada pelos economistas clássicos tinha consequências do maior alcance sobre o modo de conceber a natureza da sociedade económica. À medida que as leis que governam uma economia de mercado iam sendo apreendidas, eram colocadas sob a autoridade da própria natureza. A lei dos rendimentos decrescentes era uma lei de fisiologia vegetal. A lei malthusiana da população refletia a relação entre a fertilidade do homem e a do solo. Nos dois casos, as forças em ação eram as forças da natureza, o instinto animal do sexo e o crescimento da vegetação num solo dado. O princípio interveniente era o mesmo que no caso das cabras e dos cães de Townsend: existia um limite natural para além do qual os seres humanos não poderiam multiplicar-se, sendo esse limite estabelecido pela quantidade de alimento disponível. Como Townsend, Malthus concluía que os espécimes supérfluos seriam eliminados: as cabras eram eliminadas pelos cães e os cães sucumbiriam à falta de alimento. Para Malthus, o dispositivo de controlo repressivo exercia-se na forma da destruição dos espécimes supranumerários pelas forças brutas da natureza. Uma vez que os seres humanos podem perecer por outras causas que não a fome – por exemplo, a guerra, as epidemias, o vício –, essas outras causas eram assimiladas às forças de destruição da natureza. O que, em rigor, era uma posição incoerente, pois tornava forças sociais responsáveis pela realização do equilíbrio reclamado pela natureza – embora Malthus pudesse responder a esta crítica que, na ausência de guerras e de vício, numa comunidade virtuosa, o número dos indivíduos que morreriam de fome seria muito superior ao dos que seriam poupados pelas suas virtudes pacíficas. Fundamentalmente, a sociedade económica baseava-se nas realidades sombrias da natureza – se o homem desobedecesse às leis que governavam a sociedade, o carrasco implacável estrangularia a descendência do imprevidente. As leis de uma sociedade concorrencial concebidas como tendo a selva por sanção.

A verdadeira significação do problema aflitivo da pobreza acabava por se revelar agora: a sociedade económica estava submetida a leis que *não* eram leis humanas. A distância que separava Adam Smith de Townsend aumentara e transformava-se num abismo, engendrando uma dicotomia que iria marcar o nascimento da consciência do século XIX. Doravante, o naturalismo assombraria a ciência do homem, ao mesmo tempo que a reintegração da sociedade no mundo humano passava a ser um objetivo persistente da evolução do pensamento social. A economia marxiana – nesta ordem de ideias – foi essencialmente uma tentativa malograda de o alcançar, tendo o seu fracasso ficado a dever-se à adesão demasiado estreita de Marx a Ricardo e às tradições da economia liberal.

Os próprios economistas clássicos estavam longe de ignorar a mesma exigência. Malthus e Ricardo de maneira nenhuma eram indiferentes ao destino dos pobres, mas essa sua preocupação humanitária tinha apenas por efeito levá-los a impor à sua teoria falsa vias ainda mais tortuosas. A lei de bronze dos salários inclui como salvaguarda uma cláusula bem conhecida, segundo a qual o nível de subsistência abaixo do qual a própria lei de bronze não pode fazer descer os salários é tanto mais elevado quanto mais elevadas forem as necessidades correntes da classe trabalhadora. Era nesta «unidade de medida da miséria» que Malthus punha as suas esperanças([10]) e desejava por todos os meios ver dilatada, pois só assim, segundo pensava, poderiam

---

([10]) W. Hazlitt, *A Reply to the Essay on Population by the Rev. T. A. Malthus in a Series of Letters*, 1803.

ser poupados às piores formas de miséria aqueles que a sua lei condenava a terem a miséria por condição. Também Ricardo, pela mesma razão, desejava que em todos os países as classes trabalhadoras tivessem o gosto do conforto e outras satisfações e que fossem «incentivadas por todos os meios legais no seu esforço por obtê-las». Por ironia, pois para se esquivarem à lei da natureza os homens eram incitados a tornar mais elevado o nível da sua fome. E todavia, não podemos duvidar da sinceridade destas tentativas dos economistas clássicos visando resgatar os pobres do destino que as suas teorias tinham contribuído para lhes reservar.

No caso de Ricardo, a própria teoria comportava um elemento que contrabalançava o seu rígido naturalismo. Esse elemento, presente em todo o seu sistema, e solidamente baseado na sua teoria do valor, era o princípio do trabalho. Ricardo completava o que Locke e Smith tinham começado: a humanização do valor económico: aquilo que os fisiocratas atribuíam à natureza, Ricardo reclamava-o para o homem. Num teorema erróneo, mas de vasto alcance, investiu o trabalho da capacidade única de constituir o valor, reduzindo assim todas as transações concebíveis na sociedade económica ao princípio da troca igual numa sociedade de homens livres.

No próprio interior do sistema de Ricardo coexistiam os fatores humanistas e naturalistas que disputam a supremacia numa sociedade económica. A dinâmica desta situação era uma força avassaladora. Decorrendo dela, a tendência no sentido de um mercado concorrencial adquiriu o ímpeto irresistível de um processo da natureza. Porque se considerava agora que o mercado autorregulado resultava das leis inexoráveis da natureza e que a libertação sem freio do mercado era uma necessidade inelutável. A criação de um mercado do trabalho era uma operação de vivissecção praticada no corpo da sociedade por aqueles dotados da dureza requerida pela tarefa que só a ciência pode dar. De tal certeza fazia parte a ideia de que a Lei dos Pobres tinha de desaparecer. «O princípio da gravitação não é mais certo do que a tendência dessas leis a tornarem a riqueza e o vigor em miséria e fraqueza (...) até que, por fim, todas as classes sejam contagiadas pela praga da pobreza universal», escrevia Ricardo([11]). A verdade é que seria, pois, um cobarde moral quem, sabendo-o, não fosse capaz de descobrir em si a força necessária para salvar a humanidade de si própria, impondo-lhe a cruel medida da abolição da assistência aos pobres. Era sobre este ponto que existia um acordo unânime entre Townsend, Malthus e Ricardo, Bentham e Burke. Por mais ferozmente que divergissem nos seus métodos e perspetivas, concordavam nos princípios da economia política e na oposição a Speenhamland. O que tornava o liberalismo económico uma força irresistível era a convergência em torno de uma mesma posição de perspetivas diametralmente opostas: com efeito, aquilo que tanto o ultrarreformador Bentham como o ultratradicionalista Burke aprovavam por igual assumia automaticamente o caráter da evidência.

Só um homem se apercebeu do que significava a questão que punha a época à prova, talvez porque só ele, entre os grandes espíritos contemporâneos, possuía um conhecimento prático da indústria, a acompanhar a sua visão interior. Nenhum outro pensador alguma vez foi mais longe do que Robert Owen no domínio da sociedade industrial. Owen estava profundamente consciente da distinção entre sociedade e Estado – e embora não albergasse, ao contrário de Godwin, preconceitos em relação ao segundo, não pedia ao Estado mais do que o Estado podia dar: uma intervenção útil destinada a proteger a sociedade, mas não, decididamente, a organização da sociedade. Do mesmo modo, não alimentava animosidade face à máquina, cujo caráter neutro admitia. Assim, nem o mecanismo político do Estado, nem o aparelho tecnológico da máquina escondiam aos seus olhos *o fenómeno* – quer dizer, a sociedade. Owen rejeitava a abordagem animalista da sociedade, assinalando as suas limitações em Malthus e em Ricardo. Mas o fulcro do seu pensamento era a crítica do cristianismo, que acusava de «individualização» – ou de fixar a responsabilidade do caráter no próprio indivíduo, negando assim, no entender de Owen, a realidade da sociedade e a sua influência todo-poderosa na for-

---

([11]) D. Ricardo, *Principles of Political Economy and Taxation*, ed. Gonner, 1929, p. 86.

mação do caráter. O verdadeiro sentido da crítica da «individualização» está na sua insistência na origem social das motivações humanas: «O homem individualizado e tudo o que no cristianismo é verdadeiramente válido estão separados a tal ponto que se tornam, para toda a eternidade, absolutamente incapazes de união». A descoberta da sociedade impele Owen a superar o cristianismo e a procurar uma posição que vá além dele. Apercebeu-se da verdade que faz com que, sendo a sociedade real, o homem tenha, em última análise, de se submeter a ela. Poderíamos dizer que o seu socialismo tinha por base uma reforma da consciência humana, a atingir através do reconhecimento da realidade da sociedade. «Se alguma das causas do mal fosse inamovível pelos novos poderes que os homens estão em vias de adquirir», escrevia Owen, «eles reconhecê-los-iam como males necessários e inevitáveis, e deixariam de se queixar inutilmente deles, como crianças».

Talvez Owen tenha alimentado uma ideia excessiva dos poderes em causa, pois de outro modo dificilmente poderia ter sugerido aos magistrados do condado de Lanark que a sociedade em breve tomaria como novo ponto de partida o «núcleo de sociedade» que ele descobrira nas suas comunidades aldeãs. Esta imaginação transbordante é privilégio do homem de génio, mas, incapaz de outro modo de se compreender a si própria, a humanidade não poderia existir sem o seu génio. Owen indica assim a importância fundamental da fronteira intransponível que a liberdade traça necessariamente como limite à ausência de males na sociedade. Mas Owen intuía que essa fronteira não emergiria claramente *até que o homem transformasse a sociedade segundo os ideais de justiça* – só então teria o homem que aceitar essa fronteira com uma maturidade de espírito isenta de lamentações pueris.

Em 1817, Robert Owen descrevia o rumo tomado pelo homem ocidental em palavras que condensavam o problema do século que então começava. Assinalava as enormes consequências que resultavam das manufaturas, *«quando abandonadas ao seu progresso natural»*. «A difusão geral das manufaturas por todo um país engendra um novo caráter nos seus habitantes, e, como esse caráter se forma segundo um princípio muito desfavorável à felicidade individual ou geral, produzirá os males mais deploráveis e permanentes, a menos que a sua tendência seja contrariada pela intervenção e direção das leis». A organização da totalidade da sociedade segundo o princípio do ganho e do lucro não podia deixar de ter efeitos de longo alcance, que Owen formulava reportando-os ao caráter dos homens. Porque o efeito mais evidente do novo sistema institucional era a destruição do caráter tradicional das populações que residiam nas suas terras e a sua transformação num tipo diferente de população – migratória e nómada – de seres sem amor-próprio nem disciplina, endurecidos e grosseiros, seres que tanto o operário como o capitalista exemplificam. Generalizando, Owen concluía que o princípio do novo sistema era desfavorável à felicidade, quer em termos individuais, quer sociais. Em tais condições, seguir-se-iam grandes males a menos que as tendências inerentes às instituições sob a égide do mercado fossem contrariadas por uma legislação que tornasse eficaz uma direção consciente da sociedade. Sem dúvida, a condição dos trabalhadores que Owen deplorava era em parte efeito do «sistema de subsídios». Mas, no essencial, o que Owen observava valia tanto para os trabalhadores das cidades como para os das zonas rurais, pois uns e outros «estão hoje numa situação infinitamente mais degradada e mais miserável do que antes da introdução dessas manufaturas de cujo sucesso doravante depende a sua elementar subsistência». Uma vez mais, Owen ia aqui ao fundo da questão, insistindo não tanto nos rendimentos como na degradação e na miséria. E como primeira causa da degradação, de novo certeiramente, apontava a dependência em que o trabalhador ficava da fábrica para garantir a subsistência mais elementar. Owen dava-se conta do facto de aquilo que começava por parecer um problema económico ser essencialmente um problema social. Em termos económicos, o operário era decerto explorado: não recebia em troca do seu trabalho aquilo que lhe era devido. Mas, por importante que este aspeto fosse, estava longe de ser tudo. Apesar da exploração, talvez estivesse financeiramente melhor do que antes. Mas um princípio inteiramente desfavorável à felicidade individual e geral devastava o seu meio social, a realidade humana que o rodeava, o seu estatuto na comunidade, o seu ofício – ou, numa palavra, essas relações com a natureza e os seres humanos em que a sua existência económica se encontrava outrora incrustada. A Revolução Industrial desencadeava uma desagregação social de proporções espantosas, e o problema da pobreza era simplesmente o aspeto económico dos acontecimentos. Owen afirmava justificadamente que, sem a intervenção e a direção de leis que contrabalançassem as forças da devastação, só poderiam seguir-se grandes males persistentes.

Mas Owen não previa, na sua época, que a autoproteção da sociedade pela qual se batia viria a mostrar-se incompatível com o funcionamento do seu sistema económico.

TERCEIRA PARTE

A Autoproteção da Sociedade

CAPÍTULO XI

O Homem, a Natureza e a Organização da Produção

Durante um século, a dinâmica da sociedade moderna foi governada por um duplo movimento: o mercado expandiu-se continuamente, mas esse movimento era contrabalançado por um contramovimento a controlar a expansão em determinadas direções. Por mais vital que fosse a sua importância no que se referia à proteção da sociedade, o contramovimento em causa era, em última análise, incompatível com a autorregulação do mercado, e, por isso, com o próprio sistema de mercado.

Este último desenvolveu-se por saltos e impulsos súbitos, apoderou-se do espaço e do tempo e, através da criação da moeda bancária, produziu uma dinâmica até então desconhecida. No momento em que atingia a sua extensão máxima, por volta de 1914, incluía nos seus domínios todas as partes do globo, todos os seus habitantes e, além deles, as gerações nascituras – tanto pessoas físicas como esses corpos de ficção chamados companhias [*corporations*]. Difundia-se por todo o planeta um novo modo de vida que aspirava à universalidade em termos sem precedentes, desde os primeiros tempos de afirmação do cristianismo, sendo a diferença que, desta feita, o movimento se situava num plano puramente material.

Ao mesmo tempo, contudo, manifestava-se um contramovimento, que era mais do que o habitual comportamento defensivo de uma sociedade confrontada com a mudança: tratava-se de uma reação contra uma desagregação que atingia a estrutura da sociedade e que tendia a destruir a própria organização da produção a que o mercado dera origem.

A visão das coisas de Robert Owen revelava-se certeira: a economia de mercado, se a deixassem evoluir segundo as suas próprias leis, criaria grandes males permanentes.

A produção é uma interação do homem e da natureza – se o seu processo se organizar segundo um mecanismo autorregulado de permuta e de troca, então o homem e a natureza serão arrastados pela sua órbita: serão submetidos aos movimentos da oferta e da procura, e tratados, por conseguinte, como mercadorias, como bens produzidos a fim de serem vendidos.

Tal era precisamente a ordem estipulada pelo sistema de mercado. O homem com o nome de trabalho, a natureza com o nome de terra eram postos à venda – a utilização da força de trabalho podia ser universalmente comprada e vendida por um preço chamado salário, e o uso da terra negociado por um preço chamado renda. Havia um mercado do trabalho como um mercado da terra, e a oferta e a procura eram, em cada um deles, reguladas respetivamente pelo nível dos salários e das rendas – o que sustentava decididamente a ficção do trabalho e da terra como produtos destinados a serem vendidos. O capital investido nas diversas formas de combinação do trabalho e da terra podia assim fluir de um ramo da produção para outro, de acordo com o requerido pelo nivelamento automático dos ganhos nos diferentes ramos.

Mas, enquanto a produção podia teoricamente ser organizada nestes termos, a ficção da mercadoria não atendia ao facto de que deixar os seres humanos e a terra nas mãos do mercado equivalia a aniquilá-los. Por isso, o contramovimento consistiu em controlar a ação do mercado sobre os fatores de produção do trabalho e da terra. Estabelecer esse controlo era a principal função do intervencionismo.

A organização da produção sofria uma ameaça análoga. O perigo para a empresa individual, industrial, agrícola ou comercial provinha dos efeitos que podiam ter sobre ela as variações dos preços. Porque, num sistema de mercado, se os preços caírem, os negócios serão afetados – a menos que todos os elementos do custo caiam na mesma proporção, é forçoso liquidar «negócios em curso», embora a queda dos preços possa não se ter devido a uma queda geral dos custos, mas simplesmente ao modo como estava organizado o sistema monetário. De facto, como veremos, tal era muitas vezes o caso num regime de mercado autorregulado.

O poder de compra é aqui, em princípio, assegurado e regulado pela ação do próprio mercado – é isso que significa dizer-se que o dinheiro é uma mercadoria cuja quantidade é controlada pela oferta e pela procura dos bens que funcionem como moeda, de acordo com a bem conhecida teoria clássica da moeda. Segundo a sua doutrina, a moeda é simplesmente outro nome de uma mercadoria usada nas trocas mais frequentemente do que as demais, o que faz com que seja adquirida principalmente com vista a facilitar as trocas. Pouco importa que tal fim seja assegurado por peles, cabeças de gado, conchas ou ouro – o valor dos objetos que funcionam como moeda é determinado como se fossem procurados unicamente pela sua utilidade por referência à alimentação, ao vestuário, à ornamentação ou outros destinos. Quando sucede ser o ouro que é usado como moeda, o seu valor, quantidade e movimentos são governados exatamente pelas mesmas leis que se aplicam às outras mercadorias. Qualquer outro meio de troca implicaria a criação – pelos bancos ou pelo governo – de moeda fora do mercado, constituindo isso uma interferência na autorregulação daquele. O ponto capital é o facto de os bens utilizados como moeda não serem diferentes das outras mercadorias, de a sua oferta e a sua procura serem reguladas pelo mercado como no caso das outras mercadorias e de, por conseguinte, serem intrinsecamente falsas todas as representações que atribuem à moeda outro caráter que não o de uma mercadoria utilizada como meio de troca indireta. Daqui segue-se também que, se o ouro for usado como moeda, as notas de banco, no caso de existirem, deverão representar o ouro. Foi de acordo com esta doutrina que a escola ricardiana desejava organizar a oferta de moeda pelo Banco de

Inglaterra. Na realidade, não era concebível qualquer outro método que salvaguardasse o sistema monetário de «interferências» do Estado – e, por conseguinte, também a autorregulação do mercado.

Deste modo, a situação no que se referia aos negócios era muito semelhante à da substância natural e humana da sociedade. O mercado autorregulado era uma ameaça tanto para os primeiros como para a segunda e por razões essencialmente semelhantes. E se eram necessárias legislação e leis sociais que protegessem o trabalhador industrial das consequências da ficção da força de trabalho como mercadoria, se havia que recorrer a leis agrárias e a tarifas alfandegárias que protegessem os recursos naturais e as culturas do país das consequências da ficção da mercadoria aplicada à terra, havia, do mesmo modo, necessidade do banco central e da do sistema monetário a fim de se manterem as manufaturas e outras empresas produtivas ao abrigo dos danos acarretados pela ficção da mercadoria quando aplicada à moeda. Bastante paradoxalmente, não eram só os seres humanos e os recursos naturais, mas também a organização da própria produção capitalista que se tornava necessário preservar dos efeitos devastadores de um mercado autorregulado.

Mas voltemos àquilo a que chamámos o duplo movimento. Podemos personificá-lo como a ação na sociedade de dois princípios organizadores, estabelecendo cada um deles fins institucionais específicos, com o apoio de determinadas forças sociais e através da utilização de métodos distintivos. Um deles era o princípio do liberalismo económico, visando a instauração de um mercado autorregulado, contando com o apoio das classes ligadas ao comércio e utilizando em larga medida como métodos o *laissez-faire* e o livre-cambismo; o outro era o princípio da proteção social visando a conservação do homem e da natureza bem como da organização da produção, contando com o apoio variável dos mais imediatamente atingidos pela ação nociva do mercado – em primeiro lugar, mas não exclusivamente, a classe trabalhadora e os grupos cujos interesses se ligavam à terra – e recorrendo a métodos como a legislação protetora, as associações restritivas e outros instrumentos de intervenção.

É importante a insistência no aspeto das classes. Os serviços prestados à sociedade pelas classes terratenentes, médias e trabalhadoras moldaram toda a história social do século XIX. O seu papel foi traçado pela sua disponibilidade para assumirem várias funções decorrentes da situação geral da sociedade. As classes médias eram os suportes da economia de mercado nascente; os seus interesses no campo dos negócios acompanhavam, no conjunto, o interesse geral no que se referia à produção e ao emprego; quando os negócios prosperavam, abriam-se oportunidades de trabalho para todos e de rendas para os proprietários; quando os mercados se expandiam, os investimentos podiam operar-se livre e rapidamente; quando a comunidade comercial era bem-sucedida na concorrência com o estrangeiro, a moeda estava segura. Por outro lado, as classes ligadas ao comércio não estavam dotadas de um órgão que as fizesse aperceber-se dos perigos acarretados pela exploração da capacidade física dos trabalhadores, a destruição da vida familiar, a devastação dos meios circundantes, a ruína das florestas, a poluição dos rios, a deterioração das qualificações dos ofícios, o enfraquecimento das tradições populares e a degradação geral da existência, incluindo as condições do alojamento e das artes, bem como as inúmeras formas de vida privadas e públicas que não tinham a ver com o lucro. As classes médias desempenharam a sua função desenvolvendo uma crença sacralizada no caráter universalmente benéfico do lucro – o que as desqualificava como portadoras de outros interesses tão decisivos para uma vida boa como os avanços da produção. Este último papel estava destinado a essas classes que não se empenhavam na aplicação à produção de máquinas dispendiosas, complexas ou especializadas. A traço grosso, à aristocracia fundiária e aos camponeses incumbiu a tarefa de salvaguardar as qualidades bélicas da nação que continuavam a depender em muito dos homens e da terra, enquanto os trabalhadores, em maior ou menor medida, se tornavam representantes dos interesses humanos comuns entretanto despojados de lugar próprio na sociedade. Mas, num ou noutro momento, cada uma destas classes sociais foi portadora, ainda que inconscientemente, de interesses mais amplos do que o seu próprio interesse particular.

Em finais do século XIX – com o sufrágio universal já notavelmente generalizado –, a classe operária era um fator cuja influência se exercia sobre o Estado; as classes ligadas ao comércio, por outro lado, cujo poder de agir sobre a legislação começara já a ser contestado, ganharam consciência do poder político que a sua direção da indústria comportava. Esta distribuição peculiar da influência e do poder não deu origem a crises enquanto o sistema de mercado se manteve em funcionamento sem demasiadas tensões ou fricções – mas a partir do momento em que esta realidade, em virtude de uma dinâmica intrínseca, começou a alterar-se e se multiplicaram os atritos entre as classes sociais, foi a própria sociedade que se viu ameaçada pelo facto de as partes em conflito fazerem do governo e dos negócios, do Estado e da indústria, respetivamente, as suas praças-fortes. Usava-se abusava-se de duas funções vitais da sociedade – a política e a económica –, transformando-as em armas de uma batalha que opunha interesses sectoriais. Foi deste perigoso impasse que, no século XX, irrompeu o fascismo.

É, portanto, a partir destes dois ângulos que nos propomos perspetivar o movimento que moldou a história social do século XIX. O primeiro ângulo é o do choque entre os princípios organizadores do liberalismo económico e a proteção social, que teve por efeito tensões institucionais de fundo; o segundo, o do conflito de classes, que, na sua interação com esse choque, transformou a crise em catástrofe.

CAPÍTULO XII

O Nascimento do Credo Liberal

O liberalismo económico era o princípio organizador da sociedade empenhada na criação de um sistema de mercado. Tendo nascido como uma simples preferência por métodos não burocráticos, transformou-se numa verdadeira fé na salvação secular do homem graças ao funcionamento de um mercado autorregulado. Este fanatismo era o resultado do agravamento brusco da tarefa que os seus adeptos se propunham levar a cabo: a dimensão dos sofrimentos que teriam de ser infligidos a gente inocente, bem como o grande alcance das transformações entretecidas que a instauração da nova ordem implicava. O credo liberal só adquiriu o seu fervor evangélico em resposta às exigências de uma economia de mercado plenamente desenvolvida.

Seria uma completa negação da história antedatar a política do *laissez-faire*, como é muitas vezes o caso, fazendo-a remontar à época em que essa divisa foi pela primeira vez utilizada em França, a meados do século XVIII – podemos dizer seguramente que, com efeito, tiveram de passar duas gerações antes de o liberalismo económico se converter em algo mais do que uma tendência espasmódica. É só a partir de 1820 que passam a ser afirmados e defendidos os seus três dogmas clássicos: o trabalho deve ter o seu preço determinado pelo mercado; a criação de moeda deve estar submetida a um mecanismo automático; os bens devem poder circular livremente de país em país sem obstáculos nem preferência – ou, em suma, os dogmas do mercado do trabalho, o padrão-ouro e o livre-câmbio.

Seria um tanto extravagante sustentar que François Quesnay encarava um estado de coisas semelhante. Tudo o que os fisiocratas, no seu mundo mercantilista, reclamavam era a livre exportação de cereais que assegurasse um melhor rendimento aos rendeiros agrícolas, detentores da posse da terra e proprietários. Quanto ao resto, por *ordre naturel* não entendiam mais do que um princípio orientador da regulação da indústria e da agricultura exercida por um governo tido por todo-poderoso e omnisciente. As *Maximes* de Quesnay destinavam-se a prover esse governo dos pontos de vista que requeriam tradução numa política prática dos princípios do *Tableau*, com base em dados estatísticos que o autor se propunha fornecer periodicamente. A ideia de um sistema de mercado autorregulado foi pensamento que nunca lhe ocorreu.

Também em Inglaterra o *laissez-faire* era interpretado em termos restritos: significava que a produção deveria tornar-se livre de regulamentações, e não incluía o comércio. As manufaturas do algodão, a maravilha da época, tinham passado da insignificância à condição de maior indústria exportadora do país – e contudo, a importação de tecidos de algodão estampados continuava a ser proibida por um estatuto positivo. Apesar do monopólio tradicional do mercado interno, é assegurado um incentivo à exportação das chitas ou das musselinas. O protecionismo estava tão entranhado que os fabricantes de panos de algodão de Manchester reclamavam, em 1800, a proibição da exportação de fio, embora tivessem consciência do facto de que isso representaria para eles perda de oportunidades de negócio. Uma lei promulgada em 1791 tornava extensivas à exportação de modelos e descrições dos tecidos as penalidades que sancionavam a exportação de instrumentos usados na manufatura do algodão. As origens livre-cambistas da indústria do algodão são um mito. Veja-se a esfera da produção livre de regulamentações, eis tudo o que a indústria reclamava – a liberdade na esfera do comércio continuava a ser tida como perigosa.

Poder-se-ia supor que a liberdade de produção se teria alargado naturalmente do campo da simples técnica ao do emprego da mão de obra. No entanto, só relativamente tarde Manchester faz ouvir a reclamação da liberdade do trabalho. A indústria do algodão nunca estivera sujeita ao Estatuto dos Artesãos e, por isso, não era tolhida nem pelas fixações de salário anuais nem pelas regras da aprendizagem. A Velha Lei do Pobres [*Old Poor Law*], por outro lado, à qual tão ferozmente se opunham os liberais modernos, era propícia aos fabricantes: não só lhes fornecia «aprendizes da paróquia» (crianças assistidas), como lhes permitia alijar as suas responsabilidades relativas aos empregados que despediam, transferindo assim boa parte do fardo do desemprego para os fundos públicos. O próprio sistema de Speenhamland não era, de início, impopular entre os manufatureiros do algodão: antes de os efeitos morais dos subsídios terem começado a reduzir a capacidade produtiva dos trabalhadores, a indústria podia justificadamente considerar os abonos familiares como um auxílio à manutenção desse exército de reserva do trabalho cuja necessidade experimentava tão prementemente para responder às flutuações dos negócios. Numa época em que a contratação agrícola se fazia ainda ao ano, era da maior importância que a indústria pudesse contar com a disponibilidade desse fundo de mão de obra móvel em períodos de expansão. Daí os ataques movidos pelos patrões das manufaturas contra o Ato de Residência que limitava a mobilidade física da força de trabalho. Todavia, a reforma dessa lei não seria empreendida antes de 1795 – e só para ser substituída por disposições, não menos mas mais paternalistas, introduzidas na Lei dos Pobres. O pauperismo continuava a ser a preocupação dos *squires* e da província, ao mesmo tempo que até mesmo duros críticos do sistema de Speenhamland, como Burke, Bentham e Malthus, se consideravam menos representantes do progresso industrial do que defensores de princípios sólidos de administração rural.

Será preciso esperar pela década de 1830 para vermos o liberalismo explodir numa cruzada apaixonada e o *laissez-faire* tornar-se um credo militante. A classe dos patrões das manufaturas exercia pressões visando a introdução de emendas na Lei dos Pobres, uma vez que esta impedia a formação de uma classe operária cujos rendimentos dependessem do trabalho prestado. Foi então que se tornaram evidentes as dimensões do risco que acarretava a criação de um mercado do trabalho livre, ao mesmo tempo que a extensão da miséria que isso implicava para as vítimas do progresso. Assim, no começo da década de 1830, manifestava-se uma nítida mudança de atitude. Em 1817, uma reedição da *Dissertação* de Townsend incluía um prefácio que louvava a clarividência antecipada do ataque do autor contra a Lei dos Pobres e da exigência da sua revogação completa – mas os editores alertavam para os perigos da proposta «imprudente e precipitada» de uma supressão, no prazo demasiado curto de *dez anos*, da assistência aos pobres. Publicados no mesmo ano, os *Princípios* de Ricardo insistiam na necessidade da abolição do sistema dos subsídios, mas sublinhando de forma vincada que aquela deveria ser levada a cabo muito gradualmente. Pitt, discípulo de Adam Smith, rejeitara semelhante solução invocando os sofrimentos que causaria a seres humanos inocentes. E, em 1829 ainda, Peel «perguntava-se se, a não ser gradualmente, seria possível suprimir sem risco o sistema dos subsídios»([1]). No entanto, depois da vitória política da classe média, em 1832, a reforma da Lei dos Pobres [Poor Law Amendement Bill] é aprovada numa versão extrema e aplicada imediatamente sem moratórias. O *laissez-faire* fora catalisado num impulso de ferocidade sem contemplações.

A mesma evolução do liberalismo económico, que, de tema académico, passa a dar lugar a um ativismo desenfreado, é a que se observa noutros dois domínios da organização industrial: a *moeda* e o *comércio*. Nos dois casos, o *laissez-faire* transborda num credo fervoroso no momento em que se revela a inutilidade de quaisquer soluções menos extremas.

A questão da moeda começou por fazer-se sentir na sociedade inglesa na forma de um encarecimento generalizado do custo de vida. Entre 1790 e 1815, os preços duplicaram. Os salários reais caíram e os negócios são afetados por uma quebra do comércio externo. No entanto, só depois do pânico de 1825 a

---

([1]) S. e B. Webb, *op. cit.*

moeda sólida se converteu num dogma do liberalismo económico – ou seja, é só depois de os princípios de Ricardo se terem implantado já profundamente no espírito dos políticos, bem como dos homens de negócios, que se decide que o «padrão» deve ser mantido apesar de um enorme número de perdas financeiras. Tal foi o início dessa fé inabalável no mecanismo de pilotagem automático do padrão-ouro, sem a qual o sistema de mercado não poderia ter-se feito à estrada.

O livre-câmbio internacional não exigia um ato de fé menos decidido. As suas implicações eram absolutamente insensatas. Significava que a Inglaterra passaria a depender em bens alimentares de fontes ultramarinas; sacrificaria a sua agricultura, se necessário, e entraria numa nova forma de existência que a tornaria parte integrante de uma união mundial vindoura vagamente imaginada; além disso, a futura comunidade planetária deveria ser pacífica, ou, caso o não fosse, a sua segurança para a Grã-Bretanha teria de ser mantida pelo poder da Marinha, e a nação inglesa teria por fim de enfrentar as perspetivas de desagregações industriais contínuas, valendo-se de uma firme confiança na superioridade das suas próprias capacidades inventivas e produtivas. Todavia, considerava-se que bastaria que os cereais de qualquer parte do mundo pudessem chegar livremente à Grã-Bretanha para que as fábricas britânicas pudessem vender a preços mais baixos os seus produtos em todo o mundo. Uma vez mais, o grau de determinação necessário era fixado pelas dimensões da proposta e pela extensão dos riscos implicados pela sua aceitação completa. No entanto, tudo o que fosse menos do que essa aceitação completa parecia não poder significar senão ruína.

As fontes utópicas do dogma do *laissez-faire* não podem ser bem compreendidas se nos limitarmos a analisar cada uma delas isoladamente e sem ter em conta o conjunto. Os três dogmas – mercado do trabalho concorrencial, padrão-ouro automático e livre-câmbio internacional – formavam um todo. Os sacrifícios acarretados pela aplicação isolada de um deles eram inúteis, ou pior do que inúteis, a menos que se garantisse também a aplicação dos outros. Tratava-se de uma questão de tudo ou nada.

Todos se podiam dar conta de que o padrão-ouro, por exemplo, significava o risco de uma deflação devastadora e, talvez, de um rigor monetário fatal numa situação de pânico. Portanto, o proprietário da manufatura só podia sentir-se seguro por meio de uma produção a preços compensadores e a uma escala crescente (por outras palavras, só garantiria a sua posição se os salários descessem acompanhando a queda generalizada dos preços e permitindo, desse modo, a exploração de um mercado mundial em expansão permanente). Assim, o Anti-Corn Law Bill [projeto contra a lei dos cereais] de 1846 era o corolário do Bank Act de Peel, de 1844(*), e ambos tinham como pressuposto a existência de uma classe trabalhadora, que, desde o Poor Law Amendment Act [Emenda da Lei dos Pobres] de 1834, era obrigada a um esforço máximo imposto pela ameaça da fome, sendo os salários determinados pelo preço dos cereais. As três grandes medidas formavam um todo coerente.

Podemos agora resumir num relance rápido as verdadeiras consequências do liberalismo económico. Nada menos do que um mercado autorregulado à escala mundial podia garantir o funcionamento deste mecanismo assombroso. A não ser que o preço do trabalho dependesse do preço dos cereais mais baratos oferecidos pelo mercado, não havia garantia de que as indústrias não-protegidas não sucumbiriam à pressão sobre elas exercida pelo ouro, esse agente tirânico de controlo que elas próprias tinham voluntariamente admitido. A expansão do sistema de mercado no século XIX é sinónima da difusão simultânea do livre-câmbio internacional, do mercado do trabalho concorrencial e do padrão-ouro – os três fatores combinavam-se intimamente. Não é de admirar que o liberalismo económico se tenha tornado quase uma religião a partir do momento em que os enormes perigos da via escolhida se tornaram manifestos.

O *laissez-faire* nada tinha de natural; os mercados livres nunca teriam chegado a existir por simples efeito da força das coisas.

(*) Ou Bank Charter Act. Trata-se de uma lei que, entre outros aspetos, estipulava que a emissão de notas de banco pelo Banco de Inglaterra teria de ser proporcional ao montante das reservas de ouro, ao mesmo tempo que separava as operações emissoras das outras atividades empreendidas pelo mesmo banco (*N.T.*)

Tal como as manufaturas do algodão – a principal indústria associada à liberdade de comércio – tinham sido criadas mediante o auxílio de tarifas protecionistas, de incentivos à exportação e de subsídios salariais indiretos, também o próprio *laissez-faire* foi imposto pelo Estado. As décadas de 1830 e 1840 não assistiram apenas a um surto de legislação que revogava as regulamentações restritivas, mas também a um enorme aumento das funções administrativas do Estado, que se ia dotando agora de uma burocracia central capaz de desempenhar as tarefas estipuladas pelos adeptos do liberalismo. Para o utilitarista típico, o liberalismo económico era um projeto social que deveria ser levado a cabo tendo em vista a maior felicidade do maior número: o *laissez-faire* não era um método de alcançar este fim, era o próprio fim a alcançar. Sem dúvida, a legislação direta nada podia fazer, exceto revogar as restrições nocivas. Mas isso não significava que, sobretudo agindo indiretamente, o *governo* nada pudesse fazer. Pelo contrário, o liberal utilitarista via no governo o grande agente de realização da felicidade. No que se referia ao bem-estar material, pensava Bentham, a influência da legislação «é como que nada» por comparação com o contributo inconsciente do «ministro da polícia». Das três coisas que o sucesso económico requeria – a inclinação, o saber e o poder –, o indivíduo privado não possuía mais do que a primeira. Bentham considerava que o saber e o poder poderiam ser administrados com muito menores custos pelo governo do que pelos indivíduos privados. Competia ao executivo recolher dados estatísticos e informação, promover a ciência e as iniciativas experimentais, bem como fornecer os inúmeros instrumentos da realização final no domínio do governo. O liberalismo benthamiano visava a substituição da ação parlamentar pela ação levada a cabo por órgãos administrativos.

As vias possíveis eram muito variáveis. A reação em Inglaterra – ao contrário do que se passou em França – não governou servindo-se de métodos administrativos, mas utilizou exclusivamente a legislação parlamentar para exercer a repressão política. «Os movimentos revolucionários de 1785 e 1815-1820 foram combatidos, não através da ação departamental, mas por meio da legislação parlamentar. A suspensão da lei do *habeas corpus*, a adoção do Libel Act e dos 'Seis Atos' ['*Six* Acts'] de 1819 foram medidas pesadamente coercivas(*), mas não deixam transparecer a tentativa de imprimir um caráter 'continental' à administração. Na medida em que destruíam a liberdade individual, faziam-no através de leis do Parlamento e de acordo com elas»(²). Esta expansão da administração refletia o espírito do utilitarismo. O célebre Panóptico de Bentham – a sua utopia mais pessoal – era um edifício em forma de estrela, de cuja zona central os guardas prisionais podiam manter um maior número de reclusos sob a mais eficaz vigilância ao menor custo público possível. De igual modo, no Estado utilitarista, o seu princípio favorito de «inspeccionabilidade» garantia que, na cúpula, o ministro mantivesse um controlo eficaz sob toda a administração local.

A via do mercado livre foi aberta e manteve-se aberta graças ao aumento constante de um intervencionismo organizado e controlado centralmente. Tornar a «simples e natural liberdade» de Adam Smith compatível com as exigências de uma sociedade humana revelava-se uma tarefa extremamente intrincada. Testemunham-no a complexidade das disposições das inúmeras leis sobre os *enclosures*; o enorme controlo burocrático associado à administração das Novas Leis dos Pobres [New Poor Laws], que, pela primeira vez desde o reinado da rainha Isabel, eram efetivamente supervisionadas pela autoridade central, ou o crescimento da administração governamental suscitado pela meritória iniciativa de uma reforma municipal. E contudo, todas estas praças-fortes da interferência governamental eram construídas com o propósito de organizar esta ou aquela simples liberdade – a da terra, do trabalho ou da administração municipal. Tal como, contrariando as expectativas, a invenção da maquinaria economizadora de trabalho não diminuíra, mas de facto aumentara a utilização do trabalho humano, a introdução dos mercados livres, longe de pôr fim às exigências de controlo,

---

(*) Criminalizando formas de ação e expressão política, reforçando a posição da acusação e agravando as condições da defesa nos processos, etc. (*N. T.*).

(²) Redlich e J. Hirst, *Local Government in England*, vol. II, p. 240, citado por A. V. Dicey, *Law and Opinion in England*, p. 305.

regulação e intervenção, expandiu imenso o seu domínio. Os administradores tinham de se manter a todo o momento vigilantes para assegurar o livre funcionamento do sistema. Assim, até mesmo aqueles que desejavam mais ardentemente libertar o Estado de todas as obrigações desnecessárias e cuja filosofia reclamava em todos os aspetos a limitação das atividades do Estado, não puderam fazer outra coisa que não fosse atribuir a esse mesmo Estado os novos poderes, órgãos e instrumentos requeridos pela instauração do *laissez-faire*.

Um outro paradoxo vai ainda mais longe do que este. Enquanto a economia do *laissez-faire* era produzida pela ação deliberada do Estado, as restrições posteriormente impostas ao *laissez-faire* começaram espontaneamente. O *laissez-faire* fora planeado – a intervenção do plano, não. A primeira parte desta afirmação foi já indicada acima: com efeito, se alguma vez houve uma utilização consciente do executivo ao serviço de uma política deliberada sob controlo do governo, foi a adotada pelos benthamianos no período heroico do *laissez-faire*. A segunda parte foi sugerida pela primeira vez por Dicey, liberal eminente que se consagrara à tarefa de investigar as origens da corrente «anti-*laissez-faire*» ou, como ele lhe chama, «coletivista», cuja existência se tornara manifesta na opinião pública inglesa a partir de finais da década de 1860. Dicey teve a surpresa de não descobrir sinais da existência dessa corrente, *exceto nos próprios atos da legislação*. Mais exatamente, não há sinais de uma «corrente coletivista» na opinião pública *antes* de podermos encontrar as leis que parecem documentá-la. Quanto à opinião «coletivista» posterior, Dicey concluía que a sua primeira fonte deverá ter sido a própria legislação «coletivista». O resultado da sua penetrante investigação revelava a completa ausência de qualquer intenção deliberada de alargar as funções do Estado, ou de limitar a liberdade individual, por parte daqueles que tinham sido diretamente responsáveis pelas medidas restritivas das décadas de 1870 e 1880. A ação legislativa de primeira linha do contramovimento perante a autorregulação do mercado, tal como se desenvolveu no meio século que se seguiu a 1860, revelava-se como tendo sido espontânea, não dirigida pela opinião e adotada segundo uma inspiração puramente pragmática.

Os adeptos do liberalismo económico não podiam aceitar sem fortes objeções este ponto de vista. Toda a sua filosofia social depende da ideia de que o *laissez-faire* foi um desenvolvimento natural, ao passo que posterior legislação anti-*laissez-faire* teria sido obra de uma ação deliberada por parte dos adversários dos princípios do liberalismo. Não exageraremos ao dizer que nestas duas interpretações mutuamente exclusivas do duplo movimento se joga hoje a questão da verdade ou falsidade do credo liberal.

Autores liberais como Spencer e Summer, Mises e Lippman traçam uma descrição do duplo movimento substancialmente semelhante à nossa, mas interpretam-na em termos inteiramente diferentes. Enquanto, do nosso ponto de vista, a ideia de um mercado autorregulado era utópica, tendo sido o seu progresso refreado pelo realismo da autoproteção da sociedade, todo o protecionismo, segundo o ponto de vista dos referidos autores, foi um erro devido à impaciência, a avidez e a imprevidência, e que, à falta da sua intervenção, o mercado teria podido resolver as suas dificuldades. A questão de saber qual destas perspetivas corresponde à realidade constitui, talvez, o problema mais importante da história social recente, pois leva-nos a tomar posição sobre a pretensão do liberalismo económico a ser o princípio fundamental de organização da sociedade. Antes de atendermos ao testemunho dos factos, é necessária uma formulação mais precisa da questão.

A nossa época será, sem dúvida, lembrada pelo facto de ter assistido ao fim do mercado autorregulado. Na década de 1920, o prestígio do liberalismo económico estava no zénite. Centenas de milhões de seres humanos sofreram o flagelo da inflação, ao mesmo tempo que classes sociais inteiras e nações inteiras eram expropriadas. A estabilização das moedas transformou-se no enfoque do pensamento político dos povos e dos governos; o restabelecimento do padrão-ouro passou a ser o objetivo supremo de todos os esforços organizados no domínio económico. O reembolso dos empréstimos estrangeiros e o regresso a moedas estáveis surgiam como a pedra de toque da racionalidade em política, e não havia sofrimento dos indivíduos nem limitação da soberania que se considerasse um sacrifício excessivo com vista à recuperação da integridade monetária. As privações dos desempregados que perdiam o trabalho devido à deflação; a situação dos funcionários despedidos sem a mínima compensação; o próprio abandono dos direitos nacionais e a perda das liberdades constitucionais – tudo isso era considerado um preço justo a pagar pela satisfação das exigências de orçamentos sólidos e moedas sólidas, esses *a priori* do liberalismo económico.

A década de 1930 viu os absolutos da anterior postos em questão. Ao cabo de alguns anos ao longo dos quais as moedas foram mais ou menos estabilizadas e reequilibrados os orçamentos, os dois países mais poderosos do mundo, a Grã-Bretanha e os Estados Unidos, viram-se em dificuldades, abandonaram o padrão-ouro e começaram a manipular as suas moedas. As dívidas internacionais eram repudiadas em bloco, os mais ricos e os mais poderosos deixavam de observar os dogmas do liberalismo económico. Em meados da década, a França e alguns outros Estados que mantinham ainda o padrão-ouro foram efetivamente forçados a abandoná-lo pelos tesouros [Ministério das Finanças] da Grã-Bretanha e dos Estados Unidos, outrora guardiões zelosos do credo liberal.

Na década de 1940, o liberalismo económico sofria uma derrota ainda pior. Embora a Grã-Bretanha e os Estados Unidos tivessem posto de lado a ortodoxia monetária, conservaram os princípios e os métodos do liberalismo na indústria e no comércio e na organização geral da sua vida económica. Essa circunstância revelar-se-ia um fator que precipitou a guerra e uma desvantagem que tornava mais difícil travá-la, uma vez que o liberalismo económico criara e promovera a ilusão de que as ditaduras estavam condenadas a sucumbir a uma catástrofe económica. Semelhante credo teve por efeito que os governos democráticos foram os últimos a compreender as consequências da gestão da moeda e do comércio dirigido, ainda quando eram levados pela força das circunstâncias a recorrer eles próprios a esses métodos – além disso, o legado do liberalismo económico impediu-os de se rearmarem no devido momento, em nome dos orçamentos equilibrados e da estabilidade das trocas, tidos como as únicas bases seguras da força económica em situação de guerra. Na Grã-Bretanha, a ortodoxia orçamental e monetária levou à adoção, por um país confrontado com uma guerra total, do princípio estratégico tradicional das ações com objetivos limitados; nos Estados Unidos, os interesses privados – como os ligados ao petróleo e ao alumínio – entrincheiraram-se nos tabus do liberalismo relativos ao mundo dos negócios e resistiram com êxito à exigência de se prepararem para uma emergência industrial. Sem a obstinada e apaixonada insistência dos partidários do liberalismo económico nas suas falácias, os guias da humanidade, bem como a massa dos homens livres, ter-se-iam preparado melhor para enfrentar o grande duelo da época e talvez tivessem podido, entretanto, evitá-lo.

Mas os dogmas seculares de uma organização social que se estendia por todo o mundo civilizado não se deixaram remover pelos acontecimentos de uma década. Tanto na Grã-Bretanha como nos Estados Unidos, milhões de empresas independentes deviam a sua existência ao princípio do *laissez-faire*. O fracasso espetacular deste num domínio não destruiu a sua autoridade sobre todos os outros. De facto, talvez o seu eclipse parcial tenha até reforçado a sua influência, permitindo aos seus defensores sustentarem que era a aplicação incompleta dos seus critérios a razão de todas as dificuldades em nome das quais o acusavam.

Tal é, com efeito, o último argumento que resta hoje ao liberalismo económico. Os seus apologistas repetem, recorrendo a variações intermináveis, que, sem a intervenção das políticas advogadas pelos seus críticos, o liberalismo teria cumprido o que prometia, e que a responsabilidade pelos nossos males não incumbe ao sistema concorrencial e ao mercado autorregulado, mas às medidas que interferiram no sistema e às intervenções levadas a cabo no mercado. E este argumento não se baseia apenas nas muitas restrições recentemente postas à liberdade económica, mas também no facto indiscutível de o movimento de expansão dos mercados autorregulados ter deparado, na segunda metade do século XIX, com a oposição persistente de um movimento contrário, que constituiu um entrave ao funcionamento do novo tipo de economia.

Os adeptos da economia liberal puderam assim enunciar uma tese que articula o presente e o passado num todo coerente. Pois quem pode negar que a intervenção do governo nos negócios pode minar a confiança? Quem pode negar que o desemprego teria sido, em certas ocasiões, menor se não fossem as medidas de proteção exteriores ao trabalho promovidas pelas leis? Que a iniciativa privada se ressente da concorrência que lhe possa ser feita pelas obras públicas? Que o défice financeiro pode prejudicar os investimentos privados? Que o paternalismo tende a tolher a iniciativa no mundo dos negócios? Se é assim no presente, decerto as coisas não terão sido diferentes no passado. Quando, por volta da década de 1870, um movimento protecionista generalizado – social e nacional – se iniciou na Europa, quem pode duvidar que isso afetou e restringiu o comércio? Quem pode pôr em dúvida que as leis das fábricas, a segurança social, a atividade económica municipal, os cuidados de saúde, os serviços públicos, as tarifas, os incentivos e os subsídios, os cartéis e os *trusts*, as barreiras postas à imigração, aos movimentos de capitais, às importações – para não falarmos das restrições mais ou menos abertas aos movimentos de seres humanos, bens e pagamentos – deverão ter atuado como outros tantos entraves ao funcionamento do sistema concorrencial, prolongando as depressões da atividade económica, agravando o desemprego, alimentando o marasmo financeiro, diminuindo o comércio e prejudicando seriamente o mecanismo de autorregulação do mercado? A raiz do mal, insistem os liberais, esteve precisamente nessas interferências na liberdade de emprego, no comércio e na moeda praticada pelas várias escolas do protecionismo social, nacional e monopolista, a partir do terceiro quartel do século XIX; sem a aliança ímpia dos sindicatos e dos partidos operários com os patrões monopolistas das manufaturas e os interesses agrários, que, com avidez e vistas curtas, juntaram as suas forças contra a liberdade no domínio da economia, o mundo gozaria hoje dos frutos de um sistema quase automático de criação de bem-estar material. Os chefes de fila do liberalismo nunca se cansam de repetir que a tragédia do século XIX resultou da incapacidade por parte do homem de se manter fiel à inspiração dos primeiros liberais; que a generosa iniciativa dos nossos antepassados foi frustrada pelas paixões do nacionalismo e da guerra de classes, dos interesses estabelecidos e dos monopolistas, e, acima de tudo, pela cegueira dos trabalhadores aos benefícios que a liberdade económica sem limitações comportaria para todos os interesses humanos, entre os quais os deles próprios. Um progresso intelectual e moral imenso foi assim, segundo os liberais, frustrado pela fraqueza intelectual e moral da massa da população – uma grande realização do espírito das Luzes viu-se destruído pelas forças do egoísmo. Num resumo muito condensado, é esta a argumentação dos liberais. E, a menos que seja possível refutá--la, continuará a afirmar a sua superioridade no debate das ideias.

Precisemos os termos da questão. Pode enunciar-se como um facto reconhecido que o movimento liberal, apostado na expansão do sistema do mercado, deparou com um contramovimento defensivo que tinha por fim limitar a sua ação – com efeito, a nossa própria ideia de um duplo movimento pressupõe esse facto. Mas enquanto nós afirmamos que a aplicação da conceção absurda de um sistema do mercado autorregulado teria inevitavelmente destruído a sociedade, o liberal acusa os mais variados elementos de terem feito malograr-se uma iniciativa grandiosa. Incapaz de apresentar provas da existência de um esforço concertado de oposição ao movimento liberal, recorre à hipótese praticamente irrefutável de uma ação encoberta. Tal é o mito da conspiração antiliberal que, de uma ou outra forma, é comum a todas as interpretações liberais dos acontecimentos das décadas de 1870 e 1880. Habitualmente a ascensão do nacionalismo e do socialismo é designada como o agente principal da transformação do cenário: as associações patronais das manufaturas e os monopolistas, os interesses agrários e os sindicatos são vistos como os vilões da história. Deste modo, na sua forma mais espiritualizada, a doutrina liberal hipostasia a ação na sociedade moderna de uma espécie de lei dialética que teria por efeito desvirtuar os esforços da razão esclarecida – enquanto na sua forma mais grosseira se reduz a uma ofensiva contra a democracia política, tida por mola real do intervencionismo.

O testemunho dos factos contradiz decisivamente a tese liberal. A conspiração antiliberal é pura invenção. A grande variedade de formas sob as quais o contramovimento «coletivista» se manifestou não ficou a dever-se a qualquer preferência pelo nacionalismo ou pelo socialismo por parte de interesses concertados, mas exclusivamente à vasta extensão dos interesses sociais vitais afetados pelo mecanismo do mercado em expansão. O que explica as reações quase universais e predominantemente de ordem prática suscitadas pela expansão do mecanismo do mercado. A moda intelectual não desempenhou qualquer papel no processo, pelo que não houve lugar para a intervenção da ideia preconcebida que os liberais consideram a força ideológica subjacente ao movimento antiliberal. Embora seja verdade que as décadas de 1870 e 1880 assistiram ao fim do liberalismo ortodoxo e que é possível fazer remontar todos os problemas decisivos do presente a esse período, é incorreto dizer que a viragem no sentido do protecionismo social e nacional ficou a dever-se a outra causa que não a perceção das fraquezas e dos perigos inerentes a um sistema de mercado autorregulado. Há mais do que uma maneira de o demonstrar.

Em primeiro lugar, há a espantosa diversidade dos campos de ação. O que só por si excluiria a possibilidade de concertação daquela. Citemos alguns passos de uma coletânea organizada por Herbert Spencer em 1884, quando acusava os liberais de terem abandonado os seus princípios em benefício de uma «legislação restritiva»([3]). A variedade temática dificilmente poderia ser maior. Em 1860, é aprovada a previsão de «analistas dos bens alimentares e das bebidas, os quais devem ser pagos pelas receitas dos impostos locais»; segue-se uma lei que prevê a «inspeção das fábricas de gás»; uma extensão da lei sobre as minas «que edita penalizações contra os que empregassem rapazes com menos de doze anos que não frequentam a escola e não sabem ler nem escrever». Em 1861, é dado o poder «aos administradores das leis do pobres de imporem a vacinação»; autorizam-se os conselhos locais «a fixar uma tarifa para o aluguer dos meios de transporte», e certos organismos locais

---

([3]) H. Spencer, *The Man vs. the State*, 1884.

«foram dotados do poder de estabelecer contribuições locais com vista à drenagem e dos trabalhos de irrigação dos campos, bem como para assegurar água para o gado». Em 1862, foi aprovada uma lei que tornava ilegal uma «mina de carvão com um só poço»; uma lei que concedia ao Conselho de Educação Médica o direito exclusivo de «publicar uma Farmacopeia cujo preço será fixado pelo Tesouro». Horrorizado, Spencer enche várias páginas com a enumeração destas medidas e outras muito semelhantes. Em 1863, tem lugar a «extensão da vacinação compulsiva à Escócia e à Irlanda». Uma outra lei nomeia inspetores encarregados de verificar «a salubridade ou insalubridade dos géneros alimentares»; um Ato dos Limpa-Chaminés [Chimney-Sweeper's Act] a impedir a tortura e a morte de crianças a quem era ordenado que limpassem tubos demasiado estreitos; uma lei sobre as bibliotecas públicas a permitir que «uma maioria possa cobrar a uma minoria uma taxa pela utilização dos seus livros». Todas estas medidas são apresentadas por Spencer como outras tantas provas irrefutáveis de uma conspiração antiliberal. Todavia, cada uma das leis referidas incide sobre este ou aquele problema resultante das modernas condições industriais, tendo por objeto a salvaguarda deste ou daquele interesse público perante os perigos inerentes a tais condições ou, pelo menos, aos métodos que o mercado usa em relação a elas. Para um espírito sem preconceitos, são a prova da natureza simplesmente prática e pragmática do contramovimento «coletivista». Muitos dos que promoveram as medidas em causa eram adeptos convictos do *laissez-faire* e não entendiam decerto que a aprovação que davam à criação de um corpo de bombeiros em Londres significasse um protesto contra os princípios do liberalismo económico. Pelo contrário, os responsáveis por semelhantes iniciativas legislativas eram, regra geral, adversários inequívocos do socialismo ou de qualquer outra forma de coletivismo.

Em segundo lugar, a opção por soluções «coletivistas» em vez de liberais verificou-se muitas vezes de modo improvisado e sem que disso tivessem a menor consciência os que se consagravam ao processo de elaboração legislativa. Dicey aponta o exemplo clássico do Ato de Compensação dos Trabalhadores [Workmen's Compensation Act], que incide sobre as responsabilidades dos patrões nos acidentes que causem dano aos operários durante o tempo de trabalho. A história, a partir de 1880, das diferentes leis relativas à aplicação de semelhante ideia prova que nunca, a este propósito, foi abandonado o princípio individualista, estabelecendo que a responsabilidade do patrão em relação aos seus empregados deveria ser regulamentada em termos rigorosamente idênticos aos que definem as suas responsabilidades perante outrem – em relação, por exemplo, a estranhos. Sem que tivesse intervindo qualquer mudança sensível de opinião, em 1897 o patrão passava de um momento para o outro a converter-se no segurador dos seus trabalhadores no caso de algum acidente sofrido no decurso do seu trabalho – traço de uma «legislação inteiramente coletivista», como Dicey justamente fazia notar. Não poderia haver melhor prova de que não foi a transformação nem do tipo dos interesses em causa, nem do estado da opinião sobre o assunto, o que provocou que sobre um princípio liberal prevalecesse um princípio coletivista – a mudança ficou exclusivamente a dever-se à evolução das condições em que o problema passava a pôr-se e uma solução a ser procurada para ele.

Em terceiro lugar, há a prova indireta, mas extremamente viva, fornecida pela comparação da evolução do estado de coisas em diferentes países, com características políticas e ideológicas marcadamente divergentes. A Inglaterra vitoriana e a Prússia de Bismarck contrastavam radicalmente, ao mesmo tempo que ambas diferiam em múltiplos aspetos da França da III República ou do Império dos Habsburgos. Apesar disso, cada um destes países conheceu um período de livre-câmbio e *laissez-faire*, seguido por um período de legislação antiliberal em matérias como a saúde pública, as condições de laboração nas fábricas, a atividade económica municipal, a segurança social, os subsídios aos transportes, os serviços de utilidade pública, os sindicatos, etc. Não seria difícil definirmos um calendário propriamente dito assinalando os anos em que transformações análogas se produziram em países diferentes. Foram votadas leis sobre os acidentes de trabalho em 1880 e 1897, em Inglaterra; em 1879, na Alemanha; em 1887, na Áustria; em 1899, em França. A inspeção das fábricas foi introduzida em Inglaterra em 1833;

na Prússia, em 1853; na Áustria, em 1883; em França, em 1874 e 1883. A atividade económica municipal, que incluía o funcionamento dos serviços de utilidade pública, foi introduzida por um «dissidente» e capitalista, Joseph Chamberlain, na década de 1870, em Birmingham; pelo «socialista» católico e perseguidor dos judeus, Karl Lueger, na Viena imperial da década de 1890; nos municípios alemães e franceses por toda uma variedade de coligações locais. Este tipo de iniciativa foi apoiado por forças que eram em muitos casos violentamente reacionárias e antissocialistas, como em Viena; noutros casos, «imperialistas radicais», como em Birmingham, e, noutros ainda, da mais pura cepa liberal, como as representadas pelo francês Édouard Herriot, à frente do município de Lyon. Na Inglaterra protestante, governos tanto conservadores como liberais completaram, através de medidas intermitentes, todo um conjunto de leis sobre o trabalho nas fábricas. Na Alemanha, os católicos romanos e os social-democratas encarregaram-se desse mesmo âmbito legislativo; na Áustria, a Igreja e os seus defensores mais militantes, por um lado, e, por outro, os inimigos da Igreja e combativos anticlericais, foram responsáveis pela adoção de leis quase idênticas. Assim, sob as palavras de ordem mais variadas e com motivações muito diferentes, uma grande multiplicidade de partidos e camadas sociais aplicou quase exatamente as mesmas medidas numa série de países, com vista a resolver muitos problemas intrincados. Perante tal quadro, nada pode ser mais absurdo do que inferir que todos os protagonistas eram secretamente guiados pelos mesmos preconceitos ideológicos ou grupos de interesses particulares, de acordo com o que pretende a lenda da conspiração antiliberal. Pelo contrário, tudo tende a confirmar a ideia de que foram razões objetivos de caráter premente que obrigaram os legisladores a intervir.

Em quarto lugar, há o facto significativo de, em várias ocasiões, os próprios liberais terem proposto limitações da liberdade contratual e do *laissez-faire*, a propósito de alguns casos bem definidos de grande importância prática e teórica. É evidente que não pode ter sido o preconceito antiliberal a motivá-los. Estamos a pensar aqui no princípio das associações de trabalhadores, por um lado, e na legislação sobre as sociedades comerciais, por outro. No primeiro caso, tratava-se do direito dos trabalhadores a associarem-se, organizando-se com vista a conseguir melhores salários; no segundo, do direito dos *trusts*, dos cartéis ou de outras formas de associação entre capitalistas a organizarem-se para fazer subir os preços. Nos dois casos, argumentou-se justificadamente que a liberdade contratual ou o *laissez-faire* estavam a ser utilizados para limitar a ação do mercado. Quer estivessem em causa as associações de trabalhadores, quer as associações comerciais que visavam fazer subir os preços, o princípio do *laissez-faire* podia manifestamente ser utilizado por certos interesses a fim de restringir o mercado do trabalho ou de outras mercadorias. É extremamente significativo que, nos dois casos, liberais coerentes, como Lloyd George e Theodore Roosevelt, ou Thurman Arnold e Walter Lippmann, subordinassem o *laissez-faire* à exigência de um mercado livre e concorrencial: por isso, reclamavam regulamentações e restrições, penalizações e imposições legais, argumentando, como teria feito qualquer «coletivista», que os sindicatos ou as associações patronais, conforme o caso considerado, estavam a «abusar» da liberdade contratual. Teoricamente, o *laissez-faire* ou a liberdade contratual implicava a liberdade dos trabalhadores de se recusarem a trabalhar, individual ou coletivamente, se assim o decidirem; implicava também a liberdade dos homens de negócios de se concertarem sobre os preços de venda das mercadorias, independentemente dos desejos dos consumidores. Mas, na prática, essa liberdade entrava em conflito com a instituição do mercado autorregulado, e, *em caso de conflito, o mercado autorregulado seria invariavelmente preferido*. Por outras palavras, se as condições requeridas para o funcionamento de um mercado autorregulado se mostrassem incompatíveis com as exigências do *laissez-faire*, o adepto da economia liberal opor-se-ia ao *laissez-faire* e preferiria – como teria feito qualquer antiliberal – os métodos ditos coletivistas de regulação e restrição. As leis sobre os sindicatos e a legislação antitrust são uma consequência desta atitude. Não seria possível apresentar prova mais concludente da inevitabilidade do recurso a métodos antiliberais ou «coletivistas» nas condições da moderna sociedade industrial do que o facto de os próprios adeptos do liberalismo económico terem regularmente recorrido a métodos desse tipo, aplicando-os em domínios decisivamente importantes da organização industrial.

O mesmo ato, de resto, permite-nos elucidar melhor o verdadeiro sentido do termo «intervencionismo» usado pelos representantes do liberalismo económico para qualificarem uma posição política contrária à que adotam, mas que trai um pensamento confuso. O contrário do intervencionismo é o *laissez-faire*, mas, como acabámos de verificar, o liberalismo económico não pode ser identificado com aquele (embora, na linguagem corrente, não haja inconveniente de maior em usar os dois termos como se fossem intercambiáveis). Em rigor, o liberalismo económico é o princípio organizador de uma sociedade na qual a indústria se baseia na instituição do mercado autorregulado. De facto, a realização aproximada do sistema faz com que a intervenção se torne menos vezes necessária. No entanto, isso está muito longe de querer dizer que o sistema do mercado e a intervenção são termos mutuamente exclusivos. Porque, enquanto o sistema não está estabelecido, os adeptos do liberalismo económico têm de recorrer, e recorrem sem hesitar, à intervenção do Estado com vista à sua instauração, bem como, depois desta, com vista a garantirem a sua persistência. O adepto da economia liberal pode, portanto, sem incoerência, apelar ao uso da força da lei por parte do Estado – com efeito, poderá até mesmo recorrer às formas violentas da guerra civil a fim de instaurar as pré-condições de um mercado autorregulado. Na América, o Sul invocou o argumento do *laissez-faire* para justificar a escravatura, enquanto o Norte recorreu à intervenção armada para estabelecer um mercado do trabalho livre. As condenações do intervencionismo por parte dos autores liberais são, portanto, palavras de ordem vazias, denunciando um tipo de ação que eles próprios aprovam quando as circunstâncias o exigem. O único princípio que os defensores do liberalismo económico podem manter sem incoerência é o do mercado autorregulado, quer este envolva ou não o recurso a intervenções.

Resumamos o que temos vindo a dizer. O contramovimento frente ao liberalismo económico e ao *laissez-faire* possuii todas as características inconfundíveis de uma reação espontânea. Manifestou-se em torno de inúmeros problemas avulsos, sendo impossível estabelecer ligações entre os interesses diretos que o motivaram ou coerência ideológica entre as suas diversas ações. Até mesmo no que refere a um mesmo problema, como no caso dos acidentes de trabalho, as soluções adotadas foram ora individualistas, ora «coletivistas», ora liberais, ora antiliberais, ora ditadas pelo *laissez-faire*, ora de tipo intervencionista – sem que a isso correspondesse qualquer transformação dos interesses económicos, das influências ideológicas ou das forças políticas em presença – e simplesmente em resultado de uma elucidação progressiva da natureza do problema. Do mesmo modo, poder-se-ia demonstrar que uma transição estritamente análoga do *laissez-faire* para o «coletivismo» teve lugar em vários países em determinada fase do seu desenvolvimento industrial, sublinhando assim a profundidade e a independência das causas subjacentes ao processo que os adeptos da economia liberal atribuíram tão superficialmente a estados de espírito instáveis ou a interesses variados. Por fim, a análise revela que nem os próprios paladinos mais radicais do liberalismo económico puderam furtar-se à regra que torna o *laissez-faire* inaplicável nas condições de um desenvolvimento industrial avançado – uma vez que, nos casos decisivos das legislações reguladoras das associações sindicais e antitrust, também os liberais mais extremos tiveram de recorrer a múltiplas intervenções do Estado para impedir, contra ações de tipo monopolista, as condições prévias do funcionamento de um mercado autorregulado. Até mesmo o livre-câmbio e a concorrência requeriam a intervenção do Estado para se tornarem exequíveis. O mito liberal da conspiração «coletivista» das décadas de 1870 e 1880 é desmentido por todos os dados.

Em contrapartida, a nossa interpretação do duplo movimento tem os factos a seu favor. Porque, se a economia de mercado, como reiterámos, era uma ameaça para a humanidade e para os elementos naturais que fazem parte do tecido social, que poderíamos esperar que não fosse a exigência por parte de uma grande variedade de grupos e indivíduos de uma forma ou de outra de proteção? E, com efeito, foi isso que encontrámos. Seria também previsível que as reclamações em causa se verificassem independentemente dos pressupostos teóricos e intelectuais dos que as veiculavam, bem como das suas posições a respeito dos princípios subjacentes a uma economia de mercado. Uma vez mais, os factos indicam que assim foi. Sugerimos, além disso, que a história comparativa da ação dos governos poderia oferecer uma confirmação quase experimental da nossa tese, se indicasse que os interesses particulares se faziam sentir independentemente de ideologias diversas em diversos países. E lográmos igualmente provar que assim aconteceu. Por fim, o próprio comportamento dos liberais provou que a preservação do livre-câmbio – ou, nos nosso termos, de um mercado autorregulado –, longe de excluir a intervenção, a exigia efetivamente como forma de agir, e que os próprios liberais regularmente reclamaram a intervenção coerciva do Estado, como aconteceu a propósito das leis sobre os sindicatos e da legislação antitrust. Assim, nada poderia ser um fator mais decisivo do que o testemunho da história no que se refere à questão de saber qual a mais adequada das interpretações rivais do duplo movimento – a tese do defensor do liberalismo económico, que sustenta que a sua política nunca beneficiou da oportunidade de aplicação, tendo sido estrangulada pelos sindicalistas de vistas curtas, pelos intelectuais marxistas, pelos patrões gananciosos das manufaturas e pelos proprietários de terras reacionários, ou a posição dos seus críticos, que podem indicar a reação «coletivista» universal contra a economia de mercado na segunda metade do século XIX como uma demonstração concludente do perigo para a sociedade inerente ao princípio utópico de um mercado autorregulado.

CAPÍTULO XIII

O Nascimento do Credo Liberal (continuação): Interesse de Classe e Transformação Social

É necessário varrer definitivamente o mito liberal da conspiração coletivista se quisermos pôr a nu a verdadeira base das políticas adotadas pelo século XIX. Essa lenda pretende que o protecionismo foi simplesmente o resultado dos interesses sinistros dos agrários, patrões das manufaturas e sindicalistas, que, cegamente, quebraram o mecanismo automático do mercado. Sob outra forma e, naturalmente, com intenções políticas opostas, as organizações marxistas alimentaram um raciocínio igualmente sectário. (O facto de o essencial da filosofia de Marx ter por tema a totalidade da sociedade e a natureza não-económica do homem não é aqui pertinente([1])). O próprio Marx seguiu Ricardo ao definir as classes em termos económicos, e é indubitável que a exploração económica foi um traço distintivo da época burguesa.

Na versão popular do marxismo, o resultado foi uma teoria grosseira do desenvolvimento social explicado em termos de classes. A instauração de mercados e zonas de influência era simplesmente atribuída à atração que o lucro exerce sobre um

---

([1]) K. Marx, «Nationalökonomie und Philosophie», *Der Historische Materialismus*, 1932.

punhado de financeiros. O imperialismo era explicado como uma conspiração capitalista que visava induzir os governos a fazerem guerras de acordo com os interesses dos grandes negócios. As causas da guerra eram imputadas a esses interesses concertados com os fabricantes de armamento, coligação que adquiriria miraculosamente a capacidade de levar nações inteiras a adotarem políticas de destruição, contrárias aos seus interesses mais vitais. Com efeito, liberais e marxistas punham-se de acordo para deduzir o movimento protecionista da força de interesses sectoriais, explicar as tarifas alfandegárias sobre os produtos agrícolas com a pressão política dos proprietários de terras reacionários, responsabilizar a avidez pelo lucro dos grandes industriais pelo crescimento das empresas de natureza monopolista e apresentar a guerra como obra dos interesses desenfreados dos grandes negócios.

A perspetiva do liberalismo económico descobriu, por conseguinte, um poderoso apoio numa teoria estreita das classes. Adotando como ponto de vista as classes em conflito, liberais e marxistas acabaram por sustentar interpretações idênticas. Apoiando-se numa argumentação impermeável à crítica, afirmavam que o protecionismo do século XIX era o resultado de uma ação de classe e que essa ação só podia ter servido fundamentalmente os interesses económicos das classes implicadas. Conjugando as suas forças, impediram quase por completo uma visão global da sociedade de mercado e da função do protecionismo nessa sociedade.

Na realidade, os interesses de classe não proporcionam mais do que uma explicação limitada dos movimentos de longa duração de uma sociedade. O destino das classes é mais frequentemente determinado pelas exigências da sociedade do que o destino da sociedade pelas exigências das classes. Dada uma determinada estrutura da sociedade, a teoria das classes funciona – mas que se passa se essa estrutura sofrer uma transformação? Uma classe que perde a sua função desagregar-se-á e será rapidamente suplantada por uma – ou mais do que uma – nova classe. De igual modo, a sorte da classe que empreende uma luta dependerá da sua capacidade de obter apoios mais amplos do que o dos seus membros – o que, uma vez mais, dependerá de essa classe exercer ou não funções que satisfaçam interesses mais vastos do que só aqueles que lhe são próprios. Por isso, nem o nascimento nem a morte das classes, nem os seus objetivos nem o grau em que os alcançam, nem as suas alianças nem os seus antagonismos podem ser entendidos sem referência aos interesses da sociedade, conforme os define a sua situação global.

Ora, tal situação é criada, em regra, por causas externas, como uma mudança climática, ou o montante das colheitas, um novo inimigo, uma nova arma utilizada por um velho inimigo, a emergência de novos fins comuns, ou, para ficarmos por aqui, a descoberta de novos métodos de garantir os objetivos tradicionais. É a esta situação global que devem ser, em última instância, referidos os interesses sectoriais, se quisermos elucidar em termos adequados a sua função no desenvolvimento da sociedade.

O papel essencial desempenhado pelos interesses de classe na transformação social faz parte da natureza das coisas. Porque qualquer forma alargada de transformação afeta necessariamente as diferentes partes da comunidade de diferentes modos, em função, que mais não seja, das diferenças de localização geográfica ou de equipamento económico e cultural. Os interesses sectoriais são, assim, o veículo natural da transformação social e política. Quer a origem desta seja a guerra ou o comércio, invenções surpreendentes ou modificações das condições naturais, os vários setores da sociedade defenderão diferentes métodos de ajustamento (que podem ser coercivos) e ajustarão os seus interesses, fazendo-o cada um deles à sua maneira e procurando levar os outros grupos a aceitar a mesma via – é por isso que só quando podemos designar o grupo ou grupos que definiram os termos da mudança podemos também explicar *como* teve a transformação lugar. Todavia, a causa última é introduzida por forças externas e é só no que se refere ao mecanismo da transformação que a sociedade conta com as suas forças internas. O desafio é feito à sociedade no seu todo – a «resposta» chega por intermédio de grupos, de setores e de classes.

O simples interesse de classe não pode, portanto, proporcionar explicação satisfatória de qualquer processo social no longo prazo. Em primeiro lugar, porque o processo em questão poderá decidir da existência da própria classe; em segundo lugar, porque o interesse das classes dadas determina apenas o objetivo e o propósito visados pelos esforços dessas classes, mas não o sucesso ou malogro da sua ação. Não existe no interesse de classe magia que garanta aos membros de uma classe o apoio dos membros de outras classes. Todavia, esse apoio é um facto quotidiano. O próprio protecionismo pode servir aqui de exemplo. O problema está não tanto em que os agrários, os patrões das manufaturas ou os sindicalistas quisessem aumentar os seus rendimentos através da ação protecionista, mas que tenham conseguido fazê-lo; não tanto em que alguns grupos quisessem agir do mesmo modo em alguns países europeus, mas que esses grupos tenham existido, em termos semelhantes, em países que em outros aspetos eram diferentes, tendo, em todos eles, igualmente logrado os seus objetivos; não tanto em que os produtores de cereais quisessem vendê-los caro, mas que tenham regularmente podido convencer aqueles que os compravam a contribuir para essa subida de preço.

Em segundo lugar, temos a doutrina igualmente errónea da natureza essencialmente económica dos interesses de classe. Embora a sociedade humana seja naturalmente condicionada pelos fatores económicos, as motivações dos indivíduos humanos só excecionalmente são determinadas pela exigência de satisfação das necessidades materiais. O facto de a sociedade do século XIX se ter organizado segundo o pressuposto de que essa motivação poderia ser universalizada foi um traço peculiar da época. O que justificava que se concedesse um alcance comparativamente amplo ao jogo das motivações económicas na análise dessa sociedade. Mas devemos evitar as respostas pré-concebidas à questão de esclarecer em que medida era possível tornar universalmente eficaz uma motivação tão inabitual.

Os aspetos puramente económicos, como os que sse referem à satisfação das necessidades materiais, são incomparavelmente menos relevantes em termos de comportamento de classe do que as questões de reconhecimento social. A satisfação das necessidades poderá ser, como é óbvio, o resultado do reconhecimento – nomeadamente, na forma de seu sinal exterior ou de sua recompensa. Mas os interesses de uma classe reportam-se diretamente, sobretudo, ao estatuto e à condição, ao prestígio e à segurança, o que faz com que não sejam principalmente económicos, mas sociais.

As classes e grupos que intermitentemente participaram no movimento geral em favor do protecionismo a partir de 1870, não o fizeram fundamentalmente tendo em vista os seus interesses económicos. As medidas «coletivistas» adotadas em anos críticos revelam que só excecionalmente esteve em jogo o interesse de uma só classe e que, até mesmo nesse caso, esse interesse só raramente poderia ser descrito como económico. Decerto que não eram «interesses económicos de vistas curtas» que explicavam uma lei que autorizava as autoridades municipais a assumirem a tarefa de se ocupar de espaços ornamentais ao abandono; os regulamentos que impunham que as padarias fossem lavadas com água quente e sabão pelo menos uma vez de seis em seis meses, ou as disposições legais que tornavam obrigatória a verificação dos cabos e das âncoras. Tais medidas correspondiam simplesmente às necessidades de uma civilização industrial que os métodos do mercado não eram capazes de satisfazer. A grande maioria destas intervenções não tinha qualquer efeito direto nos rendimentos, que só afetavam secundariamente. É o que podemos afirmar de quase todas as leis relativas à saúde e às explorações rurais, aos equipamentos públicos e às bibliotecas, às condições de trabalho nas fábricas e à segurança social. Mas o mesmo vale para os serviços públicos, a educação, os transportes e muitas outras rubricas. Até mesmo quando entravam em jogo, os interesses pecuniários tinham apenas uma importância secundária. Os temas principais eram quase invariavelmente relativos ao estatuto profissional, à segurança, a uma vida mais humana e mais aberta, a condições ambientes mais estáveis. De maneira nenhuma se trata aqui de subestimar a relevância pecuniária de certas intervenções definidas, como as relativas aos direitos alfandegários ou as indemnizações na sequência de acidentes de trabalho. Mas, até mesmo em tais casos, havia interesses não-monetários inseparáveis dos que o eram. As tarifas alfandegárias, que asseguravam lucros aos capitalistas e salários aos trabalhadores, significavam também, em última análise, segurança contra o desemprego, estabilização das condições regionais, garantias contra a eliminação de indústrias, ao mesmo tempo que talvez permitissem, sobretudo, escapar a essa penosa perda de estatuto que acompanha inevitavelmente a transferência de um posto de trabalho para outro em que não se possui a mesma habilidade e experiência que no anterior.

Uma vez desembaraçados da obsessão de considerarmos que só os interesses sectoriais, e nunca os gerais, podem ser eficientes, bem como do preconceito que lhe está a par que leva a restringir os interesses dos grupos humanos ao domínio dos rendimentos monetários, a dimensão e o alcance do movimento protecionista perde todo o mistério. Enquanto os interesses monetários são necessariamente formulados apenas por aqueles aos quais dizem respeito, os outros interesses podem mobilizar um círculo mais amplo. Afetam os indivíduos de múltiplos modos – enquanto vizinhos, membros de uma profissão, consumidores, peões, passageiros habituais de um serviço de transportes, desportistas, excursionistas, jardineiros, pacientes, mães ou amantes – e são, por conseguinte, passíveis de ser representados por quase qualquer tipo de associação de base local ou funcional: igrejas, confrarias, clubes, sindicatos, ou, mais comummente, partidos políticos que se baseiam em princípios muito gerais de adesão. Uma conceção demasiado restritiva dos interesses não pode, com efeito, deixar de dar uma visão deformada da história social e política, e uma definição meramente pecuniária dos mesmos ignora forçosamente a importância decisiva da satisfação das necessidades de proteção social, cuja representação incumbe em regra aos que têm a seu cargo os interesses gerais da comunidade – ou seja, nas condições da sociedade moderna, os governos do momento. Foi precisamente porque não eram os interesses económicos, mas os interesses sociais de diferentes camadas da população que o mercado ameaçava, que os membros de camadas económicas diferentes eram inconscientemente levados a conjugar os seus esforços para enfrentar o perigo.

Deste modo, a ação das forças de classe favoreceu e, ao mesmo tempo, refreou a expansão do mercado. Dada a necessidade para a instauração de um sistema de mercado da produção de máquinas, só as classes ligadas ao comércio estavam em condições de dirigir as primeiras fases deste processo de transformação. Formou-se uma nova classe de empresários a partir dos resíduos de classes anteriores, assumindo a tarefa de um desenvolvimento em consonância com os interesses da sociedade no seu conjunto. Mas se a ascensão dos industriais, empresários e capitalistas era o resultado do seu papel condutor do movimento expansionista, as tarefas de defesa incumbiam às classes tradicionais ligadas à terra e à classe trabalhadora nascente. E se, no interior da comunidade comercial, coube ao capitalista representar os princípios estruturais do sistema do mercado, o papel da defesa até às últimas consequências do tecido social incumbiu, por um lado, à aristocracia feudal e, por outro, ao proletariado industrial em formação. Mas enquanto as classes detentoras da terra buscavam naturalmente na preservação do passado a solução para todas as dificuldades, os trabalhadores estavam, até certo ponto, em condições de ultrapassar os limites da sociedade de mercado e de procurar soluções no futuro. Se isso não quer dizer que o regresso ao feudalismo ou a proclamação do socialismo se contassem entre as linhas de ação possíveis, indica, todavia, as direções completamente diferentes em que os grupos agrários e as forças urbanas da classe operária tendiam a adotar perante as necessidades tidas como mais prementes. Se a economia de mercado se desagregasse, como a cada crise grave surgia o risco de se ver acontecer, as classes proprietárias de terras poderiam tentar o regresso a um regime paternalista feudal ou militar, enquanto os operários das fábricas afirmariam a necessidade de instauração de uma república cooperativa do trabalho. Em circunstâncias de crise, as «respostas» apontariam para soluções que se excluíam mutuamente – e um simples conflito de interesses de classe, que de outro modo poderia ser resolvido por um compromisso, assumiria assim uma força fatal.

Tudo isto deveria levar-nos a evitar atribuir um papel excessivo ao nível da explicação histórica aos interesses económicos das classes em presença. Essa abordagem implica tacitamente que as classes são uma realidade dada em termos que só seriam possíveis numa sociedade indestrutível. Ignora essas fases críticas da história em que uma civilização se desmorona ou conhece uma transformação e durante as quais se formam, em geral, novas classes, por vezes em lapsos de tempo muito breves, a partir das ruínas das classes anteriores, ou também a partir de elementos exteriores como os aventureiros estrangeiros ou os párias. Foram frequentes as conjunturas históricas que criaram novas classes, simplesmente em função das necessidades da época. Em última instância, portanto, é a relação de uma classe com a sociedade no seu todo que determina o seu papel na peça, ao mesmo tempo que o seu sucesso é determinado pela extensão e a variedade de interesses que, para além dos que lhe são próprios, essa classe é capaz de servir. Na realidade, não há política baseada no interesse de classe estritamente definido que possa salvaguardar sequer esse interesse em particular – regra que quase não admite exceções. A menos que a alternativa à ordem social estabelecida seja um salto que opte pela destruição extrema, nenhuma classe grosseiramente egoísta poderá afirmar a sua direção.

Ao tentarem imputar definitivamente as culpas de todos os males à alegada conspiração coletivista, os adeptos do liberalismo económico acabam por negar que tenha existido qualquer exigência de proteção da sociedade. Recentemente, saudaram assim as conceções de certos investigadores que rejeitam a teoria tradicional da Revolução Industrial, em cujos termos, pela década de 1790, se abatera uma catástrofe sobre as infelizes classes laboriosas de Inglaterra. Segundo os autores referidos, nada de semelhante a uma deterioração dos níveis de vida atingiu, num momento ou noutro, o povo comum. Os seus membros, bem vistas as coisas, teriam ficado bastante melhor do que antes após a introdução do sistema das fábricas, e ninguém pode, de resto, negar que o seu número aumentou rapidamente. A ajuizar pelo bem-estar económico, ou seja, pelos salários reais e o crescimento numérico da população – critérios geralmente admitidos –, o inferno precoce do capitalismo nunca teria existido: as classes trabalhadoras, longe de terem sido exploradas, teriam sido beneficiadas do ponto de vista económico, sendo impossível, portanto, afirmar que se sentiu necessidade de proteção económica contra um sistema vantajoso para todos.

Os críticos do capitalismo liberal ficaram perplexos. Durante cerca de setenta anos, tanto os estudiosos como as comissões reais tinham denunciado os horrores da Revolução Industrial, e uma galáxia de poetas, pensadores e escritores tinha fustigado a sua crueldade. Consideravam-se factos estabelecidos que as massas tinham sido coagidas pela fome e obrigadas a trabalhar duramente pelos que exploravam sem dó a sua miséria; que os *enclosures* tinham privado as populações rurais das suas casas e parcelas de terra, lançando-as no mercado do trabalho criado pela Reforma da Lei dos Pobres, e que os comprovados episódios trágicos da morte de crianças forçadas a trabalhar até sucumbirem nas minas e nas fábricas eram uma prova aterradora das privações sofridas pelas massas. Na realidade, a explicação consagrada da Revolução Industrial referia-se ao elevado grau de exploração tornado possível pelos *enclosures* do século XVIII, ou pelos baixos salários pagos aos trabalhadores sem teto, que explicavam tanto os grandes lucros da indústria do algodão como a rápida acumulação de capital nas mãos dos primeiros manufatureiros. A acusação contra eles era a de exploração – uma exploração ilimitada dos seus concidadãos, formando a raiz de uma imensa miséria e degradação. Aparentemente, é tudo isto que doravante há quem pretenda refutar. Há historiadores da economia que sustentam que a sombra negra que parecia cobrir as primeiras décadas do sistema fabril era uma ilusão. Pois como poderia ter-se registado uma catástrofe social acompanhada de um progresso económico indiscutível?

Na realidade, evidentemente, uma calamidade social é um fenómeno fundamentalmente não de ordem económica, mas cultural, e não pode ser avaliado pelos números relativos aos rendimentos ou ao crescimento da população. As catástrofes culturais envolvendo amplas camadas da população comum não podem naturalmente registar-se com frequência, do mesmo modo que não podem ser frequentes os cataclismos como a Revolução Industrial – um sismo económico que, em menos de cinquenta anos, transformou grandes massas de habitantes das zonas rurais de Inglaterra, que constituía uma população estavelmente instalada no seu meio, em vagas de migrantes resignados. Mas se estes abalos do solo são excecionais na história das classes, são fenómenos comuns na esfera dos contactos culturais entre povos de raças diferentes. Intrinsecamente, as condições são as mesmas. A diferença está principalmente no facto de uma classe social fazer parte de uma sociedade que habita uma mesma área geográfica, enquanto o contacto cultural se verifica habitualmente entre sociedades instaladas em diferentes regiões geográficas. Em ambos os casos, o contacto poderá ter um efeito devastador sobre a parte mais fraca. Então, a causa da degradação não é, como muitas vezes se supõe, a exploração económica, mas a desintegração do meio cultural da vítima. Naturalmente, o processo económico poderá fornecer o veículo da destruição e, quase invariavelmente, a inferioridade económica levará a parte mais fraca a ceder – mas nem por isso a causa imediata da sua sorte é de ordem económica: reside antes na ferida mortal infligida às instituições nas quais a sua existência social encarna. O resultado é que o grupo – trate-se de um povo ou de uma classe e resulte o processo daquilo a que chamamos um «conflito de cultura» ou de uma transformação da posição de uma classe no interior de uma dada sociedade – perde o seu amor-próprio e os seus critérios de conduta.

Este paralelo é extremamente revelador para o investigador dos primórdios do capitalismo. As condições em que vivem certas tribos nativas da África contemporânea têm uma semelhança inconfundível com as que as classes trabalhadoras conheceram em Inglaterra durante os primeiros anos do século XIX. O cafre da África do Sul, um nobre selvagem, que, do ponto de vista social, se sentia seguro como ninguém no seu *kraal* de origem, viu-se transformado numa variedade humana de animal semidoméstico, vestindo «andrajos repugnantes, atrozes à vista, que o branco mais degenerado se recusaria a usar»([2]) – num ser inaudito, sem amor-próprio nem valores, um verdadeira peça de rebotalho humano. A sua descrição evoca o retrato que Robert Owen traçou dos próprios trabalhadores a quem se diri-

---

([2]) Sr.ª S. G. Millin, *The South Africans*, 1926.

giu em New Lanark, olhando-os nos olhos e falando-lhes fria e objetivamente como um cientista social que regista os factos, para lhes dizer as razões por que se tinham transformado na ralé desqualificada que eram – e seria impossível descrever melhor a verdadeira causa da sua degradação do que como um «vazio social», termo de que se serviu um antropólogo ao identificar a causa da degradação de certas intrépidas tribos negras de África sob a influência do contacto com a civilização branca. As suas capacidades artesanais deterioraram-se, as suas condições sociais e políticas de existência foram destruídas, o tédio mata-as – de acordo com as célebres palavras de Rivers – ou as suas vidas e a sua substância sucumbem à dissipação. Além disso, ao mesmo tempo que a sua própria cultura já não lhes oferece qualquer objetivo digno de esforço ou sacrifício, o snobismo racial e o preconceito barram-lhes todas as vias de acesso a uma participação apropriada na cultura dos intrusos brancos([3]). Substituamos a segregação social à segregação racial e teremos a situação das «Duas Nações» da Inglaterra de 1840(*) – cabendo o papel dos cafres à população embrutecida dos subúrbios que encontramos nos romances de Kingsley.

Alguns dos que reconhecem que a vida no vazio cultural não é vida parecem, contudo, acreditar que as necessidades económicas poderão preencher automaticamente esse vazio, fazendo com que se torne possível assim viver a vida, sejam quais forem as condições ambientes. Trata-se de uma hipótese que os resultados da investigação antropológica desmentem redondamente. «Os fins em vista dos quais os indivíduos trabalharão», escreve Margaret Mead, «são culturalmente determinados, e não uma resposta do organismo a condições externas, como a simples escassez de alimentos, independentemente da sua definição cultural». E acrescenta: «O processo que transforma um grupo de selvagens em mineiros numa jazida de ouro ou em tripulantes de um navio, ou que despoja esse grupo de todas as suas energias e o deixa morrer na ociosidade ao lado de um rio

---

([3]) A. Goldenweiser, *Anthropology*, 1937.

(*) A expressão foi cunhada e celebrizada por Disraeli, que descreve a Inglaterra dividida em «duas nações», entre as quais «não existem contactos nem simpatia» (*N. T.*).

que continua a transbordar de peixe, pode parecer tão insólito e tão estranho à natureza da sociedade como efetivamente patológico», e, contudo, continua a autora, é «precisamente isso que, em geral, acontece a um povo atingido por uma transformação violenta introduzida pelo exterior, ou, pelo menos, produzida no exterior (...)». E conclui, assim: «Este tipo de contacto brutal, este desenraizamento de povos simples do seu mundo moral, são factos demasiado frequentes e justificam que o historiador da sociedade lhes preste seriamente atenção».

Todavia, o historiador da sociedade parece não ser capaz de ouvir esta sugestão. Continua a recusar-se a ver que a força elementar do contacto cultural, que hoje revoluciona o mundo colonial, é a mesma que, há um século, criou a paisagem desolada dos primórdios do capitalismo. É um antropólogo([4]) quem formula as seguintes conclusões gerais: «A despeito de muitas divergências, os povos exóticos encontram-se, no fundo, nas mesmas circunstâncias de infortúnio que nós conhecemos há algumas dezenas ou centenas de anos. Os novos dispositivos técnicos, o novo saber, as novas formas de poder e de riqueza, reforçaram a mobilidade social – ou seja, a migração dos indivíduos, a grandeza e a decadência das famílias, a diferenciação dos grupos, novas formas de direção, novos modelos de vida, novas opiniões». O espírito penetrante de Thurnwald reconheceu que a catástrofe cultural da atual sociedade negra é profundamente análoga à que sofreu uma grande parte da sociedade branca nos primeiros tempos do capitalismo. Só o historiador social parece não se dar conta da analogia.

Nada tolda tanto a nossa visão da sociedade como o preconceito económico. A exploração tem sido tão persistentemente privilegiada como único fundamento do problema colonial que este aspeto merece uma consideração à parte. Por outro lado, a exploração, num sentido humano evidente, tem sido exercida pelo homem branco em tantos casos, tão duradouramente e com tanta brutalidade, sobre os povos atrasados de todo o mundo, que seria uma extrema falta de sensibilidade não lhe

---

([4]) Thurnwald, R. C., *Black and White in East Africa; The Fabric of a new Civilization*, 1935.

reconhecer um lugar destacado em qualquer análise do problema colonial. E contudo, é precisamente a insistência na exploração que tende a dissimular aos nossos olhos o fator ainda mais pesado da degradação cultural. Se definirmos a exploração, em termos estritamente económicos, como uma inadequação permanente dos rácios da troca, é duvidoso que tenha havido realmente exploração. A catástrofe da comunidade nativa é um resultado direto da desagregação rápida e violenta que vitima as suas instituições de base (se a força é ou não usada neste processo não parece fundamentalmente relevante). A desagregação das instituições tem lugar devido ao simples facto da imposição de uma economia de mercado a uma comunidade organizada em termos completamente diferentes – o dinheiro e a terra são convertidos em mercadorias, o que, uma vez mais, é apenas uma maneira condensada de designar a liquidação de toda e qualquer instituição cultural de uma sociedade orgânica. Entre as modificações que se registem ao nível dos rendimentos e dos número demográficos e este processo, não há evidentemente comensurabilidade. Quem, por exemplo, poderá pensar em negar que um povo outrora livre e hoje reduzido à servidão está a ser explorado, por mais que o seu nível de vida, artificiosamente definido, tenha podido crescer nessa terra cujos habitantes são vendidos, sendo superior ao do seu mato natal? E contudo, nada mudará se considerarmos que os membros das populações conquistadas continuaram a ser livres, não sendo sequer obrigados a pagar um preço excessivamente alto pelos panos de qualidade inferior cujo uso lhes impuseram, e que a fome que sofrem foi «simplesmente» causada pela desagregação das suas instituições sociais.

Examinemos o célebre exemplo da Índia. As massas indianas, na segunda metade do século XIX, não morriam de fome por serem exploradas pelo Lancashire – mas o enorme número de mortes tinha antes por causa a destruição da comunidade da aldeia indiana. Que essa destruição tenha sido levada a cabo pelas forças da concorrência económica – isto é, que os panos produzidos pelo tear mecânico tenham sido regularmente vendidos a um preço inferior ao do *chaddar* tecido manualmente –, é sem dúvida verdade, mas o que demonstra é o oposto da exploração económica, na medida em que o *dumping* implica o contrário de um preço excessivo. A origem real das fomes dos cinquenta últimos anos é o mercado livre dos cereais, que se combina com a escassez dos rendimentos locais. As colheitas insuficientes fizeram também, como é óbvio, parte do quadro, mas, através da expedição de cereais por caminho de ferro, não faltava maneira de abastecer as zonas mais ameaçadas – o que se passou foi que, infelizmente, os membros das populações eram incapazes de comprar os cereais cujos preços subiam em flecha, facto que, num mercado livre mas incompletamente organizado, representava uma reação inevitável em situação de penúria. No passado, faziam-se pequenas reservas locais que pudessem ser utilizadas quando as colheitas fossem insuficientes – mas entretanto essa prática fora abandonada ou as reservas existentes tinham sido absorvidas pelo grande mercado. Assim, a prevenção da fome passara a fazer-se agora na forma do lançamento de obras públicas que permitissem à população comprar os cereais a um preço mais elevado. As três ou quatro grandes fomes que desde a Rebelião dos Cipaios dizimaram a Índia sob administração britânica não foram assim consequências nem do clima, nem da exploração, mas simplesmente da nova organização do trabalho e da terra pelo mercado, que destruíra a aldeia tradicional sem resolver os seus problemas. Enquanto, sob o regime do feudalismo e da comunidade aldeã – *noblesse oblige* –, a solidariedade de clã e a regulamentação do mercado dos cereais remediavam as fomes, sob o regime do mercado, em contrapartida, era impossível, observando as regras do jogo, impedir que as populações fossem vítimas da fome. O termo «exploração» descreve muito mal uma situação que só se tornou realmente grave depois de o implacável monopólio da Companhia das Índias Orientais ter sido abolido e introduzida a liberdade de comércio na Índia. Durante o regime do monopólio, a situação mantivera-se razoavelmente controlada mediante o concurso da organização arcaica do país, que previa a distribuição gratuita de cereais –, mas as novas condições de liberdade e igualdade das trocas fizeram com que perecessem milhões de indianos. Economicamente, a Índia poderá ter sido –, e, a longo prazo, foi indiscutivelmente –, beneficiada, mas em termos sociais fora desorganizada e convertida, por isso, em presa da miséria e da degradação.

Em certos casos pelo menos, foi o contrário da exploração, se assim se pode dizer, que desencadeou o contacto cultural desagregador. O parcelamento e a distribuição de terras impostos aos índios americanos em 1887 beneficiava-os individualmente, nos termos do cálculo financeiro que nos é habitual. Essa medida, no entanto, significou praticamente a destruição da raça ao nível da sua existência física, dando lugar ao mais impressionante caso de degradação cultural que conhecemos. O génio moral de John Collier conseguiu que, quase meio século mais tarde, o antigo quadro fosse restabelecido, insistindo no regresso à posse comum da terra por parte da tribo. Hoje, os índios norte-americanos, pelo menos nalgumas regiões, puderam tornar a viver em comunidade – milagre que não foi produzido pela beneficiação económica, mas pela *restauração social*. O choque causado por um contacto cultural devastador foi documentado pelo aparecimento patético, por volta de 1890, da célebre versão da Dança dos espectros (*Ghost Dance*) do Jogo de Mãos *pawnee* (*Pawnee Hand Game*), surgida exatamente na época em que a beneficiação das condições económicas tornava anacrónica a cultura aborígene desses peles-vermelhas. Por outro lado, a investigação antropológica tem adiantado também a ideia de que o aumento da população – o segundo indicador económico – não exclui necessariamente uma catástrofe cultural. Com efeito, a taxa de crescimento natural de uma população tanto pode ser um índice de vitalidade como de degradação cultural. O sentido original da palavra «proletário», que associa a fecundidade e a mendicidade, é uma expressão eloquente da ambivalência aqui em causa.

O preconceito economicista esteve ao mesmo tempo na origem de uma teoria grosseira da exploração nos primórdios do capitalismo e da falsa conceção, não menos grosseira, mas mais erudita, que mais tarde viria a negar a existência de uma catástrofe social. Esta interpretação histórica mais recente contribuiu de maneira significativa para a reabilitação da economia do *laissez-faire*. Na realidade, se a economia liberal não foi causa de qualquer desastre, segue-se que o protecionismo foi um crime arbitrário, que privou o mundo de beneficiar das virtudes do mercado livre. O próprio termo «Revolução Industrial» passou a ser olhado com desconfiança, acusado de veicular uma ideia exagerada do que teria sido, essencialmente, um lento processo de mudança. Segundo os investigadores a que nos referimos, verificou-se simplesmente um desenvolvimento gradual das forças do progresso tecnológico que acarretou transformações na vida das populações – sem dúvida, muitos terão sofrido enquanto o processo se desenrolava, mas, no conjunto, este pode ser descrito como a progressão de um aperfeiçoamento contínuo. Esse feliz desfecho seria o resultado do funcionamento quase inconsciente de forças económicas que levaram a cabo a sua obra benéfica apesar da interferência de grupos impacientes que exageravam as dificuldades inevitáveis da época. Esta conclusão equivale a nada menos do que a negar os perigos com que a nova economia ameaçava a sociedade. Se semelhante revisão histórica da Revolução Industrial correspondesse à verdade dos factos, o movimento protecionista teria carecido de justificação objetiva e *laissez-faire* ver-se-ia reabilitado. A falácia materialista sobre a natureza da catástrofe social e cultural reforçou assim a lenda que afirma que os males do tempo tiveram por causa os desvios que nos afastaram do liberalismo económico.

Em suma, não foram classes ou grupos isolados que estiveram na origem do chamado movimento coletivista, embora os seus resultados tenham sido decisivamente influenciados pelo caráter dos interesses de classe em ação. Em última instância, o que fez com que as coisas acontecessem foram os interesses da sociedade, ainda que a sua defesa – e exploração – fosse assumida mais por certos setores da população do que por outros. Torna-se, pois, razoável centrarmos a nossa abordagem do movimento de proteção não em torno dos interesses de classe, mas em torno dos interesses sociais postos em perigo pelo mercado.

Os focos da ameaça podem ser identificados através dos alvos principais da ofensiva. O mercado do trabalho concorrencial ameaçava o suporte da força de trabalho – ou seja, o próprio ser humano trabalhador. O livre-câmbio internacional era fundamentalmente uma ameaça para a maior das indústrias dependente da natureza, que é a agricultura. O padrão-ouro punha em risco as organizações produtivas que dependiam, para funcionar, do movimento relativo dos preços. Tinham-se desenvolvido, em cada um destes domínios, mercados que implicavam uma ameaça latente para a sociedade em aspetos decisivos da sua existência.

É fácil distinguir entre os mercados do trabalho, da terra e da moeda – mas não é tão fácil distinguir entre as partes de uma cultura cujo núcleo é formado, respetivamente, por seres humanos, pelo seu meio ambiente natural e pelas unidades que organizam a produção. O homem e a natureza são praticamente *um só* na esfera cultural, e o aspeto monetário da empresa produtiva refere-se apenas um dos interesses sociais fundamentais, que é o da unidade e coesão da nação. Assim, embora os mercados dessas mercadorias fictícias, que são o trabalho, a terra e a moeda, fossem distintos e separados, as ameaças à sociedade que eles significavam nem sempre eram estritamente separáveis.

Apesar de tudo, uma perspetiva do desenvolvimento institucional da sociedade ocidental, durante os oitenta anos críticos que vão de 1834 a 1914, poderá referir-se em termos semelhantes a cada um destes aspetos perigosos. Pois quer se tratasse do homem, da natureza ou da organização da produção, a organização do mercado representava uma ameaça crescente, levando determinados grupos ou classes a reclamar proteção. Em cada um dos casos considerados, o desfasamento significativo entre as evoluções registadas em Inglaterra, na Europa continental e na América teve consequências importantes – mas, fosse como fosse, no final do século, o contramovimento protecionista criara uma situação análoga em todos os países ocidentais.

Por conseguinte, trataremos separadamente das ações de defesa do homem, da natureza e da organização produtiva, que definiram um movimento de autopreservação cujo resultado foi a emergência de um tipo de sociedade mais cerradamente entretecida, mas que se mantinha ameaçada pelo perigo de uma rutura total.

CAPÍTULO XIV

O Mercado e o Homem

Separar o trabalho das outras atividades da vida e submetê-lo às leis do mercado era aniquilar todas as formas orgânicas de existência e substituí-las por um tipo diferente de organização, atomista e individualista.
Este plano de destruição era servido da melhor maneira pela aplicação do princípio da liberdade contratual. O que, na prática, significava que as organizações não contratuais baseadas no parentesco, na proximidade, na profissão e nas crenças teriam de ser liquidadas, pois reclamavam a adesão do indivíduo e restringiam assim a sua liberdade. Conceber este princípio como um princípio de não-ingerência, como os adeptos do liberalismo económico pretendiam, era simplesmente a expressão de um preconceito entranhado em benefício de uma determinada forma de ingerência – ou seja, de um tipo de ingerência que destruísse as relações não contratuais entre os indivíduos e as impedisse de se reconstituírem espontaneamente.
Este efeito da instauração de um mercado do trabalho é claramente manifesto nas atuais regiões coloniais. Os nativos têm de ser forçados a ganhar a vida através da venda da sua força de trabalho. Para tanto, as suas instituições tradicionais devem ser destruídas e impedidas de se reconstituírem, uma vez que, em geral, o indivíduo da sociedade primitiva não corre o perigo

de morrer de fome, a menos que a comunidade no seu conjunto corra também esse risco. No sistema que organiza o território *kraal* dos cafres, por exemplo, «a indigência é impossível: quem quer que necessite de assistência tê-la-á inquestionavelmente garantida» ([1]). O kwakiutl, do mesmo modo, «nunca corre o risco de passar fome» ([2]). «A fome não faz vítimas nas sociedades que vivem no limiar da subsistência» ([3]). O princípio de garantia das necessidades era igualmente reconhecido na comunidade aldeã indiana e, poderíamos acrescentar, em qualquer tipo de organização social anterior até aos começos do século XVI europeu, quando as modernas ideias sobre os pobres formuladas pelo humanista Vives foram debatidas na Sorbonne. É a ausência da ameaça da fome individual que torna, em certo sentido, a sociedade primitiva mais humana e, ao mesmo tempo, menos económica do que a economia de mercado. Por ironia, a contribuição inicial do homem branco para o mundo do homem negro consistiu em iniciá-lo no uso do flagelo da fome. É assim que o colonizador pode decidir abater as árvores do pão a fim de criar uma escassez alimentar artificial, ou pode lançar um imposto que incida sobre cada cabana para obrigar os indígenas a venderem a sua força de trabalho. Em qualquer destes casos, o efeito é semelhante ao dos *enclosures* Tudor, com o seu rasto de hordas de vagabundos. Um relatório da Sociedade das Nações mencionava, com expressões de horror, o aparecimento recente nos matos africanos dessa figura inquietante da paisagem do século XVI europeu, o «homem sem senhor» ([4]). Nos finais da Idade Média, aparecia apenas nos «interstícios» da sociedade([5]). Mas era o precursor do trabalhador nómada do século XIX([6]).

([1]) L. P. Mair, *An African People in the Twentieth Century*, 1934.

([2]) E. M. Loeb, «The Distribution and Function of Money in Early Society», *Essays in Anthropology*, 1936.

([3]) M. J. Herskovits, *The Economic Life of Primitive Peoples*, 1940.

([4]) R. C. Thurnwald, *op. cit.*

([5]) C. Brinkmann, «Das soziale System des Kapitalismus», *Grundriss der Sozialökonomik*, 1924.

([6]) A. Toynbee, *Lectures on the Industrial Revolution*, 1887, p. 98.

Ora, o que o branco ainda hoje pratica ocasionalmente nessas regiões remotas, quando derruba as estruturas sociais para extrair delas o elemento trabalho, outros brancos fizeram-no, no século XVIII, a populações também brancas e com os mesmos objetivos. A conceção grotesca do Estado formulada por Hobbes – um Leviatã humano cujo vasto corpo era feito de um número infinito de seres humanos – foi reduzida a pouca coisa pela construção do mercado de trabalho ricardiano: um fluxo de vidas humanas cujo débito é regulado pela quantidade de alimento que é posta à sua disposição. Embora se admitisse a existência de um nível ditado pelo costume abaixo do qual o salário do operário não podia descer, considerava-se agora que essa restrição só deveria entrar em vigor se o trabalhador fosse reduzido à alternativa entre morrer de fome ou oferecer no mercado a sua força de trabalho pelo preço que por ela conseguisse obter. É o que explica, de resto, uma omissão, que seria de outro modo inexplicável, por parte dos economistas clássicos: com efeito, não nos fornecem qualquer razão que explique porque é que só a ameaça da fome, e não também a atração exercida por um salário elevado, seria capaz de criar um mercado do trabalho em condições de funcionar. Aqui a experiência colonial confirmou a ideia dos economistas. Porque quanto mais elevados são os salários, mais fraco é o incentivo que age sobre os esforços dos indígenas, uma vez que estes, ao contrário dos brancos, não se submetem a critérios culturais que imponham a cada indivíduo que ganhe a maior quantidade de dinheiro possível. A analogia torna-se ainda mais impressionante quando temos presente que os operários dos primeiros tempos, também eles, abominavam a fábrica, onde se sentiam degradados e torturados – tal como o indígena que, amiúde, só se conforma a trabalhar à nossa maneira sob a ameaça do castigo corporal, senão até mesmo da mutilação física. Os manufatureiros da Lyon do século XVIII recomendavam os salários baixos por razões fundamentalmente sociais[7]. No seu entender, só um operário esgotado e oprimido renunciaria a associar-se com os seus companheiros a fim de se livrar do estado de servidão pes-

---

[7] E. F. Heckscher, *op. cit.*, Vol II, p. 168.

soal em que se encontrava, obrigado a fazer tudo aquilo que o patrão lhe exigisse. A coerção legal e a servidão paroquial como em Inglaterra, os rigores de um policiamento absolutista do trabalho como no continente, o trabalho compulsivo [*indented labour*] como nas Américas dos primeiros tempos da colonização, foram condições preliminares da existência do «trabalhador por livre vontade». Mas o último estádio do processo consistiu na aplicação da «sanção natural» da fome. Para que esta fosse possível, era necessário liquidar a sociedade orgânica, que se recusava a deixar os seus membros individuais morrerem de fome.

A proteção da sociedade compete, antes de mais, aos dirigentes, que podem impor diretamente a sua vontade. Todavia, os adeptos do liberalismo económico supõem com demasiada facilidade que os dirigentes económicos tendem a exercer uma ação benéfica, enquanto não é esse o caso dos dirigentes políticos. Adam Smith parecia não pensar assim quando reclamava que uma administração pública britânica direta substituísse na Índia a administração exercida por uma companhia patenteada. Os dirigentes políticos, segundo Smith, teriam interesses paralelos aos dos governados cuja riqueza alimentaria os seus rendimentos, ao passo que os interesses dos comerciantes eram naturalmente antagónicos dos dos seus clientes.

Por interesse e inclinação, coube aos proprietários fundiários de Inglaterra assumirem a proteção do povo comum perante a vaga da Revolução Industrial. Speenhamland fora um fosso escavado para defender a organização rural tradicional no momento em que um turbilhão de mudança percorria o país, o que tinha por efeito derivado fazer também da agricultura uma indústria precária. Com a sua relutância natural a curvarem-se perante as exigências das cidades manufatureiras, os *squires* foram os primeiros a bater-se no que viria a revelar-se o combate fracassado de um século. Todavia, a sua resistência não se fez em vão: evitaram a ruína de várias gerações e deram-lhes o tempo necessário a um reajustamento quase completo. Durante um período crítico de quarenta anos, atrasou o progresso económico, e quando em 1834 uma lei parlamentar aboliu o sistema de Speenhamland, os proprietários de terra transferiram a sua ação de resistência para o terreno da legislação sobre as fábricas. A Igreja e a casa senhorial levantavam agora o povo contra os proprietários das fábricas cuja hegemonia tornaria irresistível a reivindicação de produtos alimentares baratos, assim minando, indiretamente, as rendas e os dízimos. Oastler, para considerarmos o seu exemplo, era «um homem de Igreja, um *tory* e um protecionista» – além do que era também um humanitarista. O mesmo se pode dizer, enquanto representantes em graus variáveis destes ingredientes de socialismo *tory*, de outros grandes lutadores do «movimento das fábricas» [*factory movement*]: Sadler, Soutjey e Lorde Shaftesbury. Mas a premonição de perdas pecuniárias ameaçadoras que impelia o grosso dos seguidores revelar-se-ia mais do que acertada: os exportadores de Manchester em breve começaram a exigir clamorosamente salários mais baixos, o que implicava cereais mais baratos – e, com efeito, a revogação do sistema de Speenhamland e o crescimento das fábricas abriram caminho ao sucesso da agitação Anti-Corn Law, em 1846(*). No entanto, por razões adventícias, a ruína da agricultura seria, por uma geração ainda, adiada em Inglaterra. Entretanto, Disraeli baseava o socialismo *tory* num protesto contra a Reforma das Leis do Pobres, e os proprietários fundiários conservadores do país impunham técnicas de vida radicalmente novas a uma sociedade industrial. A Lei das Dez Horas [*Ten Hours Bill*] de 1847, que Karl Marx saudou como a primeira vitória do socialismo, foi obra de reacionários esclarecidos.

Os próprios trabalhadores, pelo seu lado, mal chegavam a ser um fator deste grande movimento cujo efeito foi, figurativamente falando, permitir-lhes sobreviver à sua Passagem do Meio [*Middle Passage*](**). Tinham quase tão pouco a dizer quanto à decisão do seu próprio destino como os negros trans-

---

(*) O movimento contestava a regulamentação da importação e exportação de cereais pelas Corn Laws [Leis dos Cereais] (*N. T.*).

(**) A «Passagem do Meio» era uma designação habitual da rota transatlântica dos navios negreiros (*N. T.*).

portados a bordo dos navios de Hawkins(*). E contudo, foi precisamente esta falta de participação ativa por parte da classe trabalhadora na decisão do seu próprio destino que determinou o curso da história social inglesa e a tornou – para o melhor ou para o pior – tão diferente da continental.

Há qualquer coisa de peculiar na agitação não dirigida, nas tentativas e passos inseguros de uma classe nascente, cuja verdadeira natureza a história, entretanto, revelou de há já longa data. Politicamente, a classe operária britânica foi definida pelo Parliamentary Reform Act [Ato de Reforma Parlamentar] de 1832, que lhe recusou o direito de voto; economicamente, pela Reforma da Lei dos Pobres de 1834, que a excluía do direito à assistência e a distinguia da massa dos indigentes. Durante algum tempo, a futura classe operária industrial hesitou, sem saber se a salvação não consistiria, apesar de tudo, num regresso à vida rural e às condições do trabalho artesanal. Ao longo das duas décadas que se seguiram a Speenhamland, os seus esforços visaram sobretudo opor-se à livre utilização das máquinas – ora através do reforço das cláusulas sobre a aprendizagem do Estatuto dos Artesãos, ora através da ação direta, como foi o caso com o luditas. Esta atitude voltada para o passado prolongou-se na forma de uma corrente subterrânea atravessando todo o movimento owenista até final da década de 1840, quando a Lei das Dez Horas, o eclipse do cartismo e o início da idade de ouro do capitalismo toldaram a visão do passado. Até esse momento, a classe operária britânica *in statu nascendi* era um enigma para si própria, pelo que só prestando atenção os seus movimentos semiconscientes se torna possível avaliarmos a imensidão da perda que a Inglaterra sofreu com a exclusão da classe operária de uma participação em pé de igualdade na vida do país. Depois do desaparecimento do owenismo e do cartismo, a Inglaterra ficou mais pobre dessa substância a partir da qual o ideal anglo-
-saxónico de uma sociedade livre teria podido afirmar-se nos séculos vindouros.

(*) John Hawkins (1532-1595): construtor de navios, rico negociante, traficante de escravos e corsário (*N. T.*).

Ainda que o movimento owenista se tivesse limitado a atividades locais de pequenas dimensões, continuaria a ter sido um monumento à imaginação criadora da espécie, e ainda que o cartismo nunca tivesse transposto os confins desse núcleo que concebeu a ideia de um «*national holiday*» [«folga nacional»] (*) como modo de conquista dos direitos populares, teria mostrado, em todo o caso, que havia quem fosse capaz de continuar a sonhar os seus próprios sonhos, confrontando-os com uma sociedade que esquecera a forma humana. Mas nem um nem outro dos dois movimentos se ficou por aqui. O owenismo não foi a inspiração de uma seita reduzida e o cartismo não se limitou a ser a atitude de uma elite política: cada um dos dois movimentos incluiu milhares de artesãos, membros dos ofícios, trabalhadores rurais e operários, contando-se, pelo número de elementos que mobilizaram, entre os mais amplos movimentos sociais da história moderna. E, por muito diferentes que fossem, assemelhando-se apenas pelo fracasso que ambos conheceram, ambos provam como se fez sentir desde o início a necessidade de proteger os seres humanos do mercado.

O movimento owenista não era de início político nem especificamente operário. Representava os anseios dos elementos da população comum, que o aparecimento das fábricas atingira, visando a descoberta de uma forma de existência que permitisse aos seres humanos o governo das máquinas. No essencial, o seu projeto consistia naquilo a que, do nosso ponto de vista, poderíamos chamar saltar o momento do capitalismo. Esta fórmula pode, sem dúvida, tornar-se um tanto enganadora, uma vez que o papel organizador do capital e a natureza do mercado autorregulado ainda não tinham emergido plenamente. De qualquer modo, talvez sejam os termos que permitem exprimir melhor a inspiração de Owen, que não era decerto um inimigo das máquinas. Apesar das máquinas, o homem devia, em seu enten-

---

(*) A ideia de uma «folga nacional», também conhecida por «mês santo» (*sacred month*), surgiu, na década de 1830, como uma proposta de greve geral, reivindicando pacificamente a igualdade das liberdades e direitos fundamentais para os trabalhadores e todo o povo do país (*N. T.*).

der, manter-se senhor de si próprio: o princípio da cooperação ou «união» resolveria a questão das máquinas sem sacrifício nem da liberdade individual ou da solidariedade social, nem da dignidade humana ou da simpatia entre semelhantes.

A força do owenismo residia no facto de a sua inspiração ser eminentemente prática, ao mesmo tempo que os seus métodos se baseavam numa conceção do homem no seu todo. Embora os problemas fossem intrinsecamente os da vida quotidiana – a qualidade dos alimentos, o alojamento, a educação, o nível dos salários, a prevenção do desemprego, a assistência na doença e assim por diante –, as questões que a partir deles se levantavam eram tão amplas como as forças morais que interpelavam. A convicção segundo a qual, se fosse possível descobrir o método adequado, seria possível restaurar a existência do homem permitiu que as raízes do movimento penetrassem nessa camada mais profunda que é também a da formação da personalidade. Raramente um movimento social com ambições de tal índole foi menos intelectualizado: as convicções dos seus membros dotavam de sentido até mesmo as atividades aparentemente mais triviais, sem que se fizesse sentir a necessidade de outro credo. A sua fé, de facto, era profética, dada a insistência com que defendiam métodos de construção que iam além da economia de mercado.

O owenismo era uma religião da indústria cujo portador era a classe trabalhadora[8]. A riqueza das suas formas e iniciativas era incomparável. Foi, na prática, o momento inicial do movimento sindical moderno. No seu âmbito, formaram-se cooperativas que tinham por principal atividade a venda a retalho aos seus membros. Não eram, sem dúvida, cooperativas regulares de consumidores, antes armazéns abastecidos por entusiastas e decididos a dedicar os lucros da iniciativa ao aprofundamento dos planos owenistas, e, sobretudo, à fundação de «aldeias cooperativas» [*Villages of Cooperation*]. «As suas atividades eram tanto educativas e propagandísticas como comerciais; o seu propósito era a criação da Nova Sociedade através dos seus esforços

---

[8] G. D. H. Cole, *Robert Owen*, 1925 – obra a que aqui recorremos amplamente.

associados». As «oficinas sindicais» [*Union Shops*] implantadas por membros dos sindicatos aproximavam-se mais da natureza de cooperativas de produtores: os artesãos, se estivessem desempregados, podiam encontrar aí trabalho, ou, em caso de greve, ganhar alguma coisa na forma de subsídio de greve. A *Labor Exchange* [bolsa de trabalho] owenista representava o desenvolvimento da ideia do armazém cooperativo numa instituição *sui generis*. O espírito da bolsa de trabalho ou «bazar» era o da afirmação da natureza complementar dos ofícios; garantindo as necessidades uns dos outros, considerava-se que os artesãos poderiam emancipar-se da subordinação às flutuações do mercado – a criação destas bolsas foi acompanhada mais tarde pela emissão de vales de trabalho que chegaram a circular significativamente. O método pode parecer-nos hoje fantasista – mas no tempo de Owen, tanto a natureza do trabalho assalariado como o funcionamento das notas de banco eram realidades ainda mal estudadas. O socialismo não diferia essencialmente desses projetos e invenções que o benthamismo cultivava abundantemente. Além da oposição rebelde, também a classe média respeitável alimentava disposições experimentais. O próprio Jeremy Bentham investiu nos planos de educação do futuro de New Lanark, embolsando dividendos. As sociedades owenistas propriamente ditas eram associações ou clubes concebidos em apoio das *Villages of Cooperation*, como as que descrevemos a propósito dos meios de combate à pobreza – tal foi a origem das cooperativas de produtores agrícolas, que viriam a ter tão longa e notável carreira. A primeira organização nacional de produtores com objetivos sindicalistas foi a da Operative Builders Union (sindicato dos trabalhadores da construção), que tentou regulamentar diretamente a atividade do setor criando «edifícios à mais larga escala», introduzindo uma moeda própria e demonstrando que tinha meios de levar a cabo a «grande associação pela emancipação das classes produtivas». As cooperativas de produtores industriais do século XIX nascem com esta iniciativa. Foi da União ou Guilda dos Construtores e do seu «parlamento» que nasceu a ainda mais ambiciosa Consolidated Trades Union (união dos sindicatos associados), que durante um breve período contou com quase um milhão de operários e artesãos na sua ténue federação de sindicatos e associações cooperativas. A sua ideia era a revolta industrial por meios pacíficos, o que não nos deverá parecer contraditório se tivermos presente que o dealbar messiânico do movimento acreditava que a simples tomada de consciência da sua missão tornaria irresistíveis as aspirações do povo trabalhador. Os mártires de Tolpuddle(*) pertenciam a um ramo rural desta organização. A propaganda reclamando a legislação sobre as fábricas foi desenvolvida pelas Regeneration Societies, formando-se também, posteriormente as Ethical Societies, precursoras do movimento de secularização(**). Neste tipo de associações encontramos uma valorização típica da ideia de resistência não-violenta. À semelhança do saint-simonismo francês, o owenismo exibia, em Inglaterra, todos os traços de uma inspiração espiritual – no entanto, enquanto o saint-simonismo se propunha como movimento favorável ao renascimento do cristianismo, Owen foi, entre os guias modernos da classe operária, o primeiro adversário do cristianismo. As cooperativas de consumidores britânicas, que seriam imitadas por todo o mundo, foram, sem dúvida, os rebentos de natureza prática mais característicos do owenismo. O facto de o seu impulso se ter perdido – ou melhor, de se ter mantido apenas na esfera periférica do movimento dos consumidores – foi a maior derrota sofrida pelas energias espirituais da história da Inglaterra industrial. O que não obsta a que um povo capaz, depois do declínio do período de Speenhamland, de manifestar a elasticidade necessária a um esforço criador sustentado e tão cheio de imaginação tenha de ter sido animado por um vigor intelectual e emocional quase ilimitado.

Continuava presente no owenismo, com a sua reivindicação em nome da plenitude do homem, qualquer coisa desse legado medieval da vida das corporações que encontrava expressão na Guilda da Construção e nos elementos rurais do seu ideal de

---

(*) Seis trabalhadores rurais da referida aldeia de Dorset que foram deportados por serem membros do sindicato (N. T.).

(**) Estas sociedades animavam o Ethical Movement («Movimento Ético»), que difundia uma religião «humanista», criada nos estados Unidos em meados da década de 1870 (N. T.).

sociedade, tal como se formulava nas «aldeias cooperativas». Embora seja a origem do socialismo moderno, o owenismo não centrava as suas propostas na questão da propriedade, que constitui simplesmente o aspeto jurídico do capitalismo. Preocupando-se com o novo fenómeno que era a indústria, como Saint-Simon fizera também, reconhecia o desafio representado pelas máquinas. Mas o traço distintivo do owenismo era a sua insistência na perspetiva *social*: recusava-se a aceitar a divisão da sociedade numa esfera económica e numa esfera política, e, com efeito, rejeitava por isso a ação política. A aceitação de uma esfera económica separada implicaria o reconhecimento do princípio do ganho e do lucro enquanto força organizadora da sociedade. O que Owen se recusava a fazer. O seu génio reconhecia que a incorporação da máquina só seria possível numa nova sociedade. Em seu entender, o aspeto industrial das coisas não se limitava fosse de que maneira fosse ao aspeto económico (o que implicaria uma conceção mercantil da sociedade, que ele rejeitava igualmente). New Lanark ensinou-lhe que, na existência de um trabalhador, os salários são apenas um entre muitos fatores, como o do ambiente natural que o rodeia e o da habitação, o da qualidade e preço das mercadorias, o da estabilidade no emprego ou o da segurança daquele. (As fábricas de New Lanark, tal como outras empresas antes delas, continuavam a pagar aos seus empregados mesmo quando não houvesse trabalho para os ocupar.) Mas a adaptação incluía muitos outros domínios. Eram a educação de crianças e adultos, o preenchimento dos ócios, a dança, a música e a adoção geral de critérios morais e pessoais exigentes partilhados tanto pelos jovens como pelos mais velhos que criavam a atmosfera em que a população industrial no seu conjunto poderia aceder a um novo estatuto. Milhares de visitantes chegados de toda a Europa (e até mesmo da América) dirigiam-se a New Lanark como se ela fosse uma reserva do futuro, em que tivesse sido alcançado o feito impossível de fazer funcionar uma fábrica com uma população humana. Todavia, a firma de Owen pagava salários consideravelmente mais baixos do que os praticados em regra nas localidades vizinhas. Os lucros de New Lanark resultavam sobretudo da alta produtividade do trabalho, cujos horários eram mais breves, devido à qualidade da organização e ao facto de os trabalhadores gozarem de melhores condições de repouso, aspetos que primavam sobre o aumento dos salários reais no conjunto das medidas generosas que visavam assegurar aos trabalhadores uma vida decente. Mas era o conjunto dessas medidas que explicava os sentimentos quase de adulação que os trabalhadores manifestavam por Owen. E era também a partir deste tipo de experiências que o próprio Owen formava a sua conceção social, e não meramente económica, do problema da indústria.

Outro traço digno de admiração no seu modo de ver as coisas é que a sua perspetiva de conjunto não o impedia de se dar conta da natureza precisa das condições físicas concretas que dominavam a existência do trabalhador. A sua sensibilidade religiosa recusava o transcendentalismo prático de uma Hannah More e dos seus *Cheap Repository Tracts* (*). Um dos folhetos do repositório, por exemplo, contava a história de uma rapariga que trabalhava numa mina do Lancashire. Tinham-na feito descer ao fundo do poço desde os nove anos de idade, para trabalhar juntamente com o seu irmão, dois anos mais novo do que ela[9]. «Seguiu de boa vontade [o seu pai] mergulhando no interior do poço, penetrando nas entranhas da terra, e, no fundo da mina, numa idade tão jovem, sem reclamar contemplações pelo seu sexo, fazia o mesmo trabalho que os mineiros, que são, sem dúvida, uma estirpe de homens rudes, mas muito úteis à comunidade». O pai morreria, no fundo do poço, vitimado por um acidente, diante dos olhos dos filhos. A rapariguinha candidatou-se a um lugar de criada doméstica, mas o preconceito contra uma jovem que estivera na mina impediu-a de conseguir esse emprego. Felizmente, por essa graça reconfortante que faz com que as aflições se convertam em bênçãos, a sua tenacidade

---

(*) Série de folhetos, publicada entre 1795 e 1797, com intuitos de educação moral e que visava, através da denúncia da indisciplina, do jogo, da bebida, da ociosidade e outros costumes relaxados, constituir uma alternativa edificante à literatura de cordel, cujas baladas e narrativas eram consideradas por Hannah More «viciosas» e «corruptas» (*N. T.*).

[9] H. More, *The Lancashire Colliery Girl*, maio, 1795. Cf. J. L. e B. Hammond, *The Town Labourer*, 1917, p. 230.

e paciência chamaram as atenções: fez-se um inquérito sobre o que se passara na mina e as conclusões puseram de tal modo em evidência as suas qualidades que a rapariga acabaria por conseguir trabalho. «Esta história», concluía o folheto, «ensinará aos pobres que raramente estarão em condições tão inferiores que os impeçam de alcançar uma certa independência contanto que se esforcem por isso, e que não há situação tão desamparada que possa impedir a prática de muitas virtudes nobres». Hannah More e a sua irmã estavam dispostas a desenvolver a sua ação junto dos trabalhadores famintos, mas recusavam-se a ter em conta as suas dificuldades físicas. Tendiam a procurar resolver os problemas materiais do industrialismo concedendo simplesmente aos trabalhadores um estatuto e uma função decorrentes da sua generosidade. Hannah More insistia no facto de o pai da sua jovem heroína ser um membro muito útil da comunidade e mostrava como a rapariga acedera a uma condição digna reconhecida pelos patrões. Pensava que isto era suficiente em termos de assegurar o funcionamento da sociedade ([10]). Robert Owen afastou-se do cristianismo, que renunciara à tarefa de conquistar o mundo do homem, preferindo exaltar o estatuto e a função imaginários da miserável heroína de Hannah More a olhar de frente a terrível revelação, para além do que o Novo Testamento alcança, da condição humana numa sociedade complexa. Ninguém pode duvidar da sinceridade da convicção de Hannah More, segundo a qual, quanto mais os pobres aceitassem a sua condição degradante, mais facilmente acederiam às consolações celestiais em que a autora via a única possibilidade de salvação ao alcance daqueles, bem como de funcionamento sem atritos de uma sociedade de mercado em que ela acreditava também firmemente. Mas os invólucros ocos do cristianismo em que vegetava a vida interior dos membros mais generosos das classes altas pouco podiam opor à fé criadora dessa religião da indústria segundo cujo espírito o povo comum

---

([10]) Cf. P. Drucker, *The End of Economic Man*, 1939, sobre os grupos evangélicos ingleses, e *The Future of Industrial Man*, 1942, pp. 21 e 194, sobre o estatuto e a função.

de Inglaterra se esforçava por redimir a sociedade. E contudo, o capitalismo tinha ainda um futuro de reserva.

O movimento cartista apelava a um conjunto de impulsos tão diferentes que quase tornavam possível prever a sua emergência após o fracasso prático do owenismo e das suas iniciativas prematuras. Foi um esforço puramente político que apostou na possibilidade de exercer influência sobre o governo através de canais constitucionais: esta sua tentativa de pressionar o governo adotava as orientações tradicionais do *Reform Movement* [Movimento de Reforma] que obtivera o voto para a classe média. Os seis pontos da Carta exigiam um sufrágio popular efetivo. A rigidez inflexível com que este alargamento do voto foi rejeitado pelo parlamento «reformado»(*) durante um terço de século, o recurso à força como resposta ao apoio em massa inequívoco aos propósitos da Carta, o horror dos liberais da década de 1840 ante a ideia de um governo popular, todos estes aspetos mostram que o conceito de democracia era estranho às classes médias inglesas. Só depois de a classe operária ter admitido os princípios de uma economia capitalista e de os sindicatos terem feito do funcionamento sem atritos da indústria a sua preocupação principal, as classes médias concederam o direito de voto aos trabalhadores que gozavam de melhor situação – ou seja, num momento em que o movimento cartista se extinguira já há muito e em que se tornara garantido que os trabalhadores não tentariam usar o novo direito ao serviço de ideias que lhes fossem próprias. Do ponto de vista da generalização das formas de existência requeridas pelo mercado, o alargamento, nos termos em que acabou por ser feito, parecia justificar-se, uma vez que contribuiria para superar os obstáculos representados pela sobrevivência de formas de vida orgânicas e tradicionais entre as camadas trabalhadoras. Ao mesmo tempo, todavia, era posta de parte a tarefa inteiramente diferente de reafirmação do povo comum, cujos membros tinham visto as suas condições de existência extirpadas pela Revolução Industrial, e da sua integração no quadro de uma cultura nacional comum. A luta pelo direito

---

(*) Ou seja, funcionando no novo quadro definido pela reforma de 1832 (*Reform Act*) (*N. T.*).

de voto, numa época em que a capacidade de participação na direção da sociedade por parte dos elementos populares sofrera já danos irreparáveis, revelou-se incapaz de mudar a situação. As classes dominantes tinham cometido o erro de alargar o princípio de um governo de classe intransigente a um tipo de civilização que requeria, para se proteger de fatores de degenerescência, a unidade da comunidade em termos de educação e de cultura.

O cartismo foi um movimento político e deixa-se assim compreender mais facilmente do que o owenismo. Mas dificilmente nos daremos conta da sua intensidade afetiva ou sequer das dimensões do movimento sem nos reportarmos através da imaginação à sua época. Os anos de 1789 e 1830 fizeram da revolução uma instituição regular da Europa; em 1848, a data do levantamento de Paris pôde ser prevista em Londres e Berlim com uma precisão mais frequente na antecipação da data de uma feira do que na de uma insurreição social, e, pouco depois, outras revoluções na sua esteira explodiam em Berlim, Viena, Budapeste e algumas cidades de Itália. Em Londres, as tensões foram também muito fortes, uma vez que toda a gente, sem excluir os cartistas, previa o desencadeamento de ações violentas que forçassem o Parlamento a conceder o voto ao povo. (Ao tempo, não eram admitidos a votar senão menos de 15 por cento dos cidadãos adultos do sexo masculino.) Nunca em toda a história de Inglaterra se assistira a uma concentração de forças dispostas a defender a lei e a ordem comparável à de 12 de abril de 1848: nesse dia, centenas de milhares de cidadãos estavam a postos, na qualidade de membros de uma força de polícia especial [*special constables*], para se servirem das suas armas contra os cartistas. A Revolução de Paris rebentou demasiado tarde para impelir à vitória um movimento popular em Inglaterra. Nessa ocasião, o sentimento de revolta suscitado pela reforma da Lei dos Pobres e pelos anteriores anos de fome a partir de 1840 [*Hungry Forties*] perdera já parte da sua força, ao mesmo tempo que uma vaga de crescimento comercial aumentava o emprego e o capitalismo começava a mostrar as suas capacidades produtivas. Os cartistas dispersaram pacificamente.

O Parlamento remeteu para uma data posterior a apreciação das suas reivindicações, que, no devido momento, seriam rejeitadas na Câmara dos Comuns por cinco vezes mais votos do que os contados em seu apoio. Fora em vão que se tinham recolhido milhões de assinaturas. Fora em vão que os cartistas se tinham conduzido como cidadãos respeitadores da lei. O seu movimento foi ridicularizado e aniquilado pelos vencedores. Tal foi o desfecho do maior esforço político empreendido pelo povo de Inglaterra no sentido de transformar o país numa democracia popular. Ao fim de um ou dois anos, o cartismo fora esquecido quase por completo.

A Revolução Industrial atingiu o continente europeu uns cinquenta anos mais tarde. Aqui, a classe trabalhadora não se formara através da imposição do abandono das terras resultante de um movimento de vedação dos campos: fora, pelo contrário, o trabalhador rural reduzido a uma condição semisservil que se afastara do domínio senhorial e migrara em direção às cidades, onde se aliou aos estratos inferiores da classe média tradicional e teve ocasião de adquirir usos e costumes citadinos. O seu novo meio representava aos seus olhos uma ascensão e não uma degradação. É verdade que as condições de alojamento eram abomináveis e que o alcoolismo e a prostituição eram realidades maciças entre as camadas inferiores dos trabalhadores urbanos até ao início do século xx. Mas, seja como for, não havia comparação possível entre a catástrofe moral e cultural sofrida pelo pequeno agricultor independente ou pequeno rendeiro inglês, cujos antepassados tinham conhecido condições de vida honradas, enquanto ele se via precipitado na lama social e física dos tugúrios vizinhos de uma fábrica do Noroeste, e, por exemplo, as condições vividas pelos trabalhadores rurais da Eslováquia ou da Pomerânia, que de um dia para o outro passavam da situação de moços de lavoura que dormiam nos estábulos à de trabalhadores industriais numa metrópole moderna. É possível que um jornaleiro irlandês ou galês, ou ainda um *highlander* do Oeste, tenha conhecido uma experiência análoga ao deambular pelas ruas estreitas de Manchester ou de Liverpool –, mas o filho de um *yeoman* ou de um *cottager* expulso da sua terra não sentiria, sem dúvida, a sua nova condição como um estatuto superior. Por seu turno, o ex-trabalhador rural recentemente emancipado do continente não só tinha oportunidades razoáveis para tentar ascender integrando-se na classe média inferior do mundo, dispondo de antigas tradições culturais, das artes e ofícios, como podia dar-se conta de que a própria burguesia, apesar da sua superioridade social, se encontrava politicamente no mesmo barco que ele, dada a distância quase igual a que se via do estatuto da classe realmente dominante. Com efeito, as forças ascendentes das classes trabalhadora e média aliavam-se estreitamente contra a aristocracia feudal e o alto clero católico. Os intelectuais – com destaque para os estudantes das universidades – cimentavam a unidade entre as duas classes em luta contra o absolutismo e os privilégios. Em Inglaterra, as classes médias – constituídas por *squires* e mercadores, como no século XVII, ou por agricultores e negociantes, como no século XIX – eram suficientemente fortes para reivindicarem por si sós os seus direitos, e, com efeito, nem mesmo durante a sua ação quase-revolucionária de 1832 se dirigiram aos trabalhadores, solicitando-lhes apoio. Além disso, a aristocracia inglesa assimilava regularmente os mais ricos de entre os que faziam fortuna nos negócios, alargando os níveis superiores da hierarquia social, ao passo que, no continente, a aristocracia ainda semifeudal não casava os seus filhos e filhas com os da burguesia, ao mesmo tempo que a ausência da instituição da primogenitura isolava hermeticamente os seus membros das restantes classes. Deste modo, cada passo em frente na direção de direitos e liberdades iguais beneficiava tanto a classe média como a classe trabalhadora continentais. Desde 1830, se não desde 1789, passou a ser uma tradição europeia que a classe operária ajudasse a burguesia nas suas batalhas contra o feudalismo, ainda que isso a não impedisse – como se tornou proverbial fazer notar – de se ver frustrada pela burguesia dos frutos da vitória. Mas, triunfasse ou fosse vencida, a classe trabalhadora adquiria assim experiência e assumia objetivos políticos. Tratava-se da formação da chamada «consciência de classe». As formulações ideológicas marxistas cristalizavam a perspetiva do trabalhador dos meios urbanos, que as suas condições de existência tinham ensinado a utilizar a sua força política e industrial como uma arma de alta política. Enquanto o trabalhador britânico adquiria uma experiência incomparável no campo dos problemas pessoais e sociais do sindicalismo, deixando a cena política nacional aos seus «superiores», o trabalhador da Europa Central tornava-se socialista e político, preocupando-se com os problemas da condução do Estado, ainda que prioritariamente dos mais próximos dos seus interesses.

Se um intervalo temporal de cerca de meio século separou a industrialização da Grã-Bretanha da da Europa continental, o desfasamento foi muito maior ainda no que se refere à instauração da unidade nacional. A Itália e a Alemanha só na segunda metade do século XIX cumpriram essa etapa da unificação que a Inglaterra concluíra séculos antes – e noutros Estados do Leste da Europa o processo seria ainda mais tardio. Neste processo de construção de um Estado, as classes trabalhadoras desempenharam um papel decisivo, que reforçou mais a sua experiência política. Na época industrial, tratava-se de um processo que não podia deixar de incluir a política social. Bismarck apostou na unificação do II *Reich* através da introdução de um plano histórico de legislação social. A unificação italiana foi estimulada pela nacionalização dos caminhos de ferro. Na monarquia austro-húngara, essa mescla de raças e povos, a própria Coroa por várias vezes pediria às classes trabalhadoras que apoiassem a sua obra de centralização sob a égide da unidade imperial. Também nesta esfera mais ampla, através da sua influência sobre a legislação, os partidos socialistas e os sindicatos descobriram múltiplas ocasiões de defender os interesses do operário industrial.

Os preconceitos economicistas contribuíram para toldar as linhas de força do problema da classe trabalhadora. Os autores britânicos consideraram difícil compreender a terrível impressão que as condições iniciais do capitalismo suscitavam nos observadores continentais. Referiam-se ao nível de vida ainda mais baixo de grande número de artesãos da produção têxtil da Europa Central, cujas condições de trabalho talvez fossem algumas vezes tão más como as dos seus companheiros ingleses. Mas a comparação proposta obscurecia justamente o ponto mais importante: o da ascensão social e em termos de estatuto político do ex-trabalhador rural do continente, contrastando com a degradação de estatuto sofrida pelos trabalhadores ingleses. O trabalhador europeu não passara pela pauperização degradante de Speenhamland e nada havia na sua experiência que se comparasse às condições instauradas pela Nova Lei dos Pobres. Do estatuto de vilão passara – ou melhor: ascendera – ao de operário fabril e, a seguir, muito rapidamente, ao de operário eleitor e sindicalizado. Escapou assim à catástrofe cultural que sucedeu na esteira da Revolução Industrial em Inglaterra. Por outro lado, a industrialização do continente fez-se num tempo em que se tornara já possível a adaptação às novas técnicas produtivas, graças, quase exclusivamente, à imitação dos métodos de proteção social ingleses([11]).

O trabalhador europeu continental tinha necessidade de proteção, não tanto perante o impacto da Revolução Industrial – que, no sentido social, nunca existiu no continente –, como perante a ação normal do trabalho fabril e das condições do mercado. Conseguiu defender-se sobretudo por via legislativa – enquanto os seus companheiros ingleses recorreram em maior grau à associação voluntária – sindicatos – e ao seu poder de afirmar um monopólio sobre o trabalho. Em termos comparativos, as medidas de segurança social foram tomadas muito mais rapidamente no continente europeu do que em Inglaterra. Esta diferença explica-se pela tendência mais política dos movimentos europeus e pelo alargamento, relativamente mais rápido, do direito de voto no continente. Embora, em termos económicos, a diferença entre métodos obrigatórios e voluntários de proteção – entre legislação e sindicalismo – possa ser facilmente sobrestimada, politicamente as suas consequências foram de grande alcance. No continente, os sindicatos foram uma criação do partido político da classe trabalhadora; em Inglaterra, o partido foi uma criação dos sindicatos. Enquanto no continente o sindicalismo se tornou mais ou menos socialista, em Inglaterra foi o próprio socialismo político que se manteve essencialmente sindicalista. Deste modo, o sufrágio universal, que em Inglaterra

---

([11]) L. Knowles, *Industrial and Commercial Revolutions in Great Britain during the Nineteenth Century*, 1926.

tendia a reforçar a unidade nacional, teve por vezes, no continente, o efeito oposto. Foi no continente, mais do que em Inglaterra, que se revelaram verdadeiras as profecias de Pitt e Peel, Tocqueville e Macaulay, que previam que o governo popular viria a ameaçar o sistema económico.

Em termos económicos, os métodos inglês e europeu de proteção social conduziram a resultados quase idênticos. Realizaram os seus propósitos: a disrupção do mercado desse fator de produção que tem o nome de força de trabalho. Este mercado só poderia funcionar adequadamente se os salários descessem paralelamente aos preços. Em termos humanos, semelhante postulado implicava para o trabalhador uma instabilidade extrema de rendimentos, uma ausência completa de qualificação profissional, uma disponibilidade degradante para ser colocado neste lugar ou naquele indiscriminadamente, uma dependência total dos caprichos do mercado. Mises argumentou justificadamente que, se os trabalhadores «não agissem como sindicalistas, mas reduzissem as suas reivindicações e mudassem de posto e de ocupação segundo as exigências do mercado do trabalho, acabariam por encontrar trabalho». Eis um bom resumo da situação imposta por um sistema baseado no postulado do caráter de mercadoria da força de trabalho. Não compete à mercadoria decidir onde deverá ser posta à venda, para que fins será usada, por que preço poderá mudar de mãos e de que modo deverá ser consumida ou destruída. «Não ocorreu fosse a quem fosse», escrevia o mesmo consequente economista liberal, «que 'falta de salário' seria um termo preferível a 'falta de emprego', uma vez que aquilo que falta à pessoa do desempregado não é o trabalho, mas a remuneração do trabalho». Mises tinha razão, sem dúvida – embora não devesse ter-se considerado original. Com efeito, cento e cinquenta anos antes já o bispo Whatley dissera: «Quando um homem pede trabalho, o que está a pedir não é trabalho, mas um salário». E contudo, é verdade que, tecnicamente falando, «o desemprego nos países capitalistas é devido ao facto de tanto as políticas do governo como as dos sindicatos pretenderem manter um nível dos salários que não se adequa à efetiva produtividade do trabalho». Porque, como poderia haver desemprego, pergunta Mises, a não ser pelo facto de os trabalhadores «não quererem trabalhar em troca dos salários que poderiam obter no mercado do trabalho pela tarefa particular que podem e querem fazer?» Torna-se aqui claro o que significa a exigência, por parte dos patrões, de mobilidade da mão de obra e flexibilidade salarial: ou seja, precisamente, um mercado como o que acima definimos e no qual o trabalho humano é uma mercadoria.

O objetivo natural das proteções sociais era destruir essa instituição e tornar a sua existência impossível. De facto, o mercado de trabalho só era autorizado a manter a sua função principal na condição de os salários e condições de trabalho, os modelos de organização e as disposições reguladoras, respeitarem o caráter humano da pretensa mercadoria chamada «força de trabalho». Sustentar, como por vezes se faz, que a legislação social, as leis das fábricas, a segurança no desemprego e, sobretudo, os sindicatos não interferiram com a mobilidade do trabalho e a flexibilidade dos salários, equivale a dizer que todas aquelas instituições falharam por completo o seu propósito, que era precisamente interferir com as leis da oferta e da procura no que se refere ao trabalho humano, a fim de retirar este último da esfera do mercado.

CAPÍTULO XV

O Mercado e a Natureza

Aquilo a que chamamos terra é um elemento da natureza inextrincavelmente entretecido com as instituições humanas. Isolar esse elemento e formar um mercado da terra talvez tenha sido o mais insólito de todos os empreendimentos dos nossos antepassados.
Tradicionalmente, a terra e o trabalho não se separam: o trabalho faz parte da vida, a terra continua a ser parte da natureza, a vida e a natureza formam uma totalidade articulada. A terra está assim ligada às formas de organização do parentesco, das relações de vizinhança, da produção artesanal e das crenças: à tribo e ao templo, à aldeia, à guilda e à igreja. O Grande Mercado Único, por outro lado, é um ordenamento da vida económico que inclui no seu âmbito mercados dos fatores de produção. Uma vez que estes fatores são indiscerníveis dos elementos que compõem instituições humanas – o homem e a natureza –, é fácil vermos que a economia de mercado pressupõe uma sociedade cujas instituições estejam subordinadas ao mecanismo do mercado.
Trata-se de uma exigência utópica tanto no que se refere à terra como no que se refere ao trabalho. A função económica é apenas uma das múltiplas funções vitais da terra. Esta confere estabilidade à vida do homem; é o lugar que o homem habita;

é a condição da sua segurança física; é a paisagem e as estações. Imaginá-lo a viver sem a terra é a mesma coisa que imaginá-lo a viver sem mãos e sem pés. E todavia, separar a terra do homem e organizar a sociedade de maneira a satisfazer os requisitos de um mercado do imobiliário foi um aspeto decisivo da conceção utópica de uma economia de mercado.

Uma vez mais, é no domínio do colonialismo moderno que o verdadeiro sentido deste empreendimento se torna mais claro. Que o colonizador tenha necessidade da terra devido às riquezas que ela contém ou que queira simplesmente forçar o indígena a produzir um excedente alimentar e de matérias-primas, é coisa que, muitas vezes, pouco importa: é mais ou menos indiferente que o nativo trabalhe sob a vigilância direta do colonizador ou que o faça em virtude de uma forma de coação indireta, porque, seja como for e sem exceção, o que realmente conta é conseguir-se a desagregação do sistema social e cultural da vida nativa.

Há uma estreita analogia entre a situação colonial de hoje e a situação que se vivia na Europa Ocidental há cem ou duzentos anos. Mas a mobilização da terra, que nas regiões coloniais pode ser comprimida no prazo de alguns anos ou décadas, pôde realizar-se ao longo de outros tantos séculos na Europa Ocidental.

O desafio proveio do desenvolvimento de formas de capitalismo que não eram puramente comerciais. Existiu – e começou em Inglaterra com os Tudors – um capitalismo agrícola, que requeria uma exploração individualizada da terra e comportava formas de reconversão das culturas e a vedação dos campos (*enclosures*). Existiu, desde os princípios do século XVIII, um capitalismo industrial – em França como em Inglaterra – que era fundamentalmente rural e necessitava de terrenos para construir as suas fábricas e alojamentos para os trabalhadores. O desafio mais poderoso, embora afetasse mais a utilização da terra do que a sua propriedade, foi o crescimento das cidades industriais, com as suas necessidades praticamente ilimitadas de alimentação e matérias-primas.

À superfície, as respostas a estes desafios não revelaram grandes semelhanças, embora tenham sido simples etapas da subordinação da face do planeta às exigências de uma sociedade industrial. A primeira etapa foi a comercialização do solo, mobilizando a renda feudal da terra. A segunda foi a produção forçada de géneros alimentares e de matérias-primas orgânicas que pudessem responder às necessidades de uma população industrial em rápido crescimento à escala do país. A terceira foi a extensão deste sistema de produção de excedentes aos territórios ultramarinos e colonizados. Com este último passo, a terra e os seus produtos foram finalmente introduzidos no quadro de um mercado autorregulado mundial.

A comercialização do solo foi só um outro nome para a liquidação do feudalismo, iniciada nos centros urbanos da Europa Ocidental e em Inglaterra no século XIV e concluída cerca de cinco séculos mais tarde durante as revoluções europeias, quando foram abolidos os últimos remanescentes da servidão. Desligar o homem do solo significava dissolver o corpo económico nos seus elementos, de maneira a que cada um destes últimos pudesse ser aplicado na parte do sistema onde parecesse mais útil. O novo sistema começou por se instaurar ao lado do anterior, que tentou assimilar e absorver, assegurando o controlo dos solos que se mantinham vinculados a condições pré-capitalistas. A apropriação feudal da terra foi abolida. «O fim era a eliminação de todos os direitos reclamados pelas organizações vicinais ou sistemas familiares, sobretudo os ligados à sucessão aristocrática por linha masculina, bem como os privilégios reivindicados pela Igreja – direitos que punham a terra ao abrigo do comércio ou das hipotecas»([1]). Este objetivo foi alcançado em parte pela força e pela violência individuais, em parte por medidas revolucionárias impostas pelo topo ou pela base, em parte por meio da guerra e da conquista, em parte pela ação legislativa, em parte pelo exercício de pressões administrativas, em parte pela ação espontânea, em pequena escala e persistentemente exercida ao longo dos anos por pessoas privadas. Segundo as medidas tomadas com vista à regulação do processo, as feridas sararam rapidamente ou transformaram-se

---

([1]) C. Brinkmann, «Das soziale System des Kapitalismus», *Grundriss der Sozialökonomik*, 1924.

em chagas abertas no corpo social. Os próprios governos introduziram, pelo seu lado, poderosos fatores de mudança e de adaptação. Assim, por exemplo, a secularização das terras da Igreja foi uma das bases em que assentou o Estado moderno até à época do *Risorgimento* italiano, além de ter sido também um dos principais meios de transferência da terra para as mãos de proprietários individuais.

Os maiores passos isolados neste domínio foram os da Revolução Francesa e os das reformas benthamitas das décadas de 1830 e 1840. «A situação mais favorável à prosperidade da agricultura existe», escrevia Bentham, «quando não existem morgadios, doações inalienáveis, baldios, direitos de resgate ou dízimos (...)» Esta liberdade de negociar a propriedade, e sobretudo a propriedade fundiária, é parte essencial da conceção benthamista da liberdade individual. O alargamento de uma maneira ou de outra de uma tal liberdade foi o propósito e o efeito das medidas legislativas como as Leis das Prescrições [*Presciptions Acts*], a Lei da Herança [*Inheritance Act*], a Lei sobre os Direitos e Transmissões [*Fines and Recoveries Acts*], a Lei sobre a Propriedade Imobiliária [*Real Property Act*], a lei geral sobre as vedações de 1801 [*Enclosure Act*] e as que se lhe sucederam ([2]), bem como as disposições legais sobre os aforamentos e a enfiteuse que tiveram lugar entre 1841 e 1926. Em França e noutras regiões do continente, o *Code Napoléon* instituiu, por outro lado, formas burguesas de propriedade, que tornavam a terra um bem comercializável e convertiam a hipoteca num contrato de direito civil privado.

A segunda etapa, que se sobrepõe em parte à primeira, foi a subordinação da terra às necessidades de uma população urbana que se expandia rapidamente. Embora o solo não possa ser fisicamente deslocado, os seus produtos podem-no, contanto que as leis e meios de transporte adequados o permitam. «*Assim, a mobilidade dos bens compensa em certa medida a ausência de mobilidade inter-regional dos fatores,* ou (o que vem a ser realmente a mesma coisa) o comércio atenua as desvantagens de uma distribuição geográfica insatisfatória dos meios de pro-

---

([2]) A. V. Dicey, *Law and Opinion in England*, p. 226.

dução» (³). Esta ideia era completamente estranha à perspetiva tradicional. «Nem na Antiguidade, nem na Alta Idade Média – devemos insistir neste ponto –, os bens quotidianos eram objeto de compra e venda regulares» (⁴). Considerava-se que os excedentes de cereal se destinariam a abastecer a região e, em particular, a cidade local, e os mercados de cereais tinham, até ao século XV, uma organização estreitamente regional. Mas o crescimento das cidades impeliu os proprietários de terras a passarem a produzir principalmente com vista à venda dos produtos no mercado, ao mesmo tempo que, em Inglaterra, o crescimento da metrópole forçou as autoridades a atenuar as restrições que regulavam o comércio dos cereais, permitindo-lhe que se tornasse regional, embora não que se fizesse à escala de todo o país.

Mais tarde, a aglomeração da população nas cidades industriais, ao longo da segunda metade do século XVIII, transformaria a situação por completo – primeiro a nível nacional, depois à escala mundial.

O verdadeiro sentido do livre-câmbio foi operar esta transformação. A mobilização dos produtos da terra alargou-se dos campos vizinhos às regiões tropicais e subtropicais, enquanto a divisão do trabalho entre a indústria e a agricultura se estendeu à escala do planeta. O resultado foi que as populações de zonas remotas foram arrastadas pelo turbilhão de uma mudança cujas origens eram para elas obscuras, ao mesmo tempo que as nações europeias passavam a depender nas suas atividades quotidianas de uma integração ainda por realizar das condições de existência da humanidade. Com a afirmação do livre-câmbio, emergiam os novos e ameaçadores riscos da interdependência planetária.

A organização da defesa da sociedade perante esta desagregação universal foi tão ampla como a frente da ofensiva. Embora,

---

(³) B. Ohlin, *Interregional and International Trade*, 1935, p. 42.
(⁴) K. Bücher, *Entstehung der Volkwirtschaft*, 1904. Ver também E. F. Penrose, *Population Theories and Their Application*, 1934, onde Longfield, 1834, é citado como tendo sido o primeiro a referir a ideia de que os movimentos das mercadorias podem ser considerados como substituindo os movimentos dos fatores de produção.

em certas ocasiões, o direito e a legislação acelerassem a transformação em curso, houve outras em que a refrearam. Todavia, a força da jurisprudência e a da legislação escrita não agiam necessariamente no mesmo sentido, num dado momento.

A jurisprudência desempenhou principalmente um papel positivo no advento do mercado do trabalho: a teoria do trabalho como mercadoria começou por ser vigorosamente afirmada não por economistas, mas pelos juristas. Também nas questões ligadas às associações dos trabalhadores e à lei sobre as associações a jurisprudência favoreceu a criação de um mercado do trabalho livre, embora isso significasse a limitação da liberdade de associação dos trabalhadores organizados.

Mas, no que se referia à terra, a jurisprudência desempenhou um papel diferente, passando do encorajamento da mudança à oposição a ela. Durante os séculos XVI e XVII, a jurisprudência insistia no direito do proprietário a melhorar o rendimento das suas terras, ainda que isso implicasse graves efeitos desagregadores sobre as condições da habitação e do emprego. No continente europeu, este processo de mobilização passou, como é sabido, pela receção do Direito Romano, enquanto em Inglaterra a *common law* [direito consuetudinário] jurisprudencial se manteve e assegurou com sucesso a passagem do quadro medieval de direitos de propriedade limitados ao quadro do moderno direito de propriedade individual, sem sacrifício da lei baseada no precedente que era um aspeto decisivo da liberdade constitucional do país. Por outro lado, a partir do século XVIII, a *common law* agiu como um elemento conservador sobre a questão da terra, contrariando a modernização por via legislativa. Mais tarde, no entanto, os adeptos de Bentham prevaleceram, e entre 1830 e 1860 a liberdade contratual acabou por ser aplicada também à terra. Essa poderosa tendência não seria refreada até à década de 1870, no momento em que as orientações da legislação mudaram por completo. Começara o período «coletivista».

A inércia da *common law* passou então a ser deliberadamente encorajada por leis que tinham por objetivo explícito proteger as condições de habitação e de atividade das classes rurais perante os efeitos da liberdade contratual. Desencadeou-se um esforço global tendo por fim garantir um nível mais elevado de saúde e higiene nos alojamentos pobres, que passou pela concessão de lotes de terreno, visando permitir-lhes abandonar os seus casebres e respirar o ar puro da natureza como num *«gentleman's park»* [«jardim senhorial»]. Rendeiros pobres irlandeses e moradores dos tugúrios londrinos foram arrancados às garras das leis do mercado por meio de medidas legislativas destinadas a proteger as suas condições habitacionais das rodas devastadoras da carruagem do progresso. Na Europa continental foram sobretudo a legislação explícita e a ação administrativa que protegeram o rendeiro, o camponês, o jornaleiro agrícola dos efeitos mais violentos da urbanização. Os conservadores prussianos como Rodbertus, cujo socialismo *junker* («socialismo senhorial») influenciaria Marx, eram irmãos de sangue dos *Tory--Democrats* («democratas conservadores») de Inglaterra.

O problema da proteção levantou-se rapidamente a propósito das populações agrícolas de todos os países e continentes. O livre-câmbio internacional, se não fosse controlado, eliminaria necessariamente contingentes cada vez mais compactos e numerosos de produtores agrícolas([5]). Este processo inevitável de destruição era muito agravado pela descontinuidade inerente ao desenvolvimento dos meios de transporte modernos, demasiado caros para poderem estender-se a novas regiões do planeta, exceto nos casos em que as perspetivas dos ganhos fossem extremamente favoráveis. Quando os grandes investimentos feitos na construção de navios a vapor e de caminhos de ferro começaram a surtir efeito, foi como se se abrissem continentes inteiros, fazendo com que uma avalanche de cereais se abatesse sobre a pobre Europa. Sucedia o contrário do que afirmava o prognóstico clássico. Ricardo erigira em axioma que as terras mais férteis eram as primeiras a ser ocupadas. Esta tese tornou-se espetacularmente ridícula quando os caminhos de ferro descobriram solos mais férteis nos antípodas. A Europa Central, enfrentando uma destruição completa da sua sociedade rural, foi forçada a proteger os seus camponeses introduzindo leis dos cereais.

([5]) F. Borkenau, «Towards Collectivism», *The Totalitarian Enemy*, 1939.

Mas, se os Estados organizados da Europa podiam proteger-
-se contra as ressacas do livre-câmbio internacional, o mesmo
não era verdade para os povos coloniais desorganizados.
A revolta contra o imperialismo era sobretudo uma tentativa
por parte dos povos exóticos de alcançarem o estatuto político
necessário para se preservarem da desagregação causada pelas
políticas comerciais europeias. A proteção que os brancos
podiam facilmente garantir-se graças ao estatuto soberano das
suas comunidades estaria fora do alcance dos homens de cor
até ao momento em que fossem preenchidas as suas condições
prévias – ou seja, um governo político.

As classes ligadas aos negócios patrocinaram a exigência da
mobilização da terra. Cobden suscitou o horror dos proprietários fundiários de Inglaterra ao mostrar que a agricultura era
um «negócio» e que aqueles que se tinham arruinado nas suas
terras deviam desocupá-las. As classes trabalhadoras foram conquistadas para o livre-câmbio a partir do momento em que se
tornou evidente que aquele tornava os produtos alimentares
mais baratos. Os sindicatos tornaram-se bastiões antiagrários,
enquanto o socialismo revolucionário proclamava que o conjunto dos camponeses de todo o mundo formava uma massa
reacionária indistinta. A divisão internacional do trabalho era,
sem margem para dúvidas, uma fé progressista e aqueles que se
lhe opunham eram muitas vezes recrutados entre espíritos cujos
juízos sofriam distorções causadas pelos interesses pessoais ou
por uma certa falta de discernimento natural. Os poucos espíritos independentes e desinteressados que denunciavam as falácias do livre-câmbio sem restrições eram muito poucos para se
fazerem ouvir.

Mas as suas consequências não foram menos reais pelo facto
de não terem sido conscientemente reconhecidas. Com efeito,
a grande influência exercida pelos interesses fundiários na
Europa Ocidental e a sobrevivência de formas de vida feudal na
Europa Central e Oriental durante o século XIX podem explicar-
-se facilmente pela função de proteção vital dessas forças que
atrasaram a mobilização da terra. Tem-se perguntado muitas
vezes o que é que permitiu à aristocracia feudal da Europa Con-

tinental manter o seu poder no Estado burguês, depois de ter perdido as funções militares, judiciais e administrativas às quais devia a sua preponderância. À laia de explicação, recorreu-se muitas vezes à teoria das «sobrevivências», em cujos termos instituições ou características que já não desempenham qualquer função continuam a existir por inércia. Todavia, seria mais acertado dizer que nenhuma instituição sobrevive jamais à sua função: quando parece ser esse o caso, é porque continua a servir alguma outra função, ou funções, que *não incluem necessariamente a original*. Assim, o feudalismo e o conservadorismo agrário preservaram a sua força enquanto serviram um propósito que era o de restringir os efeitos desastrosos da mobilização da terra. A partir de certo momento, os livre-cambistas tinham esquecido que a terra fazia parte do território do país e que o caráter territorial da soberania não era o simples resultado de associações sentimentais, mas decorria também de factos imensos, entre os quais se contavam os da economia. «Ao contrário do que se passa entre os povos nómadas, o agricultor empenha-se em beneficiações *fixas num lugar determinado*. Sem essas beneficiações, a vida humana manter-se-ia forçosamente a um nível elementar, sem se distinguir muito da dos animais. Que papel imenso desempenhou esta fixação dos esforços na história humana! São os seus resultados, as terras desbravadas e cultivadas, as casas e as restantes construções, os meios de comunicação, as diversas instalações necessárias à produção, compreendendo a indústria e a atividade mineira – são todas estas coisas que constituem as beneficiações permanentes e imutáveis que ligam uma comunidade humana ao lugar onde se encontra. Os resultados em causa não se improvisam, mas têm de ser construídos pouco a pouco por gerações de esforços pacientes, e a coletividade não pode permitir-se sacrificá-los e recomeçar algures a partir do zero. Daí, o caráter *territorial* da soberania que informa as nossas conceções políticas»([6]). Durante um século, no entanto, estas verdades evidentes foram escarnecidas.

Poder-se-ia alargar facilmente o argumento económico de modo a incluir as condições de proteção e segurança ligadas à

([6]) R. G. Hawtrey, *The Economic Problem*, 1933.

integridade do solo e dos seus recursos – como o vigor e ânimo da população, a abundância das provisões alimentares, o montante e o caráter dos materiais de defesa e o próprio clima do país que poderá ser afetado pela desflorestação, pelas erosões e depósitos de poeira formando superfícies estéreis, condições que, todos elas, em última instância dependem do fator terra, mas das quais nenhuma é assegurada pelo mecanismo da oferta e da procura vigente no mercado. Em presença de um sistema que depende inteiramente das funções do mercado para garantir as suas necessidades vitais, será natural recorrer a essas forças exteriores ao sistema de mercado que sejam capazes de proteger os interesses comuns que esse sistema ameaça. Trata-se de uma perspetiva que concorda com a nossa apreciação das verdadeiras origens da influência de classe: em vez de tentarmos explicar as evoluções que contrariam a tendência geral da época por meio da influência (que fica por explicar) das classes reacionárias, preferimos explicar a influência destas classes pelo facto de elas, ainda que só incidentalmente, representarem evoluções só aparentemente contrárias ao interesse geral da comunidade. A circunstância de os seus próprios interesses serem com frequência bastante favorecidos pelo comportamento que adotam constitui tão-só mais uma ilustração da verdade seguinte: as classes arranjam maneira de extrair vantagens desproporcionadas dos serviços que possam prestar ao interesse comum.

Speenhamland funciona aqui como um exemplo elucidativo. O *squire* que governava a aldeia descobriu uma maneira de travar o aumento dos salários rurais e a convulsão que punha em perigo a estrutura tradicional da vida aldeã. A longo prazo, o método escolhido estava destinado a ter os efeitos mais funestos. E contudo, o *squire* não teria podido manter as suas práticas, se, ao fazê-lo, não tivesse ajudado também o país a enfrentar o sismo da Revolução Industrial.

No continente europeu, uma vez mais, o protecionismo agrário foi uma necessidade. Mas as forças intelectuais mais ativas da época haviam iniciado uma aventura que tinha por resultado modificar o seu ângulo de visão de modo a não as deixar entrever o verdadeiro sentido das dificuldades da situação agrária. Nas circunstâncias existentes, um grupo capaz de representar os interesses rurais ameaçados poderia exercer uma influência sem proporção com os seus efetivos numéricos. O contramovimento protecionista logrou, na realidade, estabilizar os campos da Europa e moderar esse fluxo em direção às cidades que era o flagelo da época. A reação foi a beneficiária de uma função socialmente útil que lhe coube desempenhar. Uma função idêntica à que permitiu às classes reacionárias da Europa jogar com os sentimentos tradicionais na sua luta para impor tarifas alfandegárias sobre os produtos agrícolas, legitimaria cinquenta anos mais tarde, nos Estados Unidos, o sucesso da Tennesse Valley Authority(*) e de outras intervenções técnicas socialmente progressistas. Assim, as mesmas necessidades da sociedade que beneficiaram a democracia no Novo Mundo reforçaram na Europa a influência da aristocracia.

A oposição à mobilização da terra foi o quadro sociológico da luta entre o liberalismo e a reação que configurou a história política da Europa continental durante o século XIX. Na batalha, os militares e o alto clero eram aliados das classes fundiárias, que tinham perdido quase todas as suas funções mais diretas na sociedade. Estas últimas, uma vez que nem a tradição nem a ideologia as comprometiam com as liberdades públicas e o regime parlamentar, encontravam-se agora disponíveis para um tipo ou outro de solução reacionária do impasse a que a economia de mercado e o seu corolário, o governo constitucional, ameaçavam conduzir a sociedade.

Em suma, o liberalismo desposara o Estado liberal, o que não era o caso dos interesses fundiários – tal era a origem da sua relevância política permanente na Europa, explicando que tenha produzido a contracorrente da política prussiana com Bismarck, alimentado a *revanche* clerical e militarista em França, garantido a influência na corte da aristocracia no Império Austro-Húngaro e convertidos a Igreja e o Exército em guardas dos tronos vacilantes. Uma vez que esta relação se prolongou para além das duas gerações que John Maynard Keynes definiu como

---

(*) Organismo criado em 1933, no quadro do *New Deal*, tendo por fim regularizar o curso do rio e dos seus afluentes, melhorando as condições da região e permitindo a produção de energia elétrica barata (*N. T.*).

equivalendo praticamente à eternidade, a terra e a propriedade fundiária passaram a ser concebidas como elementos congenitamente ligados à reação. Esquecia-se a Inglaterra do século XVIII com os *tories* livre-cambistas e pioneiros no domínio agrícola, do mesmo modo que se esqueciam os açambarcadores do período Tudor e os seu métodos revolucionários de fazer dinheiro com a terra – e os proprietários fisiocratas de França e da Alemanha, adeptos entusiastas da liberdade comercial eram apagados da memória coletiva pelo preconceito moderno relativo ao atraso persistente dos meios rurais. Herbert Spencer, para quem uma geração bastava como sucedâneo da eternidade, identificava pura e simplesmente o militarismo com a reação. A capacidade de adaptação social e tecnológica recentemente exibida pelos exércitos japoneses, russos ou nazis ter-lhe-ia parecido inconcebível.

Este tipo de ideias acusa estritas limitações epocais. Os assombrosos triunfos da economia de mercado tinham sido comprados pelo preço de uma deterioração profunda da substância da sociedade. As classes feudais depararam nisso com uma ocasião favorável para tentarem recuperar parte do seu prestígio perdido, transformando-se em apologistas das virtudes da terra e dos seus cultivadores. No romantismo literário, a natureza desposava o passado: no movimento agrário do século XIX, o feudalismo esforçava-se, não sem sucesso, por recuperar o seu passado, apresentando-se como guardião do *habitat* natural humano – guardião do solo. Se o perigo não fosse autêntico, o estratagema não poderia ter funcionado.

Mas o Exército e a Igreja adquiriram também prestígio pela sua disposição para a «defesa da lei e da ordem», que se tinham tornado extremamente vulneráveis, enquanto a classe dominante burguesa não estava suficientemente bem apetrechada para satisfazer essa exigência da nova economia. O sistema do mercado era mais alérgico aos motins do que qualquer outro sistema que conheçamos. Os governos Tudor esperavam que os motins chamassem a atenção para os agravos locais: era possível que alguns cabecilhas fossem enforcados, mas não havia transtornos de maior. A emergência do mercado financeiro significou uma completa rutura com esta atitude: a partir de

1797, o motim deixa de ser um traço popular da vida de Londres e o seu lugar é gradualmente ocupado por assembleias [*meetings*] nas quais, em princípio, se passam a contar as mãos em vez dos golpes resultantes da sua passagem à ação violenta([7]). O rei da Prússia, que proclamara que manter a paz era o primeiro e mais importante dever do súbdito, tornou-se famoso pelo seu paradoxo, o qual, contudo, se tornaria rapidamente um lugar-comum. No século XIX, os delitos contra a ordem pública, quando cometidos por multidões armadas, eram considerados uma rebelião incipiente e um grave perigo para o Estado: os valores caíam nas bolsas e os preços desciam, ato contínuo. Os confrontos que envolvessem tiroteio nas ruas da metrópole poderiam destruir uma parte importante do capital nominal nacional. E, apesar de tudo, as classes médias não eram propriamente marciais: a democracia popular orgulhava-se de dar a palavra às massas, e, no continente europeu, a burguesia continuava agarrada às recordações da sua juventude revolucionária, dos tempos em que enfrentara audaciosamente nas barricadas uma aristocracia tirânica. Mais tarde, os camponeses, menos contagiados pelo vírus liberal, eram identificados como a única camada social disposta a defender com a sua vida «a lei e a ordem». Entendia-se que uma das funções da reação era manter as classes trabalhadoras no seu lugar, a fim de que os mercados não sucumbissem ao pânico. Embora tal serviço não fosse mais do que esporadicamente requerido, a disposição dos camponeses para agirem como defensores dos direitos de propriedade era um trunfo na posse do campo dos agrários.

A história da década de 1920 seria incompreensível noutros termos. Quando, na Europa Central, a estrutura da sociedade cedeu sob a pressão da guerra e da derrota, só a classe trabalhadora se mostrava disponível para a tarefa de manter as coisas a

---

([7]) G. M. Trevelyan, *History of England*, 1926, p. 533. «A Inglaterra de Walpole era ainda uma aristocracia, temperada pelos motins». A canção--«crónica» de Hannah More intitulada «O Motim» («*The Riot*») foi escrita «em 1795, um ano de escassez e inquietações» – o ano da Lei de Speenhamland. Cf. *The Repository Tracts*, vol. I, Nova Iorque, 1835. Ver também *The Library*, 1940, 4.ª série, vol. XX, p. 295, «On Cheap Repository Tracts (1795-1798)».

funcionar. Por toda a parte o poder foi abandonado aos sindicatos e aos partidos social-democratas: a Áustria, a Hungria, a própria Alemanha, converteram-se em repúblicas – apesar de nenhum desses países ter conhecido até então a existência de algum partido republicano ativo. Mas, assim que o perigo extremo de dissolução desapareceu, assim que os préstimos dos sindicatos pareceram dispensáveis, as classes burguesas esforçaram-se por destituir a classe operária de qualquer papel na vida pública. Foi a fase contrarrevolucionária do pós-guerra. Na realidade, nunca houve perigo sério de instauração de um regime comunista, uma vez que os trabalhadores estavam organizados em partidos e sindicatos ativamente hostis aos comunistas. (A Hungria conheceu um episódio bolchevique literalmente imposto ao país, num momento em que a defesa contra a invasão das forças francesas não deixava qualquer alternativa à nação.) O perigo não estava no bolchevismo, mas no desrespeito pelas regras da economia de mercado por parte dos sindicatos e partidos da classe trabalhadora, numa situação de emergência. Porque, numa economia de mercado, interrupções de outro modo inofensivas da ordem pública e do curso habitual das trocas constituíam uma ameaça mortal, na medida em que poderiam causar o colapso de um regime económico do qual o pão de cada dia da sociedade estava dependente. O que explica a notável viragem em certos países, levando-os de uma alegadamente iminente ditadura dos operários da indústria a uma efetiva ditadura do campesinato. Ao longo de toda a década de 1920, o campesinato determinou a política económica de alguns Estados, no seio dos quais desempenhava normalmente um modesto papel. Os camponeses pareciam ser agora a única classe disposta a manter a lei e a ordem no sentido moderno e exasperado desses termos.

 O agrarismo feroz da Europa do pós-guerra esclarece indiretamente o tratamento preferencial concedido à classe camponesa por razões políticas. Do movimento *Lappo* da Finlândia ao *Heimwehr* austríaco, os camponeses mostraram ser os campeões da economia de mercado – o que os tornou politicamente indispensáveis. A escassez alimentar durante os primeiros anos do pós-guerra, à qual por vezes se atribui o seu ascendente, não é um aspeto muito relevante para o caso. A Áustria, por exemplo, a fim de beneficiar financeiramente os camponeses teve de baixar o seu nível de satisfação das necessidades alimentares mantendo tarifas alfandegárias sobre os cereais importados, apesar de depender bastante dessas importações para alimentar o país. Mas os interesses camponeses tinham de ser salvaguardados a todo o custo, ainda que o protecionismo agrário significasse a miséria para os habitantes das cidades e custos de produção insensatamente elevados para as indústrias exportadoras. A classe anteriormente desprovida de influência dos camponeses ganhou assim um ascendente claramente exagerado por referência à sua importância económica. O medo do bolchevismo era a força que tornava a sua posição política inexpugnável. Todavia, como já vimos, não se tratava do medo de uma ditadura da classe operária – pois nada que vagamente se parecesse com essa ameaça despontava no horizonte –, antes o temor de uma paralisação da economia de mercado, a menos que fossem eliminadas da cena política todas as forças capazes de impor a suspensão das regras do jogo do mercado. Enquanto os camponeses foram a única classe em condições de eliminar essas forças, o seu prestígio manteve-se elevado, o que lhes permitiu tributar a classe média urbana. Mas logo que o Estado logrou começar a consolidar o seu poder e – ainda antes disso – a partir do momento em que entraram em cena tropas de choque fascistas formadas por membros das classes médias inferiores urbana, a burguesia sentiu-se livre da dependência dos camponeses, ao mesmo tempo que o prestígio destes declinava rapidamente. Depois de o «inimigo interno» na cidade e na fábrica ter sido neutralizado ou submetido, a classe camponesa foi devolvida à sua anterior e modesta posição na sociedade industrial.

A influência dos grandes proprietários de terras não sofreu o mesmo eclipse. Um fator mais constante intervinha em seu benefício: o fator da crescente importância militar da autossuficiência agrícola. A Grande Guerra revelara aos olhos do público os aspetos estratégicos decisivos – a confiança concedida irrefletidamente ao mercado mundial fora excessiva e, agora, sob o efeito do pânico, parecia urgente aumentar as capacidades da produção alimentar de cada país. A «reagrarização» da Europa Central, iniciada pelo medo ao bolchevismo, continuava sob o impulso da vontade de autarcia. Além do argumento do «inimigo interno», surgia agora o argumento do «inimigo externo». Os adeptos da economia liberal, como de costume, não viam em tudo isto mais do que uma aberração romântica – alimentada por teorias económicas pouco saudáveis – no preciso momento em que factos políticos importantíssimos alertavam até mesmo os espíritos mais simples para a inadequação de semelhantes considerações económicas perante a dissolução iminente do sistema internacional. Genebra continuava as suas tentativas fúteis no sentido de convencer os povos de que os perigos que os assustavam eram imaginários, pois bastaria que todos agissem concertadamente para que o livre-câmbio fosse restabelecido em proveito de todos. Na atmosfera curiosamente crédula da época, muitos tinham por ponto assente que a solução do problema económico (fosse o que fosse que estas palavras significassem) não só dissiparia a ameaça da guerra, como a tornaria caduca para sempre. Uma paz de cem anos criara uma muralha intransponível de ilusões que escondia os factos. Os autores deste período distinguiram-se por uma extrema falta de realismo. O Estado-nação era considerado um preconceito provinciano por A. J. Toynbee; a soberania, uma ilusão ridícula por Ludwig von Mises; a guerra, um mau cálculo em termos de negócios por Norman Angell. A consciência da natureza essencial dos problemas políticos desceu a um nível sem precedentes.

Em 1846, em torno das Leis dos Cereais travara-se uma batalha vitoriosa em defesa da liberdade do comércio; a mesma batalha voltava a travar-se agora, oitenta anos mais tarde, mas com resultados opostos. O problema da autarcia assombrara, desde o início, a economia de mercado. Por conseguinte, os adeptos do liberalismo económico exorcizavam o espectro da guerra e baseavam as suas posições no pressuposto de uma economia de mercado indestrutível. Não se compreendeu na altura que os seus argumentos se limitavam a demonstrar como eram grandes as ameaças que pesavam sobre um povo que confiasse a sua segurança aos cuidados de uma instituição tão frágil como o mercado autorregulado. O movimento em favor da autarcia da década de 1920 era essencialmente profético: indicava a necessidade de adaptação às condições resultantes do desaparecimento da ordem anterior. A Grande Guerra revelara o perigo e os homens agiram em conformidade – mas, uma vez que agiam dez anos mais tarde, a relação entre a causa e o efeito era descartada como pouco razoável. «Porque teríamos de nos proteger contra perigos passados?» – era a reação de muitos contemporâneos. Esta lógica distorcida não impedia apenas a interpretação da busca da autarcia, mas, mais gravemente ainda, impedia também a compreensão do fascismo. Na realidade, tanto a necessidade de autossuficiência como o fascismo se explicam pelo facto de, após ter tido a impressão de um perigo intenso, o espírito humano comum alimentar medos latentes enquanto a sua causa última não fosse removida.

Afirmamos aqui que a Europa nunca superou o choque da experiência de guerra que inesperadamente a confrontou com os perigos da interdependência. Foi em vão que o comércio se recompôs, em vão que enxames de conferências internacionais cantaram os idílios da paz e dezenas de governos declararam a sua adesão ao princípio da liberdade comercial – ninguém podia esquecer que um povo que não pudesse assegurar, através da sua produção ou de um acesso garantido militarmente, as suas próprias necessidades no domínio alimentar e das matérias-primas, estaria condenado à impotência, de nada lhe valendo então a solidez da moeda ou um crédito indiscutível. Nada poderia ser mais lógico do que o facto de ter sido, portanto, essa a ideia fundamental que viria a moldar as políticas das comunidades nacionais. A origem do perigo não fora removida. Como esperar, pois, que o medo desaparecesse?

Uma falácia semelhante enganou esses críticos do fascismo – a maior parte de entre eles – que o descreveram como uma rutura aberrante com toda a racionalidade política. Mussolini, ao que se dizia, declarava ter poupado o bolchevismo a Itália, quando os dados estatísticos mostram que mais de um ano antes da Marcha sobre Roma a vaga de greves começara a refluir. Reconhecia-se que, em 1921, as fábricas tinham sido ocupadas por operários armados. Mas seria isso uma razão para que fossem desarmados em 1923, depois de eles terem, havia já muito tempo, descido das muralhas onde montavam a sua guarda? Hitler declarava que salvara a Alemanha do bolchevismo. Mas não se pode mostrar que a vaga de desemprego, que precedeu a sua nomeação como chanceler, recuara já antes de ele ter tomado o poder? Sustentar, como houve quem fizesse, que Hitler evitou qualquer coisa que já não existia contraria as leis da causalidade, que não deixa de valer também no domínio político.

Na realidade, a história do pós-guerra imediato provou que o bolchevismo não tinha quaisquer probabilidades de sucesso na Alemanha ou na Itália. Mas provou também em termos concludentes que, em circunstâncias de crise, a classe operária, os seus sindicatos e os seus partidos poderão não respeitar as leis do mercado que erigiram em absolutos a liberdade contratual e também a santidade da propriedade privada – e que essa possibilidade terá os efeitos mais funestos sobre a sociedade, desencorajando os investimentos, opondo-se à acumulação de capital, mantendo os salários a um nível de baixa remuneração, pondo em risco a moeda, comprometendo o crédito internacional, enfraquecendo a confiança e paralisando as empresas. Não foi a ameaça ilusória de uma revolução comunista, mas o facto inegável de as classes trabalhadoras estarem em condições de forçar intervenções talvez desastrosas que esteve na origem do medo latente que, numa conjuntura decisiva, eclodiu no pânico fascista.

Não podemos separar claramente os perigos que ameaçam o homem daqueles que ameaçam a natureza. As reações da classe operária e do campesinato conduziram, uma e outra, ao protecionismo – no primeiro caso, sobretudo na forma de legislação social e sobre o trabalho nas fábricas; no segundo, na forma de direitos alfandegários sobre os produtos agrícolas e de leis sobre o solo. Há, todavia, uma diferença importante: em situações de crise, os agricultores e camponeses europeus defendiam o sistema de mercado que a política da classe trabalhadora punha em risco. Embora a crise do sistema intrinsecamente instável tenha resultado da ação das duas componentes do movimento protecionista, as camadas sociais ligadas à terra tendiam a comprometer-se com a defesa do sistema de mercado, enquanto o conjunto dos trabalhadores não hesitava em transgredir as suas regras do jogo, contestando-as abertamente.

CAPÍTULO XVI

O Mercado e a Organização Produtiva

O próprio mundo dos negócios capitalista tinha necessidade de ser protegido do funcionamento sem restrições do mecanismo do mercado. Este aspeto deveria dissipar as suspeitas que os simples termos «homem» e «natureza» despertam por vezes em espíritos sofisticados, que tendem a denunciar tudo o que se possa dizer sobre a proteção da força de trabalho e da terra como produto de ideias antiquadas, se não como mera camuflagem de interesses adquiridos.

De facto, no caso da empresa produtiva, tal como nos do homem e da natureza, a ameaça era real e objetiva. A necessidade de proteção resultava da maneira como a oferta da moeda se organizava no interior de um sistema de mercado. Os modernos bancos centrais foram, com efeito, essencialmente um dispositivo destinado a proporcionar uma proteção, à falta da qual o mercado teria destruído os seus próprios filhos – as empresas de toda a espécie. Todavia, mais tarde, foi essa forma de proteção que mais imediatamente contribuiu para a derrocada do sistema internacional.

Enquanto os perigos com que o turbilhão do mercado ameaça o trabalho e a terra são bastante evidentes, as ameaças que o sistema monetário intrinsecamente acarreta para o mundo dos negócios não se deixam apreender com a mesma facilidade.

No entanto, se os lucros dependem dos preços, então as disposições monetárias das quais os preços dependem não podem deixar de ser de importância vital para qualquer sistema cujo motivo central seja o lucro. Embora a longo prazo as variações nos preços de venda não devam afetar os lucros, uma vez que os custos tenderão a tornar-se mais elevados ou mais baixos de acordo com elas, não é isso que se passa no curto prazo, porque é necessário um certo lapso de tempo antes da alteração dos preços fixados contratualmente. O custo do trabalho inclui-se aqui, na medida em que, como muitos outros preços, será naturalmente fixado nos termos de um contrato. Portanto, se o nível dos preços continuar a cair por razões monetárias durante um período considerável, os negócios ver-se-ão em risco de liquidação – o que teria por efeito a dissolução da organização produtiva e uma imensa destruição de capital. A ameaça não eram os preços baixos, mas a baixa dos preços. Hume fundou a teoria quantitativa da moeda ao descobrir que o andamento dos negócios não será afetado se se dividir por dois a massa monetária, uma vez que, nesse caso, os preços só terão de se ajustar, baixando para metade do seu nível anterior. Mas esqueceu-se que, nesse processo, os negócios poderiam ser destruídos.

Esta é a razão, facilmente compreensível, que faz com que um sistema de moeda-mercadoria, como o que o mecanismo do mercado tende a produzir à falta de intervenção do exterior, seja incompatível com a produção industrial. A moeda-mercadoria é simplesmente uma mercadoria que acontece funcionar como moeda, e cujo volume não pode, por isso, em princípio, aumentar – exceto se se limitar a massa das mercadorias que não funcionam como moeda. Na prática, a moeda-mercadoria é ouro ou prata, e a sua massa pode ser aumentada num curto lapso de tempo, mas em pequena medida. Ora, uma expansão da produção e do comércio que não seja acompanhada por uma expansão da massa monetária terá de causar uma queda dos preços – eis, precisamente, o tipo de deflação ruinosa em que estamos a pensar. A escassez de moeda era um tema de queixas sérias e permanentes nas sociedades mercantilistas do século XVII. A moeda fiduciária [*token money*] desenvolveu-se suficientemente cedo para pôr o comércio ao abrigo das deflações que acompanhavam o uso de moeda em espécie quando o volume dos comércios se dilatava. Não havia economia de mercado possível sem essa moeda artificial.

A verdadeira dificuldade surgiu com a necessidade de taxas de câmbio estáveis com o exterior e a consequente introdução, na época das guerras napoleónicas, do padrão-ouro. A estabilidade cambial tinha-se tornado indispensável à própria existência da economia inglesa: Londres convertera-se no centro financeiro de um comércio mundial cada vez mais importante. Mas só a moeda-mercadoria estava em condições de o servir, dada a razão óbvia de a moeda fiduciária, tanto na forma de nota de banco com noutra forma fiduciária, não poder circular em solo estrangeiro. Foi assim que o padrão-ouro – o nome adotado por um sistema internacional de moeda-mercadoria – acabou por se impor.

Mas, do ponto de vista das necessidades internas de um país, o dinheiro em espécie é, como se sabe, uma moeda inadequada, por ser uma mercadoria cuja massa não pode ser aumentada conforme se entender. O montante de ouro disponível pode aumentar numa pequena percentagem no espaço de um ano, mas não multiplicado por dez ou doze nalgumas semanas, como seria necessário que acontecesse para poder servir de suporte a uma súbita expansão das transações. À falta da moeda fiduciária, os negócios teriam então de conhecer uma redução parcial ou adotar preços muito mais baixos, acarretando assim um colapso e a criação de desemprego.

Na sua forma mais simples, o problema era o seguinte: a moeda-mercadoria era vital para a existência do comércio externo; a moeda fiduciária, para a existência do comércio interno. Até que ponto seria possível conciliá-los?

Nas condições do século XIX, o comércio externo e o padrão-ouro primavam indiscutivelmente sobre as exigências do comércio nacional. O funcionamento do padrão-ouro requeria a baixa dos preços internos sempre que as taxas de câmbio eram ameaçadas pela depreciação. Uma vez que a deflação resulta das restrições de crédito, segue-se que o funcionamento da moeda-mercadoria interferia com o funcionamento do sistema de crédito. O que era um perigo de monta para os negócios. Todavia, pôr inteiramente de parte a moeda fiduciária e limitar a circulação à moeda-mercadoria estava em todo o caso fora de questão, pois o remédio revelar-se-ia pior do que a doença.

Os bancos centrais atenuaram muito esta deficiência da moeda de crédito. Através da centralização da oferta de crédito, era possível evitar num dado país a desagregação geral dos negócios e do emprego – efeito da deflação – e organizar a própria deflação de modo a absorver o choque e a repartir o seu peso pelo conjunto do país. A banca tinha por função normal amortecer os efeitos imediatos de uma retração do ouro sobre a circulação das notas, bem como os de uma menor circulação de notas sobre os negócios.

Eram vários os métodos que o banco podia usar. Através de empréstimos a curto prazo, podia preencher a lacuna criada por perdas de ouro no curto prazo e evitar assim as dificuldades de restrições gerais do crédito. Mas, até mesmo quando estas eram inevitáveis, o que se verificava com frequência, a ação da banca tinha um efeito de amortecimento: o aumento da taxa de juros dos bancos, bem como as operações de mercado aberto, repartiam os efeitos das restrições pelo conjunto da sociedade, ao mesmo tempo que faziam pesar o seu fardo sobre os ombros mais sólidos.

Consideremos o caso de extrema importância da transferência de pagamentos unilaterais de um país para outro – como pode ocorrer quando o primeiro dos dois países passa a consumir um tipo de artigos alimentares produzidos no estrangeiro e não no seu próprio solo. O ouro, que terá de ser então enviado para o estrangeiro como pagamento dos produtos alimentares importados, teria servido noutras condições para pagamentos internos, pelo que a sua falta provocará uma queda das vendas no país, seguida de uma descida dos preços. A este tipo de deflação chamaremos «transacional», uma vez que se difunde de empresa particular em empresa particular segundo os negócios fortuitos que cada uma faz com outra. Posteriormente, a deflação alargar-se-á, atingindo as empresas exportadoras e realizará assim o excedente de exportação que representa uma transferência «real». Mas o prejuízo e dano causados ao conjunto da comunidade será muito maior do que o estritamente necessário para a realização desse excedente de exportações. Porque há sempre empresas que estão a um passo de poder exportar, e que, para dar esse passo, necessitam apenas do incentivo de uma ligeira redução dos custos, sendo que esta se poderá efetuar muito mais economicamente se se fizer com que uma fina camada de deflação se estenda ao conjunto do mundo dos negócios.

Esta era precisamente uma das funções do banco central. A forte pressão exercida pela sua política de descontos e mercado aberto forçava os preços nacionais a descerem mais ou menos por igual e permitia às empresas no limiar da exportação [«*export-near*»] que retomassem ou aumentassem as suas exportações, pelo que só as menos eficazes de entre elas seriam obrigadas a liquidar. A transferência «real» podia assim ser efetuada à custa de muito menos danos do que os que seriam necessários para se alcançar o mesmo excedente de exportações através do método irracional dos choques aleatórios e amiúde catastróficos transmitidos pelos estreitos canais da deflação «transacional».

A mais pesada acusação a fazer ao padrão-ouro é que, apesar de todos estes dispositivos destinados a contrariar os efeitos da deflação, o resultado acabava por ser, uma e outra vez, uma desorganização completa dos negócios, causadora de um desemprego em massa.

O caso da moeda apresentava uma analogia bem real com os do trabalho e da terra. O recurso à ficção que os tornava mercadorias conduziu à sua inclusão efetiva no sistema do mercado, enquanto ao mesmo tempo se formavam graves ameaças para o conjunto da sociedade. No caso da moeda, a ameaça pesava sobre a empresa de produção, cuja existência era posta em perigo por qualquer quebra no nível dos preços causada pela utilização da moeda-mercadoria. Também aqui tinham de ser tomadas medidas de proteção, que interfeririam com o funcionamento do mecanismo de autodirecção do mercado.

Os bancos centrais reduziam o automatismo do padrão-ouro a uma simples aparência. A sua atividade fazia com que existisse uma moeda gerada a partir do centro, e a gestão assim exercida substituía-se ao mecanismo de autorregulação da oferta de crédito, ainda que isso nem sempre fosse feito de forma deliberada e consciente. Admitia-se cada vez mais que só seria possível tornar o padrão-ouro autorregulado se os países pusessem, cada um deles, de lado o seu banco central. Mas o único adepto persistente do padrão-ouro a advogar de facto essa medida desesperada foi Ludwig von Mises: se o seu parecer tivesse sido escutado, as economias nacionais ter-se-iam transformado em amontoados de ruínas.

Boa parte da confusão existente na teoria monetária devia-se à separação entre a política e a economia, que é um traço distintivo da sociedade de mercado. Durante mais de um século, a moeda foi considerada uma categoria puramente económica, uma mercadoria utilizada a fim de permitir a troca indireta. Sendo o ouro a mercadoria preferida, instaurara-se um padrão-ouro. (O adjetivo «internacional» introduzido para qualificar o padrão era desprovido de sentido, uma vez que, para o economista, nenhuma nação existia: as transações efetuavam-se, não entre nações, mas entre indivíduos, cuja pertença política era tão irrelevante como a cor dos seus cabelos.) Ricardo inoculara na Inglaterra do século XIX a crença segundo a qual o termo «moeda» significava um meio de troca e as notas de banco eram simplesmente um uso de conveniência, consistindo a sua utilidade em serem mais fáceis de manipular do que o ouro, mas continuando o seu valor a resultar da certeza de que a sua posse nos fornecia os meios de a qualquer momento podermos possuir a própria mercadoria representada por elas – ou seja, o ouro. Seguia-se daqui que o caráter nacional das moedas não tinha consequências, pois aquelas não passavam de diferentes símbolos que representavam, todas elas, a mesma mercadoria. E se não parecia avisado para um Estado esforçar-se minimamente por possuir ouro (uma vez que a distribuição dessa mercadoria se autorregulava espontaneamente no mercado mundial, à semelhança do que se passava com as demais), menos avisado seria ainda imaginar que os diferentes símbolos nacionais tivessem qualquer relevância para o bem-estar e prosperidade dos países implicados.

Ora, a separação institucional entre as esferas política e económica nunca foi completa, e, precisamente no domínio da moeda, teria de ser necessariamente incompleta: o Estado, cuja casa da moeda parecia limitar-se a certificar o peso das peças cunhadas, era de facto o garante do valor da moeda fiduciária, que é reconhecida como meio de pagamento no caso dos impostos e outras circunstâncias. Esta moeda *não* era um meio de troca, mas um meio de pagamento; não era uma mercadoria, mas um poder de compra; longe de ter uma utilidade própria, era simplesmente uma senha que incorporava um título quantificado de acesso a coisas que poderiam ser compradas. É evidente que uma sociedade em que a distribuição depende da posse de tais símbolos do poder de compra era uma construção inteiramente diferente de uma economia de mercado.

Bem entendido, não nos ocupamos aqui de descrições da realidade, mas de formas conceptuais usadas com propósitos clarificadores. Nenhuma economia pode existir separada da esfera política – todavia, é uma construção desse tipo que subjaz à economias clássica a partir de David Ricardo, e os seus conceitos e pressupostos são incompreensíveis sem essa construção. A sociedade, de acordo com este modelo, consiste em indivíduos que fazem trocas a partir da posse de um conjunto de mercadorias: bens, terra, força de trabalho e as suas combinações. A moeda foi simplesmente uma mercadoria trocada mais frequentemente do que as outras e, por isso, adquirida com o propósito de fazer trocas. Uma «sociedade» semelhante talvez seja irreal, mas contém a armação ou esqueleto da construção que serviu de ponto de partida aos economistas clássicos.

O modelo da economia do poder de compra proporciona-nos uma descrição ainda menos completa da realidade[1]. No entanto, alguns dos seus traços aproximam-se muito mais da sociedade real do que o paradigma da economia de mercado. Tentemos imaginar uma «sociedade» na qual cada indivíduo se encontra dotado de um montante definido de poder de compra, permitindo-lhe o acesso a bens, dos quais cada artigo tem uma etiqueta com o preço. Numa economia deste tipo, a moeda não é uma mercadoria – não tem utilidade intrínseca, o seu único uso consiste na compra de bens com o preço etiquetado,

---

[1] A teoria que lhe subjaz foi formulada por F. Schafer, Wellington, Nova Zelândia.

à semelhança do que vemos hoje nos estabelecimentos comerciais.

Enquanto, no século XIX, quando as instituições se conformavam em muitos aspetos decisivos ao modelo do mercado, o teorema da moeda-mercadoria parecia muito superior ao seu rival, este – ou seja, a conceção que privilegia o poder de compra –, desde os inícios do século XX ganhou nova força. Com o desmoronamento do padrão-ouro, a moeda-mercadoria deixou praticamente de existir e era perfeitamente natural que fosse substituída pela noção de poder de compra da moeda.

Para passarmos dos mecanismos e dos conceitos às forças sociais em jogo, importa que nos demos conta de que as próprias classes dominantes apoiaram a gestão da moeda pelo banco central. Esta gestão não era, evidentemente, considerada uma interferência na instituição do padrão-ouro – pelo contrário, fazia parte das regras do jogo que se supunha corresponderem ao funcionamento do padrão-ouro. Dado que a manutenção do padrão-ouro era axiomática, porque o mecanismo dos bancos centrais não estava autorizado a agir de maneira a fazer sair o país da zona ouro – e o critério supremo do banco era antes, sempre e em todas as condições, ater-se ao ouro –, dir-se-ia não se pôr aqui qualquer questão de princípio. Mas isso só foi o caso enquanto os movimentos do nível dos preços em jogo eram os ínfimos 2 ou 3%, no máximo, que separavam os chamados pontos de ouro. Assim que os movimentos do nível dos preços internos necessário para que se mantivessem estáveis os câmbios se tornavam muito maiores, atingindo 10% ou mesmo 30%, o caso mudava por completo de figura. Esses movimentos descendentes do nível dos preços tornavam-se causa de miséria e destruição. O facto de as moedas serem geridas tornava-se assim de primeira importância, na medida em que significava que os métodos dos bancos centrais eram de ordem política e resultavam de decisões que o corpo político pudesse ser levado a tomar. E, com efeito, o sistema dos bancos centrais assumiu uma grande importância institucional, uma vez que a política monetária se introduzia através deles na esfera da política propriamente dita – o que viria a ter enormes consequências.

Estas foram de duas ordens. No domínio interno, a política monetária era somente uma outra forma de intervencionismo, e os embates entre as classes económicas tendiam a cristalizar-se em torno desta questão tão estreitamente ligada ao padrão-ouro e aos equilíbrios orçamentais. Como veremos, os conflitos internos na década de 1930 centraram-se com frequência neste aspeto que desempenhou um papel importante no crescimento do movimento antidemocrático.

No plano externo, o papel das moedas nacionais foi decisivo, embora insuficientemente reconhecido na época. A filosofia dominante no século XIX era pacifista e internacionalista: «em princípio», todas as pessoas instruídas eram livre-cambistas e, com reservas que nos parecem hoje ironicamente modestas, não o eram menos na prática. A origem destas ideias era, evidentemente, económica: da esfera do comércio e das trocas resultou um débito abundante de idealismo autêntico – por um paradoxo supremo, as necessidades egoístas do homem pareciam validar os seus impulsos mais generosos. Mas a partir da década de 1870, era sensível uma mudança de tonalidade afetiva, embora sem que lhe correspondesse uma rutura nas ideias dominantes. O mundo continuava a acreditar no internacionalismo e na interdependência, mas agia segundo os impulsos do nacionalismo e da autarcia. O nacionalismo liberal transformava-se em liberalismo nacional, com a sua propensão vincada no sentido do protecionismo e do imperialismo no plano externo e do conservadorismo monopolista no plano interno. Em nenhum outro campo a contradição era tão aguda e tão pouco consciente como no campo monetário. Porque a crença dogmática no padrão-ouro continuava a recrutar homens de uma dedicação sem reservas, enquanto ao mesmo tempo se estabeleciam moedas fiduciárias assentes na soberania dos diversos sistemas de bancos centrais. Sob a égide dos princípios internacionais, erigiam-se – sem que se tivesse consciência disso – os bancos centrais emissores, que seriam os bastiões inexpugnáveis de um novo nacionalismo.

Na realidade, o novo nacionalismo era o corolário do novo internacionalismo. O padrão-ouro internacional não podia ser suportado pelas nações que supostamente servia, a menos que estas pudessem garantir-se contra os perigos com que ele ameaçava as sociedades que aderiam ao seu sistema. As sociedades completamente monetarizadas não poderiam ter suportado os efeitos ruinosos das bruscas alterações do nível dos preços requeridas pela manutenção da estabilidade cambial se o choque não tivesse sido amortecido por meio da política do banco central independente. A moeda fiduciária nacional era a garantia firme que proporcionava uma segurança relativa, uma vez que permitia ao banco central agir como um amortecedor entre a economia interna e a externa. Se a balança de pagamentos se visse ameaçada de falta de liquidez, as reservas e os empréstimos estrangeiros venceriam essas dificuldades; se fosse necessário criar um equilíbrio económico inteiramente novo, incluindo uma queda dos preços no plano interno, a restrição de crédito podia difundir-se do modo mais racional, eliminando os ineficazes e transferindo os encargos da operação para os eficazes. A ausência de um mecanismo semelhante teria tornado impossível a qualquer país avançado conservar o padrão-ouro sem correr o risco de ver destruído o seu bem-estar, fosse em termos de produção, de rendimentos ou de emprego.

Se a classe comercial era o protagonista da economia de mercado, o banqueiro era o dirigente nato dessa classe. O emprego e os salários dependiam dos lucros do mundo dos negócios, mas esses lucros dependiam da estabilidade cambial e das condições de um crédito sólido – sendo o banqueiro quem se ocupava de assegurar ambas as coisas. De resto, fazia parte do seu credo a ideia de que uma e outra eram inseparáveis. Um orçamento sólido e as condições internas de crédito estável pressupunham a estabilidade cambial no plano externo – e esta não era possível a menos que o crédito gozasse de sólidas condições internas e fosse garantido internamente o equilíbrio das finanças. Em resumo, a confiança do banqueiro exigia a saúde financeira no plano interno e a estabilidade da moeda no plano externo. Assim, quando os dois aspectos se tornaram sem sentido, foram os banqueiros, enquanto classe, os últimos a dar-se conta do facto. Nada tem de muito surpreendente que os banqueiros internacionais tenham exercido uma influência predominante na década de 1920, sofrendo um eclipse na década seguinte.

Nos anos 20, o padrão-ouro era ainda considerado a condição prévia do regresso à estabilidade e à prosperidade, pelo que não havia exigência dos banqueiros, os seus zeladores tradicionais, que fosse tida por demasiado pesada, contanto que prometesse garantir a estabilidade cambial. Mas quando a partir de 1929 se tornou claro que isso era impossível, passou a ser de uma moeda internamente estável que se sentia a necessidade imperiosa, sendo que ninguém era menos qualificado para a assegurar do que o banqueiro.

O colapso da economia de mercado em nenhum outro domínio foi mais abrupto do que no da moeda. As tarifas alfandegárias sobre os produtos agrícolas, que se opunham à importação do estrangeiro, destruíram o livre-câmbio, e o estreitamento e regulamentação do mercado do trabalho limitaram a possibilidade de negociação ao que a intervenção da lei deixava à decisão das partes em causa. Mas nem no caso do trabalho nem no da terra houve uma rutura formal, súbita e completa no mecanismo do mercado, como a que se verificou no domínio monetário. Nada de comparável, em todo o caso, para os outros mercados, ao abandono do padrão-ouro pela Grã-Bretanha a 21 de setembro de 1931 – nem sequer quando a América procedeu a idêntica operação em junho de 1933. Apesar de, nesse momento, a grande crise, que começara em 1929, ter devastado a maior parte do comércio internacional, isso não conduziu a uma mudança de métodos nem afetou também as ideias dominantes. Mas o fracasso último do padrão-ouro era o fracasso último da economia de mercado.

O liberalismo económico começara havia cem anos e deparara com a oposição de um contramovimento protecionista, que invadia agora o último bastião da economia de mercado. Um novo conjunto de ideias condutoras prevalecia agora contra o mundo do mercado autorregulado. Para estupefação da grande maioria dos contemporâneos, irromperam então as forças imprevistas da chefia carismática e do isolacionismo autossuficiente que fundiam as sociedades em novos moldes.

CAPÍTULO XVII

A Autorregulação Dificultada

No meio século que vai de 1879 a 1929, as sociedades ocidentais transformaram-se em unidades entretecidas numa malha cerrada, trabalhadas por extremas tensões disruptivas latentes. A origem mais imediata desta situação era a autorregulação deficiente da economia de mercado. Uma vez que a sociedade se organizara em conformidade com o mecanismo do mercado, as imperfeições no funcionamento desse mecanismo criavam tensões cumulativas no corpo social.

A autorregulação deficiente era um efeito do protecionismo. Como é evidente, em certo sentido, os mercados são sempre autorregulados, uma vez que tendem a produzir um preço que desembaraça o mercado – mas isto vale para todos os mercados, sejam livres ou não. Todavia, como já mostrámos, um sistema de mercado autorregulado implica qualquer coisa de muito diferente – ou seja, a existência de mercados para esses elementos da produção que são o trabalho, a terra e a moeda. Uma vez que o funcionamento desses mercados ameaça de destruição a sociedade, a ação de autopreservação da comunidade teve de intervir a fim de impedir a sua instauração ou de interferir no seu livre funcionamento depois de instaurados.

A América tem sido um exemplo escolhido pelos adeptos do liberalismo económico como prova concludente da capacidade de funcionar da economia de mercado. Durante um século, o trabalho, a terra e a moeda foram transacionados nos Estados Unidos com a mais completa liberdade, ao mesmo tempo que, excetuadas as tarifas alfandegárias, a vida industrial se desenvolvia sem ser tolhida por intervenções governamentais.

A explicação era, obviamente, simples: trabalho livre, solo livre e moeda livre. Até aos anos de 1890, a fronteira manteve-se aberta e existiam terras livres disponíveis([1]); até à Grande Guerra, as reservas de mão de obra pouco qualificada circulavam livremente, e até à viragem do século não existiu uma política que visasse a estabilidade cambial em relação ao exterior. Enquanto estas condições prevaleceram, nem o homem, nem a natureza, nem o mundo dos negócios tiveram necessidade desse tipo de proteção que só a intervenção política pode assegurar.

Quando as mesmas condições deixaram de existir, instaurou-se a proteção social. Quando se tornou impossível substituir livremente as camadas mais baixas da força de trabalho através do recurso às reservas ilimitadas da imigração, ao mesmo tempo que as suas camadas mais altas deixavam de ter a possibilidade de ocupar livremente novas terras; quando o solo e os recursos naturais se tornaram raros e se tornou necessário poupá-los; quando o padrão-ouro foi introduzido para subtrair a moeda à ação da política e ligar o comércio interno ao comércio mundial – então, os Estados Unidos tiveram de percorrer rapidamente o que fora um processo secular na Europa e de adotar a grande escala a proteção do solo e daqueles que o cultivavam, a segurança social dos trabalhadores por meio do sindicalismo e da legislação e o sistema do banco central. O protecionismo monetário foi o primeiro passo – a instauração do sistema da reserva federal destinava-se a harmonizar as imposições do padrão-ouro com as exigências regionais –, seguido pelos da proteção do trabalho e da terra. Bastou cerca de uma década de prosperidade, até 1929, para causar uma depressão tão brutal que, para a enfrentar, o *New Deal* resolveu proteger o traba-

---

([1]) E. F. Penrose, *op. cit.* A lei de Malthus só é válida se partirmos do princípio de que a quantidade de terra disponível é limitada.

lho e a terra por meio de um fosso defensivo mais profundo e largo do que tudo o que a Europa conhecera. Foi assim que a América demonstrou, em termos impressionantes – tanto negativos como positivos –, o acerto da nossa tese: a proteção social acompanha obrigatoriamente um mercado autorregulado.

No mesmo momento, o protecionismo por toda a parte produzia uma sólida couraça protetora das unidades de vida social que, entretanto, se formavam. Estas unidades eram uma nova entidade fundida no molde da nação, mas que, exceto nesse aspeto, em nada se assemelhava às nações sem sobressaltos do passado que a tinham precedido. As novas nações de tipo crustáceo exprimiam a sua identidade por meio de moedas fiduciárias nacionais garantidas por um tipo de soberania mais cioso e mais absoluto do que tudo o que se conhecera até então. Estas moedas estavam também expostas à luz do exterior, uma vez que era a partir delas que o padrão-ouro internacional (principal instrumento da economia mundial) se construía. Se doravante a moeda governava declaradamente o mundo, tratava-se de uma moeda de cunhagem nacional.

Esta nova relevância das nações e das moedas nacionais pareceria incompreensível aos liberais, que habitualmente não captavam as características reais do mundo em que viviam. Se consideravam a nação um anacronismo, as moedas nacionais não lhes pareciam sequer dignas de atenção. Nenhum economista da época liberal que se prezasse deixaria de considerar irrelevante o facto de diferentes pedaços de papel serem designados por nomes diferentes de um ou de outro lado das fronteiras políticas. Nada era mais simples que substituir uma denominação por outra através do recurso ao mercado cambial, instituição que não poderia deixar de funcionar, uma vez que, por felicidade, não era sob a direção do Estado ou dos políticos que a Europa Ocidental atravessava uma nova época das Luzes – os liberais tinham como um dos principais alvos a combater a conceção «tribalista» da nação, cuja pretensa soberania era, aos seus olhos, uma variante do espírito provinciano. Até à década de 1930, o guia dos economistas informava com segurança que a moeda era simplesmente um instrumento das trocas e, por isso, inessencial por definição. O ponto cego da conceção liberal do mercado tornava-a insensível por igual perante os fenómenos da nação *e* da moeda. O livre-cambista tinha uma conceção nominalista tanto da primeira como da segunda.

Esta posição perante ambas era extremamente significativa, mas passou desapercebida na época. Surgiam, num momento ou noutro, críticas das doutrinas livre-cambistas, bem como críticas das doutrinas ortodoxas da moeda – mas dificilmente encontraríamos alguém que se desse conta de que uma e outra representavam a mesma tese em termos diferentes – pelo que, se uma delas fosse falsa, a outra não poderia deixar de sê-lo também. William Cunningham ou Adolph Wagner denunciaram as falácias cosmopolitas do livre-cambismo, mas não as relacionaram com a moeda; por outro lado, Macleod ou Gesell criticaram as teorias clássicas da moeda, ao mesmo tempo que continuavam a ser adeptos de um sistema cosmopolita de livre-câmbio. A importância da moeda como parte integrante da afirmação da nação enquanto unidade económica e política decisiva da época foi enormemente subestimada pelos autores das Luzes liberais, do mesmo modo que a existência da história o fora pelos seus antecessores do século XVIII. Tal era a posição assumida pelos pensadores económicos mais brilhantes – de Ricardo a Wieser, de John Stuart Mill a Marshall e Wicksell, enquanto o conjunto dos espíritos cultivados era educado na convicção de que ocuparem-se dos problemas económicos da nação ou da moeda equivalia a uma manifestação de inferioridade. Combinar falácias de modo a concluir e sustentar que as moedas nacionais desempenhavam um papel decisivo nos mecanismos institucionais da nossa civilização seria tido por afirmar um paradoxo gratuito, desprovido de sentido e de razão.

De facto, a nova unidade nacional e a nova moeda nacional eram inseparáveis. Era a moeda que fornecia aos sistemas nacional e internacional os seus mecanismos e introduzia no cenário essas características particulares que produziriam os efeitos brutais que acompanharam a rutura súbita. O sistema monetário sobre o qual o crédito assentava tornara-se a tábua de salvação das economias tanto nacional como internacional.

O protecionismo era uma frente tripla em movimento: a terra, o trabalho e a moeda desempenhavam, cada um deles, o seu papel, mas enquanto a terra e o trabalho se associavam a camadas sociais determinadas, ainda que amplas, como os operários ou os camponeses, o protecionismo monetário era um fator nacional mais lato, que muitas vezes fundia interesses diferentes num todo coletivo. Embora a política monetária pudesse, também ela, tanto dividir como unir, o sistema monetário era objetivamente a mais poderosa das forças económicas que integravam a nação.

O trabalho e a terra eram as justificações principais da legislação social e das tarifas alfandegárias sobre os cereais, respetivamente. Os agricultores protestavam contra os encargos que beneficiavam os trabalhadores e aumentavam os seus salários, ao passo que os trabalhadores se opunham à subida dos preços dos artigos alimentares. Mas, depois de adotadas as leis sobre os cereais e a legislação sobre o trabalho – o que, na Alemanha, teve lugar em começos da década de 1880 –, tornava-se difícil suprimir as primeiras mantendo as segundas. Entre os direitos alfandegários sobre os produtos agrícolas e os direitos sobre os produtos industriais, a relação era ainda mais estreita. Desde que a ideia de um protecionismo generalizado fora popularizada por Bismarck (1879), a aliança política entre os proprietários de terras e os industriais tendo em vista a salvaguarda recíproca das tarifas passara a ser uma característica da política alemã: as ocasiões em que os dois grupos se prestavam apoio mútuo em matéria tarifária eram tão correntes como a formação de cartéis que visavam extrair vantagens privadas da proteção alfandegária.

Os protecionismos interno e externo, social e nacional, tendiam a fundir-se[2]. O aumento do custo de vida acarretado pelas leis sobre os cereais alimentava a reclamação pelo manufatureiro de tarifas protetoras, que depois raramente deixavam de ser utilizadas como instrumentos da política dos cartéis. Os sindicatos, naturalmente, reclamavam salários mais altos que compensassem a subida do custo de vida, e não podiam opor-se

---

[2] E. H. Carr, *The Twenty Years' Crisis, 1919-1939*, 1940.

facilmente a tarifas alfandegárias que permitiriam aos patrões o pagamento de melhores salários. Mas, com as contas da legislação social que tomavam por base um nível dos salários condicionado pelas tarifas, não era verosímil esperar que os patrões se dispusessem a suportar os encargos acarretados pela legislação social a menos que pudessem contar também com uma proteção constante. É esta, de resto, a estreita base factual da acusação de conspiração coletivista dirigida ao movimento protecionista. Mas a acusação toma a causa pelo efeito. O movimento foi, de início, espontâneo e muito disperso, ainda que, depois de arrancar, não pudesse, evidentemente, deixar de criar interesses paralelos apostados em continuá-lo.

Mais importante do que a semelhança dos interesses foi a extensão uniforme das condições efetivas criadas pelo efeito combinado das medidas em causa. Se a vida era diferente em países diferentes, como sempre fora o caso, podia agora referir--se a disparidade a atos precisos, legislativos e administrativos, de intenção protetora, uma vez que doravante as condições da produção e do trabalho dependiam fundamentalmente das tarifas alfandegárias, dos impostos e das leis sociais. Antes ainda de os Estados Unidos e os domínios britânicos restringirem a imigração, a quantidade dos que emigravam do Reino Unido começara já descer, apesar de um severo quadro de desemprego – o que, na opinião geral, se devia à mudança da atmosfera social do país, muito melhorada.

Mas se as tarifas alfandegárias e a legislação social produziam um clima artificial, a política monetária criou o que equivalia a efetivas condições atmosféricas artificiais que variavam de um dia para o outro e afetavam cada membro da sociedade nos seus interesses imediatos. O poder de integração da política monetária excedia de longe o dos outros tipos de protecionismo, com o seu aparelho pesado e lento, porque a influência do protecionismo monetário era, ao mesmo tempo, uma atividade constante e constantemente variável. As preocupações do homem de negócios, do trabalhador sindicalizado e da dona de casa, os planos que o agricultor fazia na perspetiva da colheita, as previsões dos pais que consideravam as oportunidades que os seus filhos teriam ou as antecipações dos noivos à espera de casar, enquanto se perguntavam se o momento seria favorável, tudo isto, enfim, era mais determinado pela política monetária do banco central do que por qualquer outro fator isolado. O que já era verdade quando a moeda se mantinha estável, era-o incomparavelmente mais ainda quando a moeda se mostrava instável e se tratava de tomar nessas condições a decisão fatal de uma inflação ou de uma deflação. Politicamente, a identidade da nação era definida pelo governo; economicamente, competia ao banco central fazê-lo.

Em termos internacionais, o sistema monetário assumia, se possível, uma importância ainda maior. A liberdade monetária era, bastante paradoxalmente, um dos resultados das restrições das trocas comerciais, uma vez que quanto mais se multiplicavam os obstáculos à circulação dos bens e dos homens através das fronteiras, mais necessário se tornava salvaguardar eficazmente a liberdade dos pagamentos. O dinheiro movimentado no curto prazo deslocava-se instantaneamente de um ponto para outro do globo; as modalidades dos pagamentos internacionais entre governos e entre firmas privadas ou indivíduos eram reguladas uniformemente; o repúdio das dívidas ao estrangeiro ou a tentativa de manipular as garantias orçamentais, ainda que por parte de governos de países atrasados, era considerado uma infração e punido com a relegação para as trevas a que estavam condenados os indignos de crédito. Para todas as questões relevantes do sistema monetário mundial eram estabelecidas por toda a parte instituições semelhantes: organismos representativos, constituições escritas que definiam a sua jurisdição e regulavam o estabelecimento dos orçamentos, a promulgação de leis, a ratificação dos tratados, os métodos que permitiam contrair obrigações financeiras, as regras da contabilidade pública, os direitos dos estrangeiros, a jurisdição dos tribunais, a domiciliação das letras de câmbio – e assim, por conseguinte, o estatuto do banco emissor, dos portadores de títulos estrangeiros, de toda a espécie de credores. Tudo isto implicava conformidade no uso das notas de banco e das espécies, regulamentações postais e dos métodos da bolsa e da banca. Nenhum governo – excetuando talvez os mais poderosos – podia permitir-se desobedecer aos tabus monetários. Para efeitos internacionais, a moeda era a nação – e nenhuma nação podia existir, por pouco tempo que fosse, fora do quadro internacional.

Ao contrário dos homens e dos bens, o dinheiro não era objeto de medidas restritivas e continuava a desenvolver a sua capacidade de operar nos negócios independentemente do momento e do lugar. Quanto mais difícil era deslocar objetos reais, mais fácil se tornava transferir direitos sobre eles. Enquanto as trocas de bens e serviços afrouxavam e a sua balança oscilava precariamente, a balança de pagamentos mantinha quase de modo automático a sua liquidez com o auxílio de empréstimos a curto prazo que percorriam todo o planeta e de operações de consolidação que registavam apenas em pequena medida as transações visíveis. Os pagamentos, as dívidas e os direitos não eram atingidos pelas barreiras cada vez mais altas levantadas contra a troca de bens; a elasticidade e universalidade rapidamente crescentes do mecanismo monetário internacional compensavam, de certo modo, os canais cada vez mais retraídos do comércio mundial. Quando, no início da década de 1930, o comércio mundial se reduziu a um pequeno fio de água, os empréstimos internacionais a curto prazo conheciam um grau inédito de mobilidade. Enquanto o mecanismo dos movimentos internacionais de capitais e de créditos a curto prazo funcionou, nenhum desequilíbrio comercial foi suficientemente grande para não poder ser superado através de métodos contabilísticos. A desagregação social pôde ser evitada graças a movimentos de crédito, e o desequilíbrio económico foi remediado por meios financeiros.

Em última instância, a autorregulação deficiente do mercado conduziria à intervenção política. Quando o ciclo dos negócios deixou de funcionar adequadamente de modo a restabelecer o emprego, quando as importações deixaram de conseguir produzir exportações, quando as regulamentações das reservas bancárias ameaçaram desencadear o pânico no mundo dos negócios, quando os devedores estrangeiros se recusaram a pagar, os governos tiveram de enfrentar a tensão. Em situação de emergência, a unidade da sociedade afirmou-se por meio da intervenção.

A medida em que o Estado foi levado a intervir dependeu da constituição da esfera política e do grau da aflição económica. Enquanto o direito de voto foi limitado e apenas uns poucos estavam em condições de exercer a sua influência política, o intervencionismo foi um problema muito menos premente do que se tornou depois de o sufrágio universal ter convertido o Estado em órgão de milhões de governantes – esses mesmos milhões que, no domínio económico, teriam com frequência de suportar amargamente o fardo dos governados. Enquanto houve emprego abundante, os rendimentos se mantiveram seguros, a produção foi contínua, o nível de vida e os preços permaneceram estáveis, a pressão intervencionista foi naturalmente menor do que depois de um marasmo prolongado ter transformado a indústria num campo de ruínas, de instrumentos inutilizados e de esforços frustrados.

Também no plano internacional foram usados os métodos políticos para suprir a autorregulação imperfeita do mercado. A teoria ricardiana das trocas e da moeda ignorara orgulhosamente a diferença de estatuto existente entre diferentes países segundo as suas diferentes capacidades de produção de riqueza, os seus diferentes recursos exportadores, as suas diferentes experiências nos domínios do comércio, dos transportes e da banca. Nos termos da teoria liberal, a Grã-Bretanha era simplesmente mais um átomo no universo das trocas, exatamente no mesmo pé que a Dinamarca e a Guatemala. Mas, de facto, o mundo contava com um mundo limitado de países, divididos em países que emprestavam e países que contraíam empréstimos, em países exportadores e países praticamente autossuficientes, em países que exportavam produtos variados e países cujas importações e empréstimos externos dependiam da exportação de uma única mercadoria como o trigo ou o café. Estas diferenças podiam ser ignoradas pela teoria, mas as suas consequências não se deixavam subestimar com tanta facilidade na prática. Era frequente que os países do ultramar fossem incapazes de pagar as suas dívidas externas e que as suas moedas se depreciassem, pondo a sua solvência em perigo, e por vezes decidiam corrigir os desequilíbrios por meios políticos que interferiam com os direitos de propriedade dos investidores estrangeiros. Nesses casos, não se podia contar que a economia se restabelecesse por si só, apesar de, segundo a doutrina clássica, o resultado destes processos devesse conduzir infalivelmente ao reembolso dos credores, ao restabelecimento da moeda nacional e à salvaguarda dos estrangeiros perante a recorrência de perdas da mesma natureza. Para tanto seria, contudo, necessário que os países em causa participassem mais ou menos igualmente num sistema mundial de divisão do trabalho, o que manifestamente não era o caso. Era inútil esperar que um país cuja moeda soçobrara aumentasse automaticamente as suas exportações e restabelecesse assim o equilíbrio da sua balança de pagamentos, ou que a sua necessidade de capitais externos o forçasse a indemnizar os estrangeiros e a retomar o serviço da sua dívida. Vendas mais importantes de café ou de nitrato, por exemplo, podiam estimular o mercado, e o repúdio de uma dívida estrangeira usurária podia parecer preferível a uma depreciação da moeda nacional. O mecanismo do mercado mundial não podia permitir-se correr esses riscos. Por isso, a solução era enviar navios de guerra e pôr o governo devedor, independentemente de ter usado ou não de fraude, perante a alternativa de ser bombardeado ou pagar. Não havia outro método disponível de impor o pagamento, evitar grandes perdas e manter em funcionamento o sistema. Recorria-se a práticas semelhantes para induzir os povos coloniais a reconhecerem as vantagens do comércio, quando o argumento teoricamente infalível da vantagem mútua não era prontamente – ou não era de todo em todo – compreendido pelos indígenas. A necessidade de métodos intervencionistas parecia ainda mais evidente quando a região em causa era rica nas matérias-primas exigidas pelas manufaturas europeias, ao mesmo tempo que nenhuma harmonia pré-estabelecida assegurava que se faria sentir uma necessidade irresistível de produtos manufaturados entre os indígenas, cujas prioridades naturais até aí se orientavam de modo completamente diferente. A verdade é que teoricamente nenhuma destas dificuldades se deveria fazer sentir num sistema autorregulado. Mas acontece com frequência crescente que os reembolsos só fossem conseguidos ao preço da ameaça de uma intervenção armada; que as rotas comerciais só se mantivessem abertas graças ao poder dos canhões; que o comércio chegasse atrás da bandeira e que a bandeira seguisse as necessidades dos Estados invasores – o que tinha por efeito tornar também cada vez mais patente a necessidade do recurso a instrumentos políticos na preservação do equilíbrio da economia mundial.

CAPÍTULO XVIII

Tensões Explosivas

É esta uniformidade dos ordenamentos institucionais subjacentes que permite explicar que os acontecimentos de meio século, entre 1879 e 1929, nos surpreendam por parecerem obedecer a um padrão análogo muito amplamente difundido. Uma interminável variedade de personalidades e circunstâncias, de mentalidades e antecedentes históricos, conferiu cor local e configuração típica às vicissitudes de numerosos países, mas, apesar disso, na sua maior parte no mundo civilizado encontramos o mesmo tecido. Esta afinidade ultrapassava a dos traços culturais comuns a povos que usam instrumentos semelhantes, se distraem ou divertem e recompensam o esforço da mesma maneira. A semelhança a que nos referimos dizia antes respeito à função dos acontecimentos concretos no quadro histórico da vida, aos aspetos vinculados ao tempo da existência coletiva. Uma análise das tensões e pressões características da época deveria elucidar boa parte do mecanismo que produziu um padrão singularmente uniforme na sua história.

Podemos agrupar facilmente as tensões referindo-as às principais esferas institucionais. No plano interno da economia de cada país, os sintomas muito diversos de desequilíbrio, como o declínio da produção, do emprego e das remunerações – serão representados pelo flagelo típico que é o *desemprego*. No plano político interno, a luta entre forças sociais e os impasses dessa luta poderão definir-se como a *tensão entre as classes*. Os problemas no domínio da economia internacional, centrando-se em torno da chamada balança de pagamentos, e que incluíam uma quebra nas exportações, condições desfavoráveis para o comércio, a penúria de matérias-primas e perdas sofridas nos investimentos no estrangeiro, serão agrupados, enquanto formas de uma tensão característica, numa rubrica designada *pressão cambial*. Por fim, as tensões no domínio da política internacional serão classificadas como *rivalidades imperialistas*.

Consideremos agora um país que, durante uma fase de depressão da atividade económica, é atingido pelo desemprego. É fácil ver que todas as medidas de política económica que os bancos possam tomar a fim de criar emprego serão limitadas pelas exigências da estabilidade cambial. Os bancos não poderão conceder créditos maiores ou a prazo mais dilatado à indústria sem se dirigirem ao banco central, que, pelo seu lado, se recusará a segui-los por essa via, pois é a oposta que terá de ser adotada com vista a uma moeda sã. Por outro lado, se a tensão passa da indústria para o Estado (os sindicatos podem convencer os partidos políticos com os quais mantêm ligações a levantarem a questão no parlamento), uma política de assistência ou de obras públicas verá o seu alcance limitado pelas exigências de equilíbrio orçamental, que é outras das condições prévias da estabilidade cambial. O padrão-ouro vai assim controlar estritamente a ação do Tesouro, tão eficazmente como a ação do banco emissor, e o corpo legislativo confrontar-se-á com limitações análogas às que se fazem sentir na indústria.

No âmbito da nação, a tensão do desemprego pode, sem dúvida, incidir na área industrial ou na do governo. Se, num caso particular, a crise for vencida através de uma pressão deflacionária sobre os salários, poderemos então dizer que a pressão se fez sentir sobretudo na esfera económica. Se, no entanto, essa medida dolorosa for evitada com o auxílio de obras públicas financiadas por receita de impostos sucessórios, a pressão mais intensa recairá sobre a esfera política (o mesmo se poderia dizer no caso de a descida dos salários ser imposta aos sindicatos por uma medida governamental que pusesse em causa direitos adquiridos). No primeiro caso – pressão deflacionária sobre os salários –, a tensão permanece no interior da área do mercado e exprime-se numa modificação dos rendimentos veiculada por uma modificação dos preços; no segundo caso – obras públicas ou restrições impostas aos sindicatos –, verifica-se uma alteração de estatuto jurídico ou de ordem fiscal, afetando fundamentalmente a posição política do grupo em causa.

Além disso, a tensão do desemprego poderia, mais tarde, ultrapassar os limites da nação, afetando a cotação externa da moeda. O que acontece por vezes quando os métodos utilizados para combater o desemprego são de ordem política ou económica. Com o padrão-ouro (se continuarmos a supô-lo sempre em vigor), qualquer medida do governo que causasse um défice orçamental poderia desencadear uma depreciação da moeda – e, por outro lado, se se combatesse o desemprego alargando o crédito bancário, os preços internos em alta atingiriam as exportações e afetariam também a balança de pagamentos. Tanto num caso como noutro, as cotações cambiais seriam afetadas e o país ressentir-se-ia das pressões sobre a sua moeda.

Noutros casos, a tensão criada pelo desemprego provocava uma tensão com o exterior. Para um país fraco, essa tensão tinha por vezes as mais graves consequências do ponto de vista da sua situação internacional. O seu estatuto deteriorava-se, os seus direitos passavam a ser ignorados, era imposto à nação um controlo estrangeiro, frustrando as suas aspirações nacionais. No caso de Estados mais fortes, estes podiam tentar desembaraçar-se da pressão disputando os mercados externos, as colónias, as zonas de influência, ou recorrendo a outros meios característicos das rivalidades imperialistas.

Deste modo, as tensões com origem no mercado oscilavam entre o mercado e as outras zonas institucionais, afetando por vezes o funcionamento da área governamental, por vezes o do padrão-ouro ou do sistema de equilíbrio das potências, segundo os casos. Cada uma destas áreas era relativamente independente das outras duas e tendia a instaurar o seu próprio equilíbrio. Mas, quando não o conseguia, o desequilíbrio estendia-se às outras esferas. A relativa autonomia destas acabava por levar a que as pressões se acumulassem e engendrassem tensões que viriam por fim a explodir sob formas mais ou menos estereotipadas. O século XIX, embora se imaginasse ocupado a construir a utopia liberal, limitava-se, na realidade, a recorrer a umas quantas instituições concretas cujos mecanismos se aplicavam a todos os domínios.

A perspetiva que melhor apreendeu a realidade da situação foi talvez a de um economista que, já em 1933, denunciou as políticas protecionistas da «*maioria esmagadora dos governos*», formulando a seguinte interrogação retórica: poderá ser acertada uma política unanimemente condenada por todos os especialistas como inteiramente errónea, pejada de falácias grosseiras e contrária a todos os princípios da teoria económica? A resposta era, evidentemente, um não([1]) inequívoco. Mas em vão procuraríamos na bibliografia liberal qualquer coisa que se assemelhasse a uma explicação dos factos bem visíveis. Tudo o que podemos encontrar é uma torrente de acusações contra os governos, os políticos e os estadistas, cuja ignorância, ambição, avidez e preconceitos de vistas curtas eram denunciados como responsáveis pela política de protecionismo uniformemente adotada por uma «esmagadora maioria» de países. É raro depararmos com qualquer tentativa de argumentação refletida sobre o assunto. Nunca, desde o tempo dos escolásticos e do seu desprezo pelos dados empíricos da ciência, se tinham visto tantas ideias preconcebidas em estado puro, organizadas numa linha de batalha tão impressionante. A única tarefa intelectual empreendida consistiu em acrescentar ao mito da conspiração protecionista um mito do desvario imperialista.

A tese liberal, na medida em que consentia em argumentar, afirmava que, algures no início da década de 1880, as paixões imperialistas tinham começado a agitar-se nos países ocidentais, destruindo os frutos fecundos da obra dos pensadores económicos por meio do seu apelo afetivo ao preconceito tribal. Semelhantes políticas sentimentais foram ganhando força, tendo acabado por conduzir à Grande Guerra. A seguir a esta, as forças das Luzes tiveram nova oportunidade de restaurar o

---

([1]) G. Haberler, *Der internationale Handel*, 1933, p. vi.

reinado da razão, mas um inesperado surto de imperialismo, sobretudo por parte dos novos pequenos países e, mais tarde, também dos «prejudicados» – como a Alemanha, a Itália ou o Japão –, deteve a carruagem do progresso. O político, esse «animal astucioso», levara a melhor sobre esses centros cerebrais da espécie, que eram Genebra, Wall Street e a City de Londres.

Neste trecho de teologia política popular, o imperialismo desempenha o papel do velho Adão. Considera-se que os Estados e os impérios são imperialistas congénitos, prontos a devorar os seus semelhantes sem sombra de remorso. A segunda parte da tese é verdadeira, mas a primeira, não. Se o imperialismo, sejam quais forem o lugar e o momento em que aparece, não precisa de justificação racional ou moral para alastrar, é contrário aos factos que os Estados e os impérios sejam sempre expansionistas. As associações territoriais não são necessariamente impelidas pela cobiça de alargar as suas fronteiras, do mesmo modo que nem os Estado nem os impérios são compelidos a fazê-lo. Só tomando determinadas situações peculiares por lei geral é possível sustentar o contrário. Na realidade, desmentindo muitas ideias feitas, o capitalismo moderno começou por conhecer um longo período de «contraccionismo» e foi somente numa fase tardia da sua carreira que assumiu pendores imperialistas.

O anti-imperialismo teve início com Adam Smith, que, desse modo, não só antecipou a Revolução Americana, mas também o movimento *Little England* do século seguinte. As razões da rutura eram económicas: a rápida expansão dos mercados iniciada pela Guerra dos Sete Anos pôs os impérios fora de moda. Enquanto as descobertas geográficas, combinadas com meios de transporte relativamente lentos, favoreceram as plantações ultramarinas, as comunicações rápidas transformavam as colónias num luxo dispendioso. Um outro fator desfavorável às plantações era a circunstância de as exportações terem acabado por eclipsar, em volume, as importações – o ideal do mercado do comprador cedia o seu lugar ao do vendedor e adotava uma política muito simples: vender menos caro do que os concorrentes, incluídos entre estes, em sendo esse o caso, os próprios colonos. Depois de perdidas as colónias na orla do Atlântico, o Canadá conseguiu a custo manter-se no Império (1837); o próprio Disraeli advogava a liquidação das possessões da África Ocidental; o Estado de Orange em vão exprimiu a sua vontade de se integrar no Império, ao mesmo tempo que era também recusada persistentemente a admissão no seu seio de algumas ilhas do Pacífico, hoje consideradas pontos estratégicos axiais numa perspetiva mundial. Tanto livre-cambistas como protecionistas, tanto liberais como *tories* convictos, comungavam da ideia difundida de que as colónias eram uma má carta, implicando riscos políticos e financeiros. No século que vai de 1780 a 1880, alguém que falasse das colónias seria tido por partidário do *ancien régime*. A classe média denunciava a guerra e a conquista como maquinações dinásticas e comprazia-se no pacifismo (François Quesnay fora o primeiro a reclamar para o *laissez-faire* os louros da paz). A França e a Alemanha seguiam na esteira da Inglaterra. A primeira afrouxou sensivelmente o ritmo da sua expansão, e o seu imperialismo era agora mais continental do que colonial. Bismarck recusou-se altivamente a sacrificar uma vida que fosse pelos Balcãs e pôs toda a sua influência ao serviço da propaganda anticolonial. Tal era a atitude dos governos no momento em que várias iniciativas capitalistas levavam a cabo a invasão de continentes inteiros, ao mesmo tempo que a Companhia das Índias Orientais era dissolvida em resultado das pressões ávidas dos exportadores do Lancashire, fazendo com que anónimos vendedores de panos a retalho substituíssem na Índia as figuras gloriosas de Clive e Warren Hastings. Os governos mantinham uma atitude distante. Canning ridicularizou a ideia de intervenções em benefício de investidores aventureiros e especuladores ligados aos negócios ultramarinos. A separação entre a economia e a política alargava-se agora aos assuntos internacionais. A rainha Isabel mostrara-se relutante em distinguir precisamente entre os seus rendimentos pessoais e os do corso –, mas Gladstone, por seu lado, teria considerado caluniosa a acusação que declarasse que a política externa britânica estava ao serviço dos investimentos no estrangeiro. Facilitar a confusão entre a força do Estado e os interesses comerciais não era uma ideia grata ao século XIX: muito pelo contrário, os políticos dos começos da era vitoriana afirmavam a independência dos domínios político e económico como princípio a adotar no plano internacional.

Sustentava-se que só em casos bem definidos os representantes diplomáticos deveriam agir em defesa de interesses privados dos seus compatriotas, e o alargamento camuflado dos critérios de intervenções desse tipo era oficialmente condenado, sendo objeto de condenação os casos em que comprovadamente ocorressem. O princípio da não-intervenção do Estado na esfera dos negócios privados valia tanto no plano interno como no externo. Considerava-se que o governo do país não devia intervir no comércio privado e que os ministérios dos negócios estrangeiros não se preocupassem com os interesses privados fora do país exceto na perspetiva geral dos interesses nacionais. Os investimentos orientavam-se na sua muito grande maioria para a agricultura e tinham lugar no interior do país: os investimentos estrangeiros continuavam a ser tidos como um jogo de risco, ao mesmo tempo que se supunha que as frequentes perdas devastadoras sofridas pelos investidores eram amplamente compensadas pelos termos escandalosos dos empréstimos usurários.

Este quadro alterou-se bruscamente e, por uma vez, em simultâneo em todos os principais países ocidentais. Embora a Alemanha repetisse o processo de desenvolvimento interno ocorrido em Inglaterra com meio século de atraso, tinham agora lugar acontecimentos à escala mundial que afetariam necessariamente em termos idênticos os países que protagonizavam o comércio internacional. Os acontecimentos em causa referiam-se ao aumento do ritmo e do volume do comércio externo, bem como com a mobilização universal da terra, decorrente do transporte maciço e a custo reduzido de cereais e de matérias-primas de uma região do planeta para outra. Este sismo económico transtornou a existência de dezenas de milhões de habitantes da Europa rural. No prazo de poucos anos, a liberdade do comércio tornava-se coisa do passado, e expansão subsequente da economia de mercado operou-se em condições absolutamente novas.

Estas novas condições resultavam do «duplo movimento». O modelo de comércio internacional que se expandia à época a um ritmo acelerado era tolhido pela criação das instituições protecionistas que visavam controlar a ação global do mercado. A crise da agricultura e a Grande Depressão de 1873-1886 tinham minado a confiança na ideia de que a economia fosse capaz de se restabelecer pelos seus próprios meios. A introdução das instituições distintivas da economia de mercado teria de ser doravante acompanhada por medidas protecionistas – o que parecia ainda mais necessário pelo facto de, aproximadamente entre finais da década de 1870 e inícios da de 1880, os países terem começado a transformar-se em unidades organizadas que podiam ser bastante afetadas pelas perturbações acarretadas por qualquer adaptação brusca às necessidades do comércio externo ou das cotações internacionais da moeda. Foi assim que principal veículo da expansão da economia de mercado, o padrão-ouro, se viu várias vezes associado à introdução simultânea de políticas protecionistas típicas da época, como a legislação social e as tarifas alfandegárias.

Também a este propósito a tradicional versão liberal da conspiração coletivista correspondia a uma representação distorcida dos factos. O sistema do livre-câmbio e do padrão-ouro não caiu por obra dos apóstolos das tarifas alfandegárias nem dos legisladores compassivos – foi a própria instauração do padrão-ouro que apressou a difusão das instituições protecionistas, que eram tanto mais bem-vindas quanto mais faziam sentir o seu peso às cotações fixas. Doravante, as tarifas, as leis sobre as fábricas e uma política colonial ativa passavam a ser condições prévias de uma moeda exterior estável (a Grã-Bretanha, com a superioridade imensa de que gozava no domínio industrial, é a exceção que confirma a regra). Só quando as referidas condições prévias estavam presentes é que os métodos da economia de mercado podiam ser adotados com segurança. Quando eram impostos a uma população indefesa à falta de medidas protetoras, como acontecia nas regiões exóticas e semicoloniais, o resultado eram sofrimentos indescritíveis.

Encontra-se aqui a chave do paradoxo aparente do imperialismo: a recusa, de outro modo inexplicável e tida por irracional, que alguns países opunham ao comércio com este ou aquele parceiro sem discriminação, ao mesmo tempo que procuravam obter mercados ultramarinos e em regiões exóticas. O seu comportamento explicava-se pelo receio que alimentavam de virem a sofrer consequências análogas às que os povos desprovidos de poder não podiam evitar. A única diferença era que, enquanto para a população tropical da infeliz colónia o perigo era mergulhar numa miséria extrema e numa deterioração profunda que muitas vezes desembocava na extinção física, a recusa do país ocidental era provocada por uma ameaça menor, mas suficientemente real para que ele quisesse evitá-la quase a todo o custo. Por conseguinte, que a ameaça, como no caso das colónias, não fosse essencialmente económica era mais ou menos indiferente – não há qualquer razão, além do preconceito, para buscarmos a medida da desagregação social em grandezas económicas. A verdade é que era absurdo esperar que uma comunidade permanecesse indiferente ao flagelo do desemprego, à alteração das condições das indústrias e outras atividades e às torturas psicológicas e morais que a acompanhavam, tendo em conta os efeitos económicos de tudo isso a longo prazo.

A nação era tanto o recetor passivo como também o elemento ativo que introduzia as tensões. Quando determinado acontecimento externo fazia sentir fortemente o seu peso no país, o mecanismo interno funcionava como habitualmente, transmitindo a pressão do domínio da economia para o da política, e vice-versa. No pós-guerra tivemos ocasião de assistir a alguns casos que o ilustram. Em certos países da Europa Central, a derrota criou condições extremamente artificiais, incluindo uma forte pressão estrangeira que assumia a forma de reparações exigidas à nação. Durante mais de uma década, a paisagem interna alemã foi dominada por um movimento que fazia passar alternadamente o fardo imposto pelo estrangeiro entre a indústria e o Estado, bem como entre os salários e os lucros, por um lado, e os benefícios sociais e os impostos, por outro. A nação no seu conjunto tinha de suportar o peso das reparações, enquanto a situação interna mudava conforme o modo como o país (o governo e o mundo dos negócios em conjunto) decidia enfrentar a tarefa. A solidariedade nacional baseava-se assim no padrão-ouro, que estipulava como obrigação suprema a estabilidade do valor da moeda no exterior. O plano Dawes destinava-se explicitamente a salvar a moeda alemã. O plano Young tornava essa mesma condição um absoluto. O curso seguido pela política interna alemã durante o período considerado seria ininteligível se não tivéssemos em conta a obrigação de manter intacto o valor do *Reichsmark* no exterior. A responsabilidade coletiva pela moeda criou o quadro indestrutível no interior do qual o mundo dos negócios e os partidos – e tanto a indústria como o Estado – se adaptaram à tensão. E contudo, aquilo que a Alemanha derrotada teve de suportar por ter perdido a guerra era qualquer coisa que todos os povos, antes da Grande Guerra, tinham assumido voluntariamente – ou seja: a integração artificial de cada país sob a pressão da estabilidade cambial. Só a resignação às inevitáveis leis do mercado pode explicar a atitude orgulhosa com que cada um carregou essa sua cruz.

Poder-se-á objetar que esta perspetiva resulta de uma simplificação excessiva persistente. A economia de mercado não começou de um dia para o outro, e os três mercados não avançaram ao mesmo ritmo como uma *troika*, do mesmo modo que os efeitos do protecionismo não foram paralelos em todos os mercados, e assim por diante. O que é, sem dúvida, verdade – mas não é essa a questão.

É geralmente reconhecido que o liberalismo económico se limitou a criar um novo mecanismo a partir de mercados menos desenvolvidos: unificou vários tipos de mercado já existentes e coordenou as suas funções num único conjunto. Por outro lado, a separação entre o trabalho e a terra era um processo já em curso anteriormente, e o mesmo se diga dos mercados da moeda e do crédito. O presente manteve-se a todo o momento ligado ao passado e não é possível determinar um corte entre ambos.

E todavia, a mudança das instituições, de acordo com a sua natureza, entrou em ação abruptamente. O estádio crítico foi atingido com a instauração de um mercado do trabalho em Inglaterra, onde os trabalhadores enfrentavam a ameaça mortal da fome caso não obedecessem às normas do trabalho assalariado. Dado este passo decisivo, o mecanismo do mercado autorregulado entrou em funcionamento. O choque que causou na sociedade foi tão violento que, quase imediatamente e na ausência de qualquer mudança que se manifestasse na opinião, suscitou diferentes reações de proteção.

Além disso, a despeito das suas natureza e origem em grande medida diferentes, os mercados dos vários elementos da indústria conheceriam doravante um desenvolvimento paralelo. Dificilmente poderia ter sido de outra maneira. A proteção do homem, da natureza e da organização produtiva equivalia a uma interferência nos mercados do trabalho e da terra, bem como nesse meio das trocas que era a moeda – o que, *ipso facto*, afetava a autorregulação do sistema. Uma vez que o propósito das intervenções protetoras era reabilitar a existência dos homens e o seu meio circundante, conferir-lhes um estatuto mais seguro, as intervenções visavam necessariamente reduzir a flexibilidade dos salários e a mobilidade da força de trabalho, estabilizar os rendimentos, dar continuidade à produção, introduzir um controlo público sobre os recursos nacionais e a gestão da moeda a fim de se evitarem alterações desestabilizadoras do nível dos preços.

A Depressão de 1873-1886 e a catástrofe agrícola da década de 1870 fizeram com que a tensão aumentasse constantemente. No início da Depressão, o livre-câmbio conhecia o seu período de esplendor maior na Europa. O novo *Reich* alemão impusera à França a cláusula da nação mais favorecida entre os dois países, comprometera-se a remover os direitos alfandegários sobre a gusa e introduzira o padrão-ouro. No final da Depressão, a Alemanha rodeara-se de tarifas protecionistas, estabelecera uma organização geral de cartel, instaurara um sistema completo de segurança social e praticava políticas coloniais de alta pressão. O prussianismo, que fora um pioneiro da liberdade de comércio, era evidentemente tão-pouco responsável pela transformação protecionista como pela introdução do «coletivismo». Os Estados Unidos adotavam tarifas ainda mais elevadas do que as do *Reich* e eram, à sua maneira, tão coletivistas como aquele – financiavam generosamente a construção de caminhos de ferro sobre longos percursos e apoiavam a formação de *trusts* paquidérmicos.

Todos os países ocidentais seguiram a mesma orientação, fosse qual fosse a sua mentalidade ou a sua história[2]. Com o padrão-ouro internacional empreendeu-se a aplicação do mais

---

[2] G. D. H. Cole descreve a década de 1870 como «de longe o mais ativo período de legislação social de todo o século XIX».

ambicioso de todos os modelos de mercado, pressupondo a absoluta independência dos mercados em relação às autoridades nacionais. O comércio mundial significava doravante que se organizava a vida no planeta sob o regime de um mercado autorregulado, incluindo o trabalho, o mercado e a moeda, enquanto o padrão-ouro desempenhava as funções de guardião desta autómato gargantuesco. As nações e os povos não eram mais do que fantoches de um espetáculo que não dominavam. Protegiam-se do desemprego e da instabilidade recorrendo a instrumentos como os bancos centrais e os direitos alfandegários, que as leis sobre a imigração vinham completar. Estes dispositivos destinavam-se a combater os efeitos devastadores do livre-câmbio e das moedas fixas – pelo que, na medida em que cumpriam os seus propósitos, interferiam no funcionamento dos mecanismos correspondentes. Embora cada restrição introduzida tivesse os seus beneficiários, cujos lucros excessivos ou os salários demasiado elevados representavam um imposto sobre os restantes cidadãos, com frequência era, não a proteção em si mesma, mas simplesmente o *montante* do imposto que não se justificava. A longo prazo, seguir-se-ia uma descida geral dos preços da qual todos beneficiavam.

Mas, fossem ou não justificadas as medidas protecionistas, os efeitos dessas intervenções puseram em evidência um aspeto vulnerável do sistema do mercado mundial. As tarifas sobre as importações de um país entravavam as exportações de outro, obrigando-o a procurar outros mercados em regiões politicamente desprotegidas. O imperialismo económico era fundamentalmente uma luta entre as potências que se disputavam o privilégio da extensão do seu comércio a mercados politicamente desprotegidos. A pressão da exportação era reforçada pela corrida às reservas de matérias-primas causada pela febre das manufaturas. Os governos apoiavam os membros da sua nação que faziam negócios nos países atrasados. O comércio e a bandeira nacional corriam alternadamente na esteira um do outro. O imperialismo e a autarcia – semiconscientemente antecipada – definiam a tendência principal das potências que se viam cada vez mais na dependência de um sistema económico mundial cada vez menos seguro. E contudo, era imperioso a preservação inflexível da integridade do padrão-ouro internacional. Esta foi uma das origens institucionais da rutura.

No interior das fronteiras nacionais, fazia-se sentir uma contradição análoga. O protecionismo contribuía para transformar os mercados competitivos em mercados monopolistas. Cada vez menos era possível definir os mercados como mecanismos autónomos e automáticos de átomos em competição. Os indivíduos eram, cada vez mais, substituídos por associações, enquanto os homens e o capital se integravam em grupos não-concorrenciais. Os ajustamentos económicos tendiam a tornar-se lentos e difíceis. A autorregulação dos mercados era pesadamente entravada. A seguir, as estruturas desajustadas dos preços e dos custos tendiam a prolongar os períodos de depressão. Os equipamentos desajustados atrasavam a liquidação de investimentos que não eram rentáveis, e o desajustamento dos níveis dos preços e dos rendimentos introduzia tensões sociais. E qualquer que fosse o mercado em questão – mercado do trabalho, da terra ou da moeda – a tensão transbordava do domínio económico, tornando necessário que o equilíbrio fosse restabelecido por meios políticos. Todavia, a separação institucional entre as esferas política e económica era constitutiva da sociedade de mercado e teria de ser mantida ao preço de fosse que tensão fosse. Tal era a outra origem das tensões explosivas.

Aproximamo-nos da conclusão da nossa narrativa. Mas uma parte considerável do nosso tema continua por desenvolver. Porque, embora tenhamos mostrado, sem deixar margem para dúvidas, que o núcleo da transformação foi o fracasso da utopia do mercado, falta-nos mostrar ainda de que modo os acontecimentos reais foram determinados por essa causa.

Em certo sentido, trata-se de uma tarefa impossível, uma vez que a história não é moldada pela ação de um único fator. No entanto, apesar de toda a sua riqueza e variedade, o fluxo da história tem as suas situações e alternativas recorrentes que explicam a analogia genérica que marca os acontecimentos de uma época. Não teremos de nos preocupar com a espuma dos efeitos periféricos e imprevisíveis, se, de uma maneira ou de outra, pudermos dar conta das regularidades que governam as correntes e contracorrentes das condições determinantes.

Estas condições, no século XIX, resultavam do mecanismo do mercado autorregulado, a cujas exigências a vida nacional e internacional tinham de dar resposta. Dois traços de civilização peculiares decorriam do mecanismo em causa: o seu determinismo rígido e o seu caráter económico. O ponto de vista da época tendia a ligar estes dois aspetos e a considerar que o determinismo resultava da natureza da motivação económica, que pressupunha que os indivíduos buscariam assegurar os seus interesses monetários. De facto, a ligação entre os dois aspetos não existia. O «determinismo», tão vincado em certos pontos, era simplesmente o resultado do mecanismo da sociedade de mercado com as suas alternativas previsíveis, cuja inexorabilidade era erroneamente atribuída ao vigor das motivações económicas. Na realidade, o sistema oferta-procura-preços acabará sempre por se equilibrar, sejam quais forem os móbiles dos indivíduos, e as motivações económicas *per se* são manifestamente muito menos eficazes para a maior parte das pessoas do que as motivações ditas afetivas.

A humanidade era presa, não de novas motivações, mas de novos mecanismos. Em suma, a tensão surgiu no domínio do mercado; a partir dele, estendeu-se à esfera política, acabando por cobrir o conjunto da sociedade. Mas, no interior de cada nação, a tensão continuava latente enquanto a economia mundial continuava a funcionar. Só quando o padrão-ouro, a última das suas instituições sobreviventes, se dissolveu é que a tensão interna das nações explodiu finalmente. Os países reagiram, então, de diferentes maneiras, mas, no essencial, tentando adaptar-se, em todos os casos, ao desaparecimento da economia mundial tradicional – e quando esta se desintegrou, arrastou na derrocada a própria economia de mercado. Explica-se assim o facto quase inacreditável de uma civilização ter sido desagregada pela ação cega de instituições sem alma, cujo único propósito era o aumento automático do bem-estar material.

Mas como foi que, na realidade, o inevitável se produziu? Como foi que se traduziu nesses acontecimentos políticos que são a substância da história? O conflito das forças de classe foi um aspeto decisivo da última fase do colapso da economia de mercado.

QUARTA PARTE

A Transformação em Curso

CAPÍTULO XIX

Governo Popular e Economia de Mercado

Na década de 1920, quando o sistema internacional soçobrou, ressurgiram as questões quase esquecidas dos primeiros tempos do capitalismo. Entre todas e acima de todas, a questão do governo popular.

O ataque fascista contra a democracia popular limitou-se a ressuscitar a questão do intervencionismo político que assombrara a história da economia de mercado e que não era senão outra maneira de nomear o problema da separação entre as esferas económica e política.

A questão do intervencionismo começara por emergir em torno do trabalho através de Speenhamland e da Nova Lei dos Pobres, por um lado e, por outro, da Reforma Parlamentar e do movimento cartista. Quanto à terra e à moeda, a importância do intervencionismo não era muito menos importante, embora os embates fossem menos espetaculares. Na Europa continental, as dificuldades análogas manifestaram-se com algum atraso, o que teve por resultado que os conflitos incidissem num quadro industrialmente mais moderno, embora socialmente menos unificado. Por toda a parte, a separação entre a esfera económica e a esfera política decorrera do mesmo tipo de desenvolvimento. Em Inglaterra como no continente, os pontos de partida foram a instauração de um mercado do trabalho concorrencial e a democratização das condições políticas.

O sistema de Speenhamland pôde ser justificadamente descrito como uma intervenção preventiva destinada a impedir a criação de um mercado do trabalho. A batalha por uma Inglaterra industrial começou por travar-se – e conhecer uma derrota momentânea – em torno de Speenhamland. Durante o combate, os economistas clássicos forjaram o termo «intervencionismo» visando denunciar Speenhamland como uma interferência num sistema de mercado que, à época, na prática não existia. Townsend, Malthus e Ricardo erigiram sobre os alicerces instáveis da Lei dos Pobres o edifício da economia clássica, que seria o mais poderoso instrumento conceptual de destruição alguma vez dirigido contra uma ordem caduca. Todavia, durante mais uma geração o sistema dos subsídios protegeu as fronteiras da aldeia frente à atração dos salários urbanos mais elevados. A meados da década de 1820, Huskisson e Peel alargaram as vias do comércio externo: passou a permitir-se a exportação de máquinas, foi levantado o embargo às exportações de lã, as restrições impostas à navegação foram retiradas, facilitou-se a emigração, ao mesmo tempo que à revogação formal das disposições do Estatuto dos Artesãos sobre a aprendizagem se seguia a anulação das leis contra as associações de interesses [Anti-Combination Laws]. E contudo, os efeitos desmoralizadores da Lei de Speenhamland continuavam a difundir-se de condado em condado, afastando o trabalhador do trabalho honesto e minando a consistência da própria noção de trabalhador independente. Embora tivesse chegado a hora de um mercado do trabalho, o seu nascimento era retardado pela «lei» dos *squires*.

O Parlamento reformado empenhou-se na abolição imediata do sistema dos subsídios. A Nova Lei dos Pobres, que completou esse objetivo, foi declarada o ato de legislação social mais importante desde sempre levado a cabo pela Câmara dos Comuns. No entanto, o núcleo substancial das novas disposições era simplesmente a rejeição do sistema de Speenhamland. Nada poderia constituir prova mais decisiva de que, na época, a simples ausência da intervenção no mercado do trabalho era considerada um facto de importância fundamental para o conjunto da futura organização da sociedade. Aqui temos, pois, a origem económica da tensão.

No plano político, a Reforma Parlamentar de 1832 efetuou uma revolução pacífica. Através da Poor Law Amendment [Emenda da Lei dos Pobres] de 1834, alterava-se a estratificação social do país, ao mesmo tempo que alguns elementos fundamentais da vida inglesa eram reinterpretados em termos radicalmente novos. A Nova Lei dos Pobres abolia a categoria genérica de *the poor* («os pobres») – «pobres honestos» ou «pobres laboriosos», termos que Burke denegrira. Os *pobres* de outros tempos davam lugar, por um lado, aos indigentes [*paupers*] fisicamente incapazes cujo lugar era na *workhouse*, e, por outro, aos trabalhadores independentes que ganhavam a vida por meio do exercício de um trabalho assalariado. Criava-se, deste modo, uma categoria inteiramente nova de pobres, os desempregados, que nesse momento entraram socialmente em cena. Enquanto o indigente, por razões humanitárias, devia ser socorrido, o desempregado, por razões industriais, *não* devia sê-lo. O facto de o desempregado não ser culpado da sua situação não contava. A questão não estava em saber se podia ou não encontrar trabalho ou em que medida o procurara realmente, porque qualquer outra solução que não se resumisse a confrontá-lo com a alternativa entre morrer de fome ou dar entrada na terrível *workhouse*, teria por resultado a ruína do sistema dos salários, precipitando o conjunto da sociedade na miséria e no caos. Reconhecia-se que os inocentes acabavam por ser assim penalizados. A crueldade perversa do sistema consistia precisamente no facto de se emancipar o trabalhador com o propósito explícito de o submeter à ameaça da destruição efetiva da fome. Estes critérios de orientação explicam o sentimento de desolação lúgubre que nos sugere a leitura dos trabalhos dos economistas clássicos. Mas, para fechar todas as portas aos trabalhadores supranumerários encurralados nos confins do mercado do trabalho, o governo vinculava-se a negar-se como tal e a abster-se de intervir, pois – nos termos de Harriet Martineau – socorrer as vítimas inocentes seria, da parte do Estado, uma «violação dos direitos do povo».

Quando o movimento cartista reclamou para os deserdados o direito de entrada no recinto do Estado, a separação entre a economia e a política deixou de ser uma questão académica e tornou-se uma condição irrefragável da existência do sistema social estabelecido. Teria sido um ato de loucura confiar a administração da Nova Lei dos Pobres e dos seus métodos científicos de tortura mental aos representantes daqueles a quem o tratamento estipulado pela lei se destinava. Lorde Macaulay limitava--se a ser coerente quando reclamou na Câmara dos Lordes, num dos mais eloquentes discursos alguma vez proferidos por um eminente liberal, a rejeição inequívoca da petição cartista, em nome da instituição da propriedade sobre a qual toda a civilização assentava. Sir Robert Peel declarou que a carta era uma impugnação [*impeachment*] da Constituição. Quanto mais o mercado do trabalho oprimia a vida dos trabalhadores, mais estes reclamavam o direito de voto. A origem política da tensão foi a reivindicação de um governo popular.

Em tais condições, o constitucionalismo ganhava um sentido inteiramente novo. Até então, as garantias constitucionais contra as interferências ilegais nos direitos de propriedade visavam simplesmente as arbitrariedades vindas de cima. A conceção de Locke não ultrapassava os limites da propriedade da terra e comercial, e visava apenas excluir as práticas arbitrárias da Coroa, como as secularizações levadas a cabo por Henrique VIII, a usurpação da Casa da Moeda nos tempos de Carlos I ou o repúdio da dívida do Estado [«*Stop*» *of the Exchequer*]. A separação entre o governo e o mundo dos negócios, nos termos de Locke, encontra uma ilustração exemplar na carta que, em 1694, cria um Banco de Inglaterra independente. O capital comercial vencera a sua batalha contra a Coroa.

Cem anos mais tarde, não era a propriedade ligada ao comércio, mas a propriedade industrial que reclamava proteção, e não contra a Coroa, mas contra o próprio povo. Só um raciocínio distorcido poderia aplicar as conceções do século XVII à situação do século XIX. Entretanto, a separação dos poderes, inventada por Montesquieu (1748), era agora utilizada para separar o povo do poder sobre a sua própria vida económica. A Constituição dos Estados Unidos, concebida num meio de agricultores e artesãos por um grupo de responsáveis informados do que se passava em Inglaterra no plano industrial, isolou por completo a esfera económica da jurisdição constitucional, assegurando assim um grau supremo de proteção à propriedade privada, e criou a única sociedade de mercado do mundo legalmente fundada. Apesar do sufrágio universal, os eleitores americanos nada podiam contra os proprietários([1]).

Em Inglaterra, tornou-se uma lei constitucional não escrita a exclusão do sufrágio da classe trabalhadora. Os dirigentes cartistas foram presos; os participantes do movimento, que eram milhões, form humilhados por uma assembleia legislativa que representava apenas uma fração da população, enquanto as autoridades tratavam muitas vezes como um crime a simples reclamação do direito de voto. Dir-se-ia que desaparecera até o mais pequeno sinal do espírito de compromisso tido por característico do sistema britânico – afinal, uma invenção tardia. Assim foi, com efeito, até que a classe trabalhadora atravessasse os *Hungry Forties* [a década de fome de 1840] e, posteriormente, surgisse uma geração mais dócil podendo já beneficiar da idade de ouro do capitalismo; ou até que uma camada privilegiada de trabalhadores qualificados formasse os seus sindicatos e fizesse causa comum com a massa obscura dos operários destroçados pela pobreza, e até que os trabalhadores aceitassem o sistema que a Nova Lei dos Pobres pretendia impor-lhes, ao mesmo tempo que os mais bem remunerados de entre eles fossem admitidos a participar nos conselhos da nação. Os cartistas tinham-se batido pelo direito de deter a máquina do mercado em nome da vida das camadas populares. Mas estas só veriam ser-lhes reconhecidos direitos depois de operado o terrível ajustamento exigido pelo mercado. Dentro e fora de Inglaterra, de Macaulay a Mises, de Spencer a Sunner, não havia um militante liberal que não manifestasse a convicção de que a democracia popular era um perigo para o capitalismo.

A experiência vivida em torno da questão do trabalho repetiu-se em torno da da moeda. Também aqui a década de 1790

---

[1] A. T. Hadley, *Economics: An Account of the Relations between Private Property and Public Welfare*, 1896.

antecipou em parte a de 1920. Bentham foi o primeiro a reconhecer que a inflação e a deflação eram intervenções que afetavam o direito de propriedade: a primeira era um imposto que atingia os negócios, a segunda uma interferência na sua esfera(²). Doravante, o trabalho e a moeda, o desemprego e a inflação, passariam a ser sempre incluídos, do ponto de vista político, na mesma categoria: Cobbett denunciava ao mesmo tempo o padrão-ouro e a Nova Lei dos Pobres; Ricardo apoiava uma e o outro com argumentos muito próximos, considerando que tanto o trabalho como a moeda eram mercadorias e que o governo não tinha o direito de intervir numa coisa nem noutra. Os banqueiros que se opunham à introdução do padrão-ouro, como Atwoods, de Birmingham, estavam do mesmo lado que os socialistas, como Owen. Cem anos mais tarde, Mises continuava ainda a repetir que o trabalho e a moeda, como todas as restantes mercadorias, não eram matérias cuja administração incumbisse ao governo. No século XVIII, na América anterior à Federação, a moeda barata foi um equivalente de Speenhamland – ou seja, uma concessão desmoralizadora feita pelo governo perante as reivindicações populares. A Revolução Francesa e os seus *assignats*(*) mostrara que o povo podia destruir a moeda, e a história dos estados americanos não contribuiu para desfazer essa suspeita. Burke identificava a democracia americana com as dificuldades monetárias e Hamilton receava tanto a inflação como a formação de fações. Mas enquanto na América do século XIX os confrontos dos populistas e os partidários do papel-moeda [*greenbacks*] com os magnatas de Wall Street eram endémicos, na Europa a acusação de inflacionismo só passaria a funcionar como um argumento eficaz contra as assembleias legislativas democráticas na década de 1920, e com consequências políticas de longo alcance.

(²) Cf. J. Bentham, *Manual of Political Economy*, p. 44, sobre a inflação como «frugalidade forçada»; e, p. 45 (nota de rodapé), como «tributação indireta». Cf. também *Principles of Civil Code*, capítulo XV.

(*) Inicialmente, os *assignats* eram títulos de empréstimo emitidos pelo Tesouro (e garantidos pelos bens nacionais) – mas rapidamente passaram a funcionar como moeda fiduciária, tendo passado a ser reconhecidos nessa qualidade em 1791 (*N. T.*).

A proteção social e a intervenção sobre a moeda não eram muitas vezes questões mais idênticas mas simplesmente análogas. A partir da instauração do padrão-ouro, a moeda era tão ameaçada pela tendência de crescimento dos salários como pela inflação direta – tanto uma situação como a outra poderia diminuir as exportações e deprimir as cotações. Esta relação simples entre as duas formas fundamentais de intervenção tornar-se-ia o aspeto político fulcral da década de 1920. Os partidos preocupados com a solidez da moeda protestavam tanto contra os défices orçamentais ameaçadores como contra as políticas de embaratecimento da moeda, opondo-se por isso tanto à «inflação do tesouro» como à «inflação do crédito» – ou, em termos mais práticos, denunciando os encargos sociais *e* os salários altos, os sindicatos *e* os partidos dos trabalhadores. O que contava não era a forma, mas a essência – e quem poderia pôr em dúvida que a assistência ilimitada aos desempregados poderia comprometer o equilíbrio orçamental na mesma medida em que as taxas de juro excessivamente baixas inflacionavam os preços, sendo certo que, nos dois casos, as consequências sobre a moeda seriam desastrosas? Gladstone fizera do orçamento a consciência da nação britânica. Para povos de menor dimensão, a moeda estável poderia substituir o orçamento. Mas o resultado era muito semelhante. Se houvesse necessidade de cortar nos salários ou nos serviços sociais, as consequências de não tomar essas medidas eram inevitavelmente fixadas pelo mecanismo do mercado. Do ponto de vista desta análise, o «Governo Nacional» de 1931, na Grã-Bretanha, desempenhou em termos mais modestos a mesma função que o *New Deal* americano. Tratava-se em ambos os casos de adaptar o país à grande transformação em curso. Mas o exemplo britânico teve a vantagem de não incluir certos fatores complexos, como os conflitos civis ou as conversões ideológicas, revelando assim mais claramente as linhas de força decisivas.

A partir de 1925, a situação da moeda britânica tornara-se pouco saudável. O regresso ao padrão-ouro não fora acompanhado por um ajustamento correspondente do nível dos preços, nitidamente acima da paridade mundial. Muito poucos eram os que tinham consciência da orientação absurda que o governo e a banca, os partidos e os sindicatos tinham conjuntamente adotado. Snowden, ministro das Finanças [*chancellor of the Exchequer*] do primeiro governo trabalhista (1924), era um adepto incondicional do padrão-ouro como não havia outro, mas não foi capaz de compreender que, ao decidir restabelecer a situação da libra, estava a comprometer o seu partido ou a promover uma descida dos salários, ou a desaparecer. Sete anos mais tarde, o *Labour* seria impelido – pelo próprio Snowden – a fazer ambas as coisas. No outono de 1931, os efeitos persistentes da depressão começavam a atingir a libra. Em vão o malogro da greve geral, em 1926, interveio contra novo aumento dos níveis salariais, uma vez que não impediu um aumento dos encargos financeiros com os serviços sociais, resultante sobretudo da incondicionalidade dos subsídios de desemprego. Não havia necessidade de uma «manobra» dos banqueiros (embora essa manobra tenha existido) para impor à nação a alternativa entre uma moeda sólida e orçamentos sólidos, por um lado, e, por outro, serviços sociais alargados acompanhados pela depreciação da moeda – quer a depreciação tivesse por causa os salários elevados e uma queda das exportações ou, simplesmente, despesas financiadas por meio de um défice. Por outras palavras, teria de haver ou uma redução dos serviços sociais ou uma descida das taxas de câmbio. Uma vez que o Partido Trabalhista era incapaz de se decidir por um ou outro termo – a redução opunha-se à orientação política dos sindicatos, ao passo que o abandono do padrão-ouro seria considerado um sacrilégio –, foi varrido de cena e os partidos tradicionais que lhe sucederam reduziram os serviços sociais *e* acabaram por abandonar o padrão-ouro. A incondicionalidade da assistência no desemprego foi revogada e substituída pelo controlo dos meios de que o desempregado dispunha. Ao mesmo tempo, as tradições políticas do país sofreram uma alteração significativa. O bipartidarismo foi suspenso e não parecia haver pressa em restabelecê-lo. Doze anos mais tarde, continuava ainda em eclipse, e parecia de supor que não seria restaurado tão cedo. Sem qualquer perda trágica de bem-estar ou de liberdade, fora dado um passo decisivo no sentido da transformação. Durante a Segunda Guerra Mundial, introduziram-se medidas que significavam a modificação dos métodos do capitalismo liberal. Todavia, não se considerava que essas medidas fossem permanentes, pelo que não afastavam o país da zona de perigo.

Em todos os países importantes da Europa, entrou em ação um mecanismo semelhante e, em grande medida, produzindo os mesmos efeitos. Na Áustria em 1923, na Bélgica e em França em 1926 e na Alemanha em 1931, os partidos dos trabalhadores foram afastados dos governos a fim de «salvar a moeda». Políticos como Seipel, Francqui, Poincaré ou Brüning afastaram os partidos operários do governo, reduziram os serviços sociais e tentaram quebrar a resistência dos sindicatos aos ajustamentos salariais. O perigo era invariavelmente a moeda e, com a mesma regularidade, as culpas eram atribuídas aos salários inflacionados e aos desequilíbrios orçamentais. Uma tal simplificação dificilmente presta justiça à variedade dos problemas em jogo, os quais diziam respeito a quase todos os aspetos da política económica e financeira, incluindo os do comércio externo, da agricultura e da indústria. E contudo, quanto mais atentamente examinamos os problemas referidos, mais claro se torna que, bem vistas as coisas, a moeda e o orçamento remetiam para as questões em aberto entre patrões e assalariados, enquanto a restante população oscilava, aproximando-se ora de um ora de outro dos dois grupos principais.

A chamada experiência Blum (1936) proporciona-nos um outro exemplo. Um partido dos trabalhadores estava no governo, mas na condição de não se colocar qualquer embargo às exportações de ouro. O *New Deal* francês não tinha qualquer probabilidade de ser bem-sucedido, uma vez que o governo se via de mãos atadas sobre a questão decisiva da moeda. O exemplo é concludente, uma vez que em França, como em Inglaterra, depois de se impor a inocuidade aos partidos dos trabalhadores, os partidos burgueses acabariam por abandonar sem dificuldades de maior o padrão-ouro. Os dois exemplos mostram a que ponto podia tornar-se incapacitante para as políticas populares o postulado da solidez da moeda.

A experiência americana transmitiria, sob outra forma, a mesma lição. O *New Deal* não poderia ter sido iniciado sem o abandono do padrão-ouro, embora os câmbios estrangeiros tivessem de facto pouca importância. Através do padrão-ouro, os dirigentes do mercado financeiro ficam encarregados, dada a natureza das coisas, de garantir a estabilidade cambial e a solidez do crédito interno das quais dependem em boa medida as finanças do Estado. A organização da banca fica assim em posição de impedir, no interior do país, qualquer medida na esfera económica que, com razão ou sem ela, lhe desagrade. Em termos políticos: em matéria de moeda e de crédito, os governos têm de seguir a opinião dos banqueiros, pois só estes podem saber se uma medida financeira é ou não de molde a prejudicar o mercado de capitais e a estabilidade cambial. Se, nestas condições, o protecionismo social não teve um impasse por desfecho, isso ficou a dever-se ao facto de os Estados Unidos terem abandonado a tempo o padrão-ouro. Porque embora as vantagens técnicas dessa medida tenham sido limitadas (e as razões apresentadas pela administração, como muitas vezes acontece, fossem muito fracas), ela teve por efeito contrariar a influência política de Wall Street. O mercado financeiro governa por meio do pânico. O eclipse de Wall Street durante a década de 1930 salvou os Estados Unidos de uma catástrofe social do tipo da que assolou o continente Europeu.

Todavia, era só nos Estados Unidos, graças à sua independência do comércio mundial e à posição extremamente forte da sua moeda, que o padrão-ouro constituía uma matéria sobretudo de política interna. Nos restantes países, o abandono do padrão-ouro implicava nada menos do que renunciar à participação na economia mundial. Talvez a única exceção fosse a Grã-Bretanha, cujo lugar no comércio mundial era tão importante que lhe permitiu determinar as modalidades de funcionamento do sistema monetário internacional, fazendo assim com que, em larga medida, o fardo do padrão-ouro fosse suportado pelos ombros de terceiros. Em países como a Alemanha, a França, a Bélgica e a Áustria, não existiam condições comparáveis. No seu caso, a destruição da moeda significava um corte com o mundo exterior e, por conseguinte, o sacrifício das indústrias dependentes da importação de matérias-primas, a desorganização do comércio externo que assegurava o emprego, ao mesmo tempo que o país não tinha a possibilidade de impor um grau semelhante de depreciação da moeda aos seus fornecedores para desse modo evitar as consequências internas de uma desvalorização da sua moeda relativamente ao ouro – solução adotada pela Grã-Bretanha.

As taxas de câmbio eram uma alavanca extremamente eficaz em matéria de pressão sobre o nível dos salários. Antes da sua intervenção, a questão dos salários aumentava, de um modo geral, as tensões subterrâneas. Mas aquilo que as leis do mercado muitas vezes não eram capazes de impor aos assalariados relutantes, o mecanismo das taxas de câmbio assegurava-o com extrema eficiência. As cotações da moeda tornavam visíveis todos os efeitos desfavoráveis que as políticas intervencionistas defendidas pelos sindicatos exerciam sobre o mecanismo do mercado (cujas debilidades intrínsecas, incluindo as ligadas ao ciclo de negócios, se reconheciam agora como evidentes).

De facto, a natureza utópica de uma sociedade de mercado não pode encontrar melhor ilustração do que os absurdos em que ficção do trabalho como mercadoria envolve a comunidade. A greve, essa arma normal de negociação da ação industrial, era cada vez mais frequentemente sentida como uma interrupção caprichosa do trabalho socialmente útil, que, ao mesmo tempo, diminuía o dividendo social, do qual, em última análise, provinham os salários. As greves de solidariedade eram condenadas e as greves gerais vistas como uma ameaça à existência coletiva. E, com efeito, as greves em setores decisivos ou nos serviços públicos faziam dos cidadãos reféns, ao mesmo tempo que os arrastavam para esse problema labiríntico relativo às verdadeiras funções de um mercado do trabalho. Pressupõe-se que o trabalho encontrará o seu preço no mercado e que qualquer outro preço, determinado por outras vias, será não-económico. Se o trabalho assumir as suas responsabilidades nesta ordem de coisas, comportar-se-á como um elemento da oferta daquilo que é, a mercadoria «trabalho», e recusar-se-á a ser vendido abaixo do preço que o comprador pode permitir-se ainda pagar. Em termos de coerência, isto significa que a principal obrigação do trabalho será estar quase constantemente em greve. Semelhante conclusão, absolutamente absurda, é, no entanto, a consequência lógica da teoria do trabalho como mercadoria. A origem desta incompatibilidade entre a teoria e a prática é, sem dúvida, o facto de o trabalho não ser efetivamente uma mercadoria, ao mesmo tempo que, se para fixar o seu preço exato os trabalhadores deixassem de fornecê-lo (do mesmo modo que, em circunstâncias comparáveis, se interrompe o fornecimento de outras mercadorias), a sociedade pereceria rapidamente à falta de meios de subsistência. É notável que os economistas liberais nunca ou só muito raramente se refiram a estes aspetos quando analisam os problemas da greve.

Voltando à realidade, a adoção do método de fixação dos salários por meio da greve seria desastrosa para qualquer sociedade, para já não falarmos da nossa, que se orgulha da sua racionalidade utilitarista. A verdade é que o trabalhador não goza de qualquer segurança de emprego num sistema organizado pela empresa privada, e que essa circunstância significa uma grave degradação do seu estatuto. Acrescente-se ao quadro a ameaça do desemprego em massa, e compreender-se-á que a função dos sindicatos é moral e culturalmente decisiva para a salvaguarda de níveis de vida minimamente aceitáveis da maioria dos indivíduos. Todavia, é evidente também que qualquer método de intervenção que proporcione proteção aos trabalhadores afetará o mecanismo do mercado autorregulado e tenderá depois a diminuir o próprio fundo dos bens de consumo que lhes garante os seus salários.

Assim, era uma necessidade interna à sociedade de mercado a raiz dos problemas que de novo surgiram – os problemas do intervencionismo e da moeda. Estes tornaram-se a questão política central da década de 1920. O liberalismo económico e o socialismo definiram-se segundo as diferentes respostas que lhes davam.

O liberalismo económico apostava plenamente no restabelecimento da autorregulação do sistema, eliminando as políticas intervencionistas que entravavam a liberdade dos mercados da terra, do trabalho e da moeda. Pretendia nada menos do que resolver, numa situação de emergência, o problema secular contido nos três princípios fundamentais do livre-câmbio, do mercado livre e do livre funcionamento do padrão-ouro. De facto, encabeçou na linha da frente uma tentativa heroica que visava o restabelecimento do comércio mundial, a remoção de todos os obstáculos supérfluos à mobilidade da força de trabalho e a reposição da estabilidade cambial. Este último objetivo primava sobre os restantes. Pois a menos que fosse restabelecida a confiança na moeda, o mecanismo do mercado não poderia funcionar, caso em que se tornava vão esperar que o governo se abstivesse de proteger a vida dos membros do seu povo por todos os meios ao seu alcance. Ora, segundo a natureza das coisas, esses meios eram, principalmente, as tarifas alfandegárias e as leis sociais destinadas a garantir a alimentação e o emprego, ou seja: precisamente o tipo de intervenção que tornaria um sistema autorregulado incapaz de funcionar.

Havia também uma outra razão, mais imediata, que levava a pôr em primeiro lugar o restabelecimento do sistema monetário internacional: frente a mercados desorganizados e à instabilidade dos câmbios, o crédito internacional desempenhava um papel de importância cada vez mais decisiva. Antes da Grande Guerra, os movimentos de capital internacionais (além dos associados aos investimentos a longo prazo) limitavam-se a contribuir para a liquidez da balança de pagamentos, mas até mesmo nessa função eram estritamente limitados por considerações económicas. O crédito só era concedido aos que se mostrassem dignos de confiança pelos seus negócios. Era esta posição que se invertia agora: havia dívidas criadas por razões políticas, como era o caso das reparações de guerra, e os empréstimos eram concedidos segundo critérios semipolíticos, de maneira a tornar possível o pagamento das reparações. Mas concediam-se também empréstimos segundo critérios de política económica, tendo em vista a estabilização dos preços mundiais ou o restabelecimento do padrão-ouro. A parte relativamente sólida da economia mundial utilizava o mecanismo do crédito para colmatar as dificuldades das partes relativamente desorganizadas dessa mesma economia, independentemente das condições da produção e das trocas. Num certo número de países, era artificialmente – através de um mecanismo de crédito internacional tido como omnipotente – que se equilibravam as balanças de pagamentos, os orçamentos e as taxas de câmbio.

Mas a verdade é que este mecanismo assentava na expectativa de um regresso à estabilidade cambial, o que, uma vez mais, significava um regresso ao padrão-ouro. Uma banda elástica surpreendentemente forte ajudava a manter a aparência de unidade num sistema económico em dissolução – mas a resistência dessa banda elástica dependia também de um regresso atempado ao padrão-ouro.

O esforço feito em Genebra foi, a seu modo, notável. Se os seus objetivos não fossem intrinsecamente impossíveis, teriam sido por certo alcançados, tal a qualidade, a persistência e a determinação da tentativa. Mas, sendo as coisas o que eram, é provável que nenhuma outra intervenção tenha tido resultados mais desastrosos do que a empreendida em Genebra. Precisamente o facto de ter parecido a todo o momento estar à beira do sucesso agravou enormemente os efeitos do seu fracasso final. Entre 1923, quando o marco alemão se desfez no espaço de poucos meses, e o começo de 1930, quando todas as moedas com alguma importância no mundo regressaram ao padrão-ouro, Genebra utilizou o mecanismo do crédito internacional para transferir o fardo representado pelas economias incompletamente estabilizadas da Europa de Leste, primeiro, para os ombros dos países ocidentais vitoriosos e, a seguir, para os ombros ainda mais largos dos Estados Unidos da América ([3]). O colapso atingiu a América no curso do ciclo de negócios habitual, mas, nesse momento, a rede financeira criada por Genebra e a banca anglo-saxónica arrastou no mesmo terrível naufrágio a economia do planeta inteiro.

Mas as coisas não se ficavam por aqui. Durante a década de 1920, no entender de Genebra, as questões da organização da sociedade deveriam subordinar-se totalmente às exigências de reconsolidação da moeda. A deflação era a necessidade primeira: as instituições internas de cada país teriam de se adaptar o melhor que pudessem à situação. De momento, até mesmo o restabelecimento de mercados livres no plano interno e do Estado liberal teriam de ser adiados. Porque, nos termos da

---

([3]) K. Polanyi, «Der Mechanismus der Weltwirtschaftskrise», *Der Österreichische Volkswirt*, 1933 (suplemento).

Delegação do Ouro [do comité financeiro da Sociedade das Nações], a deflação não lograra «atingir certos tipos de bens e serviços, não logrando, portanto, introduzir um novo equilíbrio estável». Os governos deviam intervir para reduzir os preços dos artigos de monopólio, para reduzir as grelhas dos salários antes acordadas e para baixar as rendas imobiliárias. O ideal do deflacionista acabou por ser uma «economia livre sob um governo forte» – mas enquanto a definição do governo significava o que dizia, poderes de emergência e suspensão das liberdades públicas, a «economia livre» significava na prática o contrário do que a definição dizia, ou seja: preços e salários reajustados pelo governo (embora o ajustamento fosse feito com o propósito declarado de restabelecer a liberdade cambial e os mercados internos livres). O primado dos câmbios implicava o sacrifício de nada menos do que os mercados livres e os governos livres, os dois pilares do capitalismo liberal. Genebra representava assim uma mudança de objetivos, mas sem que os métodos mudassem: enquanto os governos inflacionistas, condenados por Genebra, subordinavam a estabilidade da moeda à estabilidade dos rendimentos e do emprego, os governos deflacionistas, postos no poder por Genebra, recorriam do mesmo modo às intervenções políticas que subordinavam a estabilidade dos rendimentos e do emprego à estabilidade da moeda. Em 1932, o relatório da Delegação do Ouro da Sociedade das Nações declarava que, com o regresso da incerteza dos câmbios, fora eliminada a principal realização monetária da década anterior. O que o relatório não dizia era que, durante o período dos inúteis esforços deflacionistas, os mercados livres *não* tinham sido restaurados, apesar de os governo livres *terem sido* sacrificados. Embora teoricamente se opusessem tanto ao intervencionismo como à inflação, os adeptos do liberalismo económico tinham escolhido entre um e outra e posto o ideal da moeda sólida acima do da não-intervenção. Agindo assim, seguiam a lógica intrínseca a uma economia autorregulada. E contudo, essa forma de ação tendia a difundir a crise, sobrecarregava as finanças com a pressão insuportável de convulsões económicas monstruosas e fez com que os défices das economias nacionais crescessem a tal ponto que aquilo que restava da divisão internacional do trabalho se fragmentaria inevitavelmente. A obstinação com que os partidários da economia liberal, durante uma década de crise, apoiaram, ao serviço de políticas deflacionistas, o intervencionismo autoritário teve por único efeito um enfraquecimento decisivo das forças democráticas, que, de outro modo, talvez pudessem ter evitado a catástrofe fascista. A Grã-Bretanha e os Estados Unidos – senhores e não servidores da moeda – abandonaram o padrão-ouro a tempo de esconjurar a ameaça.

O socialismo é, essencialmente, a tendência imanente de uma civilização industrial no sentido de superar o mercado autorregulado, subordinando-o conscientemente a uma sociedade democrática. É a solução natural aos olhos dos operários industriais, que não encontram qualquer razão para que a produção não seja diretamente regulada em termos políticos ou para que os mercados sejam mais do que um elemento útil, mas subordinado numa sociedade livre. Do ponto de vista da comunidade no seu conjunto, o socialismo é simplesmente a continuação desse esforço de tornar a sociedade um conjunto de relações propriamente humanas entre pessoas, que, na Europa Ocidental, desde sempre foi associado às tradições cristãs. Do ponto de vista do sistema económico, corresponde, pelo contrário, a uma rutura radical com o passado imediato, na medida em que recusa a tentativa de tornar os ganhos monetários privados o incentivo geral das atividades produtivas, e na medida em que não reconhece o direito dos indivíduos a disporem a título privado dos principais instrumentos da produção. Em última instância, tal é a razão por que a reforma da economia capitalista pelos partidos socialistas se revela tão difícil, ainda quando esses partidos estão determinados a não interferir no regime de propriedade estabelecido. A simples possibilidade de virem a decidir fazê-lo mina esse tipo de confiança que é um elemento vital da economia liberal – ou seja, uma confiança absoluta na permanência dos direitos de propriedade. Embora o conteúdo efetivo dos direitos de propriedade possa ser redefinido pela legislação, a garantia de uma sua permanência formal é essencial para o funcionamento do sistema do mercado.

Da Grande Guerra em diante tiveram lugar duas transformações que afetaram a situação do socialismo. Em primeiro lugar, o sistema do mercado revelou-se tão pouco fiável que esteve prestes a conhecer um colapso total, fraqueza que nem os seus críticos tinham antecipado; em segundo lugar, foi instaurada na Rússia uma economia socialista, que representa uma experiência absolutamente nova. Embora as condições sob as quais essa transformação teve lugar a tornassem inaplicável nos países ocidentais, a própria existência da Rússia soviética viria a exercer uma influência decisiva. É verdade que a Rússia adotou o socialismo na ausência das indústrias, da instrução generalizada da população e das tradições democráticas, que, segundo as conceções ocidentais, eram condições prévias daquele. Se isso tornou os seus métodos e soluções particulares inaplicáveis noutras partes do mundo, não impediu o socialismo de exercer uma força de inspiração. Os partidos dos trabalhadores na Europa continental foram sempre de orientação socialista e, naturalmente, qualquer reforma que tenham pretendido levar a cabo foi sempre suspeita de visar objetivos socialistas. Em períodos tranquilos, a suspeita não se justificava: os partidos socialistas da classe trabalhadora estavam, na generalidade, empenhados na reforma do capitalismo e não no seu derrube revolucionário. Mas, em condições de emergência, a situação era outra. Se os métodos normais se mostravam insuficientes, tornava-se necessário recorrer a outros, fora do normal – o que, no caso dos partidos dos trabalhadores, poderia implicar o desrespeito pelos direitos de propriedade. Sob a pressão de um perigo iminente, os partidos dos trabalhadores poderiam bater-se por medidas socialistas ou que, pelo menos, pareciam sê-lo aos olhos dos adeptos militantes da iniciativa privada. E o menor indício nesse sentido bastava para precipitar os mercados na confusão, desencadeando um pânico generalizado.

Em condições semelhantes, o habitual conflito de interesses entre os patrões e os assalariados assumia um caráter ameaçador. Enquanto a divergência dos interesses económicos poderia normalmente dar lugar a um compromisso, a separação entre as esferas económica e política tendia a tornar esses embates portadores de graves consequências para a comunidade. Os patrões eram proprietários das fábricas e das minas e, por isso, diretamente responsáveis pelo funcionamento da produção na sociedade (independentemente do seu interesse pessoal nos lucros). Em princípio, deveriam ter o apoio de todos no seu esforço por manterem a indústria em marcha. Por outro lado, os assalariados representavam uma ampla fração da sociedade – os seus interesses coincidiam também com os do conjunto da comunidade. Eram a única classe disponível para a proteção dos interesses dos consumidores, dos cidadãos, dos seres humanos enquanto tais, e, através do sufrágio universal, os números tornavam-nos preponderantes na esfera política. Todavia, o órgão legislativo, como a indústria, tem certas funções formais a desempenhar na sociedade. Os seus membros foram incumbidos da tarefa de formar a vontade coletiva, de olhar pela ordem pública, de definir programas a longo prazo tanto no plano interno como no externo. Não há sociedade complexa que possa dispensar o funcionamento de corpos legislativos e executivos de natureza política. Um choque entre interesses de grupo cujo resultado equivalesse à paralisação dos órgão da indústria ou do Estado – dos de um deles, ou de ambos – significava uma ameaça imediata para a sociedade.

Foi, no entanto, esse o caso nos anos da década de 1920. Os partidos dos trabalhadores entrincheiraram-se no parlamento, onde gozavam do peso dos números, os capitalistas converteram a indústria numa fortaleza a partir da qual dominavam o país. Os corpos populares ripostaram intervindo inexoravelmente no andamento dos negócios, sem levarem em conta as necessidades da indústria nas condições existentes. Os capitães de indústria dedicavam-se a minar a confiança da população nos seus governantes eleitos, ao mesmo tempo que os corpos democráticos declaravam guerra ao sistema industrial do qual dependia a vida de todos os membros da sociedade. Chegou, depois, o momento em que os sistemas económico e político ficaram em risco de paralisia total. A população tornara-se presa do medo e o governo seria posto nas mãos daqueles que ofereciam uma solução fácil, fosse qual fosse o seu preço último. Os tempos estavam maduros para a solução fascista.

CAPÍTULO XX

A História na Engrenagem da Transformação Social

Se existiu alguma vez um movimento político que respondia às necessidades de uma situação objetiva e não era resultado de causas fortuitas, esse movimento foi o fascismo. Ao mesmo tempo, o caráter de degenerescência da solução fascista era evidente. O fascismo oferecia uma saída do impasse institucional que era essencialmente idêntico em muitos países, e contudo, em toda a parte e sempre que o remédio foi tentado, não produziu mais do que uma doença mortal. É assim que perecem as civilizações.

A solução fascista para o impasse a que chegara o capitalismo liberal pode ser descrita como uma reforma da economia de mercado realizada à custa da liquidação de todas as instituições democráticas, tanto no domínio industrial como político. O sistema económico que estava em riscos de desintegração foi objeto de medidas destinadas a revitalizá-lo, enquanto as populações eram submetidas a uma reeducação visando desnaturalizar o indivíduo e torná-lo incapaz de funcionar como unidade responsável do corpo político[1]. Esta reeducação, que incluía

---

[1] K. Polanyi, «The Essence of Fascism», *Christianity and the Social Revolution*, 1935.

os princípios de uma religião política que negava a ideia da fraternidade entre os homens sob todas as suas formas, era prosseguida através de uma ação de conversão em massa imposta aos recalcitrantes através de métodos científicos de tortura.

O aparecimento de um movimento semelhante nos países industriais do globo, e até mesmo nuns quantos países fracamente industrializados, não deverá em caso algum ser atribuído a causas locais, mentalidades nacionais ou antecedentes históricos – embora os contemporâneos o tenham feito persistentemente. O fascismo tinha tão pouco a ver com a Grande Guerra como com o Tratado de Versalhes, tão pouco a ver com o militarismo *junker* como com o temperamento italiano. O movimento afirmou-se ora em países vencidos como a Bulgária, ora em países vencedores como a Jugoslávia; em países de temperamento nórdico como a Finlândia e a Noruega e em países de temperamento meridional como a Itália e a Espanha; em países de raça ariana como a Inglaterra, a Irlanda ou a Bélgica e em países não-arianos como o Japão, a Hungria ou a Palestina; em países de tradição católica como Portugal e em países protestantes como a Holanda; em comunidades ora de espírito militar como a Prússia, ora que cultivavam o espírito civil como a Áustria; em culturas de velha cepa como a de França e noutras de formação recente como as dos Estados Unidos e dos países latino-americanos. A verdade é que não havia qualquer variedade de antecedentes – de tradição religiosa, cultural ou nacional – que, dadas certas condições de emergência, tornasse um país imune ao fascismo.

Além disso, havia uma impressionante desproporção entre a força material e numérica do fascismo e a sua eficácia política. O próprio termo «movimento» que o designava era enganador, pois pressupõe uma espécie de mobilização ou de participação individual em grande número. Se o fascismo teve alguma característica a este respeito, essa foi a da sua independência relativamente a tal espécie de manifestações populares. Embora procurando habitualmente um apoio de massa, a sua força potencial afirmou-se não pelo número dos seus adeptos, mas através da influência de personalidades altamente colocadas cujas boas graças os dirigentes fascistas tinham conquistado

– puderam assim contar com que o prestígio social dessas personalidades influentes os protegeria dos riscos que acarretava uma revolta falhada e lhes permitiria evitar os perigos de uma revolução.

Quando um país se aproximava da fase fascista, exibia sintomas, um dos quais é que não era necessária a existência de um movimento fascista propriamente dito. Outros indícios eram pelo menos tão importantes como esse tipo de movimento: a difusão de filosofias irracionalistas, o culto de uma estética racial, o anticapitalismo demagógico, as opiniões heterodoxas sobre a moeda, a crítica do sistema partidário, a denúncia geral do «regime» ou do que quer que fosse que designasse o quadro democrático existente. Na Áustria, a chamada filosofia universalista de Othmar Spann; na Alemanha, a poesia de Stefan George e o romantismo cosmogónico de Ludwig Klages; em Inglaterra, o vitalismo erótico de D. H. Lawrence, e, em França, o culto do mito político à maneira de Georges Sorel – eis outros tantos desses sinais precursores e extremamente variados do fascismo. Hitler acabaria por ser posto no poder pela clique feudal que rodeava o Presidente Hindenburg, do mesmo modo que antes Mussolini e Primo de Rivera haviam sido nomeados pelos seus respetivos soberanos. E contudo, Hitler contava com um vasto movimento de apoio; Mussolini, com um movimento reduzido, e Primo de Rivera não tinha qualquer movimento a apoiá-lo. Não houve nunca uma revolução fascista efetiva iniciada contra a autoridade constituída: a tática fascista consistiu invariavelmente num simulacro de revolta gozando da aprovação tácita das autoridades que se declaravam vencidas por uma força maior. Tais são as grandes linhas sumárias de um quadro complexo, no qual teremos de incluir figuras tão diferentes como o demagogo católico e independente da Detroit industrial, o *Kingfish*(*) da Luisiana atrasada, os conspiradores do exército japonês e os sabotadores antissoviéticos da Ucrânia. O fascismo era uma possibilidade política sempre iminente, uma reação emocional quase imediata em todas as sociedades

---

(*) Huey Long, governador e senador da Luisiana e político controverso do período entre as duas guerras (*N. T.*).

industriais a partir do começo dos anos 30. Podemos chamar-lhe um movimento reflexo [«*move*»] mais do que um movimento orientado [«*movement*»], acentuando assim a natureza impessoal da crise cujos sintomas eram frequentemente vagos e ambíguos. Muitas vezes, não era possível decidir ao certo se um discurso político ou uma peça de teatro, um sermão ou uma manifestação, uma metafísica ou uma tendência artística, um poema ou o programa de um partido, era ou não fascista. Não havia critérios reconhecidos de identificação do fascismo, nem este possuía uma doutrina na aceção convencional do termo. No entanto, um traço significativo e comum a todas as suas formas organizadas era o modo abrupto como emergia e de novo desaparecia, explodindo por fim violentamente após um período de latência indefinido. Todas estas características tendem a configurar a imagem de uma força social cujas fases de crescimento e de declínio se sucedem de acordo com a evolução das condições objetivas.

Aquilo a que chamamos, para abreviar, uma «situação fascista» não era mais do que uma ocasião típica de vitórias fascistas completas e obtidas facilmente. De um momento para o outro, as poderosas organizações políticas e sindicais dos trabalhadores e de outros defensores devotados das liberdades constitucionais pareciam desvanecer-se, enquanto ínfimas forças fascistas varriam do terreno o que se julgara até então ser a superioridade esmagadora dos governos, partidos e sindicatos democráticos. Se uma «situação revolucionária» se caracteriza pela desintegração psicológica e moral de todas as forças de resistência a tal ponto que um punhado de insurretos mal armados se tornam capazes de conquistar as fortalezas tidas por mais inexpugnáveis da *reação*, então a «situação fascista» é o seu paralelo exato – sendo a diferença que, com ela, são os baluartes *da democracia e das liberdades constitucionais* que são conquistados, ao mesmo tempo que as suas defesas caem e falham do mesmo modo espetacular. Na Prússia, em julho de 1932, o governo legal dos social-democratas, entrincheirado na sede do poder legítimo, capitulou perante a mera ameaça de violência inconstitucional por parte de Herr von Papen. Cerca de seis meses mais tarde, Hitler ocupava pacificamente os cargos mais altos do poder, a partir dos quais desencadeou uma ofensiva revolucionária de destruição completa das instituições da República de Weimar e dos partidos constitucionais. Imaginar que foi a força do movimento a criar este tipo de situações, sem ver que era a situação que na circunstância dava origem ao movimento, é nada compreender da lição das últimas décadas.

Tal como o socialismo, o fascismo deitava raízes numa sociedade de mercado que se recusava a funcionar. Daí que fosse mundial pelo horizonte, universal e internacional na sua ação: as suas consequências iam além da esfera económica, dando lugar a uma transformação geral com traços sociais próprios. Afirmou-se em quase todos os domínios da atividade humana – políticos e económicos, culturais, filosóficos, artísticos ou religiosos. E, até certo ponto, fundia-se com as tendências e os temas de cada um dos seus terrenos de ação. É impossível compreendermos a história da época se não distinguirmos entre o movimento fascista subjacente e as tendências efémeras com que esse movimento se fundiu em diferentes países.

Na Europa da década de 1920, duas destas tendências – a contrarrevolução e o nacionalismo revisionista – manifestavam-se como preponderantes e recobriam os traços mais gerais, mas menos nítidos, do fascismo. O seu ponto de partida eram, evidentemente, os tratados de paz e as revoluções que se seguiram à guerra. Embora tanto a contrarrevolução como o revisionismo se definissem por objetivos específicos e manifestamente limitados, confundiam-se facilmente com o fascismo.

As contrarrevoluções correspondiam às habituais oscilações políticas pendulares subsequentes a uma alteração violenta de um estado de coisas anterior. Estes movimentos tinham-se tornado um aspeto característico na Europa, pelo menos desde os tempos da «República de Inglaterra» (*), não mantendo mais do que relações limitadas com os processos sociais da sua época. Nos anos 20, surgiram muitas situações deste tipo, uma vez que os levantamentos que derrubaram mais de uma dúzia de tronos na Europa Central e de Leste não decorreram tanto de um pro-

---

(*) Polanyi refere-se aqui à *Commonwealth of England*, que substituiu o regime monárquico entre 1649 e 1660 (*N. T.*).

gresso da democracia como, em parte, de um efeito de ricochete da derrota. Empreender a contrarrevolução era uma tarefa essencialmente política que, dada a sua natureza, interessava as classes e os grupos desalojados da sua posição anterior – as dinastias, as aristocracias, as igrejas, as indústrias pesadas e os partidos a elas associados. Durante esse período, as alianças e conflitos entre fascistas e conservadores incidiram fundamentalmente sobre o papel que os fascistas poderiam desempenhar na ação contrarrevolucionária. Com efeito, o fascismo era uma tendência revolucionária dirigida tanto contra o conservadorismo como contra as forças revolucionárias do socialismo que lhe faziam concorrência. O que não impediria os fascistas de procurarem afirmar o seu poder no domínio político oferecendo os seus serviços à contrarrevolução. Pelo contrário, procuraram afirmar o seu ascendente no campo contrarrevolucionário, valendo-se sobretudo da alegada incapacidade por parte dos conservadores de assumirem as tarefas que os fascistas declaravam inevitáveis, a fim de cortar o caminho ao socialismo. Os conservadores, naturalmente, tentaram monopolizar as honras da contrarrevolução, que, de facto, no caso da Alemanha, levaram a cabo por si sós. Despojaram os partidos dos trabalhadores da sua influência e poder, sem fazer cedências aos nazis. Do mesmo modo, na Áustria, os social-cristãos – que tinham formado um partido conservador – desarmaram em grande medida os trabalhadores (1927), mas sem concessões à «revolução da direita». Até mesmo nos casos em que a participação fascista na contrarrevolução era inevitável, estabeleciam-se governos «fortes» que relegavam o fascismo para os limbos. Foi o que aconteceu na Estónia em 1929, na Finlândia em 1932 e na Letónia em 1934. Noutros casos, eram regimes pseudoliberais que barravam ao fascismo o caminho do poder – na Hungria em 1922 e na Bulgária em 1926. Só em Itália os conservadores foram incapazes de restabelecer a disciplina do trabalho na indústria, acabando por dar aos fascistas a oportunidade da conquista do poder.

Nos países derrotados militarmente, mas também na Itália «psicologicamente» derrotada, o problema nacional assumia uma importância decisiva, exigindo respostas cuja premência era incontestável. Nos países vencidos, o desarmamento permanente que lhes fora imposto sobrepunha-se a todas as outras questões: num mundo em que a única organização existente, tanto do direito e da ordem como da paz internacionais, assentava no equilíbrio das potências, havia agora uns quantos países que se viam reduzidos à impotência, enquanto não faziam a menor ideia do tipo de sistema que poderia vir a substituir-se ao anterior. A Sociedade das Nações representava, quando muito, um aperfeiçoamento do sistema do equilíbrio entre as potências, mas a sua eficácia não atingia sequer o nível da do velho Concerto da Europa, uma vez que, nas condições existentes, faltavam as condições preliminares de uma difusão geral do poder. O movimento fascista nascente pôs-se em quase toda a parte ao serviço da resolução da questão nacional – e dificilmente poderia ter sobrevivido sem ter deitado mão a essa tarefa.

Todavia, o problema nacional serviu-lhe apenas como ponto de apoio e impulsão entre outros, e, em diferentes ocasiões, recorreria igualmente aos temas do pacifismo e do isolacionismo. Na Inglaterra e nos Estados Unidos, defendia a política do apaziguamento [*appeasement*]; na Áustria, o *Heimwehr* colaborava com diversos pacifistas católicos, e o fascismo católico era, por princípio, antinacionalista. Huey Long não precisou de qualquer conflito fronteiriço com o Mississipi ou o Texas para lançar o seu movimento fascista a partir de Baton Rouge. Outros movimentos fascistas do mesmo tipo levaram, como na Holanda e na Noruega, o seu não-nacionalismo ao ponto da traição – é possível que Quisling tenha sido um bom fascista, mas não era, sem dúvida, um bom patriota.

Na sua luta pela conquista do poder político, o fascismo pode ignorar ou utilizar livremente os problemas locais, como melhor entender. Os seus fins situam-se além do horizonte político e económico: são especificamente sociais. O fascismo põe uma religião política ao serviço de um processo de degenerescência. Na sua fase ascendente, são poucos os temas emocionais que exclui da sua orquestra – mas, uma vez vitorioso, restringe radicalmente a gama dos motivos utilizados, embora estes sejam extremamente peculiares. Se não distinguirmos bem a pseudointolerância própria do período de ascensão da verdadeira intolerância do fascismo no poder, será muito difícil podermos compreender a diferença subtil, mas decisiva, entre o nacionalismo de fachada de certos movimentos fascistas durante a revolução e o seu não-nacionalismo especificamente imperialista pós-revolucionário([2]).

Se, de um modo geral, os conservadores conseguiram conduzir a contrarrevolução contando somente consigo próprios, só raramente se mostraram capazes de resolver o problema nacional-internacional dos seus países. Brüning sustentava, em 1940, que a questão das reparações e do desarmamento impostos à Alemanha fora resolvida por si antes de «a clique que rodeava Hindenburg» ter decidido afastá-lo e entregar o poder aos nazis, porque não queriam que o mérito da tarefa lhe fosse atribuído([3]). Que, num sentido muito limitado, tenha sido ou não assim, é uma questão que não parece ter grande importância, uma vez que a questão da igualdade do estatuto da Alemanha não se reduzia à do seu desarmamento técnico, como Brüning dá a entender, mas incluía a questão igualmente decisiva da desmilitarização – ao mesmo tempo que é impossível não considerarmos também a força que a diplomacia alemã retirava da existência no país de massas nazis totalmente empenhadas numa linha política de nacionalismo radical. Os acontecimentos mostraram em termos concludentes que a Alemanha não poderia conseguir a igualdade de estatuto sem uma rutura revolucionária: a esta luz tornam-se ainda mais evidentes as terríveis responsabilidades do nazismo pelo modo como uma Alemanha da igualdade e da liberdade foi levada enveredar por uma via criminosa. Tanto na Alemanha como em Itália, o fascismo só pôde conquistar o poder por ter sido capaz de utilizar como alavanca as questões nacionais por resolver, ao passo que, em França e na Grã-Bretanha, o fascismo foi decisivamente enfraquecido pelo seu antipatriotismo. Só em países pequenos e naturalmente dependentes foi possível que o espírito de sub-

---

([2]) H. Rauschning, *The Voice of Destruction*, 1940.
([3]) H. Heymann, *Plan for Permanent Peace*, 1941. Cf. a carta de Brüning com a data de 8 de janeiro de 1940.

serviência perante uma potência estrangeira se tornasse uma condição favorável ao fascismo.

Assim, foi apenas por acaso, como vemos, que o fascismo europeu dos anos 20 se associou a tendências nacionais e contrarrevolucionárias. Tratava-se de um caso de simbiose entre movimentos de origem independente, que se reforçavam mutuamente e criavam uma impressão de semelhança, quando de facto eram fenómenos sem relação uns com os outros.

A verdade é que o papel desempenhado pelo fascismo foi determinado por um único fator: a situação do sistema de mercado.

Durante o período de 1917-1923, os governos instalados recorreram ocasionalmente ao auxílio do fascismo tendo em vista a restauração da lei e da ordem: não era preciso mais para manter o sistema em funcionamento. O fascismo não era mais do que incipiente.

No período de 1924-1929, quando o restabelecimento do sistema de mercado parecia assegurado, o fascismo apagou-se completamente enquanto força política.

A partir de 1930, a economia de mercado mergulhava numa crise geral. Passados poucos anos, o fascismo tornar-se-ia uma força mundial.

O primeiro período, 1917-1923, pouco mais produziu do que o termo «fascismo». Em alguns países europeus – como a Finlândia, a Lituânia, a Estónia, a Letónia, a Polónia, a Roménia, a Bulgária, a Grécia e a Hungria –, houvera revoluções agrárias ou socialistas, enquanto noutros – entre os quais se contavam a Itália, a Alemanha e a Áustria – a classe operária industrial conquistara uma posição de influência política. Posteriormente, as contrarrevoluções restabeleceram o equilíbrio de poder no plano interno. Na maior parte dos países em causa, os camponeses voltaram-se contra os trabalhadores das cidades; nalguns deles, desencadearam-se movimentos fascistas por iniciativa de oficiais e pela pequena nobreza da província (*gentry*), que se puseram à frente dos camponeses; noutros, como em Itália, os desempregados e a pequena-burguesia organizaram-se em destacamentos fascistas. Em parte nenhuma se falava de outra coisa que não fosse a manutenção da ordem, sem que nada se dissesse acerca de eventuais reformas radicais – ou seja, não se manifestou qualquer sinal percetível de revolução fascista. Os movimentos em campo não eram fascistas senão na forma – quer dizer, eram-no apenas na medida em que grupos civis, tratados como elementos irresponsáveis, recorriam à violência, contando com a cumplicidade dos representantes da autoridade. A filosofia antidemocrática do fascismo fora já formulada, mas ainda não era um fator político. Trotsky redigiu em 1920 um volumoso relatório sobre a situação em Itália, nas vésperas do II Congresso do Comintern, no qual o fascismo não era sequer mencionado, se bem que os *fasci* já existissem há algum tempo. Seriam necessários mais dez anos para que o fascismo italiano, então já instalado de longa data no governo do país, concebesse uma espécie de sistema social peculiar.

A Europa e os Estados Unidos, a partir de 1924 e nos anos seguintes, foram palco de um tumultuoso *boom* que dissipou todas as preocupações relativas à solidez do sistema de mercado. Proclamou-se a restauração do capitalismo. Tanto o fascismo como o bolchevismo foram liquidados exceto nalgumas regiões periféricas. O Comintern declarou que a consolidação do capitalismo era uma realidade; Mussolini fez o elogio do capitalismo liberal; todos os países importantes, à exceção da Grã-Bretanha, conheciam uma fase francamente ascendente. Os Estados Unidos gozavam de uma prosperidade lendária, e o continente europeu era quase tão bem-sucedido na mesma via. O *putsch* de Hitler fora derrotado; a França saíra do Ruhr; o marco do *Reich* reconsolidava-se como por milagre, o Plano Dawes separara a política das reparações; Locarno estava em preparação, e a Alemanha entrava num período de sete anos de vacas gordas. Antes do final de 1926, o padrão-ouro reinava de novo de Moscovo a Lisboa.

Foi no terceiro período – a partir de 1929 – que emergiu a verdadeira natureza do fascismo. O impasse do sistema de mercado era evidente. Até ao momento, o fascismo pouco mais era do que um traço característico do governo autoritário italiano, que, em outros aspetos, diferia muito pouco dos de tipo mais tradicional. Mas começava agora a afirmar-se como uma solução alternativa para o problema da sociedade industrial. A Alemanha encabeçou uma revolução de proporções europeias e o alinhamento fascista dotou a sua luta pelo poder de uma dinâmica que, muito rapidamente, abrangeria cinco continentes. A história entrara na engrenagem da transformação social.

Um acontecimento adventício, mas de maneira nenhuma acidental, iniciou a destruição do sistema internacional. A derrocada da bolsa em Wall Street assumiu uma dimensão enorme e seguiu-se-lhe a decisão por parte da Grã-Bretanha de abandonar o padrão-ouro, decisão que os Estados Unidos imitariam dois anos mais tarde. Concomitantemente, a Conferência para o Desarmamento deixou de reunir, e, em 1933, a Alemanha saía da Sociedade das Nações.

Estes acontecimentos simbólicos inauguravam uma época de transformação espetacular na organização do mundo. Três potências – o Japão, a Alemanha e a Itália – tinham-se insurgido contra o *statu quo* e sabotavam as vacilantes instituições da paz. Ao mesmo tempo, a organização efetiva da economia mundial recusava-se a funcionar. O padrão-ouro fora pelo menos temporariamente posto fora de ação pelos seus criadores anglo-saxónicos; os mercados de capitais e as trocas mundiais enfraqueciam. O sistema político *e* o sistema económico do planeta desintegravam-se conjuntamente.

No plano interno das nações, a transformação não era menos completa. Os sistemas bipartidários foram substituídos por governos de partido único e, por vezes, por governos nacionais. Todavia, as semelhanças exteriores entre as ditaduras e os países que conservavam uma opinião pública democrática serviam apenas para sublinhar a importância suprema de instituições de discussão e decisão livres. A Rússia adotou um socialismo de forma ditatorial. O capitalismo liberal desapareceu nos países que se preparavam para a guerra, como a Alemanha, o Japão e a Itália, e, em menor medida, também nos Estados Unidos e na Grã-Bretanha. Mas os regimes emergentes do fascismo, do socialismo e do *New Deal* assemelhavam-se pelo facto de porem de parte os princípios do *laissez-faire*.

Enquanto a história seguiu assim o seu curso impelida por acontecimentos exteriores a cada país, cada um destes respondeu à prova de acordo com as suas orientações próprias. Alguns opunham-se à mudança; outros precisaram de muito tempo para a enfrentar; outros ainda mantiveram-se indiferentes. Do mesmo modo, procuraram soluções em direções diversas. Mas, do ponto de vista da economia de mercado, estas soluções, muitas vezes radicalmente diferentes, não passavam de variantes.

Entre os países determinados a servirem-se de uma crise generalizada em benefício dos seus interesses contava-se um grupo de potências descontentes, às quais o desaparecimento do sistema de equilíbrio entre as potências, ainda que na versão atenuada da Sociedade das Nações, parecia oferecer uma oportunidade rara. A Alemanha estava agora ansiosa por apressar o colapso da economia mundial que, nos seus moldes tradicionais, representava ainda um apoio para a salvaguarda da ordem internacional, e, desse modo, antecipou a derrocada económica, procurando obter uma posição de vantagem sobre os seus adversários. Isolou-se deliberadamente do sistema internacional do capital-mercadoria-moeda, de modo a diminuir a influência do mundo exterior sobre o seu comportamento na ocasião em que entendesse ser conveniente recusar as suas obrigações políticas. Promoveu uma política de autarcia de modo a garantir a liberdade de manobra que os seus planos requeriam. Esbanjou as suas reservas de ouro, destruiu o seu crédito externo através do repúdio reiterado dos seus compromissos financeiros e, durante uma certa fase, foi ao ponto de sacrificar a sua balança comercial favorável. Conseguiu sem dificuldade camuflar as suas verdadeiras intenções, uma vez que nem Wall Street, nem a City de Londres, nem Genebra suspeitavam que os nazis estivessem de facto a apostar na dissolução completa da economia do século XIX. Sir John Simon e Montagu Norman acreditavam que, mais tarde, Schacht tencionava restabelecer uma economia ortodoxa na Alemanha e que esta estava agir por pressão das circunstâncias, disposta a regressar ao redil, contanto que pudesse contar com alguma assistência financeira. Este tipo de ilusão sobreviveu em Downing Street à crise de Munique e ainda depois dela. Assim, enquanto a Alemanha facilitava os seus próprios desígnios conspirativos adaptando-se antecipadamente à dissolução do sistema tradicional, a Grã-Bretanha ver-se-ia seriamente vulnerabilizada pela sua adesão persistente a esse mesmo sistema.

Embora a Inglaterra tivesse abandonado temporariamente o ouro, a sua economia e as suas finanças continuaram a basear-se nos princípios da estabilidade cambial e da solidez da moeda. Daí as limitações que oneraram o seu rearmamento. Tal como a autarcia alemã resultava de considerações militares e políticas que provinham do seu propósito de antecipar uma transformação geral, a estratégia e a política externa britânicas eram entravadas pelas suas orientações financeiras conservadoras. A estratégia da guerra limitada refletia a visão de um grande potentado comercial insular que se considerava seguro enquanto a sua Marinha permanecesse suficientemente forte para assegurar os bens que a sua moeda sólida lhe permitia comprar nos Sete Mares. Hitler estava já no poder quando, em 1933, Duff Cooper, um conservador impenitente, defendia os cortes do orçamento de 1932 relativos à Marinha, por terem sido decididos «contra a bancarrota nacional, que se entendeu então ser um perigo ainda maior do que termos uma força de combate ineficiente». Mais de três meses passados, Lorde Halifax sustentava que a paz poderia ser conseguida por meio de ajustamentos económicos e que, por isso, não deveriam ser tomadas medidas que interferissem com as trocas e que tornariam mais difíceis esses ajustamentos. No próprio ano de Munique, Halifax e Chamberlain continuavam a definir a política britânica referindo-se às «balas de prata» e aos tradicionais empréstimos americanos à Alemanha. De facto, já depois de Hitler ter atravessado o Rubicão e ocupado Praga, Sir John Simon aprovava na Câmara dos Comuns a participação de Montagu Norman na entrega a Hitler das reservas de ouro checoslovacas. Simon pensava que a integridade do padrão-ouro, a cujo restabelecimento dedicava toda a sua competência política, devia primar sobre quaisquer outras considerações. Na época, houve quem pensasse que a posição de Simon traduzia a defesa de uma política de conciliação. A verdade é que se tratava antes de uma homenagem ao espírito do padrão-ouro, que continuava a informar a visão das principais figuras da City londrina tanto no plano estratégico como no das questões políticas. Precisamente na semana em que rebentaria a guerra, o Foreign Office, respondendo a uma comunicação verbal de Hitler a Chamberlain, formulava a política britânica referindo-se ao seu apoio aos tradicionais empréstimos americanos à Alemanha. A impreparação militar da Inglaterra era fundamentalmente o resultado da sua adesão aos princípios económicos do padrão-ouro.

A Alemanha beneficiou das vantagens que tocam aos que ajudam a matar o que está condenado a morrer. O seu avanço durou enquanto a liquidação do sistema caduco do século XIX lhe permitiu manter-se na dianteira. A destruição do capitalismo liberal, do padrão-ouro e das soberanias absolutas foi o resultado lateral das suas expedições de pilhagem. Adaptando-se a um isolamento que procurara deliberadamente e, mais tarde, entregando-se às suas operações de captura de escravos, elaborou as suas tentativas práticas de resolver os problemas da transformação.

O seu trunfo político maior, no entanto, consistiu na sua capacidade de levar muitos países de todo o mundo a um alinhamento contra o bolchevismo. Recolheu os principais benefícios da transformação assumindo um papel dirigente nessa solução para o problema da economia de mercado – solução que, durante muito tempo, pareceu conseguir a adesão incondicional das classes proprietárias e, na realidade, não apenas delas. De acordo com a conceção liberal e marxista do primado dos interesses de classe económicos, Hitler estaria destinado a vencer. Mas a unidade social da nação revelar-se-ia, a longo prazo, ainda mais coesa do que a unidade económica da classe.

A afirmação da Rússia esteve também associada ao seu papel na transformação. Entre 1917 e 1929, o medo do bolchevismo era simplesmente o medo da desordem que fatalmente entravaria o restabelecimento de uma economia de mercado, que não poderia funcionar exceto numa atmosfera de confiança sem reservas. Na década seguinte, o socialismo converteu-se em realidade na Rússia. A coletivização dos campos significou a suplantação da economia de mercado por métodos cooperativos no que se referia ao decisivo fator da terra. A Rússia, que fora não mais do que uma sede de agitação revolucionária visando o mundo capitalista, emergia agora como representante de um novo sistema que poderia substituir a economia de mercado.

Não se tem habitualmente em conta que os bolcheviques, embora fossem socialistas fervorosos, se recusavam obstinadamente a «construir o socialismo na Rússia». Bastavam as suas convicções marxistas para que pusessem de lado semelhante tentativa num país de base agrária e atrasado. Mas, deixando de parte o episódio excecional do «comunismo de guerra» (1920), os dirigentes adotavam a posição de que a revolução mundial teria de começar a partir da Europa Ocidental. O socialismo num só país surgia-lhes como uma contradição nos termos, e quando se tornou uma realidade os velhos bolcheviques rejeitaram-na quase como um só homem. E contudo, seria precisamente essa nova via a conseguir um sucesso surpreendente.

Quando consideramos retrospectivamente um quarto de século da história russa, damo-nos conta de que aquilo a que chamamos a Revolução Russa consistiu realmente em duas revoluções separadas, das quais a primeira encarnava ideais da tradição europeia ocidental, enquanto a segunda fazia parte da evolução inteiramente nova dos anos 30. A revolução entre 1917 e 1924 foi, com efeito, a *última* insurreição política da Europa a seguir o modelo da *Commonwealth* inglesa e da Revolução Francesa; a revolução que teve início com a coletivização dos campos, por volta de 1930, era, em contrapartida, a *primeira* das grandes transformações sociais que mudariam o nosso mundo na década de 1930. Porque a primeira revolução russa completou a destruição do absolutismo, do regime feudal de posse da terra e da opressão racial, como autêntica herdeira dos ideais de 1789; quanto à segunda revolução, estabeleceu uma economia socialista. Para dizer tudo, a primeira era somente um acontecimento russo – rematando um longo processo de desenvolvimento ocidental no solo russo –, enquanto a segunda fazia parte de uma transformação universal simultânea.

Aparentemente, nos anos de 1920, a Rússia encontrava-se isolada da Europa e esforçava-se por se salvar a si própria. Mas uma análise mais atenta desmente essa aparência. Porque entre os fatores que forçaram a sua decisão nos anos que separam as duas revoluções, contou-se o fracasso do sistema internacional.

Por volta de 1924, o «comunismo de guerra» era um incidente esquecido e a Rússia restabelecera um mercado livre de cereais no plano interno, embora mantivesse o controlo estatal do comércio externo e das principais indústrias. Estava agora empenhada no aumento das trocas com o estrangeiro, passando principalmente por exportações de cereais, de madeira, peles e algumas matérias-primas orgânicas, cujos preços desceram bastante durante a crise agrícola que precedeu o desmoronamento geral das trocas. Não podendo desenvolver o seu comércio externo em condições favoráveis, a Rússia via limitadas as suas importações de máquinas e, consequentemente, a implantação de uma indústria nacional – o que, uma vez mais, afetou negativamente os termos das trocas – ditos «efeitos tesoura» – entre a cidade e os campos, aumentando a oposição do campesinato ao poder dos trabalhadores da cidade. Deste modo, a desintegração da economia mundial reforçou a pressão sobre as soluções improvisadas adotadas perante a questão agrária russa, apressando a formação dos *kolkhozy*. O fracasso do sistema político tradicional da Europa, incapaz de assegurar segurança e estabilidade, funcionou na mesma direção, uma vez que induzia as necessidades de armamento e tornava, por isso, mais pesado o fardo de uma industrialização forçada. A ausência do sistema de equilíbrio das potências do século XIX e a incapacidade por parte do mercado mundial de absorver os produtos agrícolas do país forçaram a Rússia a adotar contravontade a via da autarcia. A origem do socialismo num só país esteve na incapacidade por parte da economia de mercado de estabelecer um elo de ligação entre todos os países – e, assim, o que parecia ser a autarcia russa não era mais do que liquidação do internacionalismo capitalista.

O fracasso do sistema internacional desencadeou as energias da história – e os carris do seu percurso foram os instalados pelas tendências intrínsecas a uma sociedade de mercado.

CAPÍTULO XXI

A Liberdade numa Sociedade Complexa

A civilização do século XIX não foi destruída por uma ofensiva dos bárbaros de fora ou do interior; a sua vitalidade não foi minada pelas devastações da I Guerra Mundial, nem pela revolta de um proletariado socialista ou de uma pequena-burguesia fascista. O seu malogro não foi o resultado destas ou daquelas supostas leis da economia, como a da queda da taxa de lucro, a do subconsumo ou a da sobreprodução. Desintegrou-se na sequência de um conjunto de causas completamente diferentes: as medidas que a sociedade adotou para não ser, por seu turno, aniquilada pela ação do mercado autorregulado. Deixando de parte circunstâncias excecionais como as que existiram na América do Norte na época da fronteira aberta, o conflito entre o mercado e as exigências elementares de uma vida social organizada deram ao século a sua dinâmica e produziram as tensões e pressões típicas que, em última instância, destruíram a anterior sociedade. As guerras exteriores não fizeram mais do que apressar a sua destruição.

No termo de um século de «beneficiação» cega, o homem restabelece a sua «habitação». Para que não venha a destruir a espécie, o industrialismo terá de subordinar-se à natureza do homem. A verdadeira crítica a fazer da sociedade de mercado não é a que aponta o facto de ela se basear na economia – em certo sentido, toda e qualquer sociedade a toma por base –, mas a que denuncia o facto de a sua economia se basear no interesse privado. Uma tal organização da vida económica é inteiramente não natural e, num sentido empírico estrito, inteiramente *excecional*. Os pensadores do século XIX supuseram que, na sua atividade económica, o homem se esforça por obter lucro, que as suas tendências materialistas o induzem a escolher a via do menor em vez da do maior esforço e a esperar ser recompensado pelo seu trabalho – supuseram, em suma, que, na sua atividade económica, o homem tende a guiar-se por aquilo que foi descrito como a sua racionalidade económica e que todo o comportamento inverso só pode resultar de uma interferência do exterior. Seguia-se daqui que os mercados eram instituições naturais, instituições que surgiriam espontaneamente se os homens fossem deixados a si próprios. Portanto, nada poderia ser mais normal do que um sistema económico constituído por mercados e sob o exclusivo controlo dos preços do mercado – ao mesmo tempo que uma sociedade humana baseada nesse tipo de mercados seria, naturalmente, o objetivo de qualquer progresso. Por desejável ou indesejável que fosse do ponto de vista moral, a viabilidade prática desse tipo de sociedade era – axiomaticamente – tida por fundada nas características da espécie.

A verdade é que, como sabemos, o comportamento do homem, tanto em condições primitivas como ao longo do curso da história, foi quase o preciso oposto do que aquela conceção sustenta. O juízo de Frank H. Knight, «nenhuma motivação especificamente humana é de ordem económica», aplica-se não só à vida social em geral, mas à própria esfera económica da existência. A inclinação para o negócio, em que Adam Smith baseava tão confiantemente a sua visão do homem primitivo, não é uma tendência comum do ser humano nas suas atividades económicas, revelando-se, pelo contrário, extremamente infrequente. Não só os atuais dados da antropologia desmentem as construções racionalistas desse tipo, mas também a história do comércio e dos mercados se mostra completamente diferente da imagem que dela davam os ensinamentos harmonizadores dos sociólogos do século XIX. A história económica revela que a emergência dos mercados nacionais não foi de modo algum o resultado da emancipação gradual e espontânea da esfera económica frente ao controlo dos governos. Pelo contrário, o mercado foi o produto de uma intervenção consciente e muitas vezes violenta por parte dos governos que impuseram, com vista a fins que não eram económicos, a organização do mercado à sociedade. E o mercado autorregulado do século XIX revela-se, a um exame mais atento, radicalmente diferente dos mercados anteriores, e até mesmo do que mais imediatamente o precedeu, pelo facto de tomar como base da sua regulação o interesse económico egoísta. *A fraqueza congénita da sociedade do século XIX resultava do facto de ela ser, não sociedade industrial, mas uma sociedade de mercado.* A civilização industrial continuará a existir quando a experiência utópica de um mercado autorregulado já não for mais do que uma recordação do passado.

Todavia, mudar a civilização industrial, fazendo-a assentar numa base que não seja a do mercado, parece a muitos uma tarefa tão desesperadamente difícil que não se dispõem a considerá-la. Temem a perspetiva de um vazio institucional ou, pior ainda, a perda da liberdade. Mas serão essas ameaças inevitáveis?

Boa parte dos enormes sofrimentos inseparáveis de um período de transição pertencem já ao passado. Através da desagregação económica da nossa época, das vicissitudes trágicas da depressão, das flutuações da moeda, do desemprego em massa, das mudanças de estatuto social, da destruição espetacular dos Estados historicamente constituídos, fizemos já a experiência do pior. Involuntariamente, temos vindo a pagar o preço da mudança. A humanidade está ainda longe de se ter adaptado à utilização das máquinas e outras grandes transformações a esperam ainda, mas a restauração do passado é tão impossível como a transposição para outro planeta das nossas dificuldades. Em vez de eliminar as forças demoníacas da agressão e da conquista, essa tentativa vã equivaleria de facto a perpetuar a sobrevivência dessas forças, ainda que depois da sua completa derrota militar. A causa do mal gozaria da vantagem, politicamente decisiva, de representar o possível, por oposição ao que não parece possível levar a cabo, por melhores que sejam as nossas intenções.

O colapso do sistema tradicional também não nos deixa no vazio. Não seria a primeira vez na história que soluções improvisadas se revelariam portadoras dos germes de grandes instituições duradouras.

No interior das nações, somos testemunhas de uma evolução orientada para que o sistema económico deixe de ditar a lei da sociedade e para que o primado da sociedade de novo se afirme. Este resultado poderá ser obtido através de uma grande variedade de vias – democrática e aristocrática, constitucional e autoritária – e talvez em termos completamente inéditos. O futuro de certos países poderá ser já o presente de outros, enquanto outros ainda poderão representar aquilo que pertence já ao passado dos demais. Mas o resultado é comum a todos: o sistema do mercado deixará de ser autorregulado, até mesmo no plano dos princípios, pois deixará de incluir a força de trabalho, a terra e a moeda.

Retirar o trabalho do mercado significa uma transformação tão radical como a que correspondeu à implantação de um mercado de trabalho concorrencial. O contrato salarial deixa de ser um contrato privado exceto no que se refere a alguns aspetos subordinados e acessórios. Não são apenas as condições de funcionamento da fábrica, os horários de trabalho e as modalidades do contrato que passam a ser determinadas fora do mercado, mas o mesmo acontece com os próprios salários de base – o papel que aqui cabe aos sindicatos, ao Estado e outros organismos públicos não depende apenas da natureza dessas instituições, mas também a organização e gestão efetivas da produção. Embora, dada a natureza das coisas, as diferenças salariais possam (e devam) continuar a desempenhar um papel essencial no sistema económico, outras motivações que não as ligadas aos rendimentos monetários tenderão a prevalecer sobre as remunerações financeiras do trabalho.

Retirar a terra do mercado significa incorporá-la em determinadas instituições como a unidade de produção rural, a cooperativa, a fábrica, o município, a escola, a igreja, os parques, as reservas naturais, etc. Por mais frequentes que se mantenham as formas de propriedade individual da terra, os contratos relativos à utilização da terra terão por objeto aspetos acessórios, uma vez que os essenciais terão sido subtraídos à jurisdição do mercado. O mesmo se diga dos produtos alimentares de base e das matérias-primas orgânicas brutas, cujos preços deixarão de ser fixados pelo mercado. O facto de continuarem a funcionar mercados concorrenciais para muitos bens não terá de afetar a constituição da sociedade, do mesmo modo que a fixação dos preços do trabalho, da terra e da moeda não impedirá a função de avaliação dos custos traduzida pelos preços no que se refere aos diferentes produtos. A natureza da propriedade será, como é evidente, profundamente transformada por tais medidas, uma vez que deixará de ser necessário permitir que os rendimentos provenientes dos direitos de propriedade cresçam sem limites como condição de serem assegurados o emprego, a produção e a utilização dos recursos na sociedade.

Retirar ao mercado o controlo da moeda é uma medida que, hoje mesmo, está a ser levada a cabo em todos os países. Inconscientemente, isto foi em larga medida o resultado da criação de depósitos – tendo, entretanto, a crise do padrão-ouro na década de 1920 provado que a ligação entre a moeda-mercadoria e a moeda fiduciária não se desfizera. A partir da introdução das «finanças funcionais» em todos os Estados importantes, a orientação dos investimentos e a regulação da taxa de poupança passaram a incumbir à ação do governo.

Retirar do mercado os elementos da produção – terra, trabalho e moeda – só do ponto de vista do mercado, que os tratou como mercadorias, é uma ação uniforme. Do ponto de vista da realidade humana, o que se restabelece eliminando a ficção da mercadoria tem lugar em todas as direções do horizonte social. Com efeito, a desagregação de uma economia de mercado uniforme começa desde já a dar origem a toda a espécie de novas formas sociais. De igual modo, o fim da sociedade de mercado de modo nenhum significa a ausência de mercados. Estes continuarão, sob várias formas, a assegurar a liberdade do consumidor, a indicar as modificações da procura, a exercer a sua influência sobre os rendimentos do produtor e a servir de instrumentos de contabilidade, embora deixando por inteiro de ser órgãos de uma autorregulação da economia.

Tanto nos seus métodos internacionais como nos seus métodos internos, a sociedade do século XIX estava subordinada à economia. O reino dos câmbios internacionais fixos coincidia com o da civilização. Enquanto o padrão-ouro e os regimes constitucionais – que eram quase um seu corolário – se mantiveram em funcionamento, o equilíbrio entre as potências foi um veículo de paz. O sistema agia tendo por instrumentos essas grandes potências, em primeiro lugar e sobretudo a Grã-Bretanha, que eram o centro do mundo das finanças e insistia com premência na instauração de regimes representativos nos países menos avançados. Esses regimes eram necessários para o controlo das finanças e das moedas dos países devedores – o que requeria, por seu turno, um controlo orçamental de um tipo que só organismos políticos responsáveis podiam garantir. Se, de um modo geral, tais considerações não estavam conscientemente presentes no espírito dos políticos e governantes, isso devia-se ao facto de as exigências impostas pelo padrão-ouro serem tidas por axiomáticas. O padrão mundial uniforme das instituições monetárias e representativas era, por conseguinte, um resultado da rígida ordem económica do período.

Desta situação derivava a importância de dois princípios da vida internacional do século XIX: a soberania anárquica e a intervenção «justificada» nos assuntos internos de países terceiros. Embora aparentemente contraditórios, os dois aspetos eram conexos. A soberania, evidentemente, não era mais do que um termo político, porque, nas condições de um sistema internacional de trocas não regulado e do padrão-ouro, os governos não possuíam qualquer poder no plano económico internacional. Não podiam nem queriam vincular os seus países em matérias monetárias – tal era a posição jurídica. Na realidade, só os países que possuíam um sistema monetário controlado pelos bancos centrais eram reconhecidos como Estados soberanos. Nas mãos dos países ocidentais mais poderosos, uma soberania nacional monetária sem restrições combinava-se com o seu oposto – ou seja: a pressão incessante que exerciam no sentido de alargarem por toda a parte o tecido da economia de mercado e da sociedade de mercado. Assim, a partir de finais do século XIX, o conjunto dos povos de todo o mundo passava a conhecer uma uniformização institucional inédita até então.

Tratava-se de um sistema incómodo, devido ao mesmo tempo à sua complexidade e à sua universalidade. A soberania anárquica era um obstáculo a todas as formas eficazes de cooperação internacional, como viria a ilustrá-lo vivamente a história da Sociedade das Nações, e a uniformidade do sistema institucional interno imposto a todos os países albergava uma ameaça permanente à liberdade do desenvolvimento nacional – sobretudo nos países atrasados, mas por vezes também naqueles que, embora avançados, eram financeiramente vulneráveis. A cooperação económica limitava-se às instituições privadas tão incertas e ineficazes como o livre-câmbio, ao mesmo tempo que ficava definitivamente excluída qualquer oportunidade ou até qualquer perspetiva de cooperação real entre os povos – ou seja, entre os seus governos.

É provável que a situação atual tenda a vincular a política externa a duas exigências aparentemente incompatíveis: requererá uma cooperação entre países amigos mais estreita do que jamais poderia suceder no quadro da soberania do século XIX, ao mesmo tempo que a existência de mercados regulados tornará os governos nacionais mais sensíveis do que antes às interferências do exterior. Todavia, com o desaparecimento do mecanismo automático do padrão-ouro, os governos poderão tornar-se capazes de se desfazer do inconveniente mais limitativo da soberania absoluta – a recusa de participação na economia internacional. Tornar-se-á, ao mesmo tempo, possível aceitar de bom grado que outras nações deem às suas instituições uma forma que lhes pareça convir às suas inclinações, deixando assim para trás o funesto dogma, característico do século XIX, da uniformidade necessária dos regimes internos na órbita da economia mundial. Das ruínas do Velho Mundo vemos levantarem-se as pedras angulares do Novo: a colaboração dos governos no plano económico *e* a liberdade de cada país de organizar como entender a sua vida nacional. No sistema constrangedor do livre--câmbio, nenhuma destas duas possibilidades era concebível, o que excluía toda uma variedade de métodos de cooperação entre as nações. Enquanto, com a economia de mercado e o padrão-ouro, a noção de federação era justificadamente considerada um pesadelo de centralização e de uniformidade, o fim da economia de mercado poderá vir a traduzir-se numa cooperação efetiva associada, no plano interno, à liberdade de cada país.

O problema da liberdade põe-se a dois níveis diferentes: o institucional e o moral ou religioso. Ao nível institucional, trata-se de equilibrar os aspetos extensivos com os aspetos restritivos das liberdades, o que não dá lugar a qualquer problema radicalmente novo. A um nível mais fundamental, é a própria possibilidade que está posta em dúvida. Dir-se-ia que os próprios meios de salvaguarda da liberdade estão a destruí-la e a adulterá-la. A chave do problema da liberdade na nossa época é neste plano que deve ser procurada. As instituições são encarnações de um sentido e de um projeto humanos. Não podemos alcançar a liberdade que buscamos sem compreendermos o que significa de facto a liberdade numa sociedade complexa.

Ao nível institucional, a regulação expande e ao mesmo tempo restringe a liberdade: tudo o que importa aqui é a comparação entre as liberdades perdidas e conquistadas. O que vale tanto para as liberdades jurídicas como para as liberdades efetivas. As classes abastadas gozam da liberdade que lhes é conferida pelos seus ócios em condições de segurança – sentem-se, por isso, naturalmente, menos ansiosas para alargar a liberdade no conjunto da sociedade do que aqueles que, com escassos rendimentos, têm de se contentar com um mínimo de liberdade. Este aspeto torna-se transparente assim que se põe a questão da imposição compulsiva de uma distribuição mais justa dos rendimentos, dos ócios e da segurança. Embora as restrições por ela implicadas sejam universais, os privilegiados tendem a senti-las como se fossem dirigidas exclusivamente contra eles. Falam de servidão, quando, na realidade, se trata apenas de tornar extensiva aos demais a liberdade adquirida de que eles próprios gozam. Num primeiro momento, é bem possível que os seus ócios e a sua segurança tenham de ser reduzidos, reduzindo também a sua liberdade, de modo a tornar mais elevado o nível de liberdade existente no conjunto do país. Mas tal transformação, redefinição e extensão das liberdades não justifica que se afirme que as novas condições serão necessariamente menos livres do que as anteriores. E contudo, há liberdades cuja salvaguarda é da máxima importância. Essas liberdades foram, como a paz, um subproduto da economia do século XIX, mas a verdade é que começamos a adorá-las por elas próprias. A separação institucional entre a política e a economia, que se revelou um perigo mortal para a substância da sociedade, produziu quase automaticamente a liberdade à custa da justiça e da segurança. As liberdades civis, a empresa privada e o sistema salarial fundiram-se num padrão de vida favorável à liberdade moral e à independência de espírito. Aqui, uma vez mais, as liberdades jurídicas e efetivas misturaram-se num fundo comum, cujos elementos não se deixam separar nitidamente. Alguns eram corolários de certos males como o desemprego e os lucros especulativos; outros pertenciam às tradições mais preciosas do Renascimento e da Reforma. Teremos de tentar salvaguardar por todos os meios no nosso poder estes valores supremos herdados da economia de mercado que, entretanto, soçobrou. Trata-se, sem dúvida, de uma tarefa imensa. Nem a liberdade nem a paz podiam ser institucionalizadas sob essa economia, uma vez que o seu propósito era a promoção dos lucros e do bem-estar, e não da paz e da liberdade. Teremos de nos esforçar conscientemente por assegurá-las no futuro, pois é essa a única possibilidade de as virmos a ter – a liberdade e a paz terão de ser escolhidas como fins das formas de sociedade em cuja direção nos encaminhamos. Tal poderá ser o sentido autêntico do esforço que o mundo faz hoje a fim de garantir a paz e a liberdade. Até que ponto poderá prevalecer a vontade de paz, depois de os interesses, que lhe eram favoráveis, ligados à economia do século XIX terem deixado de funcionar, dependerá do sucesso que obtivermos na tarefa de construir uma ordem internacional. Quanto à liberdade pessoal, esta existirá na medida em que criarmos novas salvaguardas que garantam e, na realidade, assegurem a sua extensão. O indivíduo tem de ser livre de seguir a sua consciência sem recear os poderes que tenham a seu cargo tarefas administrativas em certos campos da vida social. A ciência e as artes deverão ser confiadas sempre à guarda da república das letras. A imposição coerciva não deverá ser jamais absoluta: ao «objetor» deverá ser assegurado um nicho para onde se possa retirar –, ou uma «segunda escolha» que lhe permita viver a sua existência. O direito à não-conformidade deverá ser o selo que autentica uma sociedade livre.

Cada passo no sentido da integração na sociedade deveria ser também acompanhado por um aumento da liberdade – os passos no sentido do plano deveriam incluir assim um reforço dos direitos do indivíduo na sua existência social. Os seus direitos imprescritíveis devem ser garantidos pela lei até mesmo frente aos poderes supremos, sejam estes pessoais ou anónimos. A verdadeira resposta frente à ameaça da burocracia enquanto fonte de abuso do poder é criar espaços de livre-arbítrio protegidos por leis inabaláveis. Pois por mais generosa que seja a devolução do poder praticada, terá lugar um reforço do poder ao nível do centro, acarretando, portanto, riscos para a liberdade individual. O que vale até mesmo para os órgãos das próprias comunidades democráticas, bem como para as associações profissionais e os sindicatos, que têm por função proteger os direitos dos seus membros individualmente considerados. Com efeito, a sua dimensão pode ter por resultado fazer com que o indivíduo se sinta impotente, ainda que não tenha razões que o levem a supor qualquer má vontade por parte das organizações em causa. Tal será ainda mais provavelmente o caso quando as opiniões ou as ações do indivíduo são de molde a ferir as suscetibilidades dos detentores do poder. Uma simples declaração de direitos é insuficiente – são necessárias instituições que tornem os direitos eficazes. O *habeas corpus* não deve ser o último dos dispositivos constitucionais a implantar na lei a liberdade pessoal. É necessário acrescentar à *Bill of Rights*»(*) outros direitos dos cidadãos ainda por reconhecer. Os direitos proclamados deverão prevalecer sobre quaisquer autoridades – estatal, municipal ou profissional. A lista das novas garantias deveria ter à cabeça o direito do indivíduo – independentemente das suas

---

(*) Trata-se da «declaração dos direitos» e disposições constitucionais que passou a vigorar em Inglaterra a partir de 1689 (*N. T.*).

convicções religiosas ou políticas, bem como da sua raça ou cor – a um posto de trabalho nas condições estabelecidas pela lei. O que implica também garantias contra a perseguição, ainda que em formas ínvias. Sabemos que houve tribunais industriais que protegeram os indivíduos contra a arbitrariedade perpetrada a favor da concentração de poderes, tal como esta se manifestava, por exemplo, nas primeiras grandes companhias dos caminhos de ferro. Outros casos de abuso de poder a que os tribunais se opuseram são os documentados pela *Essential Works Order* britânica(*) ou os praticados por meio do «congelamento da mão de obra» [*freezing of labor*] nos Estados Unidos durante o estado de emergência, com as suas margens quase indefinidas de discriminação. Sempre que a opinião pública se mostrou decidida a defender as liberdades civis, houve tribunais e outras instâncias da justiça dispostos a afirmar as liberdades individuais. A verdade é que estas devem ser mantidas a todo o preço – ainda que esteja em jogo a eficácia na produção, a economia no consumo ou a racionalidade na administração. Uma sociedade industrial pode permitir-se ser livre.

O fim da economia de mercado poderá tornar-se o início de uma era de liberdade sem precedentes. A liberdade jurídica e efetiva poderá tornar-se uma condição mais geral do que nunca; a regulação e o controlo poderão realizar a liberdade não só para uns quantos poucos, mas para todos – uma liberdade que não será um privilégio, distorcida à partida, mas um direito imperativo que irá muito mais longe do que a simples esfera política na organização interna do conjunto da sociedade. Assim, as antigas liberdades e antigos direitos cívicos combinar-se-ão com o fundo da nova liberdade engendrada pelos ócios e pela segurança que a sociedade industrial poderá pôr ao alcance de todos. Porque a sociedade industrial poderá permitir-se ser, ao mesmo tempo, justa e livre.

(*) Trata-se de uma medida adotada por Bevin, em 1941, determinando que, numa empresa ou serviço declarado «essencial», os patrões não podiam proceder ao despedimento de um trabalhador, a menos que obtivessem a autorização para esse efeito de um responsável do Ministério do Trabalho – enquanto o trabalhador, igualmente, não poderia abandonar o seu posto de trabalho sem uma autorização do mesmo tipo (*N. T.*).

E contudo, eis que um obstáculo moral intervém, atravessando-se no caminho. A planificação e o controlo são acusados de negações da liberdade. A livre empresa e a propriedade privada são declaradas suas condições essenciais. Dizem-nos que nenhuma cidade que não se baseie nelas poderá ser livre. A liberdade criada pela regulação é denunciada como não-liberdade; a justiça, a liberdade e o bem-estar que aquela proporciona são apresentados como uma camuflagem da servidão. Foi em vão que os socialistas prometeram um reino da liberdade – porque os meios determinam os fins: a URSS, que se serve dos instrumentos do plano, da regulação e do controlo, ainda não começou a pôr em prática as liberdades prometidas pela sua Constituição e, segundo dizem os críticos, talvez nunca chegue a fazê-lo... Mas a oposição à regulação é a oposição à reforma. Nos liberais, a ideia de liberdade degenera, assim, em mera apologia da livre empresa – hoje reduzida a uma ficção pela dura realidade dos *trusts* gigantescos e dos monopólios senhoriais. O que significa a plenitude da liberdade para aqueles cujos rendimentos, ócios e segurança não necessitam de reforço, e não mais do que uma pequena pitada de liberdade para o povo, que em vão tentará usar os seus direitos democráticos para se proteger do poder dos detentores da propriedade. E não é tudo. A verdade é que os liberais não lograram em parte alguma restabelecer a livre empresa, condenada que esta estava ao fracasso por razões intrínsecas. Os esforços dos liberais tiveram como resultado a implantação dos grandes negócios em vários países europeus e também, colateralmente, de diversos tipos de fascismo – como no caso da Áustria. O plano, a regulação e o controlo, que os liberais gostariam de ver proscritos como perigos para a liberdade, foram então utilizados pelos inimigos confessos da liberdade para a abolir por completo. E contudo, a vitória do fascismo tornou-se praticamente inevitável devido à obstrução levada a cabo pelos liberais a qualquer reforma que implicasse a intervenção do plano, da regulação ou do controlo.

A frustração radical da liberdade sob o fascismo é, de facto, o resultado inevitável da filosofia liberal, que afirma que o poder e a coerção são o mal, que a liberdade implica a ausência de comunidade humana. Trata-se de uma condição impossível, como se torna evidente numa sociedade complexa. Uma conceção da liberdade neste termos não nos deixa mais do que a alternativa seguinte: ou permanecermos fiéis a uma ideia ilusória da liberdade, negando a realidade da sociedade, ou aceitarmos a realidade da sociedade e rejeitarmos a ideia de liberdade. A primeira conclusão corresponde à posição liberal; a segunda, à do fascismo. Nenhuma outra parece possível.

Concluímos assim, inevitavelmente, que é a própria possibilidade da liberdade que está posta em questão. Se a regulação é o único meio de difundir e reforçar a liberdade numa sociedade complexa, e se, no entanto, o recurso a esse meio é por si só contrário à liberdade, a liberdade é, então, impossível numa sociedade como a nossa.

Na raiz do problema, está, sem dúvida, o próprio sentido da liberdade. A economia liberal imprimiu uma falsa direção aos nossos ideais. Dir-se-ia que procurou realizar esperanças intrinsecamente utópicas. Não é possível a existência de uma sociedade sem poder e sem coerção, como não é possível um mundo em que a força não desempenhe quaisquer funções. A imagem de uma sociedade moldada exclusivamente pela vontade e as aspirações humanas não passa de uma ilusão. Todavia, tal era a conceção da sociedade na perspetiva do mercado, em cujos termos a economia se reduz a um conjunto de relações contratuais, ao mesmo tempo que as relações contratuais são identificadas com a liberdade. Alimentava-se assim a radical ilusão de que, na sociedade humana, nada há que não seja determinado pela vontade dos indivíduos e que não possa, por conseguinte, ser removido também pela sua vontade. Estamos perante uma conceção que se limita à perspetiva do mercado, enquanto este «fragmenta» a vida em setor do produtor – que termina quando o produto chega ao mercado – e setor do consumidor, para o qual todos os bens têm origem no mercado. O primeiro extrai «livremente» o seu rendimento do mercado, o outro despende-o «livremente», também no mercado. A sociedade, considerada no seu todo, mantém-se invisível. O poder de Estado não entrava em linha de conta, uma vez que, quanto mais fraco fosse, melhores condições teria o mercado para funcionar sem atrito. Nem os eleitores, nem os proprietários, nem os produtores, nem os consumidores podiam ser tidos por responsáveis pelas brutais restrições de liberdade acarretadas pelas situações de desemprego e privação. Um indivíduo decente podia assim imaginar-se isento de quaisquer responsabilidades pelos atos de coerção por parte de um Estado que, pessoalmente, rejeitava – ou pelo sofrimento económico que se fizesse sentir na sociedade, mas do qual ele, pessoalmente, não tirara qualquer benefício. Era um indivíduo que se bastava a si próprio, não devia fosse o que fosse a ninguém e nada tinha a ver com os males associados ao poder ou ao valor económico. O facto de não ser responsável por esses males era, aos seus olhos, tão evidente que lhe permitia negar a realidade daqueles em nome da sua própria liberdade.

Mas o poder e o valor económico são um paradigma da realidade social. Não decorrem da vontade humana, pelo que, a seu propósito, a não-cooperação é uma impossibilidade. A função do poder é assegurar essa medida de conformidade que é requerida pela existência do grupo e a sua fonte é, em última instância, a opinião: com efeito, quem pode não ter este ou aquele tipo de opiniões? O valor económico assegura a utilidade dos bens produzidos e tem de anteceder a decisão de os produzir – é o selo da divisão do trabalho. A sua origem são as necessidades humanas e a raridade: e, de facto, como não pressupor que desejemos certas coisas mais do que outras? Qualquer opinião ou desejo nosso torna-nos partes na criação do poder e na constituição do valor económico. Não é concebível qualquer liberdade de fazermos as coisas de outro modo.

Chegamos assim à conclusão do nosso argumento.

Quando pomos de parte a utopia do mercado, confrontamo-nos com a realidade da sociedade. Passa por aqui a linha que separa o liberalismo, por um lado, e o fascismo e o socialismo, por outro. A diferença entre os dois últimos não é fundamentalmente económica. É moral e religiosa. Até mesmo quando professam uma conceção económica idêntica, continuam a ser, mais do que simplesmente diferentes, encarnações de princípios opostos. E a questão em torno da qual se separam é, em última instância, uma vez mais, a questão da liberdade. Os fascistas e os socialistas aceitam a realidade da sociedade com o caráter final que o reconhecimento da morte imprimiu na consciência humana. O poder e a coerção são uma parte da realidade, o que invalida necessariamente um ideal que os exclua da existência social. Um e outro separam-se no momento em que, reconhecendo assim a realidade, se trata de saber se a ideia de liberdade pode ou não ser mantida: a liberdade será uma palavra oca, uma tentação que ameaça de destruição o homem e as suas obras, ou, pelo contrário, poderá o homem reafirmar a sua liberdade, sabendo o que sabe, e esforçar-se por realizá-la socialmente sem ceder a miragens morais?

É esta questão premente que resume a condição humana. O espírito e o conteúdo deste ensaio propõem-se como uma resposta.

Invocámos o que cremos serem os três factos constitutivos da consciência do homem ocidental: o reconhecimento da morte, o reconhecimento da liberdade, o reconhecimento da sociedade. O primeiro, de acordo com a lenda judaica, é o transmitido pela narrativa do Antigo Testamento. O segundo revela-se na descoberta da singularidade pessoal de cada um, através dos ensinamentos de Jesus, conforme os regista o Novo Testamento. O terceiro decorre do que nos revela a vida de uma sociedade industrial. Não podemos associá-lo exclusivamente a um só nome – mas talvez Robert Owen se aproxime de poder simbolizá-lo. É este último reconhecimento que constitui o elemento próprio da consciência humana moderna.

A resposta fascista ao reconhecimento da realidade da sociedade é a rejeição do postulado da liberdade. A descoberta cristã da singularidade do indivíduo e da unidade do género humano é negada pelo fascismo. Tal é a raiz da sua tendência degenerativa.

Robert Owen foi o primeiro a reconhecer que os Evangelhos ignoravam a realidade da sociedade. Referiu-se a esse aspeto designando-o como a «individualização» do homem pelo cristianismo, e parece ter acreditado que só numa república cooperativa poderia «tudo o que é verdadeiramente válido no cristianismo» deixar de estar separado do homem. Owen admitia que a liberdade a que acedemos através dos ensinamentos de

Jesus era inaplicável numa sociedade complexa. O seu socialismo era o assumir dessa exigência *de liberdade nesse tipo de sociedade*. Com o começo da era pós-cristã da civilização ocidental, os Evangelhos deixaram de ser suficientes, embora continuem a ser a base da nossa civilização.

A descoberta da sociedade será, portanto, o fim ou o renascer da liberdade. Enquanto o fascista se resigna a renunciar à liberdade e glorifica o poder que é a realidade da sociedade, o socialista resigna-se à realidade da sociedade e mantém, no entanto, a exigência de liberdade. O homem deve tornar-se maduro e capaz de existir como ser humano numa sociedade complexa. Para citarmos de novo as palavras inspiradas de Robert Owen: «Se certas causas do mal não puderem ser suprimidas pelos novos poderes que os homens estão em vias de adquirir, eles saberão estar então perante males necessários e inevitáveis, e deixarão de fazer ouvir os seus lamentos pueris».

A resignação foi sempre a fonte da força do homem e da nova esperança. O homem aceitou a realidade da morte e construiu sobre o seu reconhecimento o sentido da sua existência carnal. Resignou-se à verdade de ter uma alma que podia perder, descobriu que existiam coisas piores do que a morte, e sobre isso fundou a sua liberdade. Mas, uma vez mais, a vida brota da resignação suprema. A aceitação sem queixas da realidade da sociedade dá ao homem uma coragem e uma força indomáveis no combate contra toda a injustiça e ausência de liberdade evitáveis. Enquanto permanecer fiel à sua tarefa de criar mais liberdade para todos, não terá de temer que o poder ou as medidas do plano se voltem contra ele e destruam a liberdade que através desses meios visa construir. Tal é o sentido da liberdade numa sociedade complexa: dá-nos toda a certeza que nos é necessária.

Notas sobre as Fontes

DO CAPÍTULO I

1. O Equilíbrio das Potências enquanto Política, Lei Histórica, Princípio e Sistema

1. *A política de equilíbrio entre as potências*

A *política* de equilíbrio entre as potências é uma instituição nacional inglesa. É puramente pragmática e factual, e não deve ser confundida com o *princípio* nem com o *sistema* de equilíbrio entre as potências. Esta política resultava de uma posição insular frente a um litoral continental ocupado por comunidades políticas organizadas. «A sua escola de diplomacia deu os seus primeiros passos, de Wolsey a Cecil, adotando o *equilíbrio das potências* como a única possibilidade de segurança para a Inglaterra frente aos grandes Estados continentais em vias de formação», escreve Trevelyan. Trata-se de uma política instaurada, sem dúvida, sob os Tudors – e foi praticada, desde então, tanto por Sir William Temple como por Canning, Palmerston ou Sir Edward Grey. Precedeu em quase dois séculos a emergência do sistema de equilíbrio entre as potências no continente, e desenvolveu-se em termos inteiramente independentes da doutrina que afirmava o princípio do equilíbrio das potências, tal como a formulavam Fénelon ou Vattel. Todavia, a política nacional da Inglaterra seria em grande medida favorecida pelo desenvolvimento do referido sistema no continente, uma vez que, com o tempo, isso lhe tornou mais fácil organizar políticas de alianças contra qualquer poder continental que afirmasse a sua superioridade. Por conseguinte, os políticos britânicos tendiam a promover a ideia de que a política inglesa de equilíbrio entre as potências era, na realidade, uma expressão do princípio doutrinal do equilíbrio das potências. No entanto, os políticos britânicos não escamoteavam deliberadamente a diferença entre a sua política própria de autodefesa e qualquer aplicação de um princípio. Sir Edward Grey escreveu o seguinte no seu *Twenty-Five Years*: «A Grã-Bretanha não era, em teoria, contrária à preponderância de um grupo poderoso na Europa, quando este parecia favorável à estabilidade e à paz. Apoiar uma coligação dessa espécie era, de um modo geral, a sua primeira escolha. Só quando a potência dominante se torna agressiva e a Grã-Bretanha se sente ameaçada nos seus interesses é que ela se orienta, movida, se não por uma política deliberada, por um instinto de autodefesa, no sentido de qualquer coisa como um Equilíbrio das Potências».

Foi assim como um seu legítimo interesse que a Inglaterra apoiou a formação de um sistema de equilíbrio entre as potências no continente e sustentou os seus princípios. Agir assim fazia parte da sua política. A confusão induzida pela combinação destas duas referências essencialmente diferentes do equilíbrio das potências é bem percetível nas duas citações seguintes: Fox, em 1787, interpelava com indignação o governo, perguntando «se a Inglaterra já não estaria em condições de manter o equilíbrio das potências na Europa e ser olhada como protetora das suas liberdades». Afirmava que a Inglaterra tinha direito a ser reconhecida como garante do sistema de equilíbrio entre as potências na Europa. E Burke, quatro anos mais tarde, descrevia o mesmo sistema como o «direito público da Europa», destinado a vigorar durante dois séculos. Estas identificações retóricas da política nacional de Inglaterra com o sistema europeu de equilíbrio entre as potências tornariam naturalmente mais difícil para os americanos distinguir entre duas conceções que lhes pareciam igualmente execráveis.

2. O equilíbrio entre as potências enquanto lei histórica

Uma outra conceção do equilíbrio entre as potências baseia--se diretamente na natureza das unidades de poder. Na história do pensamento moderno, foi formulada pela primeira vez por Hume. Mas esta sua contribuição perdeu-se durante o eclipse quase total do pensamento político que se seguiu à Revolução Industrial. Hume reconheceu a natureza política do fenómeno e sublinhou a sua independência de factos psicológicos e morais. O processo, em seu entender, entrava em ação, independentemente das motivações dos atores, na medida em que estes se comportavam como encarnações do poder. A experiência mostrava, dizia Hume, que quer fosse «uma emulação ciosa ou uma política avisada» o móbil ativo, «os efeitos eram semelhantes». F. Schuman diz: «Se postularmos um Sistema de Estados composto por três unidades, A, B e C, é evidente que um aumento de poder em qualquer delas implicará uma diminuição do poder nas outras duas». O autor infere daqui que o equilíbrio das potências, «na sua forma elementar, destina-se a manter a independência de cada unidade do Sistema de Estado». E poderia perfeitamente ter generalizado este postulado de modo a torná-lo aplicável a todas as espécies de unidades de poder, pertencentes ou não a um sistema político organizado. Com efeito, é nestes termos que o equilíbrio entre as potências surge do ponto de vista da sociologia histórica. Toynbee, no seu *Study of History*, menciona o facto de as unidades de poder tenderem a expandir-se na periferia dos grupos de potências, mais do que no centro, onde a pressão é maior. Os Estados Unidos, a Rússia e o Japão, tal como os Domínios da Coroa britânicos, expandiram-se prodigiosamente num tempo em que até mesmo transformações territoriais menores eram praticamente impossíveis na Europa Ocidental e Central. Pirenne introduz igualmente uma lei histórica do mesmo tipo. Observa que, em comunidades comparativamente não organizadas, um núcleo de resistência à pressão externa começa por formar-se de um modo geral nas regiões mais afastadas da potência vizinha. Por exemplo: a formação do reino franco por Pepino de Héristal nas remotas regiões setentrionais, ou a emergência da Prússia Oriental como centro organizador das Alemanhas. Uma outra lei do mesmo tipo é a do belga De Greef sobre o Estado-tampão, que parece ter influenciado a escola de Frederick Turner e levado à formação do conceito do Oeste americano, como uma variante de «Bélgica nómada». Os conceitos de equilíbrio e desequilíbrio entre as potências aqui referidos são independentes de conteúdos morais, jurídicos ou psicológicos. Reportam-se apenas ao poder. O que revela sua natureza política.

3. *O equilíbrio das potências enquanto princípio e sistema*

Uma vez reconhecido um interesse humano como legítimo, deduz-se a partir dele um princípio de conduta. A partir de 1648, foi reconhecido o interesse internacional dos Estados europeus no *statu quo*, tal como tinha sido estabelecido pelos Tratados de Münster e de Vestefália, e estabelecida a solidariedade dos signatários sobre a questão. O tratado de 1648 foi subscrito por praticamente todas as potências europeias, que, ao mesmo tempo, se comprometiam com a sua defesa. É deste mesmo tratado que data o estatuto de Estados soberanos de países como a Suíça e os Países Baixos. Doravante, os Estados sentiam-se autorizados a considerar que qualquer mudança importante do *status quo* punha um problema que dizia respeito a todos eles. Tal é a forma rudimentar do equilíbrio das potências enquanto princípio vigente no interior da família das nações. Não se consideraria uma expressão de hostilidade que qualquer Estado agisse de acordo com este princípio, perante uma outra potência suspeita, com razão ou sem ela, de ter a intenção de alterar o *status quo*. O novo estado de coisas, evidentemente, facilitava em enorme medida a formação de coligações que se opusessem à mudança. Todavia, só ao cabo de setenta e cinco anos o princípio seria expressamente reconhecido pelo Tratado de Utreque, quando, *ad conservandum in Europa equilibrium*, os domínios espanhóis foram divididos entre os Bourbons e os Habsburgos. Através deste reconhecimento formal do princípio, a Europa passou a organizar-se gradualmente como um *sistema* que o tomava por base. Uma vez que a absorção (ou dominação) das pequenas potências pelas grandes transtornaria o equilíbrio entre as potências, a independência das primeiras era salvaguardada pelo sistema. Por vaga que fosse, a organização da Europa após 1648 e até mesmo ainda após 1713, a permanência de todos os Estados, grandes e pequenos, por um período de cerca de duzentos anos, terá de ser creditada ao sistema de equilíbrio das potências. Travaram-se inúmeras guerras em seu nome, e ainda que aquelas devam ser tidas como inspiradas, sem exceção, por considerações de poder, o resultado foi em muitos casos o mesmo que teria sido se os países tivessem agido segundo o princípio da garantia coletiva perante atos de agressão injustificados. Nenhuma outra explicação dá conta da persistente sobrevivência de entidades políticas menos poderosas como a Dinamarca, a Holanda, a Bélgica e a Suíça por períodos de tempo tão prolongados, apesar das forças avassaladoras que ameaçavam as suas fronteiras. Logicamente, a distinção entre um princípio e uma organização baseada nele – ou seja, um sistema – parece clara. Mas não devemos subestimar a eficácia dos princípios ainda que mal organizados, ou quando, por outras palavras, não adquiriram ainda a posição institucional, limitando-se a fornecer uma certa direção aos hábitos ou costumes convencionais. Embora sem um centro estabelecido, sem reuniões regulares, sem funcionários comuns ou um código de conduta coativo, a Europa constituíra-se num sistema através simplesmente do estreito contacto constante que mantinham as várias chancelarias e os membros dos corpos diplomáticos. À tradição estrita que governava a obtenção de informações, as *démarches*, os *aide-mémoire* – feitos em conjunto ou separadamente, em termos idênticos ou não – correspondiam outros tantos meios de transmitir relações de força sem que isso desse lugar a crises, abrindo novas vias de compromisso ou, mais tarde, de ação concertada, no caso de as negociações falharem. Com efeito, o direito à intervenção reconhecida nos assuntos dos pequenos Estados, quando os interesses legítimos das potências estavam ameaçados, equivalia à existência de um diretório europeu, apesar de só vagamente organizado.

Talvez o pilar mais forte deste sistema informal fosse o enorme volume de negócios internacionais privados que se celebravam muitas vezes ao abrigo de um tratado ou de outro instrumento internacional que o costume e a tradição tornavam eficazes. Os governos e os seus cidadãos influentes estavam de vários modos enredados nos vários fios financeiros, económicos e jurídicos das transações internacionais. Uma guerra local significava somente uma breve interrupção de algumas transações, enquanto os interesses adquiridos, com todo o seu peso imenso, se mantinham noutras transações, definitiva ou pelo menos provisoriamente indemnes, impondo-se aos que pudessem procurar nos acasos da guerra causar desvantagem aos seus inimigos. Esta pressão silenciosa do interesse privado que permeava por completo a vida das comunidades civilizadas e ultrapassava as fronteiras nacionais era a peça fundamental da reciprocidade internacional e conferia ao princípio do equilíbrio das potências sanções eficazes, embora este ainda não tivesse assumido a forma organizada de um Concerto da Europa ou de uma Sociedade das Nações.

O Equilíbrio das Potências enquanto Lei Histórica
Hume, D., «On the Balance of Power», *Works*, vol. III (1854), p. 364. Schuman, F., *International Politics* (1933). Toynbee, A. J., *Study of History*, vol. III, p. 302. Pirenne, H., *Outline of the History of Europe from the Fall of the Roman Empire to 1600* (ed. inglesa, 1939). Barnes-Becker-Becker, sobre De Greef, vol. II, p. 871. Hofmann, A., *Das deutsche Land und die deutsche Geschichte* (1920). Ver também a escola geopolítica de Hausofer. No outro extremo, Russell, B., *Power. Psychopathology and Politics*; *World Politics and Personal Insecurity*, e outros trabalhos. Ver também Rostovtzeff, *Social and Economic History of the Hellenistic World*, capítulo 4, I Parte.

O Equilíbrio das Potências como Princípio e Sistema
Mayer, J. P., *Political Thought* (1939), p. 464. Vattel, *Le Droit des gens* (1758). Hershey, A. S., *Essentials of International Public Law and Organization* (1927), pp. 567-569. Oppenheim, L., *International Law*. Heatley, D. P., *Diplomacy and the Study of International Relations* (1919).

A Paz de Cem Anos

Leathes, «Modern Europe», *Cambridge Modern History*, vol. XII, capítulo I. Toynbee, A. J., *Study of History*, vol. IV (C), pp. 142-153. Schuman, F., *International Politics*, Livro I, capítulo 2. Clapham, J. H., *Economic Development of France and Germany, 1815-1914*, p. 3. Robbins, L., *The Great Depression* (1934), p. 1. Lippmann, W., *The Good Society*, Cunningham. W., *Growth of English Industry and Commerce in Modern Times.* Knowles, L. C. A., *Industrial and Commercial Revolutions in Great Britain during the Nineteenth Century* (1927). Carr, E. H., *The Twenty Years' Crisis, 1929-1939* (1940). Crossman, R. H. S., *Government and the Governed* (1939), p. 225. Hawtrey, R. G., *The Economic Problem* (1925), p. 265.

O caminho de ferro de Bagdad

O conflito considerado resolvido pelo acordo britânico-alemão de 15 de junho de 1914: Buell, R. L., *International Relations* (1929), Hawtrey, R. G.., *The Economic Problem* (1925). Mowat, R. B., *The Concert of Europe* (1930), p. 313. Stolper, G., *This Age of Fable* (1942). Sobre o ponto de vista contrário: Fay, S. B., *Origins of the World War*, p. 312. Feis, H., *Europe. The World's Balance, 1870-1914* (1930), pp. 335 ss.

Concerto da Europa

Langer, W. L., *European Alliances and Alignements (1871-1890)* (1931). Sontag, R. J., *European Diplomatic History (1871-1932)*. Onken, H., «The German Empire», *Cambridge Modern History*, vol. XII. Mayer, J. P., *Political Thought* (1939), p. 464. Mowat, R. B., *The Concert of Europe* (1930), p. 23. Phillips, W. A., *The Confederation of Europe, 1914* (2.ª ed., 1920). Lasswell, H. D., *Politics*, p. 53. Muir, R., *Nationalism and Internationalism* (1917), p. 176. Buell, R. L., *International Relation* (1929), p. 512.

2. A Paz de Cem Anos

1. *Os factos*

As Grandes Potências da Europa não estiveram em guerra umas com as outras durante o século que vai de 1815 a 1914, exceto por três breves períodos: seis meses em 1859, seis semanas em 1866 e nove meses em 1870-1871. A Guerra da Crimeia, que durou exatamente dois anos, foi de natureza periférica e semicolonial, como reconhecem os historiadores, entre os quais se incluem Clapham, Trevelyan, Toynbee e Binkley. A propósito, os títulos russos detidos por mãos britânicas foram, durante a guerra, devidamente honrados em Londres. A diferença fundamental entre o século XIX e os anteriores é a que separa guerras generalizadas ocasionais da completa ausência de guerras generalizadas. A afirmação do major-general Fuller de que não houve um ano sem guerra durante todo o século XIX parece insustentável. E quando Quincy Wright compara os números de anos de guerra de diferentes séculos sem ter em conta a diferença entre guerras generalizadas e guerras locais, temos a impressão de que omite um ponto de importância maior.

2. *O problema*

É o fim das guerras comerciais quase ininterruptas entre Inglaterra e França, origem fértil de conflitos generalizados, o principal aspeto a requerer explicação. Podemos relacioná-lo com dois factos da esfera da política económica: a) o desaparecimento do velho império colonial e b) a evolução da era do livre-câmbio no sentido do padrão-ouro. Enquanto os interesses na guerra declinavam rapidamente com a emergência das novas formas de comércio, afirmavam-se também interesses positivos na paz decorrentes da nova moeda internacional e da estrutura do crédito associada ao padrão-ouro. O interesse do conjunto de cada economia nacional supunha doravante a garantia de moedas estáveis e do funcionamento dos mercados mundiais dos quais dependiam os rendimentos e o emprego. O expansionismo tradicional foi substituído por uma tendência anti-imperialista, que seria quase geral entre as Grandes Potências até cerca de 1880. (Aspeto que tratámos no capítulo XVIII.)

Todavia, parece ter existido um hiato de mais de meio século (1815-1880) entre o período das guerras comerciais, em que se considerava naturalmente que a política externa se ocupasse da extensão de um comércio lucrativo, e o período seguinte, em que os interesses de detentores de valores estrangeiros e os investidores diretos noutros países passaram a ser considerados como da legítima competência dos ministros dos Negócios Estrangeiros. Foi no decurso do referido hiato que se estabeleceu a doutrina de que os negócios privados não deveriam poder influenciar a condução dos assuntos externos, e, por outro lado, foi só em finais do mesmo período que as chancelarias começaram a considerar que as pretensões dos negócios privados eram atendíveis, embora com certas reservas expressas, definidas em termos estritos, levando em conta as novas tendências da opinião pública. A nossa tese é que esta transformação se ficou a dever às características do comércio, cuja envergadura e cujo êxito, nas condições do século XIX, já não dependiam da política diretamente seguida pelas potências, sendo que, por isso, a reafirmação gradual da influência dos negócios sobre a política externa resultou de um novo tipo de negócios cujos interesses ultrapassavam as fronteiras nacionais. Mas enquanto os interesses em jogo foram apenas os dos detentores de títulos estrangeiros, os governos mostravam-se relutantes em ouvi-los, uma vez que, durante muito tempo, os empréstimos ao exterior eram tidos por simplesmente especulativos, no sentido mais forte do termo: os rendimentos investidos eram-no geralmente em títulos emitidos pelos governos nacionais, e não havia potência que considerasse que se justificava prestar apoio a cidadãos seus que tinham embarcado na iniciativa de risco de emprestar dinheiro a Estados ultramarinos de reputação duvidosa. Canning rejeitou perentoriamente as pressões dos investidores que esperavam que o governo britânico se preocupasse com as suas perdas no estrangeiro e recusou-se, em termos categóricos, a fazer depender o reconhecimento das repúblicas latino-americanas do pagamento por parte destas das suas dívidas ao estrangeiro. A célebre circular de 1848 de Palmerston é o primeiro indício de uma atitude em vias de mudança, mas sem que as coisas se tivessem modificado em demasia: na realidade, os interesses comerciais do mundo dos negócios cobriam uma área tão ampla que o governo não podia consentir que qualquer pequeno capital investido causasse problemas aos negócios de um império mundial. O renovado interesse da política externa pelas operações especulativas no estrangeiro foi, fundamentalmente, resultado do desaparecimento do livre-cambismo e do regresso aos métodos do século XVIII. Mas, uma vez que o comércio se encontrava doravante intimamente ligado a investimentos no estrangeiro, cujo caráter deixara de ser especulativo e se normalizara por completo, a política externa retomou a sua anterior orientação no sentido de ter em conta os interesses comerciais da comunidade. Não é este facto, mas antes o hiato marcado pela derrogação desses interesses, que requer explicação.

DO CAPÍTULO II

3. A rutura do padrão-ouro

A rutura do padrão-ouro foi precipitada pela estabilização forçada das moedas. A vanguarda do movimento de estabilização foi Genebra, que transmitia aos Estados financeiramente mais fracos as pressões exercidas pela City de Londres e por Wall Street.

O *primeiro* grupo de Estados a proceder à estabilização foi o dos países derrotados, cujas moedas se tinham desagregado no fim da Grande Guerra. O *segundo* grupo consistiu no conjunto dos Estados europeus vencedores, que estabilizariam as suas moedas sobretudo depois de os do primeiro grupo o terem feito. O *terceiro* grupo foi o do principal beneficiário do interesse no padrão-ouro – ou seja, os Estados Unidos.

1. **Países Vencidos**

    Estabilização da moeda em

Rússia	1923
Áustria	1923
Hungria	1924
Alemanha	1924
Bulgária	1925
Finlândia	1925
Estónia	1926
Grécia	1926
Polónia	1926

2. **Países Europeus Vencedores**

	Estabilização da moeda em	Abandono do padrão-ouro em
Grã-Bretanha	1925	1931
França	1926	1936
Bélgica	1926	1936
Itália	1926	1933

3. **Credor Universal**

    Abandono do padrão-ouro em

Estados Unidos	1933

O desequilíbrio do *primeiro* grupo foi, durante algum tempo, suportado pelo segundo. Depois de ter estabilizado igualmente a sua moeda, o *segundo* grupo teve também necessidade de apoio, tendo este sido fornecido pelo *terceiro*. Em última análise, foi este *terceiro* grupo, constituído pelos Estados Unidos, o mais duramente atingido pelo desequilíbrio cumulativo da estabilização europeia.

4. Oscilações Pendulares Consecutivas à I Guerra Mundial

A oscilação do pêndulo depois da I Guerra Mundial foi geral e rápida, mas de amplitude reduzida. Na grande maioria dos continentes da Europa Central e de Leste, o período de 1918--1923 trouxe simplesmente consigo, como desfecho da derrota, uma restauração conservadora depois de uma breve república democrática (ou socialista): ao cabo de alguns anos mais, tinham sido instaurados quase universalmente regimes governados por partidos únicos. E, uma vez mais, tratou-se de um movimento de ordem muito geral.

País	Revolução	Contrarrevolução	Governo de partido único
Áustria	República democrática, outubro de 1928	República burguesa, 1920	1934
Bulgária	Reforma agrária radical, outubro de 1918	Contrarrevolução fascista, 1923	1934
Estónia	República socialista, 1917	República burguesa, 1918	1926
Finlândia	República socialista, fevereiro de 1917	República burguesa, 1918	–
Alemanha	República socialista democrática, novembro de 1918	República burguesa, 1920	1933
Hungria	República democrática	Sovietes, março de 1919 Contrarrevolução, 1919	–
Jugoslávia	Federação democrática, 1918	Estado autoritário militarizado, 1926	1929
Letónia	República socialista, 1917	República burguesa, 1918	1934
Lituânia	República socialista, 1917	República burguesa, 1918	1926
Polónia	República socialista democrática, 1919	Estado autoritário, 1926	–
Roménia	Reforma agrária, 1918	Regime autoritário, 1926	–

5. A Finança e a Paz

Dispomos de material muito reduzido sobre o papel político desempenhado pela finança internacional ao longo deste último meio século. O livro de Corti sobre os Rothschilds cobre somente o período anterior ao Concerto Europeu. A sua participação no mercado das ações do Suez; a oferta, em 1871, de financiamento da indemnização de guerra francesa através de um empréstimo internacional, por parte dos Bleichroeders; as grandes transações do período do caminho de ferro do Oriente não são abordadas. Os trabalhos históricos, como os de Langer e de Sontag, concedem pouca atenção à atividade financeira internacional (e o segundo dos autores citados, ao enumerar os fatores de paz, omite qualquer menção à finança) – enquanto as observações de Leathe, na *Cambridge Modern History*, são quase uma exceção. A crítica liberal independente orientou-se ou no sentido de mostrar a falta de patriotismo dos financeiros, ou a sua inclinação para apoiar as tendências imperialistas e protecionistas em detrimento da liberdade comercial – como vemos, por exemplo, nos casos de Lysis, em França ou de J. A. Hobson, em Inglaterra. Os trabalhos marxistas, como os ensaios de Hilferding ou de Lenine, insistem na ação das forças imperialistas que emanam da banca e na sua vinculação orgânica com as indústrias pesadas. Mas trata-se de uma perspetiva que, além de valer em rigor apenas para a Alemanha, é necessariamente incapaz de dar conta dos interesses da banca internacional.

A influência de Wall Street sobre os acontecimentos da década de 1920 revela-se demasiado recente para poder ser analisada em termos objetivos. Poucas dúvidas haverá de que lançou o seu peso na balança do lado da moderação e da mediação internacionais – da época dos tratados de paz aos Plano Dawes, ao Plano Young e à liquidação das reparações em Lausanne e também posteriormente. A bibliografia recente tende a conceder um lugar à parte ao problema dos investimentos privados, como é o caso do trabalho de Staley, que exclui explicitamente os empréstimos aos Estados, quer tenham sido emitidos por outros governos ou por investidores privados: esta restrição exclui na prática qualquer consideração geral da finança internacional do interessante estudo do autor. A excelente análise de Feis, à qual recorremos amplamente, aproxima-se mais do tratamento do tema no seu conjunto, mas sofre também da escassez inevitável de documentação autêntica, uma vez que os arquivos da alta finança continuam ainda fora do nosso acesso. As mesmas limitações incontornáveis afetam o valioso trabalho de Earle, Remer e Viner.

DO CAPÍTULO IV

6. **Seleção de Referências sobre «Sociedades e Sistemas económicos»**

O século XIX tentou estabelecer um sistema económico autorregulado tendo por base a motivação do ganho individual. A nossa tese é que se tratava, dada a própria natureza das coisas, de um empreendimento impossível. Aqui preocupamo-nos apenas com a conceção distorcida da vida e da sociedade que aquela perspetiva causava. Os pensadores do século XIX consideravam, por exemplo, que um comportamento de negociante no mercado era qualquer coisa de «natural», e que qualquer outro modelo de conduta seria um comportamento económico artificial, resultante de uma interferência nos instintos humanos; consideravam que os mercados se formariam espontaneamente, contanto que os homens fossem deixados a eles próprios; que, independentemente de ser ou não desejável em termos morais, a praticabilidade do tipo de sociedade correspondente assentava nas características imutáveis da espécie – e assim por diante. É quase completamente oposta a conclusão a que chegamos a partir dos dados da investigação atual nos vários campos das ciências sociais, como a antropologia social, a economia primitiva, a história dos primórdios da civilização e a história económica geral. Com efeito, dificilmente encontramos uma hipótese antropológica ou sociológica – explícita ou implícita – formulada pelo liberalismo económico que não tenha sido, entretanto, refutada. Eis umas quantas citações que o comprovam.

a) *A motivação do ganho não é «natural» no homem*

«O traço característico da economia primitiva é a ausência de qualquer desejo de extrair lucros da produção ou da troca» (Thurnwald, *Economics in Primitive Communities*, 1932, p. xiii). «Uma outra conceção que importa denunciar de uma vez por todas é a que certos manuais de economia política fazem do Homem Económico Primitivo» (Malinowski, *Argonauts of the Western Pacific*, 1930, p. 60). «Devemos rejeitar os *Idealtypen* [tipos ideais] do liberalismo de Manchester, que são enganadores, não só em termos teóricos, mas também históricos» (Brinkmann, «Das soziale System des Kapitalismus», *Grundriss der Sozialökonomik*, vol. IV, p. 11).

b) *Esperar que o trabalho seja remunerado não é «natural» no homem*

«O ganho, do mesmo modo que é frequentemente o incentivo ao trabalho nas comunidades mais civilizadas, nunca desempenha esse papel nas condições nativas originais» (Malinowski, *op. cit.*, p. 156). «Não encontramos em parte alguma da sociedade primitiva isenta de influências estranhas o trabalho associado à ideia de remuneração» (Lowie, «Social Organization», *Encyclopedia of the Social Sciences*, vol. XIV, p. 14). «*Em parte nenhuma* é o trabalho alugado ou vendido» (Thurnwald, *Die menschliche Gesellschaft*, Livro III, 1932, p. 169). «O tratamento do trabalho como uma obrigação, que não tem por que ser indemnizada (...)» é um fenómeno geral (Firth, *Primitive Economics of the New Zealand Maori*, 1929). «Até mesmo na Idade Média, o pagamento do trabalho a estrangeiros é qualquer coisa de inédito». «O estrangeiro não tem uma obrigação *pessoal* vinculativa, e, por isso, deverá trabalhar movido pela honra e o reconhecimento». Os menestréis, que, sendo estrangeiros, «aceitavam ser pagos (...) eram, por conseguinte, desprezados» (Lowie, *op. cit.*).

c) *Reduzir o trabalho ao mínimo inevitável não é «natural» no homem*

«Não podemos deixar de observar que o trabalho nunca se limita ao mínimo inevitável, mas excede o montante do absolutamente necessário, devido a uma inclinação natural ou adquirida que impele à atividade» (Thurnwald, *Economics*, p. 209). «O trabalho tende sempre a ultrapassar o que seria estritamente necessário» (Thurnwald, *Die menschliche Gesellschaft*, p. 163).

d) *Os incentivos habituais do trabalho não são o ganho, mas a reciprocidade, a competição, a satisfação de cumprir uma tarefa e a aprovação social*

Reciprocidade: «Acontece que a maior parte dos atos económicos, se não todos, pertence à mesma cadeia de dons e contradons recíprocos, que a longo prazo se equilibram, beneficiando por igual um e outro lado. (...) Aquele que desobedecesse persistentemente às disposições da lei nas suas transações económicas ver-se-ia em breve excluído da ordem económica e social, e todos sabem perfeitamente que assim é» (Malinowski, *Crime and Custom in Savage Society*, 1926, pp. 40-41).

Competição: «A competição é acesa, e o desempenho, ainda que uniforme quanto aos seus objetivos, de excelência variável (...) todos se precipitam buscando a excelência máxima na reprodução dos modelos de conduta» (Goldenweiser, «Loose Ends of Theory on the Individual, Pattern, and Involution in Primitive Society», *Essays in Anthropology*, 1936, p. 99). «Os homens rivalizam uns com os outros tentando ser cada um deles o mais rápido, o mais eficiente, aquele que carregará mais fardos levando para o quintal grandes estacas ou transportando os inhames da colheita» (Malinowski, *Argonauts*, p. 61).

Satisfação de cumprir uma tarefa: «O trabalho feito por gosto é uma característica constante da indústria *maori*» (Firth, «Some Features of Primitive Industry», *E.J.*, vol. I, p. 17). «Consagra-se muito tempo e esforço com intuitos estéticos: ter os quintais bem arranjados, mantê-los limpos e desimpedidos, construir belas vedações sólidas, instalar grandes pérgulas resistentes para os inhames. Todas estas coisas são, de uma maneira ou de outra, necessárias ao cultivo dos jardins, mas é indubitável que os nativos as fazem com um escrúpulo de perfeição que a necessidade não explica» (Malinowski, *op. cit.*, p. 59).

Aprovação social: «A perfeição de que é capaz na jardinagem indica em termos gerais o valor social da pessoa» (Malinowski, *Coral Gardens and Their Magic*, vol. II, 1935, p. 124). «Espera-se de cada membro da comunidade que mostre um certo grau normal de aplicação» (Firth, *Primitive Polynesian Economy*, 1939, p. 161). «Os habitantes das ilhas Andaman consideram a preguiça uma forma de comportamento antissocial» (Radcliffe-Brown, *The Andaman Islanders*). «Pôr o seu trabalho à disposição de outrem não é apenas um serviço económico, mas também um serviço social» (Firth, *op. cit.*, p. 303).

e) *O homem é sempre o mesmo ao longo dos tempos*

Linton, no seu *Study of Man*, recomenda-nos cautela perante as teorias psicológicas de determinação da personalidade e afirma que há «observações gerais [que] levam a concluir que todo o leque desses tipos é, com efeito, o mesmo em todas as sociedades. (...) Por outras palavras, assim que [o observador] atravessa barreira da diferença cultural, descobre que os membros desses povos são fundamentalmente como nós» (p. 484). Thurnwald insiste na semelhança entre os homens em todos os estádios do seu desenvolvimento: «A economia primitiva, como a estudámos nas páginas anteriores, não se distingue de qualquer outra forma de economia, uma vez que é sempre das relações entre os homens que se ocupa, apoiando-se nos mesmos princípios gerais da vida social» (*Economics*, p. 288). «Certas emoções coletivas de natureza elementar são essencialmente as mesmas em todos os seres humanos e explicam a recorrência de configurações semelhantes na sua existência social» («Sozialpsychische Abläufe im Völkerleben», *Essays in Anthropology*, p. 383). A investigação de *Patterns of Culture* de Ruth Benedict baseia-se numa hipótese análoga: «Falei como se o temperamento humano fosse razoavelmente constante no mundo, como se houvesse, em cada sociedade, potencialmente disponível uma distribuição de temperamentos semelhantes nas suas grandes linhas, e como se a cultura selecionasse de entre eles, de acordo com os seus modelos tradicionais, os traços que vão moldar a grande maioria dos indivíduos, definindo a sua conformidade. Por exemplo, de acordo com esta interpretação, a experiência do transe é uma potencialidade para uns quantos indivíduos de qualquer população. Quando é honrada e recompensada, será grande a proporção dos que a cultivam ou simulam (...)» (p. 233). A mesma posição é consequentemente mantida por Malinowski no conjunto dos seus trabalhos.

f) *Os sistemas económicos estão, de um modo geral, incrustados em relações sociais; a distribuição dos bens materiais é assegurada por motivações não-económicas*

A economia primitiva é «um assunto social, que considera os seres humanos como partes de um todo interligado» (Thurnwald, *Economics*, p. xii). O mesmo se poderia dizer da riqueza, do trabalho e da troca. «A riqueza primitiva não é de natureza económica mas social» (*ibid.*). A força de trabalho é capaz de «trabalho eficaz», porque é *«integrada por certas forças sociais num esforço organizado»* (Malinowski, *Argonauts*, p. 157). «A troca de bens e serviços faz-se a maior parte das vezes no quadro de uma associação duradoura, ou em ligação com certos laços sociais definidos, ou conjugando-se com a reciprocidade característica de aspectos não-económicos» (Malinowski, *Crime and Custom*, p. 39).

Os dois princípios fundamentais que governam o comportamento económico parecem ser a *reciprocidade* e o *armazenamento acompanhado pela distribuição*:

«*O conjunto da vida tribal é permeado por um dar e tomar constante*» (Malinowski, *Argonauts*, p. 167). «*O dar hoje será recompensado pelo tomar amanhã. Tal é o resultado do princípio da reciprocidade que se introduz em todas as relações da vida primitiva* (...)» (Thurnwald, *Economics*, p. 106). A fim de tornar possível esta reciprocidade, existe uma certa «dualidade» de instituições ou uma certa «simetria de estrutura em cada sociedade selvagem, que nela descobrimos como base indispensável das obrigações recíprocas» (Malinowski, *Crime and Custom*, p. 25). «A repartição simétrica das suas casas dos espíritos baseia-se, entre os Bánaro, na estrutura da sua sociedade, de igual modo simétrica» (Thurnwald, *Die Gemeinde der Bánaro*, 1921, p. 378).

Thurnwald descobriu que a par deste comportamento recíproco, e por vezes combinando-se com ele, a prática do armazenamento acompanhado pela redistribuição era de aplicação muito generalizada, presente tanto nas tribos de caçadores como em grandes impérios. Os bens são recolhidos e armazenados a nível central e depois, segundo uma grande variedade de maneiras, distribuídos pelos membros da comunidade. Entre as populações da Micronésia e da Polinésia, por exemplo, «os reis, na qualidade de representantes do primeiro clã, recolhem todos os rendimentos, redistribuindo-os em seguida pelos membros da população na forma de atos de liberalidade» (Thurnwald, *Economics*, p. XII). Esta função distributiva é uma fonte primordial do poder político das instâncias centrais (*ibid.*, p. 107).

g) *A busca individual de alimento para consumo próprio e familiar não faz parte da vida primitiva do homem*

Os clássicos pressupunham que o homem pré-económico provia às suas próprias necessidades e às da família. Esta ideia foi ressuscitada por Karl Bücher na sua obra pioneira escrita na viragem do século, adquirindo ampla difusão. A investigação recente, no entanto, é unânime a desautorizar a conceção de Bücher sobre esse ponto. (Firth, *Primitive Economics of the New Zealand Maori*, pp. 12, 206, 350; Thurnwald, *Economics*, pp. 170, 268, e *Die menschliche Gesellschaft*, Vol. III, p. 146; Herskovits, *The Economic Life of Primitive Peoples*, 1940, p. 34; Malinowski, *Argonauts*, p. 167, nota.)

h) *A reciprocidade e a redistribuição são princípios de comportamento económico que se aplicam não só a pequenas comunidades primitivas, mas também a impérios vastos e ricos*

«A distribuição tem a sua própria história particular, que começa com as formas mais primitivas de existência das tribos de caçadores». «O caso é diferente nas sociedades com uma estratificação mais recente e mais pronunciada (...)» «O exemplo mais impressivo é o fornecido pelas ocasiões em que as populações de pastores e as de agricultores entram em contacto». «As condições nestas sociedades diferem em medida considerável. Mas a função distributiva cresce à medida que cresce o poder político de algumas famílias e à medida que assistimos à emergência das figuras dos déspotas. O chefe recebe os dons do camponês, que, entretanto, se transformam em 'tributos', e distribui-os pelos seus funcionários, sobretudo por aqueles mais ligados à sua corte».

«Este desenvolvimento implicava sistemas de distribuição mais complicados. (...) Todos os Estados arcaicos – a China Antiga, o Império dos Incas, os reinos indianos, o Egito, a Babilónia – usaram moeda metálica para o pagamento dos impostos e salários, mas recorriam fundamentalmente a pagamentos em géneros, amontoados estes em grandes celeiros ou armazéns ... [sendo] distribuídos pelos funcionários, guerreiros e classes ociosas – ou seja, pela parte não-produtiva da população. Nestes casos, a distribuição desempenha uma função essencialmente económica» (Thurnwald, *Economics*, pp. 106-108).

«Quando falamos de feudalismo, pensamos habitualmente na Idade Média europeia. (...) Todavia, trata-se de uma instituição que aparece desde muito cedo em comunidades estratificadas. O facto de a maior parte das transações ser feita em géneros e de o estrato superior reclamar para si a totalidade da terra ou do gado, tais são as causas económicas do feudalismo (...)» (*ibid.*, p. 195).

DO CAPÍTULO V

7. **Seleção de Referências sobre «A Evolução do Modelo de Mercado»**

O liberalismo económico incorria na ilusão de que as suas práticas e os seus métodos eram a consequência natural de uma lei geral do progresso. A fim de os tornar conformes ao modelo, projetava no passado os princípios de um mercado autorregulado sobre o conjunto da história da civilização humana. O resultado era que as verdadeiras natureza e origens do comércio, dos mercados e da moeda, da vida urbana e dos Estados nacionais sofriam uma distorção que as tornava quase irreconhecíveis.

a) *Os atos individuais de «permuta, transação e troca» só excecionalmente são praticados na sociedade primitiva.*

«A transação é de início completamente desconhecida. Longe de se mostrar apaixonadamente possuído pela transação, o homem primitivo detesta-a» (Bücher, *Die Entstehung der Volkswirtschaft*, 1904, p. 109). «É impossível, por exemplo, expressar o valor de um anzol de atum em termos de quantidade de um género alimentar, uma vez que uma troca semelhante é coisa que nunca se faz e que, se se fizesse, seria considerada pelos Tikopia como uma extravagância. (…) Cada tipo de objeto é apropriado a uma espécie particular de situação social» (Firth, *op. cit.*, p. 340).

b) *O comércio não surge no seio da comunidade: é um assunto externo que envolve comunidades diferentes.*

«Nos seus primórdios, o comércio é uma transação entre grupos étnicos, não ocorre entre os membros da mesma tribo ou da mesma comunidade, mas é, nas comunidades sociais mais antigas, um fenómeno externo, sempre associado a tribos estrangeiras» (M. Weber, *General Economic History*, p. 195). «Por estranho que possa parecer, o comércio medieval desenvolveu-se desde o começo sob a influência, não do comércio local, mas do comércio de exportação» (Pirenne, *Economic and Social History of Medieval Europe*, p. 142). «O comércio a longa distância foi responsável pelo redespertar económico da Idade Média» (Pirenne, *Medieval Cities*, p. 125).

c) *O comércio não se baseia nos mercados: resulta do transporte unilateral, seja este ou não pacífico*

Thurnwald estabeleceu o facto de que as formas mais antigas de comércio consistiam simplesmente em obter e transportar objetos a distância. É, no essencial, uma expedição de caça. Que a expedição assuma uma forma guerreira, como na captura de escravos ou na pirataria, é qualquer coisa que depende, sobretudo, da resistência com que depara (*op. cit.*, p. 145, 146). «A pirataria foi a iniciadora do comércio marítimo. Entre os navegadores gregos da época homérica, tal como no caso dos viquingues normandos, as duas vocações desenvolveram-se de concerto» (Pirenne, *Economic and Social History*, p. 109).

d) *A presença ou a ausência de mercados não é um traço essencial: os mercados locais não tendem a expandir-se*

«Não é necessário que os sistemas económicos que não têm mercados tenham, devido a esse facto, outras características comuns» (Thurnwald, *Die menschliche Gesellschaft*, vol. III, p. 137). «Thurnwald merece especial louvor pela sua observação segundo a qual a moeda e o comércio primitivo têm, essencialmente, mais importância social do que económica» (Loeb, «The Distribution and Function of Money in Early Society», *Essays in Anthropology*, p. 153). Os mercados locais não se desenvolveram a partir do «comércio armado» ou da «troca silenciosa» ou de outras formas de comércio externo, mas a partir da «paz» salvaguardada num lugar de encontro concebido para os objetivos limitados de trocas entre vizinhos. «O objetivo do mercado local era a provisão dos bens necessários à vida quotidiana da população fixada nas regiões circunvizinhas. O que explica que tivessem lugar semanalmente, o seu círculo de atração muito limitado e a restrição das suas atividades a pequenas transações de retalho» (Pirenne, *op. cit.*, capítulo 4, «Commerce to the End of the Thirteenth Century», p. 97). Até mesmo numa fase mais tardia, os mercados locais, por contraste com as feiras, não mostravam tendência a crescer: «O mercado provia às necessidades locais, sendo frequentado somente pelos habitantes das imediações: as suas mercadorias consistiam em produtos do campo e utensílios de uso quotidiano» (Lipson, *The Economic History of England*, 1935, vol. I, p. 221). O comércio local «habitualmente começava por ser uma ocupação auxiliar dos camponeses e daqueles que se dedicavam a uma indústria doméstica, e correspondia, na generalidade dos casos, a uma atividade sazonal (...)» (Weber, *op. cit.*, p. 195). «Seria natural supor, à primeira vista, que uma classe mercantil acabasse por se desenvolver pouco a pouco no seio da população rural. Todavia, nada há que acredite essa teoria» (Pirenne, *Medieval Cities*, p. 111).

e) *A divisão do trabalho não tem origem no comércio ou na troca, mas em factos geográficos, biológicos e outros, de ordem não económica*

«A divisão do trabalho não é de maneira alguma o resultado de uma complexidade crescente da economia, ao contrário do que entende a teoria racionalista. Deve-se principalmente a diferenças psicológicas associadas ao sexo e à idade» (Thurnwald, *Economics*, p. 212). «Quase não existe outra divisão de trabalho que não seja entre o homem e a mulher» (Herskovits, *op. cit.*, p. 13). A divisão do trabalho pode decorrer também de outros factos biológicos, como no caso da simbiose entre grupos étnicos diferentes: «Os grupos étnicos transformam-se em grupos profissionais», através da formação de «camada superior» na sociedade. «Cria-se assim uma organização baseada, por um lado, nas contribuições e serviços prestados pela classe inferior, e, por outro lado, no poder associado à distribuição detido pelos chefes de família da camada dirigente» (Thurnwald, *Economics*, p. 86). Tal é uma das origens do Estado (Thurnwald, *Sozialpsyschische Abläufe*, p. 387).

f) *A moeda não é uma invenção decisiva – a sua presença ou ausência não corresponde necessariamente a uma diferença essencial no tipo de economia*

«O simples facto de uma tribo utilizar a moeda diferenciava--a muito pouco em termos económicos das outras tribos que o não faziam» (Loeb, *op. cit.*, p. 154). «Na medida em que a moeda é utilizada, a sua função é muito diferente da que preenche na nossa civilização. Nunca deixa de ser um objeto material concreto nem chega a tornar-se uma representação inteiramente abstrata do valor» (Thurnwald, *Economics*, p. 107). As dificuldades do escambo também não desempenharam qualquer papel na «invenção» da moeda. «Esse ponto de vista dos economistas clássicos é contrariada pelas investigações etnológicas» (Loeb, *op. cit.*, p. 167, nota 6). Tendo em conta os usos específicos das mercadorias que funcionam como moeda, bem como as suas significações simbólicas enquanto atributos do poder, não é possível considerar «a posse económica de um ponto de vista racionalista unilateral» (Thurnwald, *Economics*). A moeda pode ser, por exemplo, utilizada apenas para o pagamento de salários e impostos (*ibid.*), ou ser usada para pagar uma esposa, o preço do sangue, ou multas. «Podemos assim ver nestes exemplos que, em condições pré-estatais, o valor atribuído aos objetos depende das contribuições consuetudinárias, da posição ocupada pelas figuras dirigentes e da relação concreta que aquelas mantêm com os membros comuns das diversas comunidades» (Thurnwald, *Economics*, p. 263).

A moeda, como os mercados, é, no essencial, um fenómeno externo, cuja importância para a comunidade é determinada fundamentalmente por relações comerciais. «A ideia de moeda [é] geralmente introduzida a partir do exterior» (Loeb, *op. cit.*, p. 156). «A função da moeda como meio geral de troca teve origem no comércio externo» (Weber, *op. cit.*, p. 238).

g) *O comércio externo não é originalmente um comércio entre indivíduos, mas entre coletividades*

O comércio é uma «iniciativa de grupo», diz respeito a «artigos coletivamente obtidos». A sua origem reside em «jornadas comerciais coletivas». «O princípio coletivista manifesta-se na organização destas expedições, que têm frequentemente todas as características do comércio externo» (Thurnwald, *Economics*, p. 145). «Em qualquer caso, a forma mais antiga de comércio é a de uma relação de troca entre tribos estranhas uma à outra» (Weber, *op. cit.*, p. 195). O comércio medieval não era, antes de mais, um comércio entre indivíduos. Era um «comércio entre certas cidades, um comércio *intercomunal* ou *intermunicipal*» (Ashley, *An Introduction to English Economic History and Theory*, I Parte, «The Middle Ages», p. 102).

h) *Na Idade Média, o campo estava isolado do comércio*

«Até ao século XV e ainda durante ele, as cidades foram os únicos centros do comércio e da indústria, ficando o campo completamente excluído» (Pirenne, *Histoire économique et sociale du Moyen Âge*, p. 145). «A luta contra o comércio rural e contra as indústrias artesanais nos campos prolongou-se, pelo menos, por setecentos ou oitocentos anos» (Heckscher, *Mercantilism*, 1935, vol. I, p. 129). «A severidade destas medidas aumentou com o desenvolvimento do 'governo democrático'». «Ao longo de todo o século XIV, verdadeiras expedições armadas percorrem todas as aldeias da região vizinha e destroem ou sequestram todos os teares e cubas de pisoar que encontram» (Pirenne, *op. cit.*, p. 180).

i) *O comércio entre cidades durante a Idade Média não era uma atividade indiscriminada*

O comércio intermunicipal assentava em relações preferenciais entre determinadas cidades ou grupos de cidades – como, por exemplo, a Hansa de Londres e a Hansa Teutónica. Essas relações entre as cidades regiam-se pelos princípios da reciprocidade e da retorsão. No caso de não pagamento de dívidas, por exemplo, os magistrados da cidade credora podiam dirigir-se aos da cidade devedora, requerendo que se fizesse justiça nos termos em que os segundos a reivindicariam para os seus, e «ameaçando com represálias sobre os habitantes dessa cidade, no caso de a dívida não ser paga» (Ashley, *op. cit.*, I Parte, p. 109).

j) *O protecionismo nacional era desconhecido*

«Quanto aos aspetos económicos, quase não é necessário distinguir uns dos outros os diferentes países, durante o século XIII, pois, na realidade, havia então menos barreiras do que hoje contra as relações sociais no interior dos limites da cristandade» (Cunningham, *Western Civilization in its Economics Aspects*, vol. I, p. 3). Até ao século XV, não existem tarifas alfandegárias nas fronteiras políticas. «Anteriormente, não se descortina qualquer vontade de favorecimento do comércio nacional protegendo-o da concorrência estrangeira» (Pirenne, *Economic and Social History*, p. 92). O comércio «internacional» era livre em todos os setores. (Power e Postan, *Studies in English Trade in the Fifteenth Century*).

k) *O mercantilismo impôs uma maior liberdade de comércio às cidades e às províncias dentro das fronteiras nacionais*

O título completo do primeiro volume do estudo sobre o *Mercantilismo* (1935) de Heckscher é *Mercantilism as a Unifying System*. Enquanto tal, o mercantilismo «opunha-se a tudo o que fixasse a vida económica num lugar particular e constituísse um obstáculo ao comércio no interior do Estado» (Heckscher, *op. cit.*, vol. II, p. 273). «Os dois aspetos da política municipal – a submissão das regiões rurais e a luta contra a concorrência das cidades estrangeiras – entravam em conflito com os objetivos económicos do Estado» (*ibid.*, vol. I, p. 131). «O mercantilismo 'nacionalizou' os campos através da ação do comércio que alargava as práticas locais ao conjunto do território do Estado» (Pantlen, «Handel», *Handwörterbuch der Staatswissenschaften*, vol. VI, p. 281). «A concorrência era amiúde artificialmente encorajada pelo mercantilismo, com vista a organizar mercados que regulassem automaticamente a oferta e a procura» (Heckscher). O primeiro autor moderno a reconhecer a tendência liberalizadora do sistema mercantilista foi Schmoller (1884).

l) *O «regulacionismo» medieval foi altamente bem-sucedido*

«A política das cidades na Idade Média foi provavelmente a primeira tentativa na Europa Ocidental, após o declínio do Mundo Antigo, de regular o aspeto económico da sociedade de acordo com princípios coerentes. A tentativa conheceu um notável sucesso. (...) O liberalismo económico ou o *laissez-faire* na época da sua supremacia indiscutível talvez nos forneça um exemplo comparável, mas, do ponto de vista da duração, o liberalismo não foi mais do que um pequeno episódio evanescente perante a tenacidade persistente da política das cidades» (Heckscher, *op. cit.*, p. 139). «[essa política] Foi levada a cabo por um sistema de regulamentações, tão admiravelmente adaptado ao seu propósito que pode ser considerado uma obra-prima no seu género. (...) A economia da cidade é digna da arquitetura gótica da qual foi contemporânea» (Pirenne, *Medieval Cities*, p. 217).

m) *O mercantilismo alargou as práticas municipais ao território nacional*

«O resultado viria a ser uma política urbana, alargada a uma área mais vasta – uma espécie de política municipal, sobreposta a uma base estatal» (Heckscher, *op. cit.*, vol. I, p. 131).

n) *O mercantilismo, política de sucesso*

«O mercantilismo criou um sistema sabiamente complexo e intrincado de satisfação das necessidades» (Bücher, *op. cit.*, p. 159). A eficácia dos *Règlements* de Colbert, visando que a produção procurasse a alta qualidade como um fim em si, foi «extraordinária» (Heckscher, *op. cit.*, vol. I, p. 166). «A vida económica à escala nacional foi principalmente um resultado da centralização política» (Bücher, *op. cit.*, p. 157). O sistema de regulação do mercantilismo deve ver reconhecido para seu crédito «a criação de um código de trabalho e de uma disciplina do trabalho muito mais estritas do que tudo o que o particularismo fechado dos governos das cidades medievais, com as suas limitações morais e de ordem técnica, poderia alguma vez ter produzido» (Brinkmann, «Das soziale System des Kapitalismus», *Grundriss der Sozialökonomie*, vol. IV).

DO CAPÍTULO VII

8. A bibliografia de Speenhamland

Só no começo e no fim da era do capitalismo liberal parece ter havido consciência da importância decisiva de Speenhamland. É certo que, antes e depois de 1834, não faltavam as referências ao «sistema dos subsídios» e à «má administração da Lei dos Pobres» – fazendo-as, todavia, remontar, não a Speenhamland, mas à Lei Gilbert de 1782, ao mesmo tempo que as verdadeiras características do sistema de Speenhamland não surgiam claramente definidas no espírito do público.

Tal continua a ser hoje o caso. Continua a vigorar a ideia generalizada de que o sistema visava simples e indiscriminadamente prestar socorro aos pobres. Na realidade, o sistema significava qualquer coisa de completamente diferente, sobretudo ao estabelecer um conjunto de medidas de complementos salariais. Os contemporâneos só em parte reconheciam que uma prática desse tipo colidia frontalmente com os princípios da Lei Tudor dos Pobres –, do mesmo modo, não se davam conta da completa incompatibilidade das suas disposições com o sistema salarial emergente. Quanto aos seus efeitos práticos, estes passaram desapercebidos até ao momento em que, mais tarde – conjugando-se com os das Anti-Combination Laws [Leis contra as Associações] de 1799-1800 –, tenderam a baixar os salários e a tornar-se um subsídio para os patrões.

Os economistas clássicos nunca se detiveram a investigar os aspetos concretos do «sistema de subsídios», ao contrário do que fizeram em relação à renda e à moeda. Confundiram numa mesma massa indistinta as Leis dos Pobres e todas as formas de subsídio e de assistência domiciliária, reclamando a sua abolição completa e radical. Nem Townsend, nem Malthus ou Ricardo advogaram uma reforma da Lei dos Pobres – limitaram-se a rejeitá-la. Bentham, o único a fazer um estudo sobre o assunto, era sobre ele menos dogmático do que os restantes. Tanto ele como Burke compreendiam o que Pitt não era capaz de ver: que o princípio efetivamente vicioso residia nos complementos salariais.

Engels e Marx não se dedicaram ao estudo da Lei dos Pobres. Poder-se-ia imaginar que nenhuma outra tarefa lhes conviria melhor do que a de mostrarem o pseudo-humanitarismo de um sistema que tinha a reputação de adular os caprichos dos pobres, quando, na realidade, fazia com que os seus salários descessem abaixo do nível de subsistência (com a poderosa ajuda de uma lei antissindical especial), e concedia fundos públicos aos ricos, facilitando-lhes a operação de extraírem mais dinheiro dos pobres. Mas, na sua época, a Nova Lei dos Pobres era *o* inimigo – enquanto, naturalmente, alguns cartistas tendiam a idealizar as versões anteriores. Além disso, Engels e Marx estavam justificadamente persuadidos de que, perante o advento do capitalismo, a reforma da Lei dos Pobres fora inevitável. Foi assim que não atenderam a certos aspetos fundamentais do debate nem consideraram que Speenhamland confirmava uma tese fundamental do seu sistema teórico: a saber, a tese segundo a qual o capitalismo não podia funcionar sem um mercado do trabalho livre.

Para as suas descrições assustadoras dos efeitos Speenhamland, Harriet Martineau recorreu profusamente às passagens clássicas do *Poor Law Report* [Relatório sobre a Lei dos Pobres] de 1834. Os Goulds e os Barings, que financiaram os sumptuosos pequenos volumes em que ela se dedicava à tarefa de esclarecer os pobres acerca da inevitabilidade da sua miséria – pois estava profundamente persuadida de que essa miséria era inevitável e que só o conhecimento das leis da economia política poderia tornar o fardo mais suportável para os pobres –, não poderiam ter encontrado advogado mais sincero e, no conjunto, bem informado do seu credo (*Illustrations to Political Economy*, 1833, vol. III; e também *The Parish* e *The Hamlet in Poor Laws and Paupers*, 1834). O seu *Thirty Years' Peace, 1816-1846* foi redigido num espírito mais moderado, mostrando mais simpatia pelos cartistas do que pelo seu mestre, Bentham (vol. III, p. 489, e vol. IV, p. 453). Concluía a sua crónica com esta significativa passagem: «Temos hoje os pensamentos e os sentimentos dos melhores de entre nós preocupados com a grande questão dos direitos do trabalho e apontando-nos impressionantes exemplos estrangeiros que nos dizem ser impossível ignorá-la, sob pena de a mais leve sanção a sofrermos ser a ruína de todos. Será possível que não descubramos uma solução? Essa solução será provavelmente o facto central do próximo período da história britânica – e, então, melhor do que hoje, veremos que na sua preparação reside o principal interesse da anterior Paz de Trinta Anos». Estamos perante uma profecia ao retardador. No período seguinte da história de Inglaterra, a questão do trabalho deixou de ser posta, mas reapareceu na década de 1870 e meio século mais tarde tornara-se uma questão à escala mundial. Evidentemente, era mais fácil na década de 1840 do que na de 1940 notar que as origens do problema se encontravam nos princípios que presidiram à Reforma da Lei dos Pobres.

Ao longo de toda a época vitoriana e ainda depois dela, não houve filósofo ou historiador que se ocupasse da mesquinha economia de Speenhamland. Dos três historiadores do benthamismo, Sir Leslie Stephen não se deu ao trabalho de se informar sobre os seus traços precisos; Élie Halévy, que foi o primeiro a reconhecer o papel axial da Lei dos Pobres na história do radicalismo filosófico, possuía apenas ideias vagas sobre Speenhamland. No terceiro caso, o estudo de Dicey, a omissão é ainda mais impressionante. A sua análise incomparável das relações entre o direito e a opinião pública trata o *laissez-faire* e o «coletivismo» como a trama e a urdidura da peça – quanto ao padrão, em seu entender remete para as tendências da indústria e do mundo dos negócios da época, ou seja: para as instituições que moldam a vida económica. Ninguém poderia insistir mais fortemente do que Dicey no papel dominante desempenhado pelo pauperismo na opinião pública, nem na importância da Reforma da Lei dos Pobres no interior de todo o sistema da legislação benthamiana. E todavia, Dicey sentia-se desconcertado pela importância central atribuída à Lei dos Pobres pelos benthamitas nos seus planos legislativos, além de que parece ter acreditado que a questão fundamental era a do peso dos impostos locais sobre a indústria. Outros historiadores do pensamento económico – da envergadura de um Schumpeter ou de um Mitchell – analisaram também os conceitos dos clássicos, abstendo-se de qualquer referência à situação criada por Speenhamland.

Foram as conferências de A. Toynbee (1881) que tornaram a Revolução Industrial tema da história económica – e, para Toynbee, fora o socialismo *tory* o responsável por Speenhamland e o seu «princípio de proteção dos pobres pelos ricos». Pela mesma época, William Cunningham interessou-se pelo tema e, como que por milagre, fê-lo ganhar vida – mas a sua voz dir-se-ia pregar no deserto. Se Mantoux (1907), que pôde beneficiar da leitura da obra-prima de Cunningham, se refere a Speenhamland, fá-lo tão-só como a «mais uma reforma», atribuindo-lhe, curiosamente, o efeito de «empurrar os pobres para o mercado de trabalho» (*The Industrial Revolution in the Eighteenth Century*, p. 438). Beer, com a sua obra que celebra como um monumento os primórdios do socialismo inglês, mal chega a referir-se à lei dos pobres.

Foi necessário esperar pelos Hammonds (1911), que identificaram a Revolução Industrial com o despontar de uma nova civilização, para que Speenhamland fosse objeto de uma redescoberta. Com os Hammonds, o sistema passava a ser parte integrante, não da história económica, mas da história da sociedade. Os Webbs (1927) continuaram na mesma linha, levantando a questão das pré-condições políticas de Speenhamland, compenetrados de que, ao fazê-lo, abordavam as origens dos problemas sociais do nosso tempo.

J. H. Clapham esforçou-se por definir uma posição global contra aquilo a que poderíamos chamar uma abordagem institucionalista da história económica – como a que Engels, Marx, Toynbee, Cunningham, Mantoux e, mais recentemente, os Hammonds adotaram. Recusou-se a considerar o sistema de Speenhamland como uma instituição, analisando-o como um simples traço da «organização agrária» do país (vol. I, capítulo IV). Esta perspetiva não se afigura, no entanto, convincente, uma vez que foi precisamente a extensão do sistema às cidades que causou o seu fracasso. Clapham separou, nos mesmos termos, o efeito de Speenhamland sobre os impostos da questão dos salários, discutindo o caso em termos de «atividades económicas do Estado». O que era, uma vez mais, uma abordagem artificial e omitia o alcance económico de Speenhamland do ponto de vista da classe patronal, que ganhava com o que poupava em salários muito mais do que aquilo que perdia com as taxas locais. Mas o respeito escrupuloso pelos factos de Clapham atenua a sua omissão das instituições. Foi ele quem demonstrou pela primeira vez o efeito decisivo das «vedações de guerra» [«*war enclosures*»] sobre a região em que o sistema de Speenhamland foi introduzido, bem como a medida efetiva em que os salários baixaram após a sua introdução.

A absoluta incompatibilidade de Speenhamland com o sistema salarial foi recordada somente pela tradição dos adeptos do liberalismo económico. Só eles compreenderam que, num sentido amplo, qualquer forma de proteção do trabalho implicava uma certa medida do princípio intervencionista de Speenhamland. Spencer bradou a sua acusação contra ele, declarando-o um sistema de «pseudo-salários» («*make-wages*», nome que o sistema de subsídios recebia na região do país onde Spencer habitava) característico das práticas «coletivistas» – e o termo difundiu-se sem dificuldade, passando a aplicar-se a medidas no campo da instrução pública, da habitação, da provisão de espaços recreativos, etc. Dicey, em 1913, resumia a sua crítica à Lei sobre as Pensões dos Idosos de 1908 nas seguintes palavras: «Fundamentalmente, estamos perante uma nova forma de assistência ao domicílio dos pobres». E punha em dúvida que os partidários do liberalismo económico viessem a ter alguma vez a oportunidade de aplicar com sucesso a sua política: «Algumas das suas propostas nunca foram levadas à prática; a assistência no local da residência, por exemplo, nunca foi abolida». Sendo esta a opinião de Dicey, é bastante natural que Mises sustentasse, por seu lado, que «enquanto for pago um subsídio de desemprego, o desemprego não poderá deixar de existir» (*Liberalism*, 1927, p. 74), e que «a assistência prestada ao desempregado mostrou ser uma arma de destruição extremamente eficaz» (*Socialism*, 1927, p. 484; *Nationalökonomie*, 1940, p. 720). Walter Lippmann, com *Good Society* (1937), tentou demarcar-se de Spencer, mas fê-lo apenas para melhor invocar Mises. Ambos refletem a reação liberal ao novo protecionismo das décadas de 1920 e 1930. Sem dúvida, numerosos aspetos da situação da época faziam pensar em Speenhamland. Na Áustria, o subsídio de desemprego estava a ser financiado por um Tesouro em bancarrota; na Grã-Bretanha, o «subsídio de desemprego alargado» não se distinguia de uma «esmola» («*dole*»); na América, tinham sido lançadas a WPA e a PWA(*); com efeito, Sir Alfred Mond, o diretor das Imperial Chemical Industries, defenderia em vão, em 1926, que os patrões britânicos fossem subsidiados pelo fundo de desemprego a título de compensação pelos salários e com vista a aumentar o emprego. Tanto sobre a questão do desemprego como sobre a da moeda, o capitalismo liberal na agonia tornava a encontrar os problemas por resolver que as suas origens lhe legavam.

9. A Lei dos Pobres e a Organização do Trabalho

Está ainda por fazer uma investigação sobre as consequências mais gerais do sistema de Speenhamland, as suas origens, os seus efeitos e as razões da sua interrupção súbita. Seguem-se alguns dos pontos do problema.

(*) A WPA, Works Progress Administration, substituía certos subsídios pela garantia de um trabalho remunerado; a PWA, Public Work Administration, era um programa de obras públicas destinado a combater o desemprego (*N. T.*).

1. Até que ponto foi Speenhamland uma medida de guerra?

Do ponto de vista estritamente económico, Speenhamland não pode ser considerado uma verdadeira medida de guerra, ao contrário do que tem sido muitas vezes sustentado. Os contemporâneos raramente estabelecem qualquer relação entre as condições salariais e as emergências da guerra. Na medida em que se verificou uma subida percetível dos salários, esse *movimento começou antes da guerra*. A *Circular Letter* de 1795 de Arthur Young, propondo-se avaliar os efeitos dos insucessos agrícolas sobre o preço dos cereais, fazia (no seu ponto IV) a seguinte pergunta: «Quanto aumentou (se é que aumentou) a remuneração dos trabalhadores rurais, por comparação com o período anterior?» É revelador que as respostas não tenham atribuído qualquer sentido preciso às palavras «período anterior» da circular. Por «período anterior» foi possível entender tanto três como cinquenta anos. Os lapsos de tempo considerados foram os seguintes:

3 anos	J. Boys, p. 97
3-4 anos	J. Boys, p. 90
10 anos	Relatórios de Shropshire, Middlesex, Cambridgeshire
10-15 anos	Sussex e Hampshire
10-15 anos	E. Harris
20 anos	J. Boys, p. 86
30-40 anos	William Pitt
50 anos	*Rev.* J. Howlett

Não há qualquer menção de um período de dois anos, que tome por referência a guerra com a França, que teve início em 1793. Com efeito, não há respostas que mencionem a guerra.

Acresce que o modo habitual de enfrentar o aumento do pauperismo, causado por uma má colheita e condições climatéricas adversas e acarretando desemprego, consistia em 1) iniciativas locais recolhendo donativos e organizando distribuições de alimentos, e lenha a preço reduzido ou a título gratuito, e 2) na criação de postos de trabalho. Os salários não eram, em geral, afetados – embora durante uma situação de emergência análoga, em 1788-1789, os empregos adicionais providos localmente tenham sido remunerados *abaixo* dos níveis normais. (Cf. J. Harvey, «Worcestershire», *Ann. of Agr.*, v, XII, p. 132, 1789. E também E. Holmes, «Cruckton», *l. c.*, p. 196.)

Todavia, supôs-se, com boas razões, que a guerra terá tido, pelo menos, um efeito indireto favorável à adoção do expediente que foi Speenhamland. Na realidade, dois dos pontos fracos do sistema de mercado em rápida expansão foram agravados pela guerra e contribuíram para a situação da qual resultou Speenhamland: 1) a tendência para a flutuação dos preços dos cereais; 2) o efeito extremamente deletério dos motins sobre as flutuações. O mercado dos cereais, que só recentemente se tornara livre, dificilmente poderia ter permanecido imune às pressões da guerra e dificuldades do bloqueio. Do mesmo modo, esse mercado não era impermeável aos pânicos pela prática habitual dos motins de protesto que assumiam agora uma importância ameaçadora. No chamado sistema regulamentador [*regulative system*], os «protestos ordeiros» eram tomados, em maior ou menor medida, pelas autoridades centrais como um *indicador* da escassez local que deveria ser tratado com condescendência – doravante, contudo, todos os protestos passavam a ser denunciados como *causa* da escassez e uma ameaça económica para toda a comunidade, sem excluir os próprios pobres. Arthur Young publicou um alerta sobre as «Consequências dos Motins sobre a Subida dos Preços das Provisões Alimentares», e Hannah More contribuiu para a difusão de pontos de vista análogos num dos seus poemas didáticos intitulado «O Motim ou É Melhor Meio Pão do que Nenhum» (*«The Riot, or, Half of a loaf is better than no bread»*), que deveria ser cantado com a melodia de «Era uma Vez um Sapateiro» (*«A Cobbler there was»*). A resposta que o poema dá às donas de casa é a mesma, em versão rimada, que encontramos num diálogo imaginário composto por Young: «Continuareis calados até morrer de fome? Por certo que não – é forçoso que reclameis, mas que reclameis agindo de tal modo que não se agrave o mesmo mal que já experimentais». Não havia, reiterava Young, o mais pequeno perigo de fome *«contanto que estejamos livres de motins»*. E tinha boas razões para se preocupar nestes termos, uma vez que a oferta de cereais era extremamente sensível aos pânicos. Por outro lado, a Revolução Francesa conferia agora até mesmo aos protestos ordeiros conotações ameaçadoras. Embora o receio de ver os salários subirem tenha sido indiscutivelmente a causa económica de Speenhamland, devemos dizer que, naquilo que se refere à guerra, esta agiu sobre a situação mais por razões sociais e políticas do que económicas.

2. **Sir William Young e a suavização do Act of Settlement [Ato de Residência]**

Há duas medidas incisivas da Lei dos Pobres que datam de 1795: Speenhamland e a suavização da «servidão paroquial». É difícil ver no facto uma simples coincidência. Enquanto a segunda medida tornava mais atrativo para o trabalhador migrar à procura de emprego, a primeira tornava menos imperioso que o fizesse. Nos sugestivos termos de «puxa e empurra» [*push and pull*] por vezes utilizados nos estudos sobre as migrações, enquanto a força de atração do novo lugar de destino aumentava, a força de expulsão da aldeia natal diminuía. O perigo de uma migração em larga escala do trabalho rural resultante da revisão da lei de 1662 foi, sem dúvida, mitigado por Speenhamland. Do ponto de vista da administração da Lei dos Pobres, as duas medidas eram francamente complementares. A suavização da lei de 1662 comportava o risco que ela procurara evitar – ou seja, o fluxo migratório dos pobres em direção às «melhores» paróquias. Mas, na perspetiva de Speenhamland, era isso que se passava de facto. Os contemporâneos referem-se pouco a este aspeto, o que não é motivo de grande surpresa se tivermos presente que o próprio Act of Settlement de 1662 fora introduzido quase sem discussão pública. Mas a conexão entre as duas medidas deve ter estado presente no espírito de Sir William Young que, por duas vezes, as patrocinou a ambas. Em 1795, advogou a emenda do Act of Settlement, e foi, em 1796, o proponente da incorporação do sistema de Speenhamland na lei. Já anteriormente, em 1788, defendera em vão que fossem adotadas medidas idênticas. Propusera a revogação das disposições do Ato de Residência quase nos mesmo termos em que o faria em 1795, advogando ao mesmo tempo medidas de assistência destinadas aos pobres que visavam a instauração de um salário de subsistência, duas partes do qual seriam pagas pelo patrão, sendo uma terceira paga através de um fundo obtido por meio das taxas locais (Nicholls, *History of the Poor Laws*, vol. II). Todavia, seriam necessárias uma nova colheita catastrófica e a guerra com a França para que os seus princípios prevalecessem.

3. Efeitos dos salários urbanos elevados sobre a comunidade rural

A força de atração da cidade causou uma subida dos salários rurais, ao mesmo tempo que tendia a sugar dos campos a reserva de mão de obra agrícola. Destas duas calamidades conexas, foi a segunda a mais importante. A existência de uma reserva de trabalho adequada foi vital para a indústria agrícola, que tinha necessidade de mais braços na primavera e em outubro do que durante os meses parados do inverno. Ora, numa sociedade tradicional, com a sua estrutura orgânica, a disponibilidade dessa espécie de reserva não depende apenas do nível dos salários, mas também e antes do meio institucional circundante que determina o estatuto da parte mais pobre da população. Em quase todas as sociedades conhecidas, encontramos condições legais ou consuetudinárias que mantêm, nos períodos dos «picos» sazonais, o trabalhador rural à disposição do proprietário de terras que o emprega. E foi aqui que se fez sentir o efeito mais pesado da situação criada na comunidade rural pela subida dos salários urbanos, levando a que o estatuto fosse substituído pelo contrato.

Antes da Revolução Industrial, existiam importantes reservas de força de trabalho nos campos: havia a indústria em sistema doméstico ou domiciliário que ocupava o trabalhador durante o inverno, ao mesmo tempo que o mantinha, juntamente com a sua mulher, disponível para as tarefas rurais da primavera e do outono. Havia o Ato de Residência que mantinha o pobre praticamente na condição de servo da paróquia e, por isso, dependente dos agricultores locais. Havia várias outras formas por meio das quais a Lei dos Pobres tornava maleável o trabalho do trabalhador local: os subsídios salariais e o *billeting* ou *roundsmen system*(*). Segundo os regulamentos das diferentes casas de indústria [*Houses of Industry*], o indigente poderia sofrer punições cruéis, não só discricionárias, como também secretas; nalguns casos, o pobre que procurava assistência podia ser detido e levado para uma «casa de indústria», que tinha o direito de forçar a entrada na sua habitação a qualquer hora do dia, atendendo a que o pobre «estava em estado de necessidade, devendo ser socorrido» (31 Geo. III. c. 78). A taxa de mortalidade neste tipo de estabelecimentos era aterradora. Acrescenta-se ao quadro a situação do camponês fronteiriço do Norte, que era pago em géneros e podia ser obrigado a qualquer momento a participar nos trabalhos do campo, bem como as múltiplas dependências associadas ao alojamento facultado pelo agricultor e a precariedade das condições de ocupação pelo pobre da sua parcela – poderemos, então, avaliar melhor de que modo exército de reserva latente de força de trabalho dócil se encontrava à disposição dos patrões rurais. Punha-se assim, independentemente da questão dos salários, também a questão de uma reserva de mão de obra agrícola conveniente. A importância destes dois problemas podia variar de um período para outro. Enquanto a introdução do sistema de Speenhamland estava intimamente ligada ao medo que os patrões tinham de ver subir os salários, e a rápida difusão do sistema dos subsídios durante os últimos anos da depressão agrícola (depois de 1815) se devia provavelmente à mesma causa, a insistência quase unânime, no início da década de 1830, por parte da comunidade dos detentores da terra na necessidade de se manter o sistema dos subsídios não era determinada pelo medo inspirado por uma perspetiva de aumento dos salários, mas pela vontade de garantir uma oferta adequada de força de trabalho pronta a ser utilizada. No entanto, esta última preocupação nunca terá estado com-

---

(*) Sistema instituído pela Lei dos Pobres em que a paróquia pagava aos agricultores o salário dos pobres que aqueles empregassem e recebessem (*N. T.*).

pletamente ausente dos espíritos, nem, nomeadamente, durante o longo período de prosperidade excecional (1792-1813) em que o preço médio dos cereais subia e superava largamente o aumento do preço da força de trabalho. A preocupação constante e subjacente que alimentava o sistema de Speenhamland não se reportava aos salários, mas à oferta da mão de obra.

Poderá parecer um tanto artificial tentar distinguir entre as duas preocupações, uma vez que seria de esperar que um aumento dos salários levaria previsivelmente a um aumento da oferta de mão de obra. Todavia, encontramos casos nos quais podemos demonstrar positivamente qual das duas motivações prevalecia no espírito dos agricultores.

Em primeiro lugar, temos abundantes dados de facto mostrando que, até mesmo no caso dos pobres residentes, os agricultores eram hostis a qualquer forma de emprego diferente que pudesse tornar os trabalhadores menos disponíveis para as tarefas agrícolas sazonais. Um dos testemunhos recolhidos pelo Relatório de 1834 acusava os pobres residentes de partirem para «a pesca de arenques e cavalas, ganhando cerca de uma libra por semana, enquanto deixam as famílias ao cuidado da paróquia. Quando regressam, são postos na cadeia, mas isso não os preocupa enquanto estão fora e são bem pagos pelo seu trabalho (...)» (p. 33). É por isso, queixa-se a mesma testemunha, que «os lavradores não conseguem muitas vezes dispor de um número suficiente de braços para os trabalhos da primavera e de outubro» (Henry Stuart's Report, App. A, Pt. I, p. 334A).

Em segundo lugar, havia a questão decisiva das parcelas. Os patrões reconheciam unanimemente que nada evitaria mais seguramente do que uma pequena parcela de terra que o trabalhador rural e a sua família acabassem por ser assistidos com os fundos pagos pelos contribuintes locais. E contudo, nem sempre a vontade de evitar o pagamento das taxas levava os detentores da terra a concederem ao pobre residente um pequeno lote de terra que o tornasse menos dependente do trabalho sazonal.

Trata-se de um ponto que vale a pena considerar. Por volta de 1833, o grupo dos agricultores mantinha-se obstinadamente favorável à vigência do sistema de Speenhamland. Para citarmos alguns excertos do *Poor Law Commissioners Report*, o sistema dos subsídios significava «mão de obra barata, colheitas atempadas» (Power). «Sem o sistema dos subsídios, os lavradores não teriam possivelmente condições para continuar a cultivar o solo» (Cowell). «Os lavradores gostam que os seus homens sejam pagos através do registo dos pobres» (J. Mann). «Penso que, sobretudo os grandes lavradores, não querem reduzi-las [as taxas]. Enquanto as taxas continuarem a ser o que são, poderão continuar a conseguir os braços suplementares de que precisam, e quando começam as chuvas poderão deixar de novo os homens ao cuidado da paróquia (...)» – lemos no testemunho de um agricultor. Os membros do conselho local são «contrários a qualquer medida que torne o trabalhador independente da assistência da paróquia, que, mantendo-o nos seus confins, o mantém sempre pronto a ser chamado quando algum trabalho urgente o requer». E declaram que «seriam esmagados por salários altos *e* trabalhadores livres» (Pringle). Opuseram-se assim reiteradamente a todas as propostas no sentido da concessão aos pobres de parcelas de terra que lhes permitissem a independência. Os lotes que os poriam a salvo das privações, permitindo-lhes uma vida decente e digna, torná-los-iam também independentes e afastá-los-iam das fileiras do exército de reserva requerido pela indústria agrícola. *Majendie*, advogado da concessão de lotes, recomendava que as parcelas a atribuir tivessem o quarto de um acre [um décimo de hectare], uma área ínfima, tendo em conta que «os lavradores receiam tornar os jornaleiros independentes». *Power*, também favorável à atribuição de parcelas, confirma-o: «Os agricultores, na grande generalidade dos casos», dizia ele, «são contrários à concessão de lotes. São ciosos das suas terras e veem com maus olhos essas deduções; querem continuar a beneficiar as suas culturas, e são contrários a uma maior independência dos seus trabalhadores». *Okeden* propunha que os lotes tivessem a décima sexta parte de um acre, porque, ao que dizia, «isso requer quase exatamente o mesmo tempo que a roda e o fuso, o tear e as agulhas» que utilizam nos períodos de maior atividade na indústria doméstica da família!

Tudo isto deixa pouca margem para dúvidas sobre a verdadeira função do sistema dos subsídios, do ponto de vista da comunidade dos agricultores, enquanto meio de assegurar a existência de uma reserva de mão de obra constituída pelos pobres residentes e disponível a qualquer momento. Acessoriamente, Speenhamland criava assim a aparência de um excedente de população rural, excedente que, na realidade, não existia.

4. *O sistema dos subsídios nas cidades industriais*

O sistema de Speenhamland foi originalmente concebido como um meio de aliviar as privações em meio rural. O que não implicava que se restringisse às aldeias, uma vez que as cidades formadas em torno de um mercado faziam também parte da vida dos campos. No início da década de 1830, na área habitualmente coberta por Speenhamland a maior parte das cidades tinha introduzido o sistema dos subsídios. O condado de Hereford, por exemplo, considerado «bom» do ponto de vista do excedente populacional, recorria nas suas seis cidades aos métodos de Speenhamland («seguramente» em quatro casos, «provavelmente» nos outros dois), enquanto, no condado de Sussex, com as suas condições «más» do mesmo ponto de vista, das suas doze cidades referidas pelo relatório, três não aplicavam e as outras nove aplicavam os métodos de Speenhamland, no sentido estrito do termo.

A situação era, sem dúvida, muito diferente nas cidades industriais do Norte e do Noroeste. Até 1834, o número de pobres dependentes da assistência era consideravelmente menor nas cidades industriais do que nos campos, onde, desde antes de 1795, a proximidade das manufaturas tendia a fazer com que o número dos indigentes aumentasse bastante. Em 1789, o Rev. John Howlett podia denunciar convincentemente «o erro popular segundo o qual a proporção de pobres nas grandes cidades e centros manufatureiros populosos é maior do que nas simples paróquias – sendo que, na realidade, se passa precisamente o contrário» (*Annals of Agriculture*, v, XI, p. 6, 1789).

Infelizmente, não conhecemos com rigor as condições que existiam nas novas cidades industriais. Os membros da comissão para a reforma da Lei dos Pobres pareciam impressionados pelo alegado perigo iminente da extensão dos métodos de Speenhamland aos centros industriais urbanos. Reconhecia-se que os «condados do Norte estão menos sob a ameaça da infeção», embora se afirmasse que «até mesmo nas cidades as suas proporções são enormes». Os factos não parecem confirmar este juízo. É verdade que, em Manchester ou Oldham, era prestada ocasionalmente assistência a pessoas que gozavam de condições de saúde e tinham emprego permanente. Em Preston, numa reunião dos contribuintes locais apresentara-se o caso de um indigente que «acorrera ao auxílio da paróquia depois de o seu salário ter sido reduzido de uma libra para dezoito xelins semanais». Padiham, localidade de Salford, e Ulverston incluíam-se entre os exemplos que atestavam a prática «regular» dos complementos salariais, e o mesmo se passava com Wigan no que dizia respeito aos trabalhadores dos teares e da fiação. Em Nottingham, a produção era vendida «com lucro» pelos patrões da manufatura ao preço de custo, o que, evidentemente, só era possível devido ao facto de uma parte dos salários ser paga pelo sistema de subsídios. E Henderson, reportando-se a Preston, antevia em pensamento o sistema funesto «que progredia dissimuladamente e mobilizava interesses em sua defesa». De acordo com o Relatório da Comissão para a Reforma da Lei dos Pobres, se o sistema prevalecia menos nas cidades, isso acontecia somente «porque os capitalistas das manufaturas formam uma pequena proporção dos contribuintes para as taxas e, por conseguinte, têm menos influência nos conselhos paroquiais do que os agricultores nas regiões rurais».

Embora seja possível que condições semelhantes tenham existido no curto prazo, dir-se-ia que, a longo prazo, várias razões militavam contra uma aceitação generalizada do sistema dos subsídios por parte dos patrões da indústria.

Uma das razões era a ineficiência da mão de obra indigente. A indústria do algodão funcionava principalmente no regime do trabalho à peça – ou «trabalho à tarefa», como se dizia. E até mesmo na agricultura «os indigentes desqualificados e ineficazes assistidos pela paróquia» trabalhavam tão mal que «eram necessários quatro ou cinco deles para fazer a mesma tarefa que um só dos outros trabalhadores assegurava» (Comissão sobre os Salários dos Trabalhadores, Câmara dos Comuns, 4, VI, 1824, p. 4). Os membros da comissão encarregada do relatório sobre a Lei dos Pobres observava que o trabalho à peça talvez permitisse a utilização dos métodos de Speenhamland sem que isso destruísse necessariamente «a eficiência do trabalhador da manufatura» – o que tornaria possível ao patrão «obter realmente mão de obra barata». O que comportava a ideia implícita de que os salários baixos dos jornaleiros agrícolas não equivaliam de facto a mão de obra barata, uma vez que a ineficiência do trabalhador acabava por pesar mais para o patrão do que aquilo que poupava pagando salários mais baixos.

Um outro fator que tendia a fazer com que o empresário se opusesse ao sistema de Speenhamland era o perigo que para ele representavam potenciais concorrentes que reduzissem significativamente os custos salariais por meio dos subsídios. Esta ameaça pouco ou nada contava para o agricultor que vendia para um mercado sem restrições, mas podia dificultar bastante as coisas para o proprietário de fábrica em meio urbano. O relatório da comissão afirmava que «um manufatureiro de Macclsefield poderá não conseguir vender o suficiente e ir à ruína devido à má administração da Lei dos Pobres em Essex». William Cunningham deu-se conta da importância da emenda da Lei dos Pobres de 1834, considerando sobretudo o efeito «nacionalizador» que imprimia à sua administração e que equivalia à remoção de um sério obstáculo ao desenvolvimento de mercados à escala nacional.

Uma terceira objeção levantada contra Speenhamland – e a que terá sido de maior peso para os círculos capitalistas – era a tendência do sistema para manter a «grande massa inerte do trabalho redundante» (Redford) afastada do mercado de trabalho urbano. Em finais da década de 1820, era grande a procura de força de trabalho por parte dos patrões das manufaturas dos centros urbanos: os sindicatos de Doherty iniciaram então uma campanha de agitação a grande escala – tal foi o começo do movimento owenista que animaria as maiores greves e *lockouts* que a Inglaterra alguma vez conheceu.

Do ponto de vista do patronato, portanto, havia três grandes argumentos que militavam, ao longo prazo, contra a manutenção do sistema de Speenhamland: o seu efeito deletério sobre a produtividade da mão de obra; a sua tendência para criar custos de produção diferentes nas diversas partes do país, o encorajamento que proporcionava às «bolsas de mão de obra estagnada» (Webb) nos campos, consolidando o monopólio do trabalho dos operários dos centros urbanos. Nenhum destes aspectos representava de imediato um grande peso para o patrão individualmente considerado – ou até para um grupo local de patrões. Os seus inconvenientes poderiam ser compensados facilmente pelas vantagens da mão de obra barata, que lhes garantiria, não só os lucros, como uma posição favorável face à concorrência das manufaturas de outras cidades. Todavia, os empresários enquanto classe seriam levados a assumir um ponto de vista bastante diferente, quando, com o passar do tempo, compreendessem que aquilo que beneficiava o patrão, considerado individualmente, ou um determinado grupo de patrões em particular, representava um perigo coletivo para a classe no seu conjunto. Na realidade, foi a extensão do sistema dos subsídios às cidades industriais do Norte nos começos da década de 1830, ainda que numa forma atenuada, que acabou por formar uma sólida opinião contrária a Speenhamland e abriu caminho a uma reforma do sistema em todo o país.

Os dados disponíveis sugerem uma política urbana mais ou menos conscientemente orientada para a criação nas cidades de um exército de mão de obra industrial de reserva – que, no essencial, permitiria aos patrões enfrentarem as flutuações bruscas da atividade económica. Nesse aspeto, não havia grande diferença entre a cidade e os campos. Do mesmo modo que as autoridades da aldeia preferiam altas taxas a salários altos, as autoridades das zonas urbanas também sentiam relutância em afastar os indigentes não residentes, obrigando-os a regressar às suas paróquias. Travava-se uma espécie de concorrência entre os patrões rurais e urbanos em torno da disposição do exército de reserva da força de trabalho. Só a depressão severa e prolongada de meados da década de 1840 tornou impraticável a solução de reforçar o exército de reserva à custa das taxas. Mas, mesmo então os patrões rurais e urbanos continuaram a comportar-se da mesma maneira: teve início a remoção a grande escala dos pobres das cidades industriais, ao mesmo tempo que os detentores de terras iniciavam uma «limpeza geral da aldeia» – sendo o objetivo, em ambos os casos, a diminuição do número dos pobres residentes (cf. Redford, p. 111).

5. *A supremacia da cidade sobre os campos*

Speenhamland, segundo a nossa hipótese, foi um movimento destinado a proteger a comunidade rural frente à ameaça representada por um nível em alta dos salários urbanos. Esta situação tinha implícita uma supremacia da cidade sobre os campos nos termos do ciclo económico. Temos pelo menos um exemplo – o da depressão de 1837-1845 – em que podemos demonstrar que assim era. Uma cuidadosa investigação estatística realizada em 1847 revelou que a depressão teve início nas cidades industriais do Noroeste, alastrando depois pelos condados agrícolas, nos quais a recuperação começou também sensivelmente mais tarde do que nas cidades industriais. Os números mostravam que «a pressão que se exercera primeiro sobre os distritos manufatureiros terminaria mais tarde nos distritos agrícolas». Os distritos manufatureiros eram representados na investigação pelo Lancashire e o West Riding do Yorkshire, com uma população de 201 000 habitantes (e 584 administrações da Lei dos Pobres), enquanto os distritos agrícolas incluíam Northumberland, Norfolk, Suffolk, Cambridgeshire, Bucks, Herts, Berks, Wilts e Devon, com uma população de 208 000 habitantes (igualmente com 584 administrações da Lei dos Pobres). Nos distritos manufatureiros, a situação começou a melhorar em 1842, com uma descida gradual do aumento do pauperismo, de 29,37 por cento para 16,72 por cento, seguida de um decréscimo positivo, em 1843, de 29,80 por cento, de 15,26 por cento em 1844, e, em 1845, de 12,24 por cento. Num contraste impressivo com esta evolução, a melhoria nos distritos agrícolas só começou em 1845, com um decréscimo de 9,08 por cento. Em cada um dos casos, calculou-se, para cada ano e condado separadamente,

também a despesa *per capita* da administração da Lei dos Pobres
(J. T. Danson, «Condition of the People of the U.K., 1839-1847»,
Journ. of Stat. Soc., Vol. XI, p. 101, 1848).

6. *Decréscimo e excesso populacionais nos campos*

A Inglaterra era o único país da Europa com uma administração do trabalho uniforme para as cidades e para os campos. Os estatutos como os de 1563 ou 1662 vigoravam por igual nas paróquias rurais e urbanas, e os juízes aplicavam a lei de modo idêntico em todo o país. Esta situação devia-se, por um lado, à industrialização precoce dos campos e, por outro, à industrialização posterior das zonas urbanas. Não existia, portanto, um hiato administrativo entre a organização do trabalho na cidade e nos campos, ao contrário do que se passava no continente. O que explica também a facilidade peculiar com que a mão de obra parecia fluir da aldeia para a cidade e vice-versa. Evitaram-se assim duas das características mais catastróficas da demografia continental – ou seja, o despovoamento brusco dos campos devido à migração da aldeia para a cidade, bem como a irreversibilidade deste mesmo processo migratório, que acarretava, por isso, o desenraizamento dos que partiam em busca de trabalho para a cidade. *Landflucht* («êxodo rural») foi o nome por que ficou conhecido este esvaziamento dos campos, causa de verdadeiro terror para as comunidades agrícolas da Europa Central, que se verificou de modo constante a partir da segunda metade do século XIX. Em Inglaterra, deparamos, em contrapartida, com qualquer coisa como uma oscilação das populações entre as ocupações urbanas e rurais. É quase como se uma grande parte da população se encontrasse num estado suspenso – circunstância que tornava muito difícil, se não impossível, seguir os movimentos de migração interna. Lembremos, além disso, a configuração do país, com os seus portos ubíquos que tornavam a migração de longa distância, por assim dizer, desnecessária, e a facilidade das adaptações da administração da Lei dos Pobres às exigências da organização nacional do trabalho torna-se compreensível. As paróquias rurais muitas vezes prestavam apoio domiciliário a indigentes não residentes que tinham conseguido emprego nalguma cidade não muito distante, enviando-lhes o dinheiro para o lugar onde moravam – por outro lado, as cidades manufatureiras prestavam por vezes apoio aos pobres residentes que não pertenciam à circunscrição. Só excecionalmente, as autoridades urbanas intervieram procedendo a remoções de massa, como aconteceu em 1841--1843. Dos 12 628 pobres que foram desinstalados nessa ocasião de dezanove cidades manufatureiras do Norte, só 1 por cento, segundo Redford, pertencia a nove distritos agrícolas. (Se se substituírem os nove «distritos agrícolas típicos», selecionados por Danson em 1848, aos condados de Redford, o resultado modifica-se, mas só ligeiramente – de 1 para 1,3 por cento.) A migração de longa distância era muito reduzida, como Redford pôde demonstrar, e uma grande parte do exército de reserva da força de trabalho mantinha-se à disposição dos patrões através de métodos de assistência liberais aplicados tanto nas aldeias como nas cidades manufatureiras. Nada tem de surpreendente que houvesse «excesso populacional» simultâneo nas cidades e nos campos, embora, durante os períodos de pico da procura, os manufatureiros do Lancashire tivessem de importar grande número de trabalhadores irlandeses e os agricultores declarassem com veemência que não poderiam enfrentar as colheitas se parte dos residentes mais pobres das aldeias fossem levados a emigrar.

Textos da Época sobre o Pauperismo e a Antiga Lei dos Pobres

ACLAND, *Compulsory Saving Plans* (1786).
ANÓNIMO, *Considerations on Several Proposals Lately Made for the Better Maintenance of the Poor*, com um apêndice (2.ª ed., 1752).
ANÓNIMO, *A New Plan for the Better Maintenance of the Poor of England* (1784).
An Address to the Public, da Sociedade Filantrópica, instituída em 1788 para a Prevenção do Crime e a Reforma dos Pobres Criminosos (1788).

APPLEGARTH, Rob., *A Plea for the Poor* (1790).
BELSHAM, Will, *Remarks on the Bill for the Better Support and Maintenance of the Poor* (1797).
BENTHAM, J., *Pauper Management Improved* (1802)-
—, *Observation on the Restrictive and Prohibitory Commercial System* (1821).
—, *Observation on the Poor Bill, Introduced by the Right Honourable William Pitt*, escrito de fevereiro de 1797.
BURKE, E., *Thoughts and Details on Scarcity* (1795).
COWE, James, *Religious and Philantropic Trusts* (1797).
CRUMPLE, Samuel, M. D., *An Essay on the Best Means of Providing Employment for the People* (1793).
DEFOE, Daniel, *Giving Alms No Charity, and Employing the Poor a Grievance for the People* (1793).
DYER, George, *A Dissertation on the Theory and Practice of Benevolence* (1795).
—, *The Complaint of the Poor People of England* (1792).
EDEN, *On the Poor* (1797), 3 vols.
GILBERT, Thomas, *Plan for the Better Relief and Employment of the Poor* (1781).
GODWIN, William, *Thoughts Occasioned by the Perusal of Dr. Parr's Spiritual Sermon, Preached at Christ Church April 15, 1800* (Londres, 1801).
HAMPSHIRE, *State of the Poor* (1795).
Hampshire Magistrate (E. Poulter), *Comments on the Poor Bill* (1797).
HOWLETT, Rev. J., *Examination of Mr. Pitt's Speech* (1796).
JAMES, Isaac, *Providence Displayed*, Londres, 1800, p. 20.
JONES, Edw., *The Prevention of Poverty* (1796).
LUSON, Hewling, *Inferior Politics: or, Considerations on the Wretchedness and Profligacy of the Poor* (1786).
M' FARLANE, John, D. D., *Enquiries Concerning the Poor* (1782).
MARTINEAU, H., *The Parish* (1833).
—, *The Hamlet* (1833).
—, *The History of the Thirty Years' Peace* (1849), 3 vols.
—, *Illustrations of Political Economy* (1832-1834), 9 vols.
MASSIE, J., *A Plan... Penitent Prostitutes. Foundling Hospital, Poor and Poor Laws* (1758).

NASMITH, James, D. D., *A Charge, Isle of Ely* (1799).
OWEN, Robert, *Report of the Committee of the Association for the Relief of the Manufacturing and Labouring Poor* (1818).
PAINE, Th., *Agrarian Justice* (1797).
PEW, Rich., *Observations* (1783).
PITT, Wm. Morton, *An Address to the Landed Interest of the defic. of Habitation and Fuel for the Use of the Poor* (1797).
Plan of a Public Charity, A (1790), «On Starving», um esboço.
First Report of the Society for Bettering the Condition of the Poor.
Second Report of the Society for Bettering the Condition of the Poor (1797).
RUGLES, Tho., *The History of the Poor* (1793), 2 vols.
SABATIER, Wm., Esq., *A Treatise on Poverty* (1793).
SAUNDERS, Robert, *Observations*.
SHERER, Rev. J. G., *Present State of the Poor*.
Spitafields institution, *Good Meat Soup* (1799).
St. Giles in the Field, Vestry of the United Parishes of, *Criticism of «Bill for the Better Support and Maintenance of the Poor»* (1797).
Suffolk Gentleman, *A Letter on the Poor Rates and the High Price of Provisions* (1795).
[TOWNSEND, Joseph], *Dissertation on the Poor Laws 1786 by a Well--Wisher of Mankind.*
VANCOUVER, John, *Causes and Production of Poverty* (1796).
WILSON, Rev. Edw., *Observations on the Present State of Power* (1795).
WOOD, J., *Letter to Sir William Pulteney* (on Pitt's Bill) (1797).
YOUNG, Sir W., *Poor Houses and Work-Houses* (1796).

Textos Atuais

ASHLEY, Sir W. J., *An Introduction to English Economic History and Theory* (1931).
BELASCO, Ph. S., «John Bellers 1654-1725», *Economica*, junho de 1925.
—, «The Labour Exchange Idea in the Seventeenth Century», *Ec. J.*, Vol. I, p. 275.
BLACKMORE, J. S. e MELLONIE, F. C., *Family Endowment and the Birthrate in the Early Ninenteenth Century*, vol. I.

CLAPHAM, J. H., *Economic History of Modern Britain*, vol. I, 1926.
MARSHALL, Dorothy, «The Old Poor Law, 1662-1795», *The Ec. Hist. Rev.*, Vol. III, 1937-1938, p. 38.
Palgrave's *Dictionary of Political Economy*, art. «Poor Laws», 1925.
WEBB, S. e B., *English Local Government*, vol. 7-9, «Poor Law History», 1927-1929.
WEBB, Sidney, «Social Movements», *C. M. H.*, vol. XII, pp. 730--765.

10. Speenhamland e Viena

O autor começou por ser levado a estudar Speenhamland e os seus efeitos sobre os economistas clássicos tendo em conta a situação social e económica extremamente sugestiva que se criou na Áustria a seguir à Grande Guerra.

Aí, nas condições puramente capitalistas do meio circundante, um município socialista instaurou um regime que os partidários do liberalismo económico atacariam acidamente. É indubitável que algumas das medidas políticas intervencionistas adotadas pelo município eram incompatíveis com o mecanismo de uma economia de mercado. Mas os argumentos puramente económicos não esgotam uma questão que era fundamentalmente não económica, mas social.

Eis os principais traços da situação vivida em Viena. Durante a maior parte dos quinze anos que se seguiram à Grande Guerra de 1914-1918, o regime de segurança contra o desemprego na Áustria era amplamente financiado por fundos públicos, prolongando indefinidamente a assistência aos pobres; as rendas de casa foram regulamentadas e os seus montantes reduzidos a uma pequena fração dos anteriores, ao mesmo tempo que o município construía muitas habitações destinadas a um arrendamento não lucrativo, obtido por meio dos impostos os capitais necessários a esses empreendimentos. Embora não houvesse salários subsidiados, a provisão dos serviços sociais previstos, por modestos que fossem, poderia permitir uma descida excessiva dos salários, não fora a ação de um movimento sindical muito desenvolvido e que dispunha da sólida base proporcionada pelos subsídios de desemprego prolongados. Do ponto de vista económico, tratava-se de um sistema, sem dúvida, anómalo. As rendas de casa, fixadas a um nível que as tornava não remuneratórias, eram incompatíveis com o sistema de iniciativa privada que existia, sobretudo no que se referia à indústria da construção civil. Além disso, durante os primeiros anos, a proteção social num país empobrecido comprometeu a estabilidade monetária – as medidas intervencionistas e inflacionistas avançaram lado a lado.

Mais tarde, Viena, como Speenhamland, acabou por sucumbir ante o ataque de forças políticas poderosamente sustentadas por argumentos puramente económicos. Os levantamentos políticos de 1832 em Inglaterra e de 1934 na Áustria destinavam-se a libertar o mercado de trabalho da intervenção protecionista. Nem a aldeia do *squire* nem a Viena da classe operária podiam isolar-se indefinidamente do meio que as envolvia.

Havia, contudo, como é evidente, uma enorme diferença nos efeitos culturais e morais dos dois períodos intervencionistas. A aldeia inglesa, em 1795, tinha de ser salvaguardada da desagregação causada pelo progresso económico e pelo enorme avanço das manufaturas urbanas; a classe operária industrial de Viena, em 1918, tinha de ser protegida contra os efeitos da regressão económica resultante da guerra, da derrota e do caos industrial. Com o tempo, Speenhamland conduziria a uma crise da organização do trabalho, que abriu caminho a uma nova era de prosperidade, enquanto a vitória do *Heimwehr* na Áustria fazia parte de uma catástrofe total do sistema nacional e social.

O que pretendemos aqui sublinhar é a enorme diferença entre os efeitos culturais e morais dos dois tipos de intervenção: a tentativa por parte de Speenhamland de impedir o advento da economia de mercado e a experiência de Viena que tentava superar por completo essa mesma economia. Enquanto Speenhamland foi causa de um desastre completo para o povo comum, Viena consumou um dos triunfos culturais mais espetaculares da história ocidental. O ano de 1795 acabaria por resultar numa humilhação sem precedentes para as classes trabalhadoras, cujos membros se viam impedidos de aceder a um novo estatuto de trabalhadores da indústria; 1918 deu, em contrapartida, origem a um avanço moral e intelectual, também sem exemplo, na condição de uma classe operária industrial altamente desenvolvida, que, protegida pelo sistema de Viena, resistiu aos efeitos degradantes de uma grave desagregação económica e alcançou um nível nunca antes atingido pela massa da população de qualquer sociedade industrial.

Manifestamente, entram aqui em jogo os aspetos sociais – por oposição aos simplesmente económicos – da questão: mas terão os economistas ortodoxos uma perceção adequada da economia do intervencionismo? Os adeptos do liberalismo económico sustentavam, com efeito, que o regime de Viena era mais um caso de «má administração da Lei dos Pobres», um outro caso de «sistema de subsídios», excluído inflexivelmente pelos economistas clássicos. Mas não teriam os próprios economistas clássicos sido induzidos em erro pela situação relativamente persistente criada por Speenhamland? Acertavam muitas vezes quanto ao futuro – que as suas conceções profundas contribuiriam para moldar –, mas enganavam-se em absoluto sobre a sua própria época. A investigação atual demonstrou que não mereciam, de facto, a reputação de uma sólida capacidade de juízo prático que lhes fora atribuída. Malthus equivocou-se por completo sobre as necessidades da sua época: se os seus avisos tendenciosos sobre os riscos de crescimento excessivo da população tivessem sido ouvidos pelos recém-casados aos quais ele fazia questão de os ministrar pessoalmente, isso «poderia ter sido pura e simplesmente a morte do progresso económico» – diz T. H. Marshall. Ricardo interpretou mal os factos a propósito da controvérsia monetária, bem como o papel do Banco de Inglaterra, e revelou-se incapaz de identificar as verdadeiras causas da depreciação da moeda, que, como hoje sabemos, estavam essencialmente associadas a pagamentos políticos e a dificuldades de transferência. Se a sua opinião sobre o *Bullion Report* tivesse sido seguida(*), a Grã-Bretanha teria perdido a guerra contra Napoleão e «o Império hoje não existiria».

(*) Trata-se do trabalho, datando de 1810, de uma comissão parlamentar que analisou o preço do lingote de ouro (*gold bullion*), as causas do seu aumento e as suas repercussões no conjunto da circulação e das trocas (*N. T.*).

Assim, a experiência de Viena e as suas analogias com a de Speenhamland, se fez com que alguns retomassem as posições dos economistas clássicos, fez com que outros as pusessem em dúvida.

DO CAPÍTULO VIII

11. Sobre a rejeição do projeto de lei de Whitbread

A única alternativa à política de Speenhamland seria, ao que parece, o projeto de lei de Whitbread [*Whitbread's Bill*], apresentado no inverno de 1795. O projeto reclamava a extensão do Estatuto dos Artesãos de 1563, de modo a que se instaurasse uma fixação anual de mínimos salariais. O autor da proposta argumentava que essa medida manteria a regra isabelina da ponderação dos salários, alargando-a de modo a cobrir tanto as remunerações salariais mínimas como as máximas e assim preveniria as situações de fome nos campos. A medida teria, sem dúvida, respondido às necessidades da situação de emergência, e é digno de nota que os parlamentares de Suffolk, por exemplo, tenham apoiado o projeto de Whitbread, embora os seus magistrados tenham também apoiado o princípio de Speenhamland numa reunião em que Arthur Young esteve pessoalmente presente – e, com efeito, para um leigo, a diferença entre as duas soluções poderia não ser muito sensível. O que nada tem de surpreendente. Cento e trinta anos mais tarde, quando o Plano Mond (1926) propôs que se utilizassem os fundos de desemprego para complementar os salários industriais, o público tinha ainda dificuldade em compreender a diferença económica decisiva entre a assistência prestada aos desempregados e os subsídios dos salários dos trabalhadores empregados.

Todavia, em 1795, a escolha era entre salários mínimos e subsídios salariais. A diferença entre as duas políticas torna-se mais clara quando as reportamos à revogação simultânea das disposições do Ato de Residência de 1662. A revogação desta lei criou a possibilidade de um mercado do trabalho nacional, cujo objetivo fundamental era permitir que os salários «encontrassem o seu próprio nível». A tendência do projeto de lei de Whitbread sobre o salário mínimo era contrária à da revogação do Ato de Residência, enquanto a tendência da Lei de Speenhamland o não era. Alargando a aplicação da Lei dos Pobres de 1601 em vez da do Estatuto dos Artesãos de 1563 (como Whitbread sugeria), os *squires* retomavam uma política paternalista, visando no essencial apenas a aldeia e em formas que acarretavam um mínimo de interferência no funcionamento do mercado, *embora tornando efetivamente inoperante a fixação dos salários por meio do seu mecanismo*. O facto de esta pretensa aplicação da Lei dos Pobres corresponder, na realidade, a uma derrogação completa do princípio isabelino do trabalho obrigatório nunca chegou a ser abertamente admitida.

Para os promotores da Lei de Speenhamland, as considerações pragmáticas eram preponderantes. O Rev. Edward Wilson, cónego de Windsor e juiz de paz do Berkshire – que foi provavelmente o proponente da lei –, expôs o seu ponto de vista num panfleto em que se declarava abertamente adepto do *laissez-faire*. «A força de trabalho, como todas as restantes coisas que comparecem no mercado, sempre encontrou o seu nível próprio, sem que a lei interferisse», escrevia Wilson. Mas teria sido mais exato para um magistrado inglês sustentar que, pelo contrário, não existira época alguma em que a força de trabalho encontrara o seu nível sem a intervenção da lei. Contudo, os números mostram, continuava o cónego Wilson, que os salários não aumentaram tão rapidamente como o preço dos cereais, pelo que entendia dever submeter à consideração da magistratura «Uma Medida sobre o *quantum* da assistência a prestar aos pobres». O auxílio em causa previa cinco xelins por semana para uma família composta pelo marido, a sua mulher e um filho. Na «Advertência» do opúsculo, lia-se ainda: «O conteúdo desta brochura foi proposto à Assembleia do Condado, em Newbury, no passado dia 6 de maio». Como sabemos, a magistratura foi mais longe do que o cónego, optando por um valor de seis xelins (para uma família com um filho).

DO CAPÍTULO XIII

12. As «duas nações» de Disraeli e o problema das raças de cor

Vários autores insistiram na semelhança entre os problemas coloniais e os dos primeiros tempos do capitalismo. Mas não conseguiram desenvolver a analogia no sentido inverso – ou seja: elucidar as condições de vida das classes mais pobres da Inglaterra de há cem anos, descrevendo a condição dos seus membros, que eram, com efeito, os indígenas destribalizados e desqualificados da época.

A razão de esta analogia óbvia ter escapado a tantos observadores reside na fé que concedemos ao preconceito liberal que privilegia excessivamente os aspetos económicos de processos que são, no essencial, não económicos. Porque nem a degradação racial sofrida hoje por certas regiões coloniais nem a desumanização análoga do povo trabalhador de há um século são problemas fundamentalmente económicos.

a) *O contacto cultural destrutivo não é um fenómeno essencialmente económico*

A maior parte das sociedades nativas sofre hoje um processo de transformação rápida e forçada, só comparável, segundo L. P. Mair, às violentas mudanças desencadeadas por uma revolução. Embora os móbiles dos invasores sejam manifestamente económicos e o colapso da sociedade primitiva seja decerto, muitas vezes, causado pela destruição das suas instituições económicas, o aspeto decisivo consiste aqui no facto de *as novas instituições económicas não poderem ser assimiladas pela cultura nativa* – o que faz com que, por conseguinte, essa cultura se desintegre, sem ser substituída por qualquer outro sistema de valores coerente.

A primeira de entre estas tendências destrutivas inerentes às instituições ocidentais é a que visa o estabelecimento da «paz numa região alargada», minando «a vida do clã, a autoridade patriarcal, a instrução militar dos jovens – proibindo praticamente a migração dos clãs ou das tribos» (Thurnwald, *Black and*

White in East Africa; The Fabric of a New Civilization, 1935, p. 394). «A guerra conferia à vida indígena uma intensidade que se perdeu tristemente nestes tempos de paz (...)» A abolição dos combates leva à diminuição da população, uma vez que a guerra causava de facto muito poucas baixas, ao passo que a sua ausência significa o desaparecimento de costumes e cerimónias exaltantes, tornando a vida da aldeia monotonamente apática e malsã (F. E. Williams, *Depopulation of the Suan District*, 1933, «Anthropology», Relatório, n.º 13, p., 43). Seria necessário comparar a nova situação com a «existência animada, afetivamente movimentada e intensa» que os nativos conheciam no seu meio cultural tradicional (Goldenweiser, *Loose Ends*, p. 99).

Segundo Goldenweiser, o verdadeiro perigo é um «intervalo vazio entre as duas culturas» (Goldenweiser, *Anthropology*, 1937, p. 429) – aspeto quanto ao qual as opiniões são praticamente unânimes. «As barreiras anteriores desaparecem e não surgem quaisquer novas linhas orientadoras» (Thurnwald, *Black and White*, p. 111). «Manter uma comunidade que considera antissocial a acumulação de bens e integrá-la na cultura branca contemporânea é tentar harmonizar dois sistemas institucionais incompatíveis» (Wissel na Introdução ao estudo de Margaret Mead, *The Changing Culture of an Indian Tribe*, 1932). «Os imigrantes portadores de uma cultura diferente poderão extinguir a cultura aborígene, mas sem que possam extinguir ou assimilar os seus membros» (Pitt-Rivers, «The Effect on Native Races of Contact with European Civilization», *Man*, vol. XXVII, 1927). Ou na expressão contundente de Lesser sobre outras vítimas da civilização industrial: «Da sua maturidade cultural *pawnee*, foram reduzidos a uma infância cultural de brancos» (*The Pawnee Ghost Dance Hand Game*, p. 44).

Esta condição de morte viva não se deve à exploração económica no sentido corrente do termo, em que exploração designa o processo em que uma parte obtém vantagens económicas à custa da outra, embora esteja, sem dúvida, intimamente associada às transformações da situação económica que incidem sobre a ocupação da terra, a guerra, o casamento, etc. – transformações que afetam, cada uma delas, muitos usos sociais, costumes e toda a espécie de tradições. Quando uma economia monetária é introduzida à força nas regiões esparsamente povoadas da África Ocidental, não é a insuficiência dos salários a causa que faz com que os indígenas «não possam comprar produtos alimentares que substituam os que eles próprios não cultivaram, uma vez que não há quem tenha excedentes alimentares que lhes possa vender» (Mair, *An African People in the Twentieth Century*, 1934, p. 5). As suas instituições referem-se a uma outra escala de valores: os indígenas são ao mesmo tempo poupados e desprovidos de mentalidade de mercado. «Pedem o mesmo preço pelo mesmo artigo, quer o mercado esteja inundado pela oferta, quer a situação seja de extrema penúria, mas, ao mesmo tempo, poderão fazer longas viagens e gastar muito tempo e energia para pouparem pequenas quantias nas suas compras» (Mary H. Kingsley, *West African Studies*, p. 339). É frequente que uma subida dos salários tenha por efeito o aumento do absentismo. Dos índios zapotecas de Tehuantepec dizia-se que trabalhavam por 50 *centavos* por dia metade do que faziam por 25. Era a mesma situação paradoxal generalizada que se observara durante os primeiros tempos da Revolução Industrial em Inglaterra.

O índice económico das taxas demográficas é mais esclarecedor do que os salários. Goldenweiser confirma a bem conhecida observação de Pitt-Rivers sobre os membros das populações nativas da Melanésia que «morrem de tédio». F. E. Williams, missionário que trabalhou na mesma região, escreve que a «influência do fator psicológico sobre as taxas de mortalidade» é facilmente inteligível. «Muitos observadores têm chamado a atenção para a facilidade ou rapidez com que um indígena morre». «A restrição imposta aos seus interesses e atividades anteriores parece ter efeitos fatais sobre o seu estado afetivo. O resultado é que as resistências do indígena enfraquecem e que ele se torna mais vulnerável a todos os tipos de doença» (*op. cit.*, p. 43). Este aspeto nada tem a ver com a pressão da necessidade económica. «Assim, um grau extremamente elevado de crescimento natural tanto pode ser um sintoma de vitalidade como de deterioração cultural» (Frank Lorimer, *Observations on the Trend of Indian Population in the United States*, p. 11).

A deterioração cultural não pode ser detida senão por medidas sociais, incomensuráveis com o nível de vida definido em termos económicos, como o restabelecimento das formas tribais de ocupação da terra ou um isolamento da comunidade que a salvaguarde da influência dos métodos do mercado capitalista. «A separação do índio da sua terra foi *o* golpe de morte», escreve, em 1942, John Collier. O General Allotment Act de 1887 «individualizava» as terras dos índios: a desintegração cultural resultante levou a que os índios perdessem cerca de três quartas partes, cerca de oitenta milhões de acres [quase 33 milhões de hectares], das suas terras. O Indian Reorganization Act de 1934 reintegrava a ocupação tribal do solo, salvando a comunidade índia *através da revitalização da sua cultura*.

Em África, a história é a mesma. As formas de ocupação fundiária são o ponto mais centralmente relevante, uma vez que é delas que mais diretamente depende a organização social. Aquilo que parecem ser conflitos económicos – impostos e rendas elevadas, salários baixos – são quase exclusivamente formas veladas de pressão destinadas a fazer com que os indígenas abandonem a sua cultura tradicional, impondo-lhes assim que se adaptem aos métodos da economia de mercado – ou seja, que passem a trabalhar em troca de um salário e a abastecer-se no mercado. Foi devido a este processo que certas tribos nativas, como os cafres e outros grupos que migraram na direção das cidades, perderam as suas virtudes ancestrais e se tornaram uma massa indolente, «animais semidomesticados», cujos membros se entregam à ociosidade, ao roubo e à prostituição – instituição que até ao momento desconheciam –, assemelhando-se de muito perto à massa pauperizada da população de Inglaterra entre 1795 e 1834.

b) *A deterioração humana das classes trabalhadoras nos primeiros tempos do capitalismo foi o resultado de uma catástrofe social que não se pode medir em termos económicos*

Robert Owen, já em 1816, observava referindo-se aos seus trabalhadores: «qualquer que seja o salário que recebam, continuam a ser uma massa necessariamente desgraçada (…)» (*To the British Manufacturers*, p. 146). Devemos ter presente que Adam

Smith previa que o trabalhador separado da terra perdesse todos os interesses intelectuais. E M'Farlane previa que «o saber ler e contar será cada vez menos frequente entre o povo comum» (*Enquiries Concerning the Poor*, 1782, pp. 249-250). Uma geração mais tarde, Owen atribuía a desqualificação dos trabalhadores à «negligência durante a infância» e ao «trabalho esgotante», que os tornavam «incapazes por desconhecimento de usarem devidamente os salários elevados quando conseguem obtê-los». Por isso, Owen pagava-lhes salários baixos e esforçava-se por elevar o seu estatuto criando artificialmente para eles um meio cultural inteiramente novo. Os vícios desenvolvidos pela massa da população eram, no seu conjunto, os mesmos que caracterizavam as populações de cor humilhadas por um contacto cultural desintegrador: dissipação, prostituição, roubo, perda do sentido da poupança e imprevidência, desleixo, baixa produtividade no trabalho, quebra do respeito por si próprio e apatia. A difusão da economia de mercado destruía a estrutura tradicional da sociedade rural, a comunidade da aldeia, a família, a anterior forma de ocupação da terra, os costumes e os critérios que serviam de base ao quadro cultural da existência. A proteção concedida por Speenhamland só tornava as coisas piores. Por volta da década de 1830, a catástrofe social do povo comum era tão completa como a dos cafres nos nossos dias. Caso isolado e único, o eminente sociólogo negro Charles S. Johnson reformulou a analogia entre a humilhação social e a desqualificação de classe, esclarecendo o segundo termo pela referência ao primeiro: «Em Inglaterra, onde, aliás, a Revolução Industrial era mais avançada do que no resto da Europa, o caos social que se seguiu à reorganização draconiana da economia transformou as crianças empobrecidas nesses 'destroços' que, mais tarde, os escravos africanos viriam a ser também. (...) As justificações com que se desculpava o sistema de servidão imposto às crianças eram quase idênticas às usadas em defesa do tráfico de escravos» («Race Relations and Social Change», in E. Thompson, *Race Relations and the Race Problem*, 1939, p. 274).

Índice Remissivo

abastecimento de alimentos, 204
Acland, John, 521
África, 26, 85, 123, 135, 141, 187, 197, 334, 335, 531, 532; colónias, 413; condições dos nativos, 344-345; efeitos do homem branco sobre a cultura nativa, 334-336; exploração de, 336
agrarismo, 378
agricultura, 71, 74, 178, 189, 207, 241, 244, 270, 271, 304, 307, 340, 346, 347, 368, 369, 372, 415, 433, 516
aldeias de cooperação, 351-353
aldeias do sindicato, 264
Alemanha, 12, 13, 18, 97, 101, 122, 126, 130-132, 136, 140, 147-149, 155-157, 319, 320, 360, 376, 378, 382, 401, 413--415, 418, 419, 433, 434, 445, 448, 450-456, 478, 485-487; abandona a Sociedade das Nações, 453; e bolchevismo, 381-382; cartéis, 419-420; e o concerto da Europa, 125-126; e desarmamento, 450; fascismo, 148-149; e França, 131--132, 419-420; inflação, 147; indemnização dos trabalhadores, 320; e a Inglaterra, 132; e o interesse na paz, 140-141; legislação fabril, 319; moeda, 417, 434; política colonial, 419-420; política de investimento estrangeiro, 131-132; preparativos para a guerra, 453; prosperidade, 453; revolução industrial, 359-360; revolução nacional-socialista, 147; segurança social, 419-420; tarifas alfandegárias, 419-420; trabalho, 451-452
alimentos, 180, 189, 216, 274, 335, 350, 508
América Latina e fascismo, 444--445
anel/ciclo do *kula*, 25, 197
Angell, Norman, 380
Antuérpia, 202
Applegarth, Robert, 522
aprendizagem, 234, 235, 276, 305, 348, 426
Argel, 123
Argélia, 132

armazenamento (sociedades primitivas), 182, 183, 188, 492, 493
Arnold, Thurman, 321
Ashley, Sir William James, 499, 500, 523
Ásia, 87, 123, 141
Assembleia de Agravos, 261
assistência aos pobres, 506
Ato das Bibliotecas [Public Libraries Act], 318
Ato de Reforma Parlamentar [Parliamentary Reform Act], 348
Ato de Residência [Act of Settlement], 222, 233, 236, 237, 244, 245, 259, 260, 305, 510, 511, 527, 528
Atwood de Binningham, 430
australianos (aborígenes), 197
Áustria, 15, 18, 122, 126, 132, 140, 141, 147, 148, 150, 157, 319, 320, 378, 433, 434, 444, 445, 448, 449, 451, 470, 486, 507, 524, 525; e o fascismo, 444-445, 448-449; e a moeda, 485; e o trabalho, 451-452
Áustria-Hungria, 360

Babilónia, 186, 187, 494
Balcãs, 135, 140, 148, 414
banca internacional, 128ss; nacional, 129-130, 132-134; nos Estados Unidos, 433-434. *Ver também* Bancos centrais.
Banco de Inglaterra, 129, 151, 262, 282, 308, 428, 526
bancos centrais, 93, 95, 129, 385, 388, 389, 392, 393, 420, 464
Banque d'Échange, 264
Barnes-Becker-Becker, 480
Barter, 94. *Ver também* Troca, Mercados

Bassorá, 133
Bauer, Otto, 18, 33, 150
Beer, Max, 505
Belasco, P. S., 523
Bélgica, 122, 123, 126, 148, 433, 434, 444, 478, 479; e a moeda, 148, 434, 485
Bellers, John, 260, 261, 263-267, 523
Belsham, Will, 522
Benedict, Ruth, 491
Bentham, Jeremy, 230, 262-264, 267, 277-280, 282, 283, 285, 291, 305, 309-311, 351, 368, 370, 430, 503-505, 522
Bentham, Sir Samuel, 262
Bergdama (elementos da tribo), 185
Berlim, 78, 79, 126, 135, 147, 357
Berlim, Congresso de, 126
Birmingham, 320, 430
Bismarck-Schönhausen, príncipe Otto Eduard Leopold von, 126, 140, 141, 150, 319, 360, 375, 401, 414; e a Áustria, 125-126; e o Concerto da Europa, 125--126; e o protecionismo, 401
Blackmore, J. S., 523
Blake, William, 161, 250
Blanc, Louis, 261, 265
Bleichroeders, 487
bolchevismo, 378-382, 452, 456
Bolsa de Paris, 132
bolsas de trabalho, 260, 261, 351
Borkenau, Franz, 371
Bourbons, 478
Brinkmann, C., 344, 367, 489, 502
Bristol Corporation for the Poor, 261
Brüning, John, 433, 450
Bücher, Karl, 369, 493, 495, 501
Budapeste, 9, 13-15, 83, 85, 147, 357

ÍNDICE REMISSIVO

Buell, R. L., 481
Bulgária, 123, 147, 148, 444, 448, 486; fascismo, 448, 451, 486; moeda, 148, 150, 485
Burgueses, 136, 203-205, 217, 433
Burke, Edmund, 230, 242, 275--277, 279, 283, 285, 291, 305, 427, 430, 476, 503, 522

Cádis, 122
cafres, 335, 344, 532, 533
Calvino, João, 269
caminho de ferro de Bagdad, 132; bibliografia, 481
caminhos de ferro, 9, 135, 136, 360, 371, 419, 469
campesinato, 378, 382, 458; e fascismo,
campo, contra a cidade, 519-520; despopulação e sobrepopulação, 520-521
Canadá, 12, 32, 413
Cannan, E., 286
Canning, Charles John, 243, 414, 475, 483
capital, 11, 17, 20, 23, 27, 31, 53, 54, 70, 72, 75, 101, 132, 135-137, 190, 191, 205, 206, 262, 264, 298, 299, 333, 349, 377, 382, 386, 421, 428, 437, 454, 484
capitalismo, 10, 11, 17, 20, 25, 26, 62, 72, 77, 82, 87, 89, 94, 96, 136, 154, 172, 225, 229, 237, 250, 255, 264, 286, 287, 332-334, 336, 339, 348, 349, 353, 355, 357, 360, 366, 413, 425, 429, 433, 439, 441, 443, 452, 453, 456, 502, 503, 507, 529, 532; em França, 365; em Inglaterra, 365
Carlyle, Thomas, 250
Carr, E. H., 401, 481
cartéis, 315, 321, 401
Cary, John, 261

casas de indústria [Houses of Industry], 512
Chaddar, 337
chagas, 368
Chamberlain, Joseph, 320
Chamberlain, Neville, 455
Carlos I, rei, 259, 428
Carlos II, rei, 428
cartismo, 250, 348, 349, 357, 358
China, 14, 122, 123, 135, 178, 187, 203, 287, 494
Churchill, Winston, 150
ciclo de comércio, 242-243, 403--404
cidade contra o campo, 519ss
cidades-estado, 124
City (Londres), 134, 152, 413, 454, 455, 484
civilização, 12, 18, 65, 96, 119-123, 143, 146, 156, 157, 171, 178, 184, 191, 195, 201, 203, 221, 227, 230, 233, 250, 254, 259, 329, 332, 335, 357, 400, 422, 428, 440, 459, 461, 464, 474, 488, 495, 498, 505, 530
Clapham, J. H., 172, 243, 249, 481, 482, 506, 524
classe dos trabalhadores. *Ver* Trabalho
classes, 18, 20, 21, 31, 34, 138, 150, 231, 253-255, 259, 165, 274, 275, 278, 283, 290, 300-302, 312, 316, 325-329, 331, 332, 334, 340-341, 351, 355-357, 359, 360, 370, 372, 374-379, 382, 392, 393, 410, 448, 456, 466, 494, 525, 529, 532. *Ver também* classes médias.
classes médias, 138, 254, 283, 301, 356, 359, 377, 379; Áustria, 378--379. *Ver também* Classes.
classes tutoriais, 129-130
clero, 359, 375
Clive, Lorde (Robert), 414

Cobbett, William, 430
Cobden, Richard, 372
Code Napoléon, 368
Cole, G. D. H., 16-18, 31, 32, 350, 419
coletivismo, 318, 323, 419, 504
coletivização das quintas, 456, 457
colleges of industry, 260
Collier, John, 339, 532
colónias, 78, 101, 132, 283, 411, 413, 414, 417
comércio, 10, 22, 23, 25, 26, 63, 67, 69, 82, 85, 100, 108, 125, 131, 136, 138, 139, 140, 146, 152, 153, 155, 169, 170, 182--185, 189, 190, 196-199, 202--208, 212, 213, 216, 218, 237, 238, 240, 241, 258, 259, 265, 277, 281, 287, 300-302, 304, 306, 309, 313, 315, 327, 331, 338, 367-369, 380, 381, 386, 387, 393, 395, 398, 404-407, 410, 415, 416, 419, 420, 426, 428, 433, 434, 437, 458, 460, 482-484, 495-500; cerimonial, 199-201; externo, 405-407; flutuação, 239-242; local, 197-204; de longa distância, 197-204; marítimo, 169-170; mundial, 419-42; nacional, 198-200; e a paz, 135-137, 146; silencioso, 198-199. *Ver também livre-câmbio*.
comércio de panos, 205
comércio do *kula*, 183-185
comércio entre beligerantes, 137
comercialização da terra, 213, 367
Comintern. *Ver* Congresso do Comintern
Comissão da Dívida, 136
comissários da Lei dos Pobres, 513-515

Common Law [direito consuetudinário], 169, 212, 370
Commonwealth, britânica, 166, 170, 245, 447, 457
Companhia das Índias Orientais, 338, 414
compensação dos trabalhadores, 318
comunismo. *Ver* bolchevismo
Concerto da Europa, 125-128, 134, 138-141, 144, 145, 449, 480; bibliografia, 481
concessão de lotes, 514
Condorcet, Marie Jean, marquês de, 272
Conferência de desarmamento, 453
Congresso de Berlim, 126
Congresso do Comintern, 452
conhecimento de factos constitutivos, 468-469
consciência, liberdade de, 464
Conselho da Sociedade das Nações, 145
conspiração coletivista, 96, 325, 332, 402, 416
constitucionalismo, 123, 134, 169, 428
constituição, 36, 428, 470
contrarrevoluções, 26, 146, 447, 451
Cooke, Edward, 272
Coolidge, Calvin, 150
Cooper, Alfred Duff, 455
cooperativas de consumidores, 352
corporações, 204, 206, 211-213, 352
Corti, Egon Ceesar, 487
Cowe, James, 522
Cowell, 514
crédito, 91, 92, 98, 129, 134, 139, 146, 148, 181, 190, 243, 280, 281, 381, 382, 387-389, 394,

400, 403, 404, 410, 411, 418, 431, 434, 437, 438, 454, 482, 502
criação de ovelhas, 163
cristianismo, 291, 292, 297, 352, 355, 473
Crossman, R. H. S., 481
Crumple, Samuel, 522
Cunningham, William, 217, 400, 481, 500, 505, 506, 517

Dança dos Espectros, 339
Danson, J. T, 520, 521
Dardanelos, 126
Darwin, Charles, 230, 272
Davies, David, 242
Decreto de Muharrem, 135
deflação, 22, 92, 99, 151, 308, 313, 386-389, 403, 430, 438, 439
Defoe, Daniel, 265, 266, 522
Delos, Ilha de, 190
democracia, 12, 15, 18-20, 77, 78, 96, 213, 283, 316, 356, 358, 375, 377, 425, 429, 430
depósitos de poeira, 374
depressões: Grande Depressão, 12, 22, 67, 71, 78, 85, 87, 415; pós-guerra, 13, 33, 144-146, 150, 378, 382, 417
desarmamento, 144, 145, 449, 450, 453
desemprego, 19, 69-71, 92, 93, 100, 236, 240-242, 244, 259, 263-265, 305, 315, 330, 350, 362, 363, 382, 387, 389, 402, 409-411, 417, 420, 432, 436, 461, 467, 472, 507, 508, 524, 525, 527; invisível, 240
desflorestação, 374
despopulação, 164
Detroit, 445
Dicey, A. V., 310, 311, 318, 319, 368, 504-507

Dickens, Charles, 35, 250
Diderot, Denis, 230
Dieri (da Austrália Central), 197
Dinamarca, 122, 126, 405, 479
dinheiro, 59, 70, 71, 73, 93, 130, 173, 189-191, 195, 206, 210, 211, 215, 218, 222, 223, 248, 261, 274, 281, 282, 299, 337, 345, 376, 387, 403, 404, 483, 503, 521; Egito, 186-187; livre, 402-404; fiduciário, 386--387, 390-391, 394-395; Estados Unidos, 430-431; mercadoria, 298-299, 386-387, 390-391. *Ver também Moeda; Riqueza.*
Dinheiro-mercadoria. *Ver Dinheiro, mercadoria*
diplomacia, 129, 133, 450, 475
Disraeli, Benjamin, 1.º conde de Beaconsfield, 228, 335, 347, 413, 529
disposições legais sobre os aforamentos e a enfiteuse [Copyhold Acts], 368
dívida otomana, 135-136
divisas, 67, 68, 75, 102, 103, 152, 220. *Ver também* Barter.
domínios britânicos, 402
Drucker, Peter F., 15, 84, 115, 116, 355
Duque de Angoulême, 122
Dyer, George, 520

Earle, Edward Mead, 488
economia de mercado, 12, 13, 19, 21, 22, 24-26, 29, 31, 32, 35, 61, 73, 76, 77, 91, 107, 120, 144, 157, 159, 163, 168, 171, 173, 175, 189, 191, 195, 210, 212-214, 216, 217, 221, 228, 232, 254, 256, 267, 287, 288, 298, 301, 303, 323, 324, 331, 337, 344, 350, 365, 366, 375, 376,

378-380, 387, 391, 394, 395, 397, 398, 415, 416, 418, 422, 425, 443, 451, 454, 456-458, 463-465, 467, 469, 524, 525, 532, 533; definição, 171-174, 175-176; Grécia antiga, 189--190; Inglaterra, 156; sucessor de Speenhamland, 255
economia política, 54, 57, 176, 230-232, 257, 265, 269, 271, 279, 285, 291, 489, 504
Eden, Sir Frederick Morton, 522
Egito, 123, 141, 179, 186, 494; e a moeda, 494
Eldon, Lorde, 253
emenda à Lei dos Pobres [Poor Law Amendment], 35, 305--306; projeto de lei, 305-306
empréstimo silésio, 138
Engels, Friedrich, 35, 240, 250, 503, 506
equilíbrio das potências, 124, 126, 411, 449, 458, 475-479; bibliografia, 480; e Bismarck, 126; e desarmamento, 144-145; e a paz, 140-141; sistema de, 125ss, 146, 412, 475ss
erosão, 70, 72
escravos, 26, 136, 188, 348, 456, 496, 533
esforço e tensão, 409ss
Espanha,15, 17, 18, 122, 137, 154, 163, 220, 258, 444
Essential Works Order, 469
Estado centralizado, 205
Estado de Orange, 413
Estado liberal, 119, 120, 153, 156, 375, 438
Estados bálticos, 147
Estados Unidos, 10, 15, 27, 54, 61, 68, 72-74, 82, 84-86, 96, 97, 100, 105, 107, 123, 138, 146, 148, 151, 154-156, 313, 314, 352, 375, 398, 402, 419, 428, 434, 438, 440, 444, 449, 452, 453, 469, 477, 484, 485; e o equilíbrio de poder, 476; e a expansão, 123; e o fascismo, 444-445, 448-449; fora do padrão-ouro, 313-314, 394-395, 434-435, 453; e o *laissez-faire*, 313-314; e o padrão-ouro, 150-152; e a prosperidade, 451-452; e as tarifas alfandegárias, 419-420
Estaline, 261
Estatuto dos Artesãos, 212, 213, 233-235, 305, 348, 426, 527, 528
Estónia, 148, 448, 451, 485, 486
Eulenburg, F., 141
Europa, 15, 16, 18, 22, 74, 84, 87, 95, 121, 123-128, 133-135, 138-141, 143-148, 167, 178, 187, 189-191, 199, 202, 203, 218, 243, 315, 341, 353, 357, 360, 366, 367, 371, 372, 375, 377, 378, 380, 381, 398, 399, 415, 417, 419, 425, 430, 433, 438, 440, 441, 447, 449, 452, 457, 458, 476-482, 486, 501, 520, 533; e a alimentação, 381--382; governos após a I Guerra Mundial (tabela), 486; e a terra, 372
Europa Central, 15, 18, 83, 127, 146, 147, 360, 371, 372, 377, 380, 417, 447, 486, 520
Europa de Leste, 95, 438
Europa Ocidental, 74, 121, 147, 148, 167, 178, 187, 189-191, 199, 202, 203, 218, 366, 367, 372, 399, 440, 457, 477, 501
expansão, 10, 22, 108, 129, 130, 140, 163, 171, 202, 258, 259, 297, 305, 308, 310, 314, 316, 317, 330, 386, 387, 413-416, 507, 509

exploração, 101, 170, 187, 197, 241, 262, 283, 287, 293, 301, 308, 325, 333, 334, 336-340, 366, 530
exportações, 100, 167, 168, 204, 205, 358, 389, 404, 406, 410, 411, 413, 420, 426, 431-433, 458
Externato Crestomático, 283

farmacopeia, 318
fascismo, 11, 13, 16-19, 22, 26, 76, 85, 87, 96, 98, 102, 156, 157, 302, 381, 443-453, 470-473; e cristianismo, 473; e a Igreja Católica, 449
Fay, S. B., 481
Federal Reserve Board, 151
Feis, H., 128, 132, 481, 488
Fénelon, 475
Fernandez, Juan, 271-273
feudalismo, 25, 138, 187, 188, 211, 214, 331, 338, 359, 367, 373, 376, 494; abolição, 211--212; e fomes, 337-338
ficção da mercadoria, 216, 298, 300, 463
filosofia liberal e fascismo, 469--472
Finança, 128-139, 141, 146, 149, 153, 155, 215, 281, 394, 432, 434, 439, 455, 463, 464, 487, 488. *Ver também* Alta finança *(haute finance)*
Finlândia, 147, 148, 150, 378, 444, 448, 451, 485, 486; e o fascismo, 444, 448, 451; e a moeda, 485
Firth, R., 200, 489, 490, 491, 493, 495
fisiocratas, 271, 274, 290, 304, 376
fomes de 1840, 357, 429
Fourier, François Marie Charles, 261, 264

Fox, Charles James, 476
França, 18, 27, 97, 122, 126, 130-132, 137, 140, 141, 148, 149, 151, 154, 202, 206, 212, 213, 243, 258, 263, 274, 283, 303, 309, 313, 319, 366, 368, 375, 376, 414, 419, 433, 434, 444, 445, 450, 452, 482, 485, 487, 508, 510, 511; e a Alemanha,131, 419; e Bismarck, 140; e o fascismo, 444-445, 451; fora do padrão-ouro, 312; e o governo liberal, 149; e as guerras comerciais, 482; Guerras Franco-Prussianas, 122; e a moeda, 147; e o Ruhr, 452
Francqui, Emile, 433
Frederico, *o Grande*, 137
Freezing of labour, 469
Fuga de capitais, 73, 149
Fuller, major-general, 482
Fundação Rockefeller, 119
Funnell, William, 272

Gairdner, J., 165
Genebra, 144, 146, 148, 152, 380, 413, 438, 439, 454, 484
General Allotment Act, 532
Gentz, Friedrich von, 125
George, Henry, 150
George, Stefan, 445
Gibbins, H. de B., 165
Gilbert, Thomas, 522
Gladstone, William Ewart, 414, 431
Godwin, William, 230, 232, 283, 291, 522
Goldenweiser, A., 335, 490, 530, 531
Governo. *Ver* Governo Popular
governo popular, 356
governos devedores, 134
Grã-Bretanha, 18, 138, 141, 147, 151, 155, 156, 307, 313, 314,

360, 395, 405, 416, 431, 434, 435, 450, 452-454, 464, 476, 485, 507, 526; benefícios do desemprego, 507; e Bismarck, 125-126; comércio, 405, 434-435; equilíbrio de poder, 475; expansão, 121-123; e fascismo, 450-451; fora do padrão-ouro, 147, 150-152, 313-314, 394-395; governo nacional, 430-431; greve geral, 431-432; e *laissez-faire*,313-314; moeda, 430-432, 440; política externa, 414

Grande Guerra. *Ver* I Guerra Mundial

Grant, Irene, 34, 115

Grécia, 23, 24, 123, 124, 148, 150, 451; moeda, 485

greves, 349, 351, 381, 432, 435, 436, 517

Grey, Sir Edward (Lorde Grey de Fallodon), 475, 476

guerra, 10, 12, 13, 15, 17, 18, 22, 26, 33, 60, 76, 82-87, 97, 99, 101-105, 107, 108, 115, 119, 121-127, 129-131, 133-141, 144-147, 150, 151, 154-156, 165, 197, 231, 241-243, 258, 263, 266, 283, 288, 289, 313, 314, 316, 322, 326, 327, 367, 377-382, 387, 398, 406, 412-414, 417, 418, 432, 437, 440, 442, 444, 445, 447, 453, 455-459, 479, 480, 482-484, 486, 487, 506, 508-511, 524-526, 530. *Ver também* guerras individuais.

Guerra da Crimeia, 122, 137, 482

Guerra dos Sete Anos, 242, 258, 413

Guerra Hispano-Americana, 138

Guerra Mundial, I, 18, 22, 83, 86, 142, 483, 484; comparação com a II Guerra Mundial, 155

Haberler, G., 412
habitação *versus* melhoria, 161ss
habitantes das Ilhas Andaman, 491
Habsburgos, 18, 319, 478
Hadley, A. T., 429
Hales, John, 166
Halévy, Elie, 504
Halifax, Lorde, 455
Hamburgo, 202
Hamilton, Alexander, 430
Hammond, Barbara, 354, 505, 506
Hammond, J. L., 354, 505, 506
Hampshire, 243, 508
Hamurabi (na Babilónia), 24, 186
Hansa, 202, 499
Hartley, David, 273
Harvey, J., 509
Hastings, Warren, 414
Haushofer, Karl, 480
Haute finance,128, 139; Inglaterra, 130; França, 130; organização, 131-132
Hawtrey, G. R., 193, 215, 373, 481
Hazlitt, W., 289
Heatley, D. P., 480
Heckscher, E. E., 165, 166, 345, 499, 500, 501, 502
Hegel, Georg Wilhelm Friedrich, 269
Heimwehr, 378, 449, 525
Helvetius, Claude Adrien, 273
Henderson, H. D., 211, 516
Henrique VIII, 428
Herriot, Edouard, 320
Hershey, A. S., 137, 480
Herskovits, M., 344, 493, 497
Heymann, H., 450
Hilferding, Rudolf, 150, 487
Hindenburg, Paul von Beneckendorff und von, 147, 445, 450
Hitler, Adolf, 12, 15, 85, 382, 445, 446, 452, 455, 456

Hobbes, Thomas, 273, 275, 345
Hobson, J. A., 487
Hofmann, A., 480
Holanda, 126, 154, 258, 444, 449, 479; e o fascismo, 444, 449
Holmes, E., 509
homem primitivo, 176, 177, 460
Hoover, Herbert, 150
Howlett, Rev. J., 508, 515, 522
Humanidade. *Ver* Sociedade.
Hume, David, 98, 265, 273, 386, 477, 480
Hungria, 9, 10, 13, 15, 86, 122, 123, 132, 141, 147, 148, 150, 378, 444, 448, 451, 485, 486; e o bolchevismo, 378; e o fascismo, 448, 451; e a moeda, 148, 150, 485
Huskisson, William, 426

Igreja Católica, 124-125, 127, 320
ilhas do Pacífico, 414
imigração, 169, 315, 398, 402, 420
imperialismo, 26, 46, 136, 326, 372, 393, 412-414, 416, 420
Império Otomano, 126
impérios autárcicos, 147
impérios xerifianos, 122
importações, 94, 152, 167, 315, 379, 404, 405, 413, 420, 458
Incas, 54, 282
Índia, 123, 178, 187, 275, 337, 338, 346, 414; e a moeda, 494
Indian Reorganization Act, 532
índios, Americanos. *Ver Índios norte-americanos.*
índios norte-americanos, 339
indivíduo, direitos na sociedade, 443-444
Indochina, 123
indústria, 33, 63, 74, 90, 130, 131, 136, 137, 153, 161, 163, 165, 167, 169, 171, 172, 178, 205, 210, 211, 214, 215, 217-219, 234, 236, 237, 240-242, 250, 259, 260, 262, 263, 270, 278, 291, 302, 304, 305, 308, 309, 313, 322, 330, 333, 340, 346, 350, 353-356, 369, 373, 378, 379, 405, 410, 417, 418, 433, 434, 441, 442, 448, 458, 487, 490, 497, 499, 505, 511, 512, 514, 516, 525
indústria do algodão, 167, 171, 304, 305, 333, 516
indústria do alumínio, 314
indústria dos lanifícios, 163, 167
indústria petrolífera, 313-31
inflação, 15, 78, 93, 148, 149, 151, 312, 403, 430, 431, 439
Inglaterra, 10, 18, 61, 84, 85, 87, 90, 94, 101, 115, 122, 126, 129, 130, 132, 148, 151, 154, 157, 161, 162, 167-171, 190, 199, 206, 207, 212, 213, 217, 220-222, 227, 229, 233, 234, 237, 241-243, 249, 250, 253--255, 257-260, 262, 263, 274, 279, 281-283, 300, 304, 307--309, 319, 320, 332, 334, 335, 341, 346-348, 352-361, 366, 367, 369-372, 376, 377, 390, 414, 415, 418, 425, 426, 428, 429, 433, 444, 445, 447, 449, 455, 456, 468, 475, 476, 482, 487, 504, 517, 520, 525, 526, 529, 531-533; classes, 234--235; condições sociais, 238--240, 249-251, 531-533; constitucionalismo, 168-169; e o equilíbrio de poder, 475-476; e o fascismo, 148, 444-445, 448-449; governo de classe, 168-169; guerras comerciais, 481-482; imigração dos artífices,168-169; legislação social, 317-319; e a Leis dos Pobres,

223; e o mercado de trabalho, 221; Ministério da saúde, 282--283; pauperismo, 222-223; população, 242-243, 255-256; revolução industrial, 162ss; sufrágio popular, 357
Inglaterra, Banco de. *Ver* Banco de Inglaterra.
Innes, A. D., 165
inspeção das fábricas, 317
instituição Spitalfields, 522-523
instituições internacionais, 22, 109. *Ver também* Equilíbrio de poder; padrão-ouro
interesse de classe, 325, 327, 328, 332
«interesse na paz», 124, 125, 128, 134, 138, 140, 153
internacionalismo, 129, 393, 458
intervenção internacional, 121--122
intervencionismo, 64, 166, 298, 310, 316, 322, 393, 405, 425, 426, 436, 439, 440, 526
investimento estrangeiro, 129--130, 135-136
Irlanda, 318, 444
Isabel I, 310, 414
Itália, 122, 124, 141, 147, 156, 157, 357, 360, 381, 382, 413, 444, 448, 450-453, 485; bolchevismo, 381-382; fascismo, 443-445, 448-451; moeda, 149-150; preparativos para a guerra,453; revolução industrial, 360

James, Isaac, 272, 522
Japão, 97, 101, 137, 156, 413, 444, 453, 477; fascismo, 444-445
Jesus, 473
Jogo das Mãos dos Pawnee (hand game), 339
Johnson, Charles S., 533
Jones, Edward, 522
Jowett, Benjamin, 190, 191
Judaísmo, 448-449
Jugoslávia, 444, 486

Keynes, John Maynard, 16, 32, 33, 63, 84, 88, 375
Kingfish. *Ver* Long, Huey.
Kingsley, Charles, 250, 335
Kingsley, Mary H., 531
Klages, Ludwig, 445
Knight, Frank H., 460
Knowles, L. C. A., 361, 481
Kouwenhoven, John A., 115, 116
Kpelle, 197
Kwakiutl (elementos da tribo), 186, 344

Laissez-faire, 94-96, 267, 277, 280, 300, 303-309, 311, 312, 314, 318-323, 339, 340, 414, 453, 501, 504, 528
Landflucht (êxodo rural), 520
Langer, W. L., 481, 487
Lassalle, Ferdinand, 150, 261, 265
Lasswell, H. D., 481
Laud, William, arcebispo, 165, 245
Lawrence, D. H., 445
Lawson, 260
Leathes, Sir Stanley Mordaun, 481
legislação laboral inglesa, 212
Lei Anticereais [Anti-Corn Law Bill], 308
Lei da Herança [Inheritance Act], 368
Lei das Dez Horas, 347, 348
Lei das Doenças Contagiosas, 318
Leis das Prescrições [Prescriptions Acts], 368
Lei das Vedações (enclosures), 164, 310, 368

ÍNDICE REMISSIVO | 545

Lei De Greef, 478, 480
Lei do Habeas Corpus, 283, 309, 468
Lei dos Limpa-Chaminés, 318
Lei dos Pobres [Poor Law], 94, 110, 212, 213, 223, 226, 227--230, 233, 235, 236, 238, 239, 243, 245-247, 250, 253, 255, 257, 259, 262, 272, 277, 283, 285, 290, 305, 306, 308, 333, 348, 357, 361, 425-430, 501, 503; bibliografia, 521ss; Nova lei dos Pobres, 95, 361, 425--430, 503; e a organização do trabalho, 500-501; e a paróquia, 234-235; taxas, 249-250; versus revolução, 242-243
Lei económica, 165, 285
Leigh, Robert D., 116
Lei Gilbert, 246, 262, 502
leis contra as Associações [Anti--Combination Laws], 227, 285, 426, 502
leis dos Cereais, 308, 347, 371, 380
leis Fabris, 416
Lei sobre as Minas, 317
Lei sobre as Pensões dos Idosos, 506
Lei sobre os Direitos e Transmissões, 368
Lei Whitbread, 527, 528
Lenine, Wladimir Ilyitch, 101, 136, 147, 150, 487
Lesser, Alexander, 530
Letónia, 148, 448, 451, 486
Libel Act, 310
liberalismo económico, 29, 156, 162, 232, 276, 291, 300, 302, 303, 306-309, 312-314, 318, 321-324, 326, 340, 343, 346, 380, 395, 397, 418, 436, 439, 488, 495, 501, 506, 524, 526

liberdade, 12, 31, 68, 71, 75, 78, 79, 97, 98, 102, 104, 108, 121, 123-125, 146, 152, 154, 221, 227, 230, 236, 237, 292, 394, 305, 309-311, 313-316, 320, 321, 338, 343, 349, 359, 368, 370, 375, 376, 380-382, 398, 403, 415, 419, 432, 436, 439, 446, 450, 454, 459, 461, 463, 465-474, 476, 487, 500
liberdade contratual, 320, 321, 343, 370, 382
Linton, Ralph, 491
Lippmann, Walter, 176, 321, 481, 507
Lipson, Ephraim, 497
Lituânia, 148, 451, 486
livre-câmbio, 157, 304, 307, 308, 319, 323, 324, 340, 369, 371, 372, 380, 395, 400, 416, 420, 436, 465, 482; Índia, 337; origem, 157 Ver também Comércio.
Livro Azul britânico, 456
Lloyd George, David, 321
Locke, John, 261, 265, 270, 286, 290, 428
Loeb, E. M., 344, 496, 498
Londres, 10, 13, 15, 85, 115, 151, 152, 201, 318, 357, 377, 387, 413, 454, 482, 484, 499
Long, Huey, 445, 449
Lorimer, Frank, 531
Lowie, Robert Harry, 489
lucros, 22, 31, 63, 135, 136, 173, 185, 210, 219, 281, 287, 288, 329, 333, 350, 353, 386, 394, 417, 420, 442, 467, 489, 518; dos especuladores, 467
Luditas, 20, 226, 348
Lueger, Karl, 320
Luson, Hewling, 522
Lutero, Martinho, 269
Luxemburgo, neutralização, 126

Lyons, 345
Lysis (Michelle Tellier), 487

Macaulay, Thomas Babbington (Lorde Macaulay), 362, 428, 429
MacIver, Robert M., 65
Madagáscar, 123
magistrados do Berkshire, 222, 230, 528
Mair, L. P., 344, 529, 531
Majendie, 514
Malinowski, Bronislav, 23, 25, 34, 181, 489-493
Malthus, Thomas Robert, 90, 230, 232, 250, 258, 272, 275, 283, 285, 286, 288, 289, 291, 305, 398, 426, 503, 526
Manchester, 304, 305, 347, 358, 489, 516
Mandeville, Doutor, 265
Mann, J., 514
Mantoux, P., 284, 505, 506
manufaturas, 240, 244, 263, 265, 266, 283, 292, 293, 300, 304, 305, 309, 315, 316, 324, 325, 328, 406, 420, 515-518, 525
Maquiavel, Nicolau, 269
máquinas, 20, 172, 173, 217, 218, 226, 228, 237, 239, 263, 280, 285, 301, 331, 348-350, 353, 426, 458, 461
Marrocos, 135, 141
Marshall, Dorothy, 524
Marshall, T. H., 526
Martineau, Harriet, 239, 250, 252, 253, 427, 503, 522
Marx, Karl, 11, 16, 17, 19, 31, 150, 215, 230, 264, 289, 325, 347, 371, 503, 506
Massie, 522
materialismo, 156
matérias-primas, 101, 139, 172, 174, 217, 218, 366, 367, 406, 410, 420, 434, 458, 463
Mayer, J. P., 480, 481
Mead, Margaret, 335, 530
Melanésios, 531
melhoria *versus* habitação, 162ss
Mellonie, F.C., 523
Mendershausen, Horst, 115, 116
menestréis, 489
mercado de trabalho. *Ver* Mercados,; Trabalho,
mercados, 11-13, 21, 23, 25, 26, 31, 32, 34, 36, 39, 41, 46-48, 51, 52, 54, 58-63, 66-69, 71, 74-77, 82, 85, 87, 89-98, 100, 102, 103, 105, 107, 140, 141, 152, 154, 171, 173, 175-177, 189, 190, 192, 193, 195-204, 207-216, 219, 220, 274, 301, 308, 310, 314, 325, 341, 365, 369, 377, 395, 397, 411, 413, 416, 418, 420, 421, 436-441, 453, 460, 461, 463, 465, 482, 488, 495--498, 501, 517; autorregulados, 119-120, 168-169, 171ss, 194--195, 209ss, 228-229, 290-291, 298-300, 303-304, 307-308, 311ss, 320ss, 380-381, 395, 406-407, 418-419, 494; costumes e cerimónias, 199-200; definição, 193-194; dinheiro, 139, 214-215, 340ss, 435-436; Estados Unidos, 397-398; feiras, 199, 497; Índia, 337-338; livre, 24, 34, 66, 68, 74, 76, 82, 94, 96, 103, 213, 310, 321, 338, 340, 436, 458; local, 195-196, 199-201, 203-204; mundo, 219--220; nacional, 199-200, 205--206, 274-275; origem, 201-204; portos, 198-199; propriedade, 365; terra, 214-215, 340ss, 418--419, 435-436; trabalho, 212, 214-215, 221-225, 236, 277, 290-291, 303-308, 340ss, 360-

-362, 369, 418-419, 427-428, 435-436, 529; um grande mercado único, 214-215, 365
mercados e preços dos cereais, 338, 509
mercantilismo, 165, 205, 206, 208, 211, 212, 214, 500-502
Meredith, H. O., 224
Metternich, princípe Klemens Wenzel Nepomuk Lothar von, 124, 127
M'Farlane, John, 257, 522, 533
Micronésios, 493
Mill, James, 11, 258
Mill, John Stuart, 150, 230, 400
Millins, Sr.ª S. G., 334
Mises, Ludwig von, 84, 85, 150, 176, 312, 362, 380, 390, 429, 430, 507
Mitchell, W.C., 505
moeda, 17, 25, 75, 85, 91, 98, 102, 122, 134, 139, 140, 146, 148--153, 187, 195, 196, 209, 211, 214-216, 219, 220, 222, 281, 297, 299-301, 304, 306, 307, 312, 313, 315, 341, 351, 381, 382, 385-395, 397-401, 403--406, 410, 411, 416-421, 425, 428-440, 445, 454, 455, 461--464, 482, 484, 485, 494-496, 498, 503, 507, 526; depreciação, 150-151; estabilização, 312; Estados Unidos, 440; na Europa, 381-382; na Grã-Bretanha, 431-432, 440; internacional, 482; restauração da, 146; tabela de estabilização, 485. *Ver também* Dinheiro.
moinhos satânicos, 170
Mond, Sir Alfred, 507
Montesquieu, Charles de Secondat de, 207, 428
More, Hannah, 354, 355, 377, 509
More, Thomas, 259, 269

Morgan, John Pierpont, 146
Morgans, 153
morte, 84, 165, 243, 255, 282, 318, 327, 333, 337, 473, 474, 526, 530, 532
movimento cartista, 356, 425, 428
movimento owenista, 348, 349, 517
Mowat, R. B., 481
mudança, 161-162, 166-167, 325ss.; para um sistema partidário, 453
Muir, Ramsay, 481
Munique, 454, 455
Münster, Tratado de, 124, 478
Mussolini, Benito, 150, 381, 445, 452

nacionalismo, 37, 86, 129, 137, 316, 317, 393, 447, 449, 450, 458
não-conformismo na sociedade estabelecida, 462-463
Nasmith, James, 523
National Charity Company, 263
nazismo 10, 18, 22, 26, 450
neutralização, 126
New Deal, 84, 87, 105, 106, 108, 147, 156, 375, 398, 431, 433, 453
New Lanark, 264, 335, 351, 353
Nicholls (*History of the Poor Laws*), 511
Norman, Montagu, 454, 455
Noruega, 126, 444, 449
Nova Lei dos Pobres, 934 361, 425-430, 503

Oastler, Richard, 347 obras públicas, 136
Ohlin, B., 369
Okeden, 514
Onken, H., 481
Operative Builders' Union, 351

Oppenheim, 480
organização do trabalho, 212, 219, 222, 233, 234, 260, 338, 507, 520, 525
Organização Internacional do Trabalho, 152
organização produtiva, 341, 385, 386, 419
Ortes, Giammaria, 257
ouro, 98-101, 149-151, 153, 163, 299, 308, 335, 348, 386-388, 390, 392, 429, 433, 435, 438, 439, 454, 455, 526
Owen, Robert, 17, 34, 230, 232, 261, 263, 264, 267, 281, 291--294, 298, 334, 349-355, 430, 473, 474, 523, 532, 533
owenismo, 348-353, 356, 357, 517

pacifismo, 122, 414, 449
padrão-ouro, 67, 98-103, 107, 119, 120, 134, 140, 143, 147, 149-154, 156, 157, 220, 304, 307, 308, 312-313, 340, 387, 389, 390, 392-395, 398, 399, 410, 411, 416, 417, 419-422, 430-434, 436-438, 440, 452, 453, 455, 456, 463-466, 482, 484, 485; colapso, 143; e o factor da paz, 134; fracasso do, 152-153; e a moeda, 417; nos Estados Unidos, 398-399; origem, 157; restauração, 313--314; tabela de países fora do, 485
Paine, Thomas, 243, 523
Países Baixos. *Ver* Holanda.
Palestina, 444
Palgrave, Sir Robert Harry Inglis, 524
Palmerston, 3.º visconde de, 475, 484
Pangwe da África Ocidental, 197

Panóptico, 262, 282, 310
Pantlen, Hermnan, 501
Papen, Franz von, 446
Paris, 15, 132, 243, 357
Paris, Bolsa de, 132
partidos trabalhistas, 150, 432
paternalismo, 224-226, 234, 237, 256, 315
pauperismo, 231, 235, 238-240, 242, 244, 245, 251, 257, 259, 262, 266, 267, 275, 276, 281, 305, 505, 508, 519, 521; bibliografia, 521; primeira ocorrência em Inglaterra, 258-259; rural, 237-239; *Ver também* Speenhamland; Lei dos Pobres
Pax Britannica, 134
paz, 87, 102, 105, 121-131, 133-141, 144-146, 153, 197, 198, 201, 245, 246, 255, 277, 377, 380, 381, 414, 447, 449, 450, 453, 455, 464, 467, 476, 481, 482, 487, 496, 504, 528--530; africana, 530-531; «paz armada», 134
Paz de Cem Anos, 119-141, 380, 481, 482; bibliografia, 481
Paz dos Trinta Anos, 138, 504
paz e ordem internacional, 87, 102, 105, 121, 122-131, 133--141, 144-146, 153, 197, 198, 201, 245, 246, 255, 277, 377, 380, 381, 414, 447, 449, 453, 455, 464, 467, 476, 481, 482, 487, 496, 504, 528-530
Peel, Robert, 306, 308, 362, 426, 428
Pelican Inn, 222
Penrose, E. F., 369, 398
período Tudor, 162, 376
Pérsia, 135, 141, 178
Pew, Richard, 523
Phillips, W. A., 481
pirataria, 197, 496

Pirenne, Henri, 199, 203, 477, 480, 496, 497, 499-501
Pitt, William, 242, 262, 267, 277, 306, 362, 503, 508, 522, 523
Pitt, William Morton, 523
Pitt-Rivers, 530, 531
planeamento e liberdade, 465ss
Plano Dawes, 417, 452, 487
Plano Mond, 527
Plano Young, 415, 485
Platão, 273
pobreza. *Ver* Pauperismo.
poder da finança *versus* diplomacia do dólar, 128-129, 134-136
poder, função do, 470-473
Polanyi, Karl, 9-13, 15-36, 39, 41-44, 48-68, 70, 74-79, 81-92, 94-98, 100-102, 104-109, 438, 443, 447
polinésios, 493
política colonial, 416
política dos Stuarts, 165, 167, 168, 212, 220
Polónia, 122, 147, 148, 451, 485, 486
população, 73, 77, 106, 127, 149, 164, 170, 171, 184, 187, 221, 225-227, 229, 231, 233, 236, 241, 254, 255, 257, 266, 267, 272, 275, 281-283, 285, 286, 288, 293, 316, 330, 332-335, 338-340, 349, 353, 367, 368, 369, 374, 416, 417, 429, 433, 441, 442, 492-494, 497, 511, 515, 519, 520, 526, 530, 532, 533
Portugal, 30, 89, 154, 258, 444
Postan, M. M., 500
Postlethwayt, Malachy, 257
Power, Eileen Edna, 500, 514
Praga, 65, 455
preços, 22, 24, 67, 75, 89, 93, 99-101, 139, 151, 173, 175, 193, 204, 210, 211, 215, 239, 274, 285, 286, 288, 299, 306-308, 321, 338, 340, 362, 377, 386-389, 392, 394, 401, 405, 411, 419-422, 431, 437, 439, 458, 460, 463, 509. *Ver também* Preços dos alimentos.
preços das mercadorias, 210
preços dos produtos alimentares, 239
Price, D. R., 283
Pringle, 514
projeto de Lei dos Pobres [Poor Law Bill], 277
"proletário", 339
proposta de Whitbread para salário mínimo, 262
propriedade do inimigo, 138
protecionismo, 68, 74, 101, 102, 140, 205, 304, 312, 315, 317, 325, 326, 328, 329, 339, 374, 379, 382, 393, 397, 398, 399, 401, 402, 412, 418, 421, 434, 500, 507; Estados Unidos, 398-399; Europa, 382. *Ver também* Tarifas alfandegárias
Proudhon, Pierre Joseph, 150, 261, 264
Prússia, 17, 122, 125, 137, 319, 320, 377, 444, 446, 477; e fascismo, 17, 444, 446
prussianismo, 419
puritanos, 281
P. W. A. (Public Works Administration), 517

Quakers, 259
Quesnay, François, 230, 273, 304, 414

raças, 144, 339, 360, 444, 468
Radcliffe-Brown, 491
Rauschning, H., 450
Real Property Act, 368
rebelião de Kett, 164, 259

reciprocidade, 24, 26, 28, 88, 181-183, 185, 186, 188, 189, 191, 193, 194, 197, 198, 200, 217, 480, 490, 492-494, 500; centricidade, 182, 183, 191, 194; comércio do *kula*, 183--185; simetria, 182, 183, 191, 194, 493
Redford, 517, 519, 521
redistribuição, 13, 24, 26, 60, 88, 181-189, 191, 193, 194, 200, 493, 494
Reforma da lei dos Pobres, 230, 255, 262-263, 333; Commissários, 254
Reform Bill, 224-225
Regeneration Societies, 352
Reichsmark, 418
Relatório Bullion, 526
Remer, Charles Frederick, 488
República de Weimar, 447
reservas de ouro checoslovacas, 455
revolução comercial, 154, 202, 205
Revolução Francesa, 124, 137, 230, 368, 430, 457, 510
Revolução Industrial, 50, 87, 124, 157, 161, 162, 167, 170, 171, 207, 220, 221, 236-238, 241, 245, 266, 280, 294, 332, 333, 339, 340, 346, 356, 358, 361, 374, 477, 505, 511, 531, 533; causas, 171-172; condições sociais, 169-171, 358-359; definição, 171-172; efeito cultural, 333; Europa, 358-360; Inglaterra, 156, 162ss, 358-359; origem, 157
revolução nacional-socialista, 147
Revolução Russa, 84, 457
revoluções do pós-guerra, 145--146, 447-448

Ricardo, David, 11, 90, 150, 157, 230, 232, 250, 258, 264, 269, 275, 286, 287, 289-291, 306, 307, 325, 371, 390, 391, 400, 426, 430, 503, 526
riqueza, 26, 88, 90, 127, 163, 170, 178, 181, 186, 231, 242, 256, 257, 260, 265, 266, 269-271, 281, 286, 287, 290, 336, 346, 350, 366, 405, 421, 492. Ver *também* Dinheiro.
Rivera, Primo de, 445
Robbins, L., 481
Robinson, Henry, 260
Rodbertus, Johann Karl, 371
Rodes, ilha, 190
Rogers, Wood, 272
Roménia, 123, 148, 150, 451, 486; moeda, 150
Roosevelt, Theodore, 78, 105, 321
Rostovtzeff, M., 480
Rothschild, família, 129, 138, 153, 487
Rothschild, Nathan Meyer, 146
Rousseau, Jean Jacques, 124, 176, 230
Russell, Bertrand, 480
Rússia, 9, 22, 70, 72, 73, 79, 122, 123, 126, 137, 140, 141, 147, 148, 155, 156, 441, 453, 456--458, 477; Constituição, 469--470; equilíbrio do poder, 476; moeda, 148-149, 483; planos quinquenais, 147; socialismo, 441, 453, 457

Sabatier, William, 523
Sadler, Michael Thomas, 347
Saint-Simon, conde Claude Henri de, 353
salários, 69-71, 98, 100, 170, 171, 187, 210, 212, 222, 224, 225, 227, 231, 234, 236, 238-240,

243-250, 252, 255, 257, 273, 274, 276, 277, 284-289, 298, 306, 308, 321, 329, 332, 333, 345, 347, 350, 353, 354, 362, 363, 374, 382, 394, 401, 402, 410, 411, 417, 419, 420, 426, 427, 431-433, 435, 436, 439, 462, 494, 498, 503, 506-508, 510-514, 516-519, 524, 527, 528, 531-533; avaliações, 234; da comunidade rural, 511ss; e urbanos, 239, 244, 426, 511, 519
Santa Aliança, 122, 123, 125, 127, 128, 138, 139
Saunders, Robert, 523
Schacht, Hjalmar, 454
Schafer, Felix, 115, 391
Schmoller, Gustav Friedrich von, 16, 31, 501
Schuman, E., 477, 480, 481
Schumpeter, Joseph, 16, 31, 505
segurança social, 105, 241, 247, 315, 319, 329, 361, 398, 419
Seipel, Ignaz, 150, 433
Selvagens. *Ver* Homem Primitivo
separação entre economia e política, 461-462
Sérvia, 123
servidão paroquial, 222, 236, 346, 510
Shaftesbury, 7.º conde de (Anthony Ashley Cooper), 347
Sherer, J. G., 523
Sião, 123
simbiose, 154, 187, 451, 497
Simon, Sir John, 454, 455
sindicatos, 18, 105, 222, 228, 315, 316, 319, 321, 324, 330, 351, 356, 360-363, 372, 378, 382, 401, 410, 411, 429, 431-433, 435, 436, 446, 462, 468, 517; no continente, 361; em Inglaterra, 361; leis sindicais, 321; e o owenismo, 350-352
sindicatos de Doherty, 519
Síria, 123, 135
Sistema da Reserva Federal, 398
sistema de fábricas, 218ss
sistema de mercado, 11, 12, 22, 26, 75, 90, 168, 172, 173, 175, 177, 207, 219, 220, 226, 227, 229, 266, 275, 280, 286, 297-299, 302-304, 307, 308, 317, 331, 374, 382, 383, 385, 397, 426, 451, 452, 509; autorregulado, 156-157; colapso do, 441
sistema de subsídios nas cidades industriais, 514 ss
sistema ideal (económico), 125-126
sistema internacional, 121, 128, 143, 144, 147, 148, 154, 380, 385, 387, 425, 453; fracasso, 63, 72, 75, 76, 87, 94, 95, 120, 121, 135, 154, 289, 314, 349, 356, 395, 421, 438, 457, 458, 470, 506; monetário, 395
sistema Kraal, 334, 344
sistemas económicos, 24, 25, 27, 70, 76, 175-192, 488, 492, 496
Smith, Adam, 23, 176-178, 202, 236, 242, 257, 265, 266, 269-271, 273-275, 286, 287, 289, 290, 306, 310, 346, 413, 460, 533
Snowden, Philip, 150, 432
social-democratas, 107, 320, 378, 446
socialismo, 13, 22, 75, 76, 82, 83, 88, 96, 156, 246, 264, 292, 316-318, 331, 347, 351, 353, 347, 351, 353, 361, 371, 372, 436, 440, 441, 447, 448, 453, 456, 457, 458, 472, 474, 505
socialistas cristãos, 448

sociedade, 1, 12, 17, 20, 22, 23, 26, 33, 34, 36, 44, 51, 53, 57, 59, 60, 62, 70, 73, 75-78, 82, 87, 89-91, 94, 95, 101, 105, 107, 120, 148, 149, 153, 155, 157, 162, 164, 171-176, 179, 181, 183, 187, 192, 194, 195, 199, 201, 210, 212-214, 216, 217, 219-221, 226, 229-232, 235, 251, 253-255, 257, 259, 261, 262, 264, 265, 269-275, 277, 280, 282, 283, 285, 286-294, 297, 298, 300-303, 306, 310, 312, 316, 321, 322, 324-328, 330-332, 334, 336, 337, 340, 341, 343, 344, 346, 347, 349, 353, 355-357, 365-367, 369, 371, 375-379, 382, 388-391, 397, 402, 404, 418, 421, 422, 427, 429, 435, 436, 438, 440, 442, 447, 452, 458-464, 466-469, 471-474, 488, 489, 492, 493, 495, 497, 505, 511, 526, 529, 533; autoproteção, 297ss; integração da, 468-469; investigação sobre, 487-490; e liberdade, 459ss; primitiva, 179-181; e a revolução industrial, 169-170
sociedade comercial, 172, 174, 217, 219, 274
Sociedade das Nações, 144-147, 152, 153, 344, 439, 449, 453, 454, 465, 480; colapso da, 147; Delegação do Ouro, 438, 439; equilíbrio de poder, 144-145, 448-449
Sociedade económica. *Ver* Sociedade.
sociedades agrárias, 172
sociedades de correspondência, 283
sociedades owenistas, 351
Sokolnikoff, G. Y., 150

Somerset, Lord Protector, 164
Sontag, R., 125, 481, 487
Sorel, Georges, 445
Southey, Robert, 347
Spann, Othmar, 16, 17, 445
Speenhamland, 35, 36, 94, 221-230, 233, 236-238, 245-251, 253-257, 262, 266, 277, 284-287, 291, 305, 346-348, 352, 361, 374, 377, 425, 426, 430, 502-510, 512, 513, 515-519, 524-528, 533; abolição, 253-254; bibliografia sobre, 502ss; como medida de guerra?, 507-508; indústria do algodão, 305-306; lei, 222-224, 245-246, 254-255; pagamento de taxas, 240-242
Spencer, Herbert, 176, 230, 312, 317, 318, 376, 429, 506, 507
Staley, Eugene, 487
Stephen, Sir Leslie, 262, 282, 504
St. Giles-in-the-Field, 523
Stolper, G., 481
Strafford, 1.º conde de (Thomas Wentworth), 165
Stuart, Henry, 513
subsídio à renda, 248
subsídios complementares dos salários, 222, 227, 236, 246, 249, 255, 277
sufrágio universal, 283, 302, 361, 405, 429, 442
Suíça, 122, 478, 479
Summer, William Graham, 312

tarifas. *Ver* Tarifas alfandegárias.
tarifas alfandegárias, 300, 326, 329, 375, 379, 395, 398, 401, 402, 416, 437, 500
tarifas de importação. Ver tarifas alfandegárias.
taxas, 67-69, 99, 102, 103, 148, 151, 243, 247-249, 252, 267,

387, 431, 432, 435, 437, 506, 511, 513, 514, 516, 518, 519, 531
taxas de pobreza. *Ver* Taxas.
Tawney, R. H., 164
Telford, Thomas, 243, 280
Temple, Sir William, 475
teoria económica, 13, 25, 34, 40, 43, 44, 46, 48, 51, 57, 66, 89, 167, 287, 412
terra, 11, 20, 59, 92, 93, 162, 163, 165, 167, 168, 172, 182, 187, 188, 190, 201, 210-217, 219, 220, 222, 225, 226, 234, 235, 238, 239, 241, 243-245, 248, 250, 252, 259, 264, 271, 274, 275, 279, 293, 298, 300, 301, 304, 310, 324, 326, 331, 333, 337-339, 341, 347, 354, 358, 362, 365, 366-376, 379, 383, 385, 389, 391, 395, 397, 398, 401, 415, 418, 419, 421, 425, 428, 436, 456, 457, 462, 463, 494, 511-514, 519, 530, 532, 533
Thompson, E., 533
Thurnwald, R., 181, 187, 195, 202, 336, 344, 489-494, 496
Thyssen, Fritz, 132
Tikopia, 200, 495
Tocqueville, Charles Henri de, 362
totalitarismo, 12, 13
Townsend, Joseph, 242-244, 269, 271-275, 278, 279, 283, 285, 288, 289, 291, 306, 426, 503, 323
Toynbee, A. J., 344, 380, 477, 480, 481, 482, 505, 506
trabalho, 11, 13, 17, 19, 20, 25-27, 31, 33-36, 39, 44, 59, 61, 67-69, 71, 77, 84, 86, 92, 94, 115, 128, 134, 150, 152, 163, 167, 171, 172, 174, 176, 180- -184, 187, 190, 196, 203, 205, 209-226, 228, 229, 233-246, 248, 249, 251, 252, 254, 256, 259-262, 266, 267, 271-274, 276-279, 283, 286-288, 290, 293, 298, 300, 301, 318-323, 329-331, 333, 338, 340, 341, 343-346, 348, 351, 353-355, 360-363, 365, 369, 370, 372, 382, 385, 386, 389, 391, 395, 397, 398, 401, 402, 406, 418- -421, 425-430, 435-437, 439, 448, 460, 462, 463, 469, 472, 480, 487-492, 497, 502-508, 516-518, 520, 521, 525-528, 531, 533; código do, 235; divisão do, 497; forçado, 234-236, 245-246; independente, 252; nacionalização, 212; nómada, 344-345; obrigações, 274-275
trabalho infantil, 171
Tratado de 1648, 478
Tratado de Berlim, 135
Tratado de Münster e Vestefália, 124
Tratado de Utreque, 124, 478
Trevelyan, G. M., 377, 475, 482
Trobriandeses, 181, 183-184
troca direta, escambo, 198, 498.
trocas, 11, 26, 50, 69, 101, 107, 180, 183, 198-200, 299, 313, 338, 378, 391, 393, 399, 403- -405, 419, 437, 453, 455, 458, 464, 497, 526
tropas de choque, 379
Trotsky, Leon, 16, 31, 147, 150, 452
Tudors, 165, 168, 212, 220, 222, 366, 475
Tunísia, 123
Turner, Frederick, 478
Turquia, 126, 135, 137
T. V. A. (Tennesse Valley Authority), 375

Ucrânia, 445
Ulloa, Antonio de, 272
Union shops, 351
Utu, 200

vacinação, 317, 318
Vancouver, John, 523
Vattel, Emmeriche de, 475, 480
vedações (*enclosures*), 162, 164-171, 212, 220, 226, 239, 243, 250, 259, 310, 333, 344, 366, 368, 491, 506
Veneza, 122, 202
Vestefália, Tratado de. *Ver* Tratado de Münster e Vestefália.
Viena, 9, 13, 15, 16, 83-85, 115, 147, 148, 152, 320, 357, 524-527
Viner, Charles, 488
Vives, Juan Luis, 344
Voltaire, François Marie de, 230

Wafer, Lionel, 272
Wagner, Adolph, 400
Wall Street, 62, 152, 413, 430, 434, 453, 454, 484, 487
Webb, Sidney e Beatrice, 306, 505, 518, 524
Weber, Max, 16, 28, 31, 179, 496-499
Whately, bispo, 362
Wicksell, Knut, 400
Wieser, Friedrich von, 400
Williams, F. E., 530, 531
Wilson, Rev. Edward, 523, 528
Wilson, Woodrow, 146, 147
Wissel, Clark, 530
Wood, J., 523
WPA (Works Progress Administration), 505
Wright, Quincy, 480

Young, Arthur, 262, 508, 509, 527
Young, Sir W., 510, 523

Zapotecas, índios, 529
Zeisel, Hans, 114

HISTÓRIA & SOCIEDADE

1. *Morfologia Social*, Maurice Halbwachs

2. *A Distinção. Uma Crítica Social da Faculdade do Juízo*, Pierre Bourdieu

3. *O Estado Novo em Questão*, AAVV, sob a direcção de Victor Pereira e Nuno Domingos

4. *História Global da Ascensão do Ocidente. 1500--1850*, Jack Goldstone

5. *As Origens Sociais da Ditadura e da Democracia. Senhores e Camponeses na Construção do Mundo Moderno*, Barrington Moore, Jr.

6. *O Poder Simbólico*, Pierre Bourdieu

7. *Imperialismo Europeu. 1860-1914*, Andrew Porter

8. *A Grande Transformação*, Karl Polanyi